# 市场营销学

主　编　易牧农

中国水利水电出版社
www.waterpub.com.cn
·北京·

## 内容提要

本书参考了市场营销领域近年来在学术界达成共识的研究成果,根据互联网时代学生获取资料和分析数据能力增强的优势以及思维直接和敏捷的特征组织编写而成。本书架构清晰、重点突出、案例鲜活、语言凝练,力图为大学本科生未来进入实业从事营销工作和继续深造从事营销研究打下坚实的基础。

本书主要作为市场营销及相关专业本科学生的教科书、参考书,也可作为市场营销从业人员提升自身理论知识和业务水平的参考书。

**图书在版编目(CIP)数据**

市场营销学 / 易牧农主编. -- 北京:中国水利水电出版社,2018.1(2020.8 重印)
ISBN 978-7-5170-6174-8

Ⅰ. ①市… Ⅱ. ①易… Ⅲ. ①市场营销学-高等学校-教材 Ⅳ. ①F713.50

中国版本图书馆CIP数据核字(2017)第326193号

责任编辑:邓建梅　　　　　封面设计:梁　燕

| 书　名 | 市场营销学 SHICHANG YINGXIAOXUE |
|---|---|
| 作　者 | 主　编　易牧农 |
| 出版发行 | 中国水利水电出版社<br>(北京市海淀区玉渊潭南路1号D座　100038)<br>网址:www.waterpub.com.cn<br>E-mail:mchannel@263.net(万水)<br>　　　　sales@waterpub.com.cn<br>电话:(010)68367658(营销中心)、82562819(万水) |
| 经　售 | 北京科水图书销售中心(零售)<br>电话:(010)88383994、63202643、68545874<br>全国各地新华书店和相关出版物销售网点 |
| 排　版 | 北京万水电子信息有限公司 |
| 印　刷 | 三河市鑫金马印装有限公司 |
| 规　格 | 184mm×260mm　16开本　17.25印张　414千字 |
| 版　次 | 2018年1月第1版　2020年8月第2次印刷 |
| 印　数 | 4001—6000册 |
| 定　价 | 38.50元 |

凡购买我社图书,如有缺页、倒页、脱页的,本社营销中心负责调换

**版权所有·侵权必究**

# 前　　言

　　《市场营销学》是天津财经大学 2001 年重点建设教材，历经 16 载，期间再版了两次。斗转星移，时光如梭，恩师曹家为教授已经将天津财经大学市场营销学的科研和教学重任交到我们这一代营销教师肩上。我们深感责任重大，不敢有丝毫懈怠，恐辜负老师教导、学生期望。我们在参照上述教材，并参考了市场营销领域从 2000 年后在学术界达成共识的研究成果外，根据在互联网时代，学生资料获取和数据分析能力增强，思维直接、敏捷的特征，撰写了本教材。编写宗旨：立足市场营销学基本框架、基本理论、基本概念，沿着以顾客为导向的逻辑，力图在 32 学时内使学生系统地掌握市场营销学最本质、最精华的理论，掌握市场营销学最基本的分析思路和方法，为本科生未来进入实业从事营销工作和继续深造、研究打下坚实的基础。本教材具有以下特征：第一，架构清晰。沿着营销基本概念和理论、环境及市场分析、目标市场营销战略与策略和向国际市场延展的逻辑展开。第二，重点突出。本科生掌握经济、管理理论知识有限，综合分析能力不强，实践经验欠缺，市场营销学是一门应用性较强的综合性的企业管理领域的课程，学生学习该门课程具有听起来不难，但领会不深，理解困难的矛盾，鉴于此，本教材力求每一章节的重点内容鲜明。第三，案例鲜活。每一章后都配合重点内容提供给学生一个案例，此案例基本是最新的发生在公司营销活动中的实际事件，通过案例的学习和研究使学生能够加深对每一章重点内容的理解，也能提高学生的分析能力。第四，体现市场营销领域具有普适价值的最新研究成果。2000 年以后，营销研究的主要领域集中在顾客行为与公司营销活动及业绩的关系上，第 6 章顾客价值分析与管理、第 10 章品牌资产与品牌战略在撰写时加入了主流的学术研究成果；在介绍渠道、营销沟通等顾客与公司交换价值的平台时加入了互联网平台的新内容。第五，语言凝练。在撰写教材时，全体教师力求语言最明确、最准确，在文字方面进行了反复的锤炼。

　　近五年来，天津财经大学市场营销系得到了很大的发展，形成了一支学术水平较高、科研能力强的年轻化师资队伍，在消费者行为，特别是网络购买、社交媒体方面的研究，成功申请了两个国家自然基金项目和一个国家社会科学项目，发表了一批高质量的学术论文。本教材是这支教师队伍教学和科研水平的体现。

　　本书的编写分工是：（按承担首章顺序排列）第 1、4、8 章，易牧农；第 2 章，张童；第 3 章，郭树龙；第 5、12、14 章，曹海英；第 6、15 章，穆琳；第 7 章，贾月梅；第 9 章，乔时；第 10 章，吴波；第 11 章，于萍；第 13 章，张初兵。易牧农主编并定稿。在此，衷心感谢为本教材编写付出努力的全体编写组教师，特别感谢曹海英、穆琳两位老师，为本书的编写做了大量组织与沟通工作。

　　尽管编写组做了一定的努力，但终因学术水平有限，本书还有改进的空间，欢迎广大同行提出宝贵意见。

编　者<br>2018 年 1 月

# 目　　录

前言

## 第一篇　市场营销概述和市场营销过程

### 第1章　市场营销导论 ········· 1
- 1.1　市场营销与市场营销学 ········· 1
  - 1.1.1　市场营销 ········· 1
  - 1.1.2　市场营销学的产生、发展和传播 ······ 2
  - 1.1.3　市场营销学的性质、方法和对象 ······ 3
- 1.2　市场与顾客需求 ········· 5
  - 1.2.1　市场 ········· 5
  - 1.2.2　市场提供物 ········· 5
  - 1.2.3　需求及需求管理 ········· 7
- 1.3　市场营销管理观念 ········· 8
  - 1.3.1　生产观念 ········· 8
  - 1.3.2　产品观念 ········· 9
  - 1.3.3　推销观念 ········· 9
  - 1.3.4　市场营销观念 ········· 9
  - 1.3.5　社会营销观念 ········· 10
- 1.4　市场营销领域的新变化与趋势 ········· 11
  - 1.4.1　数字时代：网络、移动和社交媒体营销 ········· 11
  - 1.4.2　可持续营销——承担更多的社会责任 ········· 12
- 小结 ········· 12
- 重要概念 ········· 13
- 复习思考题 ········· 13
- 案例思考题 ········· 16

### 第2章　公司战略与营销战略 ········· 17
- 2.1　公司范围的战略规划 ········· 17
  - 2.1.1　确定公司使命 ········· 17
  - 2.1.2　规划业务组合 ········· 18
  - 2.1.3　制定增长战略 ········· 20
- 2.2　市场营销战略与市场营销组合 ········· 22
  - 2.2.1　市场营销战略 ········· 22
  - 2.2.2　市场营销组合 ········· 23
- 2.3　管理市场营销活动 ········· 23
  - 2.3.1　SWOT分析 ········· 23
  - 2.3.2　市场营销计划 ········· 24
  - 2.3.3　市场营销组织 ········· 25
  - 2.3.4　市场营销执行 ········· 26
  - 2.3.5　市场营销控制 ········· 27
- 小结 ········· 27
- 重要概念 ········· 28
- 复习思考题 ········· 28
- 案例思考题 ········· 29

## 第二篇　理解市场和顾客价值

### 第3章　分析市场营销环境 ········· 30
- 3.1　公司的微观环境 ········· 30
  - 3.1.1　公司其他部门 ········· 30
  - 3.1.2　供应商 ········· 31
  - 3.1.3　营销中间商 ········· 31
  - 3.1.4　顾客 ········· 32
  - 3.1.5　竞争对手 ········· 32
  - 3.1.6　公众 ········· 33
- 3.2　公司的宏观环境 ········· 33
  - 3.2.1　人文环境 ········· 34
  - 3.2.2　自然环境 ········· 37
  - 3.2.3　技术环境 ········· 39

3.2.4 经济环境 …… 41
3.2.5 政治和法律环境 …… 43
3.2.6 社会文化环境 …… 44
小结 …… 46
重要概念 …… 48
复习思考题 …… 48
案例思考题 …… 49

## 第4章 创造竞争优势 …… 50
4.1 竞争者分析 …… 50
4.1.1 识别竞争者 …… 50
4.1.2 分析竞争者 …… 52
4.1.3 选择竞争者 …… 54
4.1.4 确定竞争地位 …… 55
4.2 竞争战略 …… 56
4.2.1 市场领导者战略 …… 56
4.2.2 市场挑战者战略 …… 60
4.2.3 市场追随者战略 …… 61
4.2.4 市场补缺者战略 …… 62
小结 …… 63
重要概念 …… 64
复习思考题 …… 64
案例思考题 …… 65

## 第5章 管理市场营销信息 …… 66
5.1 开发市场营销信息 …… 66
5.1.1 市场营销信息与"大数据" …… 66
5.1.2 市场营销信息系统 …… 67
5.2 营销调研 …… 69
5.2.1 营销调研的内容与分类 …… 69
5.2.2 市场营销调研的程序 …… 70
5.3 市场需求的衡量和预测 …… 71
5.3.1 市场需求测量 …… 72
5.3.2 估计当前需求 …… 73
5.3.3 市场需求预测的方法 …… 74
小结 …… 75
重要概念 …… 75
复习思考题 …… 76
案例思考题 …… 76

## 第6章 顾客价值分析与管理 …… 77
6.1 顾客价值 …… 77

6.1.1 价值让渡过程 …… 77
6.1.2 顾客价值 …… 79
6.1.3 顾客满意 …… 80
6.1.4 吸引顾客参与 …… 81
6.2 顾客资产 …… 82
6.2.1 顾客终身价值与顾客资产 …… 82
6.2.2 顾客盈利能力 …… 82
6.3 顾客关系管理 …… 84
6.3.1 顾客关系的层次 …… 84
6.3.2 顾客的吸引和维系 …… 85
6.3.3 顾客关系管理 …… 86
6.3.4 顾客忠诚的构建 …… 86
6.4 数据库营销 …… 87
6.4.1 顾客数据库 …… 88
6.4.2 数据库营销 …… 88
小结 …… 89
重要概念 …… 91
复习思考题 …… 91
案例思考题 …… 93

## 第7章 消费者市场与消费者购买行为 …… 94
7.1 消费者行为模型 …… 94
7.1.1 消费者市场的特征 …… 94
7.1.2 消费者购买行为模式 …… 95
7.2 影响消费者购买行为的因素 …… 95
7.2.1 文化因素 …… 96
7.2.2 社会因素 …… 97
7.2.3 个人因素 …… 98
7.2.4 心理因素 …… 100
7.3 消费者购买决策过程 …… 102
7.3.1 消费者购买决策的参与者 …… 102
7.3.2 消费者购买行为类型 …… 103
7.3.3 消费者的购买决策过程 …… 104
小结 …… 107
重要概念 …… 107
复习思考题 …… 108
案例思考题 …… 109

## 第8章 组织市场与组织购买行为 …… 110
8.1 产业市场及购买行为 …… 110
8.1.1 产业市场的概念及特点 …… 110

8.1.2 产业市场的购买类型 111
8.1.3 产业购买者和决策参与者 112
8.1.4 影响产业购买者购买决策的主要因素 112
8.1.5 产业购买者的购买过程 114
8.2 转卖者市场及购买行为 116
8.2.1 转卖者市场的概念和特点 116
8.2.2 转卖者的购买类型 116
8.2.3 转卖者购买过程的参与者 117
8.2.4 转卖者市场的购买组织及影响因素 117
8.2.5 转卖者购买决策的内容、方式 117
8.3 非营利组织市场和政府市场的购买行为 118
8.3.1 非营利组织市场 118
8.3.2 政府市场及其购买行为 118
小结 119
重要概念 119
复习思考题 119
案例思考题 120

# 第三篇 目标市场营销战略与营销组合策略

## 第9章 顾客导向的目标市场营销战略 121
9.1 市场细分 121
9.1.1 市场细分的概念 121
9.1.2 市场细分的作用 122
9.1.3 市场细分的方法 123
9.1.4 市场细分的依据 124
9.1.5 有效市场细分的条件 127
9.2 目标市场选择 128
9.2.1 评估细分市场 128
9.2.2 选择目标市场 128
9.2.3 确定目标市场营销战略应考虑的因素 130
9.3 市场定位 131
9.3.1 市场定位的概念 131
9.3.2 市场定位的步骤 132
9.3.3 实施市场定位战略容易出现的问题 134
小结 134
重要概念 135
复习思考题 135
案例思考题 136

## 第10章 品牌资产与品牌战略 137
10.1 品牌和品牌资产 137
10.1.1 品牌的涵义和作用 137
10.1.2 品牌资产的涵义和作用 139
10.1.3 品牌资产模型 140
10.2 品牌资产创建 143
10.2.1 品牌元素选择 144
10.2.2 全面营销方案的设计 145
10.2.3 利用品牌知识创建品牌资产 146
10.3 品牌战略的制定 149
10.3.1 品牌名称决策 149
10.3.2 品牌延伸决策 150
10.3.3 品牌投资组合决策 152
10.3.4 品牌聚分决策 154
10.3.5 品牌资产战略决策 155
小结 156
重要概念 158
复习思考题 158
案例思考题 160

## 第11章 产品组合与产品生命周期 161
11.1 产品与产品组合 161
11.1.1 产品的概念 161
11.1.2 产品的分类 162
11.1.3 产品组合 163
11.1.4 产品线长度决策 164
11.2 包装与标签 165
11.2.1 包装 165
11.2.2 标签 168
11.3 产品生命周期 168
11.3.1 产品生命周期的概念 168
11.3.2 产品生命周期各阶段的判定 169
11.3.3 产品生命周期各阶段的营销战略 170
11.4 新产品开发管理 172

- 11.4.1 新产品的概念 … 173
- 11.4.2 新产品开发中的风险及原因 … 173
- 11.4.3 新产品开发组织 … 174
- 11.4.4 新产品开发程序 … 174
- 11.4.5 消费者采用过程 … 178
- 小结 … 179
- 重要概念 … 180
- 复习思考题 … 180
- 案例思考题 … 182

## 第12章 定价策略 … 183
- 12.1 公司定价步骤及内容 … 183
  - 12.1.1 确定定价目标 … 183
  - 12.1.2 分析需求 … 184
  - 12.1.3 计算成本 … 186
  - 12.1.4 研究竞争者的产品、成本和价格 … 187
  - 12.1.5 选择定价方法 … 187
  - 12.1.6 确定市场价格 … 189
- 12.2 修定价格策略 … 189
  - 12.2.1 地理定价策略 … 189
  - 12.2.2 折扣与折让策略 … 190
  - 12.2.3 促销定价策略 … 191
  - 12.2.4 差别定价策略 … 192
  - 12.2.5 产品组合定价策略 … 192
  - 12.2.6 心理定价策略 … 193
  - 12.2.7 新产品定价策略 … 193
  - 12.2.8 环境激烈变化下的定价策略 … 194
- 12.3 价格调整战略 … 195
  - 12.3.1 公司主动调整价格 … 195
  - 12.3.2 公司应付竞争者调价的对策 … 196
- 小结 … 196
- 重要概念 … 197
- 复习思考题 … 197
- 案例思考题 … 198

## 第13章 营销渠道策略 … 199
- 13.1 营销渠道的性质 … 199
  - 13.1.1 营销渠道的定义 … 199
  - 13.1.2 营销渠道的层级 … 199
  - 13.1.3 营销渠道的职能 … 200
  - 13.1.4 营销渠道的重要性 … 201
- 13.2 营销渠道设计 … 202
  - 13.2.1 分析顾客的需要 … 202
  - 13.2.2 确定渠道目标 … 203
  - 13.2.3 分析影响营销渠道设计的因素 … 203
  - 13.2.4 设计营销渠道方案 … 204
  - 13.2.5 评估营销渠道方案 … 205
- 13.3 营销渠道管理 … 206
  - 13.3.1 选择和培训营销渠道成员 … 206
  - 13.3.2 激励渠道成员 … 206
  - 13.3.3 评价渠道成员与渠道改进 … 207
  - 13.3.4 营销渠道的冲突原因及解决途径 … 207
- 13.4 零售 … 208
  - 13.4.1 零售商的类型 … 208
  - 13.4.2 零售商的营销决策 … 210
- 13.5 批发 … 211
  - 13.5.1 批发商的类型 … 211
  - 13.5.2 批发商的营销决策 … 213
- 13.6 营销物流 … 214
  - 13.6.1 营销物流的性质 … 214
  - 13.6.2 整合物流管理 … 215
- 小结 … 216
- 重要概念 … 217
- 复习思考题 … 217
- 案例思考题 … 218

## 第14章 营销沟通 … 219
- 14.1 促销组合 … 219
  - 14.1.1 促销及促销组合 … 219
  - 14.1.2 主要的促销工具及其特点 … 219
  - 14.1.3 促销新平台——社交媒体平台 … 221
- 14.2 整合营销沟通 … 222
  - 14.2.1 沟通过程模型 … 222
  - 14.2.2 开发有效的整合营销沟通 … 224
- 14.3 大众传播管理 … 227
  - 14.3.1 广告管理 … 227
  - 14.3.2 销售促进管理 … 232
  - 14.3.3 体验管理 … 235
  - 14.3.4 公共关系管理 … 236
- 14.4 个人沟通管理 … 239
  - 14.4.1 直复营销管理 … 239

14.4.2 口碑营销管理 …………………… 242
14.4.3 人员推销管理 …………………… 244
小结 …………………………………………… 248
重要概念 ……………………………………… 248
复习思考题 …………………………………… 248
案例思考题 …………………………………… 250

# 第四篇　拓展市场营销

## 第15章　全球营销 ………………………… 251
15.1 进入国外市场决策 ……………………… 251
　15.1.1 是否进入国外市场 ………………… 251
　15.1.2 进入哪些国外市场 ………………… 252
　15.1.3 如何进入国外市场 ………………… 254
15.2 国外市场营销组合决策 ………………… 257
　15.2.1 国外市场产品策略 ………………… 257
　15.2.2 国外市场价格策略 ………………… 258
　15.2.3 国外市场分销渠道策略 …………… 260
　15.2.4 国外市场促销策略 ………………… 261
15.3 全球市场营销组织 ……………………… 263
　15.3.1 出口部 ……………………………… 263
　15.3.2 国际事业部 ………………………… 263
　15.3.3 全球组织及战略 …………………… 263
小结 …………………………………………… 264
重要概念 ……………………………………… 265
复习思考题 …………………………………… 265
案例思考题 …………………………………… 266

**参考文献** …………………………………… 267

# 第一篇　市场营销概述和市场营销过程

## 第1章　市场营销导论

最杰出的营销者有一个共同的认知：市场营销要以顾客为中心。今天的市场营销就是在数字和社交网络日益发展下，在迅速变化的市场中创造顾客价值和建立盈利性顾客关系。

营销始于理解消费者的需要和欲望，决定组织能够为之提供最佳服务的目标市场，制定有说服力的价值主张来吸引和发展有价值的顾客。于是，不仅仅是实现销售，如今的市场营销者更希望吸引顾客并建立牢固的顾客关系，使其品牌成为顾客生命生活中有意义的组成部分。在这个数字时代，除了运用传统的营销方法，市场营销者还有大量建立客户关系的有效工具——从互联网、智能手机和平板电脑到移动网络和社交媒体，随时随地形成品牌对话、体验和社群。如果营销者能够很好地利用这些，就可以得到以市场份额、利润和顾客权益等表现形式的丰厚回报。

### 1.1　市场营销与市场营销学

#### 1.1.1　市场营销

（1）市场营销的涵义。

著名营销管理学者菲利普·科特勒认为："营销（Marketing）是个人和集体通过创造，提供出售并同别人自由交换产品和价值，以获得其所需所欲之物的一种社会过程。"[①]

美国市场营销协会（AMA）在1995年对市场营销解释如下："市场营销是计划和执行关于商品、服务和创意的观念、定价、促销和分销，以创造符合个人和组织目标的交换的一种过程。"[②]这一定义明确了市场营销是一种交换过程，是关于构想、商品和服务的观念、定价、促销和分销的策划与实施的过程。这个过程，不仅包括产品的流通过程，而且包括公司的"产前活动"，如市场营销研究、产品设计、定价等等，还包括公司的销售后活动，如产品实行"三包"，收集消费者和用户使用产品后的意见等等。

（2）市场营销与推销、促销的区别。

在第二次世界大战以前，Marketing与Selling在内涵上不同。市场营销包括了"产前""产

---

① [美]菲利普·科特勒等著. 营销管理. 第13版.中国版[M]. 卢泰宏等译. 中国人民大学出版社，2009，16.
② Bennett, P.D.Chicago: American Marketing Association[M].2th ed Chicago, 1995.

中""产后"的一系列公司活动，而推销仅仅是"产后"的公司活动。公司为了使生产具有针对性，就必须借助于市场调查，了解市场上自然环境和政治、经济、科技、人口、文化等社会环境的状况；了解消费者和用户需求的状况；了解竞争对手的各种营销战略的选择状况。对于任何企业而言，满足市场所有消费者需求几乎是不可能的，因为企业资源是有限的，竞争优劣势同时并存。为了提高企业资源的使用效率，公司要在现有细分市场的基础上进行目标市场聚焦，为其选定的目标市场制定营销组合策略的基本思路，开发产品并制定和实施市场营销组合策略，以满足目标市场的需求。可见，市场营销是战略层面和战术领域活动的统一体，推销只是战术活动领域内沟通策略的一个组成部分。推销是市场营销过程中的必要环节，如果营销战略方向正确，战术系统运作高效，推销并非是最重要的，正如美国著名学者彼得·德里克所说："营销的目的，就是要使推销成为多余。"①

市场营销也不同于促销，促销是促进销售（Promotion）的简称，促销是公司可控制的市场营销组合的一个构成因素，而市场营销组合也只是整个市场营销活动的一部分。

### 1.1.2 市场营销学的产生、发展和传播

（1）市场营销学的产生。

市场营销学产生于 20 世纪初的美国。20 世纪初，美国工程师弗雷德里克·泰罗首创"科学管理"制度，提出了生产管理的科学理论和方法。许多大公司推行"泰罗制"，使生产效率大幅度提高，开始出现了生产能力的增长速度超过市场需求增长速度的状况。在这种情况下，少数有远见的公司主在经营管理上，开始重视商品推销和需求刺激，注意研究推销术和广告术。公司对营销活动的重视引发了理论研究的开展。1905 年美国的一些大学相继开设了研究市场营销方面的课程，1912 年，美国哈佛大学的赫杰特齐写出了第一本营销学教材，被视为市场营销学的奠基石。当时，这一学科还处在幼年阶段，研究的内容不够深入，其原理、概念与现代营销学也不相同。它的研究主要限于销售技术和广告业务方面，研究也主要在学者中进行，没有产生广泛的社会影响。

（2）市场营销学的发展。

1）市场营销学的应用时期。1929 年至 1933 年，资本主义世界爆发了大规模的经济危机。由于生产严重过剩，商品销售困难，公司纷纷倒闭。面对着供过于求的买方市场，公司的首要任务是如何将已制造的产品卖出去。一些先进的公司开始把对市场营销的研究应用于其业务活动。1937 年，由市场营销公司界及学术界具有远见卓识的人士成立了美国市场营销协会（American Marketing Association，简称 AMA）。这样，营销学就从大学的课堂走向了社会。如今，该协会已发展成为世界上规模最大的市场营销协会之一，拥有 30000 多名会员，他们在世界各地从事着市场营销方面的工作以及营销领域的教学与研究。

2）市场营销学的"革命"时期。第二次世界大战以后，市场营销学的原理、概念都发生了许多重大的变化，形成了现代市场营销学。美国经济学家奥尔德逊和科克斯在《销售学原理》一书中给"市场"赋予了新的涵义：广义市场概念，是包含生产和销售者之间实现商品和劳务的潜在交换的任何一种活动。所谓"潜在交换"，是指生产者的产品和劳务要符合潜在消费者的需求和欲望。营销学这一基本概念的变化，日益被人们所接受，并被公认为是营销学的一次

---

① Drucker, P.D. Management: Tasks, Responsibilities, Practices[M]. New York: Harper and Row, 1973. 64-65.

"革命"。这样一来，营销学突破了流通领域，加进了对生产和消费的研究。

3）市场营销学的成熟时期。进入20世纪70年代以后，营销学又吸收了经济学、心理学、社会学、管理学等学科的知识，成为一门综合性的应用学科。营销学著作层出不穷，营销学原理在公司营销中得到了更加广泛的重视和应用。

（3）市场营销学在我国的传播与应用

1978年12月以前，我国实行的是计划经济体制，加上经济工作中受"左"指导思想的影响，市场商品长期处于供不应求的状况。在我国生产和流通领域通行的管理方法是"以产定销""计划分配"，因此不具备营销学传播、应用的政治、经济环境。

1）现代营销学在我国传播与应用的概况。1978年12月，中国共产党十一届三中全会以后，随着对外经济文化的交流和展开，营销学多渠道、多版本传入我国。30多年来，随着市场营销学在我国的传播和应用，开设市场营销专业和市场营销学课程的高等学校遍及全国。市场营销学原理在我国公司的市场活动中也得到了广泛的应用并取得了显著的效果。

2）市场营销学在我国传播与应用的条件。营销学作为一门从西方移植来的学科，能够短期内在我国迅速传播和应用，说明我国存在它应用的条件。

第一，市场经济为营销学的传播与应用奠定了管理体制基础。1992年10月，中国共产党第十四次全国代表大会提出了"社会主义市场经济"体制和理论。公司在市场经济条件下，要"自主经营、自负盈亏、自我约束、自我发展"。公司要生存、盈利和发展，就必须搞好营销工作，而营销工作的成功需要借助于营销学的原理、战略和策略。

第二，生产的迅速发展，为传播和应用营销学提供了物质条件。20世纪80年代以来，我国生产发展很快，市场商品供应量迅速增加。至90年代后期，已形成了全面的买方市场。在买方市场条件下，就产生了一个公司如何顺利地把产品转移到消费者手中的问题。公司要想解决这个问题，就必须研究消费者的需求，按需生产。

第三，国家法制的逐步完善，为传播和应用营销学提供了保证。近年来，我国经济法、商法不断颁布并施行，为公司正当的竞争和营销活动提供了保证。

### 1.1.3 市场营销学的性质、方法和对象

（1）市场营销学的学科性质。

1）关于Marketing的汉译名称。market一词，作名词可译作市场，作动词译作销售。因此，Market加上ing组成Marketing，有人就将其译为市场学，也有人将其译为行销学，但从Marketing所研究的对象和内容看，译为营销学更为准确。

2）市场营销学的性质。从营销学的产生与发展过程看，它产生于美国，先后传入日本、西欧、我国的台湾，以至东欧等国家和地区。市场营销学是商品经济高度发展的产物，是买方市场全面形成和卖方市场激烈竞争的产物。市场营销学不仅吸收了经济学的概念和内容，而且吸收了现代心理学、社会学、人类学和管理学的优秀研究成果。因此，市场营销学是一门建立在经济科学、行为科学和现代管理理论基础上的应用科学。

（2）市场营销学的研究方法。

1）20世纪50年代以前的研究方法。市场营销的研究史上曾经使用过多种研究方法，在20世纪50年代以前主要有以下三种方法：

①产品研究法。产品研究法是研究特定的产品大类或产品种类的生产，以及如何将产品

分销到中间商和最终消费者的问题。

②机构研究法。机构研究法是研究各类组织机构在市场营销系统中的特性和职能，包括生产者、批发商、零售商以及各种辅助机构。例如，研究纺织公司营销、冶金公司营销等。

③职能研究法。职能研究法是研究各种营销职能的特性及动态。例如，采购、销售、仓储、融资、促销等职能。职能研究主要是研究不同的营销环节如何发挥职能，开展营销活动。

2）20世纪50年代以后的研究方法。20世纪50年代以后，又出现了几种研究营销学的新方法，主要有：

①管理研究法。管理研究法，亦称决策研究法。这种方法从管理决策的角度，研究公司如何有效地实现既定的营销战略目标。这种方法十分重视和强调营销决策和策略的制定以及营销计划的执行和控制。这种方法将卖方的市场营销活动中的有关因素（变数）分为两大类：一类是不可控因素，即营销者本身不可控制的营销环境，包括微观环境和宏观环境。另一类是可控因素，1960年，美国著名营销学家麦卡锡把各种可控因素归纳为四个方面，即营销者自己可以控制的产品、价格、渠道和传播。现代市场营销学主要是运用这种管理决策法进行研究。

②系统研究法。系统研究法应用了系统工程的原理和方法，从市场营销管理系统出发，分析各系统之间相互影响、相互协调的关系，强调行业、社会环境等各个子系统对公司营销的影响。因此，营销学必须注意研究公司如何适应各子系统的变化，充分利用公司的人、财、物力优势，形成最佳的市场营销组织战略，以满足市场需求。

③社会研究法。社会研究法是研究各种营销活动和营销机构对社会的贡献及其所付出的成本。这种方法主要研究市场绩效、产品更新换代、广告真实性以及市场营销对生态系统的影响等等。

（3）市场营销学的研究对象。

管理学家和公司经营管理者从不同的角度，对营销学的定义作了多种表述。美国营销学协会定义委员会认为：营销学是研究引导商品和劳务从生产者到达消费者之间所实施的一切活动的科学。日本公司家认为：营销学是在满足消费者利益的基础上，研究如何适应市场需求而提供商品或服务的整个公司活动。英国销售学协会则提出：公司如果要生存、发展和盈利，就必须有意识地根据用户和消费者的需要和潜在的需要来安排生产。据此，我们可以明确地看到：

1）市场营销的出发点是微观的公司；
2）市场营销的目的是获得盈利；
3）市场营销达到目的的手段是满足消费者和用户的需求；
4）市场营销要以销售为导向。

将上述分析综合起来，可以将营销学的研究对象作出如下表述：市场营销学是一门研究公司为达到盈利目的，通过满足消费者和用户需求，以产品销售为导向的一系列经营销售活动的科学。

（4）市场营销学的研究目的。

市场营销学的研究目的在于揭示公司市场营销活动的发展变化规律。营销学研究对象与研究目的是两个既相联系又相区别的问题，两者不能混为一谈。研究市场营销活动是揭示营销规律的基础和条件；揭示营销规律是研究市场营销活动的目的和结果。事物的现象与本质之间总是存在着差别和矛盾，马克思说："如果事物的表现形式和事物的本质会直接合而为一，一切科学就都成为多余的了。"本书的目的，就在于透过大量的公司营销活动的现象，去探索和揭示公司营销活动的规律。

## 1.2 市场与顾客需求

### 1.2.1 市场

（1）市场的涵义。

根据市场的客观实际状况的发展和观察市场的角度不同，中外经济学家对市场的涵义进行了探索：

1）市场是买主和卖主进行商品交换的场所。美国市场营销协会定义委员会 1948 年把市场定义为："买主和卖主发生作用的场所（地点）或地区。"许涤新认为：市场是"商品交换的场所和领域"；

2）市场是由买主和卖主组成的。美国市场营销协会定义委员会 1960 年认为：市场是"买主和卖主做出导致货物和劳务转手决定的全部力量或条件"。《辞海》解释为：市场是"一定地区内对各种商品或某一种商品的供给和有支付能力的需求的关系；"

3）市场是"一种商品或劳务的所有潜在购买者的需求总和。"理查德·黑斯等人认为："市场就是具有需求、支付能力和希望进行某种交易的人或组织。"菲利普·科特勒认为："一个市场是由那些具有特定的需要或欲望，而且愿意并能够通过交换来满足这种需要或欲望的全部潜在顾客所构成的。"

现代营销学，在买方市场条件下，一般都从卖方的角度来解释市场的涵义，因而一般都采用第三种解释。由此可见，市场主要包括三个要素：具有某种需要的人或组织、可以满足这种需要的购买能力和购买意愿。用公式来表示，即市场=人口+购买力+购买意愿。市场的三要素是互相制约、缺一不可的，只有三者同时存在，才构成现实的市场，才能决定现实市场的规模。

（2）市场的分类。

按照购买者的类型及其购买目的的不同，可以将整体市场划分为以下四个市场：

1）消费者市场。消费者市场是指为满足生活需要而购买的家庭和个人。他们年龄、性别、收入、受教育程度、民族等各不相同，产生着不同的需求欲望和不同的需求特征。

2）公司市场。公司市场是指为营利而购买的公司单位。公司市场按其职能的不同，可以划分为采掘公司、加工公司、流通公司、服务公司等种类。

3）政府市场。政府市场是指为行使管理国家职能而购买的从中央到地方的各级政府机关和军队。为了节省经费和防止贪污，政府市场通常采取招标方式进行采购。

4）非营利组织市场。非营利组织市场是指为增进社会公共利益而购买的学校、医院、图书馆、博物馆、慈善机构等单位。它们既不以营利为目的，又非政府机构，是社会上的第三部门。营销者要研究其特点，在适应中更好地满足他们的需要，从而实现营销目标。

该划分方法突出了不同市场的特点，能够体现以顾客为中心的营销理念。

### 1.2.2 市场提供物

消费者的需要和欲望通过市场供应物——即提供给市场以满足需要、欲望和需求的产品、服务、信息或体验等的集合——得到满足。市场提供物不仅仅局限于有形产品，还包括服务——供销售的活动或利益，基本上是无形的且不涉及所有权的转移。此外，更广义地说，市场供应物还包括其他内容，诸如地点、组织、信息和创意等等。

（1）产品。

有形产品是公司生产、经营的主要客体，是市场主要的供应物。如生产资料和消费资料，消费资料中的食品、服装、日用品和住宅。

（2）服务。

随着经济的发展，无形物的交易额将不断增大，服务在经济结构中占的比重在不断加大。

（3）财产权。

财产权可以作为买卖的对象，因而使营销有了一种新的载体。财产权一般包括房地产权、股票、债券等有形资产权，也包括商誉、专利、商标等无形资产的权利。投资公司、商业银行、产权交易中心等组织成为财产权营销的主要机构。

（4）信息。

信息产业已成为国民经济的一个重要部分，许多公司都在从事信息的生产、包装和销售。网站、书店、广播电台、报纸、电视台、学校都在从事着信息的生产和分销工作，而这项工作也需要营销管理理念的指导。

（5）地点。

一座城市、一个地区乃至一个国家，都应积极地吸引游客、投资、公司和新的居民。经济发展专家、房地产开发商、商业银行、地区商业协会、新闻传媒机构，都可以成为出色的地点营销专家。如加拿大安大略省斯特拉特福是一个相当破旧的城市，它惟一的资产就是它的名字——与戏剧大师莎士比亚的故乡同名，凭借这一点优势使它成为每年一度的莎士比亚戏剧节的承办地，因而使这座城市成为一个世界性观光地。

（6）个人。

营销名人已经成为一项重要的商业活动。一般来说，每一个名星都有一个代理人或私人经理，以便与社会及公共机构保持密切联系。音乐家、艺术家、著名运动员、医生、教师、律师、职业经理人等都从名人营销专家那里获益。管理咨询家汤姆·彼得斯（Tom Peters）建议，每个人都可以让自己成为一种"品牌"。

（7）组织。

与营销个人同理，营销组织更是大有可为。组织总是致力于在公众的心目中树立良好的形象，营销机构及营销人员可以帮助公司实现这一目的，越来越多的公司为获得公众的认可，大做公司形象广告。大学、医院、政府等组织如要更多地争取学生、患者和选民，也应制定旨在树立良好形象的计划并认真实施。

（8）事件。

公司可以营销有意义的事件，如组织的周年纪念活动、奥运会等。在市场经济机制中，为一个事件精心设计并负责让它完美地推出的专业人员及专业机构将会大有用武之地。

（9）经历。

公司运用产品和服务可以营销某种经历。在迪斯尼乐园里，人们可以拜访童话之国、登上海盗船、进行太空遨游、走进鬼屋猎奇。现在还有许多付费体验活动的市场，如成为芝加哥交响乐团5分钟的指挥或协助你攀登珠穆朗玛峰。

（10）创意。

每一个市场供应品都包含一个基本的理念或创意。例如，香港廉政公署（ICAC）将宣传推广诚实、公平和公正等社会价值观为其营销的目的，事实上在很大程度上改变了香港社会成员的认知和态度。再如，社会营销者正致力于推广诸如"浪费心智是最大的不智""不让他人酒后开车"等理念。

### 1.2.3 需求及需求管理

公司需要对市场营销活动加以管理，市场营销管理的实质是对市场需求的管理。要管理需求，首先应了解、分析、认识需求。各种各样的需求可以归纳为以下 8 种状态，营销者应在研究需求的基础上寻求满足需求的途径，从而明确与各不相同的需求状态相适应的营销管理任务。

（1）负需求。

负需求是指产品有某些缺陷，消费者厌恶某种产品，甚至宁愿付出代价来回避它，如雇主对酗酒的雇员表现为负需求。公司营销的任务是分析导致负需求的原因，重新设计产品、价格等营销组合要素，将消费者对产品的厌恶改变为对产品的喜欢。

（2）无需求。

无需求是指消费者对某种产品漠不关心或毫无兴趣。读者可能对大百科全书不感兴趣，有些人对人寿保险漠不关心。公司营销的任务在于设法引导出消费者对产品的兴趣，刺激其购买欲望。

（3）潜在需求。

潜在需求是指消费者和用户对某种产品有强烈的需求，而现在市场上尚无满足这种需求的产品。如人们对节能汽车、不发胖的食品等均有潜在的需求。公司营销的任务是衡量潜在市场的范围，开发有效的产品来满足市场需求。

（4）下降需求。

下降需求是指产品的购买者和购买数量逐渐减少。如某公司某种产品的市场份额不断降低，销售收入持续下降。公司营销中要注意分析，是全行业的销售下降还是产品行业生命并未衰退而只是本公司销售下降。如属后种情况，公司的任务应通过开辟新市场或调整营销组合来扭转需求下降状况。如属前者，公司也只能顺势而为，适时做出战略调整。

（5）不规则需求。

不规则需求是指由于季节的变化，组织活动和人口活动的规律导致产品需求和供给上的波动。如农产品的季节性生产、常年消费，工业品的常年生产、季节性消费。再如由于节日、劳动制度、作息时间等，导致一些产品的需求呈现出不同的高峰和低谷。公司营销的任务是通过差别定价、推销技巧以及其他刺激方式来调节不规则的需求，使之趋向于均衡。

（6）充分需求。

充分需求是指市场产品供需达到了高位均衡。这是一种理想的需求状态，公司在这种状态下可以充分运用生产要素，实现自身的市场、利润等目标。公司营销的任务是在比较激烈的竞争面前，设法保证产品质量和供给数量，加强客户关系管理，维持现有的需求水平，并使本公司的市场份额保持不降。

（7）超饱和需求。

超饱和需求是指一些公司现阶段的需求水平超过其供给能力，在一段时期内和现有条件下，公司不能满足所有购买者的需求。如一座公园有最高游人量，一座大桥也有最高负荷。某一门课程的传授有一个最高限额的学生数等等。公司营销的任务是运用提高价格、减少促销活动的方法，暂时或长久地降低需求水平。

（8）不健康需求。

不健康需求是指生产经营对消费者的身体和心灵有伤害的产品或服务。如毒品、暴力或色情音像制品等。公司营销的任务是辨明是非，自觉遵守法律法规和社会公德，主动放弃有害产品的营销，转为生产经营对社会有益的产品和服务。

上述 8 种需求状态与公司营销管理的任务详见表 1-1。

表 1-1 需求状态与公司营销管理任务

|   | 需求状态 | 公司营销管理任务 |
| --- | --- | --- |
| 1 | 负需求 | 改变市场营销：重新设计、降低价格 |
| 2 | 无需求 | 刺激市场营销：把产品价值与兴趣联系起来 |
| 3 | 潜在需求 | 开发市场营销：开发产品和服务 |
| 4 | 下降需求 | 扭转市场营销：创造性再营销 |
| 5 | 不规则需求 | 调节市场营销：灵活定价、沟通 |
| 6 | 充分需求 | 维持市场营销：维持产量、质量 |
| 7 | 超饱和需求 | 降低市场营销：暂时或永久地降低需求 |
| 8 | 不健康需求 | 抵制市场营销：劝说人们放弃消费 |

## 1.3 市场营销管理观念

公司市场营销管理导向，是市场营销的一个重要问题。营销管理希望能够设计与目标顾客建立有价值的关系的战略。但是，应该以什么哲学指导企业的营销活动呢？顾客、公司和社会利益通常相互冲突，应该如何平衡呢？因此，如何处理公司利益、消费者利益和社会利益这三者之间的关系，用什么样的观念去指导整体市场营销活动，关系到公司的兴衰与成败。

20 世纪以来公司营销管理导向随着经济的发展和市场商品供求关系的变化发生了一些相应的变化。归纳起来，在设计和执行市场营销战略时，有五种可供选择的观念：生产观念、产品观念、推销观念、市场营销观念和社会营销观念。

### 1.3.1 生产观念

生产观念（Production Concept）是一种传统的、古老的经营指导思想，在发达国家，这种指导思想在 20 世纪 20 年代以前居主导地位。生产观念是在卖方市场条件下产生的一种公司经营指导思想，在卖方市场情况下，产品供不应求，不愁销路。消费者和用户关心的重点是产品的有无问题，生产者关心的重点是降低成本，增加产量，经营上必然是采用"以产定销""我们能生产什么，就卖什么"思想。在我国，由于经济发展相对落后，在 20 世纪 80 年代以前，公司经营决策者大都持有此种指导思想。

迄今为止，生产观念在某些情境下依然是行之有效的。但采用这一导向的公司面临极大的风险，过于狭隘地聚焦于自己的运营而迷失真正的目标——满足顾客的需要和建立客户关系。

### 1.3.2 产品观念

产品观念（Product Concept）认为，消费者会偏好那些高质量、多功能和富有某种特色的产品。在产品观念指导下的公司里，营销管理者总是致力于生产优质产品，并不断改进产品，使之日臻完善。

产品观念产生于市场供不应求向供过于求的转变期。在这样的市场形势下，公司营销管理者认为，买主喜欢精心制作的产品，消费者能够鉴别产品的质量和功能，并且愿意出较多的钱购买质量上乘的产品。

产品观念指导下的公司在设计产品时很少让顾客介入。它们相信本公司的工程师知道该怎样设计和改进产品。它们甚至不考察竞争者的产品。

产品观念会引发"营销近视症"。例如，铁路营销管理者只认为乘客出行需要火车，而忽略了航空、公共汽车和轿车的日益增长带来的挑战。计算尺制造商认为，工程师需要的是计算尺而不是计算能力，以至于忽略了袖珍计算器的挑战。这些公司营销管理者在应当朝窗外看的时候，却总是朝镜子里面看。

### 1.3.3 推销观念

推销观念（Selling Concept）是在生产观念基础上发展的一种经营指导思想。20世纪30年代至第二次世界大战结束前后，公司决策者大都在这种观念指导下从事营销活动。这是买方市场条件下产生的一种经营观念。在这种市场态势下，公司面临的主要问题是产品的销售问题。于是，公司十分重视推销工作，运用各种推销术和广告术来推销产品。

推销观念可概括为："我们会做什么，就努力去推销什么"。推销观念认为，如果公司采取强有力的推销措施，就有可能促使顾客购买更多的产品，产品销售能否成功，关键取决于公司的推销能力。经过强有力的推销、刺激、诱导，顾客就会产生购买行为。

推销观念与生产观念相比，已经有了很大的进步，但从生产者与消费者的关系看，仍属于生产者导向的旧经营指导思想。

### 1.3.4 市场营销观念

市场营销观念（Marketing Concept）是一种全新的经营指导思想。第二次世界大战以后，美国急剧膨胀的军事工业转向民用工业。同时，随着第三次科技革命的深入，劳动生产率大幅度提高，市场可供给产品的数量剧增，花色品种日新月异。市场进一步供过于求，消费者的需求和欲望不断变化，竞争更加激烈。形势的变化给营销学提出了新的课题，促使营销学发生了深刻的变化。在买方市场形势下，公司仅仅靠推销术、广告术已经不灵了。

从根本上解决销售问题的途径在于按照消费者的需求去组织生产。于是，市场营销观念产生了。这种观念主张"消费者需要什么，公司就生产什么。"这可以被称为公司营销观念的一次"革命"。这一"革命"，把市场在生产过程中的位置颠倒过来。按照过去营销学的概念，市场是在生产过程的终点，销售的职能只是推销已经生产出来的产品；而新的概念强调了买方的需求、潜在的需求，市场则成为生产过程的起点，营销的职能首先必须调查、分析和判断消费者的需求和欲望，将信息传递到生产部门，据此提供适宜的产品和劳务并在满足消费者需求的基础上获得利润。新旧市场营销观念的区别如表 1-2 所示。

表 1-2 新旧营销观念对比表

|  | 起点 | 中心 | 手段 | 途径 |
| --- | --- | --- | --- | --- |
| 旧的市场营销观念 | 工厂 | 现有产品 | 推销和促销 | 通过提高销量获得利润 |
| 新的市场营销观念 | 市场 | 顾客需要 | 整合营销 | 通过达到顾客满意获得利润 |

公司要开展响应营销、预知营销和创造营销。响应营销是寻找已存在的需要并满足它；预知营销是走在顾客需要的前面；创造营销是发现并解决顾客尚未提出的要求，设法满足他们会热情接受的需要。以前，没有人需要自动售货机和有导航系统的汽车，这些需要今天都成为现实。营销观念将会使广大公司在营销管理上发生质的变化。产品适应了顾客的需要，其销售量会大幅度提高，公司盈利增加，形成巨大的发展能力，使公司营销步入良性循环的轨道。营销观念的最终目标是帮助公司实现生存、盈利和发展。

奉行市场营销观念不仅仅要对顾客明确表示的愿望和显而易见的需要作出反应。顾客导向的公司应深入地研究当前顾客，以了解他们的愿望，为新产品和服务收集新的创意，测试研发中的产品并改善。当市场上存在很清晰的需要，或顾客知道自己想要什么的时候，这种顾客导向的市场营销通常很有效。

但是，在很多情况下，顾客并不清楚自己到底想要什么，甚至是可以要什么。这些情境要求顾客导向的市场营销要比顾客自己更好地理解顾客需要，并创造产品和服务满足现存和潜在需要。

### 1.3.5 社会营销观念

单纯的市场营销观念忽略了消费者短期欲望与长期福利之间可能存在的冲突。社会营销观念（Societal Marketing Concept）是对市场营销观念的进一步完善发展，也对这种单纯的市场营销观念提出了质疑。满足目标市场当前需要和欲望的公司，从长期看是否依然对顾客有利呢？社会营销观念认为市场营销战略应该以维持或改善消费者和社会福利的方式向顾客递送价值。这要求可持续的市场营销，即承担社会和环境责任的市场营销，强调满足顾客和公司当前需求的同时也保护或增强后代满足需求的能力。与单纯的市场营销观念相比，社会营销观念有以下特点：在继续坚持通过满足消费者和用户需求及欲望而获取利润的同时，更加合理地兼顾消费者和用户的眼前利益与长远利益，更加周密地考虑如何解决满足消费者和用户需求与社会公众利益之间的矛盾。随着全球环境破坏、资源短缺、人口爆炸等问题日益严重，要求公司顾及消费者整体与长远利益即社会利益的呼声越来越高。社会营销观念要求公司的任务在于确定目标市场的需要、欲望和利益，比竞争者更有效地使顾客满意，同时维护与增进消费者和社会福利。

从广义来说，许多领先的公司和市场营销学家现在倡导"分享的价值"这一概念，认为是社会需求，而不仅仅是经济需求界定了市场。"分享的价值"强调以同时创造社会价值的方式创造经济价值。越来越多的公司因其精明的生意经而著称，它们开始重新思考公司经营业绩与社会价值之间的相互关联，努力创造分享的经济和社会价值。这些公司关心的不仅仅是短期经济利益，还有顾客的福利、对公司至关重要的自然资源、重要供应商的行为，以及自己的生产和销售活动对所在社区经济福利的影响。

## 1.4 市场营销领域的新变化与趋势

每天，市场中都会发生巨大的变化。"未来不同以往"。市场在变化，为其提供服务的人也必须随之改变。

### 1.4.1 数字时代：网络、移动和社交媒体营销

数字技术的迅猛增长彻底改变了我们的生活方式——我们如何沟通、分享信息、娱乐和购物都异于往昔。据估计，30亿人——世界人口的40%是网民。大量成年人现在使用智能手机，其中的一半用他们的智能手机和其他移动设备访问社交媒体网站。这些数字随着数字技术在未来的发展会继续增长。

大多数消费者被数字技术包围着，如雨后春笋般出现的网站和社交媒体深受网民喜爱。消费者对数字和移动技术的热爱和追逐为营销者吸引顾客参与提供了沃土。互联网、数字技术和社交媒体的进步已经给营销界带来翻天覆地的变化。数字和社交媒体营销涉及运用数字营销工具，诸如网站、社交媒体、移动广告和应用软件、网络视频、电子邮件、博客和其他数字平台，随时随地吸引消费者借助他们的电脑、智能手机、平板电脑、网络电视机和其他书籍设备参与和投入。如今，几乎所有的公司都在运用多个网站、购物平台来来影响消费者，解决消费者的问题，帮助他们购物。

在最基本的层次上，市场营销者建立公司和品牌的网站，提供信息和促销公司的产品。许多这类网站也称为网络社群，顾客在此汇聚和交换与品牌相关的趣事和信息。大多数公司不仅建设网站，还将社交和移动媒体整合进营销组合。

（1）社会化媒体营销。

社会化媒体营销是利用社会化网络、在线社区、博客、百科或者其他互联网协作平台媒体进行营销和客户服务维护开拓的一种方式。社会化媒体营销又称社会化营销、社交媒体营销、社交媒体整合营销、大众弱关系营销。其特点是周期长、传播的内容量大、形式多样；公司每时每刻都处在营销、与消费者的互动状态，强调内容性与互动技巧，需要对营销过程进行实时监测、分析、总结与管理，还需要根据市场与消费者的实时反馈调整营销目标等。

社会化媒体的崛起是近些年来互联网环境下的一个发展趋势。不管是国外的 Facebook 和 Twitter，还是国内的微信和微博，都极大地改变了人们的生活，将我们带入了一个社交网络的时代。社交网络属于网络媒体的一种，而营销者在社交网络时代迅速来临之际，也不可避免地要面对社交化媒体给营销带来的深刻变革。

（2）移动营销。

移动营销（Mobile Marketing）指面向移动终端（手机或平板电脑）用户，在移动终端上直接向目标受众定向、精确地传递个性化即时信息，通过与消费者的信息互动达到市场营销目标的行为。移动营销早期称作手机互动营销或无线营销。移动营销是在强大的云端服务支持下，利用移动终端获取云端营销内容，实现把个性化即时信息精确有效地传递给消费者个人，达到"一对一"的互动营销目的。移动营销是互联网营销的一部分，它融合了现代网络经济中的"网络营销"（Online Marketing）和"数据库营销"（Database Marketing）理论，是经典市场营销

的派生,是各种营销方法中最具潜力的部分。营销者应用移动渠道刺激即刻购买,使购物更便利,丰富品牌体验,或所有这些。对于移动营销,今后可能会做出更多的尝试,这不仅是腾讯、阿里、百度及新浪等平台想解决好的问题,也是众多公司想解决好的方面。毕竟,在移动互联网时代,小屏幕上做广告往往不大受欢迎,此时就需要结合社会化营销,再充分发挥创意的力量,充分发挥病毒营销、场景营销与故事营销的优势。其中,移动广告的展现形式可能会在新的一年有新的突破。

尽管网络、社交媒体和移动营销为市场营销者提供了令人振奋的巨大机会,但大多数市场营销者仍然在学习如何有效地运用它们。特别是学习如何将新的数字方式与传统营销有效融合,创造完美的整合营销战略和营销组合。数字、移动和社交媒体营销,它们几乎影响了营销战略和策略的所有领域。

### 1.4.2 可持续营销——承担更多的社会责任

20 世纪 70 年代以来,传统的主流市场营销理论就一直遭受着来自其他理论领域,包括非主流市场营销理论的批评。例如,营销战略导致的对自然资源的任意开采,对消费者的实际需求关心太少却生产出了太多的对健康和环境有害的产品,通过广告的刺激、产品的差异化以及人为地缩短产品的生命周期导致了资源的浪费等等。在这种形势下,营销学界也围绕环境保护问题进行了卓有成效的讨论,并提出了一系列影响广泛的营销概念。其中,以生态营销、绿色营销、可持续营销最具代表性,它们都属于环境营销的概念范畴。

市场营销者正重新审视他们与社会价值和责任、环境的和谐关系。随着世界范围内消费者主权运动和环境保护主义运动的兴起,今天的市场营销者被要求开展可持续营销。公司伦理和社会责任已经成为几乎所有公司的热点话题,所有的公司行为都可能影响客户关系。具有前瞻性的公司开始承担社会责任,并将社会责任行为视为一种机会,通过服务于顾客和社会当前需求和长期利益来盈利,体现企业的商业价值与社会价值。

## 小结

1. 著名营销管理大师菲利普·科特勒认为:"营销(Marketing)是个人和集体通过创造,提供出售并同别人自由交换产品和价值,以获得其所需所欲之物的一种社会过程。"

2. 美国市场营销协会(AMA)在 1995 年对市场营销解释如下:"市场营销是计划和执行关于商品、服务和创意的观念、定价、促销和分销,以创造符合个人和组织目标的交换的一种过程。"

3. 1912 年,美国哈佛大学的赫杰特齐写出了第一本营销学教材,被视为市场营销学独立成为一门科学的奠基石。

4. 市场营销学是一门研究公司为达到营利目的,以满足消费者和用户需求为途径,以产品销售为导向的一系列经营销售活动的科学。

5. 市场是"一种商品或劳务的所有潜在购买者的需求总和。"由此可见,市场主要包括三个要素:具有某种需要的人或组织、可以满足这种需要的购买能力和购买意愿。用公式来表示,即市场=人口+购买力+购买意愿。

6. 消费者的需要和欲望通过市场供应物——即提供给市场以满足需要、欲望和需求的产品、服务、信息或体验等的集合——得到满足。市场提供物不仅仅局限于有形产品，还包括服务——供销售的活动或利益，基本上是无形的且不涉及所有权的转移。此外，更广义地说，市场供应物还包括其他内容，诸如地点、组织、信息和创意等。

7. 公司需要对市场营销活动加以管理，市场营销管理的实质是对市场需求的管理。要管理需求，首先应了解、分析、认识需求。各种各样的需求可以归纳为 8 种状态，营销者应在研究需求的基础上寻求满足需求的途径，从而明确与各不相同的需求状态相适应的营销管理任务。

8. 公司市场营销管理导向，是市场营销的一个重要问题。营销管理希望能够设计与目标顾客建立有价值的关系的战略。但是，应该以什么哲学指导营销战略呢？顾客、公司和社会利益通常相互冲突，应该如何平衡呢？因此，如何处理公司利益、消费者利益和社会利益这三者之间的关系，用什么样的观念去指导整体市场营销活动，关系到公司的兴衰与成败。

9. 20 世纪以来公司营销管理导向随着经济的发展和市场商品供求关系的变化发生了一些相应的变化。归纳起来，在设计和执行市场营销战略时，有五种可供选择的观念：生产观念、产品观念、推销观念、市场营销观念和社会营销观念。

10. 社会化媒体营销也可称为社会化营销，是利用社会化网络、在线社区、博客、百科或者其他互联网协作平台媒体进行营销和客户服务维护开拓的一种方式。又称社会化营销、社交媒体营销、社交媒体整合营销、大众弱关系营销。

11. 移动营销（Mobile Marketing）指面向移动终端（手机或平板电脑）用户，在移动终端上直接向目标受众定向、精确地传递个性化即时信息，通过与消费者的信息互动达到市场营销目标的行为。

12. 营销学界也围绕环境保护问题进行了卓有成效的讨论，并提出了一系列影响广泛的营销概念。其中，以生态营销、绿色营销、可持续营销最具代表性，它们都属于环境营销的概念范畴。

**重要概念**

市场营销　市场　生产观念　产品观念　推销观念　市场营销观念　社会营销观念　社会化媒体营销　移动营销　可持续营销

**复习思考题**

1. 市场营销学的产生与发展经历了哪几个阶段？
2. 市场营销学在中国传播和应用的条件是什么？
3. 市场营销学的研究对象是什么？
4. 现代公司市场营销的提供物包含哪些方面？
5. 市场营销、促进销售、推销有什么区别？
6. 常见的市场需求状态及公司相应的营销管理任务有哪些？
7. 市场营销管理观念经历了哪几个阶段的演变？
8. 市场营销领域的新变化与趋势有哪些？

## 经典案例

### 海尔集团营销观念的演变

从20世纪80年代开始到进入21世纪的短短30多年，中国很多公司在市场营销上的成功都值得大书特书，海尔只是这样的一个典型代表。

第一阶段：典型事件——从大铁锤砸冰箱到产品零缺陷

1985年，一位用户来信反映，电冰箱厂生产的"瑞雪"牌冰箱有质量问题，张瑞敏突击检查了仓库，发现库存中不合格的冰箱76台。张瑞敏召开全厂各部门人员参加的现场会，确认了每台不合格冰箱的生产人员后，拉出一把重磅大锤，由事故责任人当着全厂职工的面，将76台不合格电冰箱全部砸毁。

砸冰箱事件，在当时引起轰动，议论纷纷。显然，当时在张瑞敏看来，制造好的电冰箱就能赢得顾客的青睐，顾客也愿意花较多的钱购买质量上乘的产品，这是意识的觉醒和产品观念的确立，与生产观念彻底决裂。80年代以后，宏观经济环境正在发生变化，消费者们已开始选择：他们需要的是高质量、多功能和具有特色的产品，并在寻找信得过的厂商；同时，市场上出现了竞争，竞争主要集中在产品质量、产品功能和产品的差异化上。

张瑞敏是把握住市场变化并采取行动的人，砸冰箱事件在内部震醒了全体员工，开始建立"零缺陷"质量标准。厂里引进德国的生产线，也引进了ISO标准，在1985年海尔推出了第一代四星级冰箱——"琴岛—利勃海尔"，开始走上了创立名牌产品之路。砸冰箱事件也是一个真正意义上的公关事件，张瑞敏利用这个契机，成功地将海尔的名字牢牢烙在消费者的心里。适逢1986年电冰箱市场进入了普及前期的爆炸性增长阶段，"琴岛—利勃海尔"产品借势占据了全国主要的大城市市场。砸冰箱事件在当时具有划时代的象征意义，它宣告了中国公司的第一次转型——开始以市场为导向、确立市场营销观念。中国的公司真正开始走进市场。

第二阶段：典型事件——"琴岛—利勃海尔"北京打擂

1988年，"琴岛—利勃海尔"电冰箱第一次送到北京展销。在现场，"琴岛—利勃海尔"电冰箱、日本冰箱和其他几个牌子的国产冰箱都通上电，当场打擂台赛。结果，"琴岛—利勃海尔"各项指标遥遥领先，把其他产品都比了下去。同是在1988年，全国电冰箱国优评比中，"琴岛—利勃海尔"在全国100多家冰箱厂中以总分第一的成绩取得金牌。

80年代家电生产厂家遍地开花，仅电冰箱生产厂就有110多家，1986年开始进入销售快速增长期，各冰箱厂开足马力，拼命生产。市场供应量充足，品牌杂而多，在众多牌子中，靠什么树立海尔品牌形象，抓住消费者的心？参加比赛和评奖成为最好的宣传工具。因为消费者自身并不能辨别谁好谁坏，该相信谁？只有相信权威部门和宣传媒介了。此后几年，海尔年年评奖，年年参加国际招标，到1990年获得中国家电唯一驰名商标，一个名牌诞生了。

海尔通过比赛树立名牌，同时通过加强质量管理和售后服务，配合广告塑造了电冰箱行业第一的形象，在运用各种推销手段的过程中，非常重视独特性，甚至可以称得上标新立异。因为有所准备，所以在1989年电冰箱市场疲软来临时，海尔不但跨过了生死门槛，而且更奠定了自己的领先地位。这一年，全国各冰箱厂纷纷出现产品积压，不得不进行降价促销，大打价格战，海尔却宣布价格上涨12%。海尔树立了优质优价的良好形象和美誉。

**第三阶段：典型事件——"小小神童"洗衣机、"大地瓜"洗衣机的推出**

1996年海尔推出"即时洗"洗衣机，命名为"小小神童"。标志着海尔营销观念的成熟，也标志着营销技术的科学化。这种洗衣机的需求，是海尔科研人员在市场调研中发现的；为了将概念变为成熟的产品，海尔又专门向用户发出"咨询问卷"，收到5万份回信。在此基础上，海尔推出"小小神童"，一举获得成功。

1996年，海尔在四川的一个农民用户投诉说洗衣机水管老是被堵，服务人员上门维修时发现，这位农民用洗衣机洗地瓜。海尔人员经过进一步调查发现，在四川农村，很多农民冬天用洗衣机洗地瓜、土豆，夏天用洗衣机洗衣服。张瑞敏的灵感又来了，发明一种洗地瓜的洗衣机。1998年，代号为XPD40-DS的洗衣机问世，投放的1万台很快销售空。

从"小小神童"洗衣机到"大地瓜"洗衣机，是海尔营销观念的又一次革命。营销观念的核心原则对市场营销提出了许多精辟的论述："满足有利益的需要""发现欲望并满足它们""热爱顾客而非产品""顾客第一"。在这一阶段，海尔在营销战略的制定和在运用营销组合方面已非常成熟。在1995年海尔提出"二次创业"的行动，通过对员工进行培训、在观念方面不断地和内、外部磨合，在执行公司战略方面切实有效。

在产品开发策略上，提出"市场设计产品"，针对款式、消费阶层、地域等指标进行细分，设计、生产适应不同市场需要的产品。同时，根据产品寿命周期的特点，坚持"生产一代、研制一代、构思一代"的导向，始终保持产品在市场上的领先地位。

在营销观念的指导下，海尔遵循"消费—市场—产品"的导向，在内部建立一条包括"信息—开发—制造—售前—售中—售后"的市场链，引入了"SST"机制，创造了市场在公司内部的运作机制，实现了全员营销，塑造了竞争力。到1998年，海尔实现了质变。

从单一的电冰箱产品，到洗衣机、电冰柜、空调、计算机，再到2000年有69大产品门类的产品群；从青岛电冰箱总厂到海尔集团，到7个工业园、46家工厂、15个设计中心；海尔集团突破了单一产品的营销，在不同的层面、不同的时机和场合，进行着多元化的市场营销活动。

**第四阶段：典型事件——荣获"最佳公益典范奖"**

2015年1月15日，在由新华网社科院共同举办的"第七届中国公司社会责任年会"上，海尔凭借在履行公司社会责任方面的突出表现荣获"最佳公益典范奖"。作为全球优秀品牌，海尔一直将积极履行社会责任作为公司义不容辞的责任。

海尔集团与联合国儿童基金会已经达成共识，未来三年双方将在"爱生学校社会情感学习项目"上实现深度合作，在西部3个省市的3个县开展关爱行动，共同关注农村地区留守儿童的教育及心理健康问题。针对骨干培训者、农村小学老师等进行社会情感教育教学培训，从而对留守儿童的情感发展、交流沟通以及心理健康产生积极正向的影响。

此次合作，也使海尔成为联合国儿童基金会中国家电类公司首家合作伙伴。海尔作为一直致力于推动儿童教育事业发展的社会公益力量，与联合国儿童基金会有着共同的诉求，双方合作将有效推动这一计划的实施进程。

在海尔五年公益规划中明确指出，2015年至2019年，海尔将每年捐建20所希望小学，海尔希望小学总数五年内将达到300所。同时，海尔未来五年还将深耕网络公益平台，借助网络的力量，放大"做善事"的正能量。据悉，海尔对希望工程的支持长达近20年。自1995年建设第一所希望小学以来，海尔已经在全国建成206所希望学校，覆盖全国26个省、直辖市、自治区，累计投入8000余万元。目前，海尔已经成为团中央希望工程中捐建希望小学最多的中国公司，海尔用于社会公益事业的资金和物品总价值已高达5亿余元。

创业30年以来，在"真诚到永远"的理念指导下，张瑞敏带领海尔在快速发展的同时，积极投身社会公益事业，用真情回报社会。

如今，海尔已经成为社会公益事业发展进程中最为活跃的社会力量。张瑞敏表示，未来，海尔还将配合集团的发展战略"网络化战略发展阶段"，继续提升海尔在公司社会责任上的表现，用真诚回报社会。

资料来源：曹家为.市场营销学[M]．北京：中国财政经济出版社，2011.

**案例思考题**

1．海尔集团营销管理观念的发展经历了哪几个阶段？各种营销观念产生的市场背景是什么？

2．营销观念在公司营销中起到了什么样的作用？

# 第 2 章　公司战略与营销战略

公司不仅要为目标顾客创造和传递高价值的产品,而且要能够适应不断变化的市场营销环境,即制定正确的战略并实施。公司应高度重视市场营销战略的制定,它关系着公司长远的发展。而公司的营销目标和战略,需要通过市场营销组合的实施去实现。同时,公司应对公司、部门和业务单位的市场营销活动都需要加强管理。

## 2.1　公司范围的战略规划

公司战略是关于公司未来行动的总体设想,是公司面对激烈变化的环境,为求得生存和不断发展而进行的总体、长远谋划。公司战略具有全局性、长远性和纲领性等特征。公司战略作为公司总体战略,由若干子战略组成。市场营销战略是公司整体战略中的主导性子系统。

公司战略规划是指公司为了生存和发展,对公司整体和长远发展而进行的谋划。

### 2.1.1　确定公司使命

一家公司的存在是通过营销产品和服务而盈利。在公司组建初期,其使命通常单一而明确,随着企业的发展,公司业务将逐渐变得复杂,其业务领域日益扩大,公司的使命方向需要调整或重新制定。

当公司和部门最高管理者意识到必须重新审视和明确企业宗旨时,必须对以下问题作出慎重的回答:我们的公司是干什么的?我们的顾客是谁?我们对顾客的价值是什么?我们的业务将是什么?我们的业务应该是什么?[①]

上述问题是关乎企业生存、发展的战略性问题,制约着企业未来的走势,企业必须慎重、全面地作出回答。

公司使命的形成受以下五个因素的影响:

(1) 历史。

每个公司都有自己的传统优势,公司应尊重和发扬历史上的成就,以减少风险。

(2) 所有者和上级管理者的意图。

经营者要服从所有者的战略设想,下级管理者要服从上级管理者的意图。

(3) 市场环境。

微观和宏观市场环境会给公司营销带来机会或威胁,公司在选择使命时要因势利导,善于抓住机遇,避开威胁。

(4) 资源。

公司的人、财、物、技术、信息、法规、信誉等资源各不相同,公司在确定使命时要善于扬长避短,发挥优势资源的作用。

---

① Drucker, P.D. Management: Tasks, Responsibilities and Practices[M]. New York: Harper and Row, 1973.7.

(5) 独特的能力。

公司在决定使命时,要知己知彼,充分挖掘本公司的特色,依靠"人无我有"来确保使命的竞争力和生命力。

为了让下属及员工共同负有使命感,公司应制定一份使命说明书。一份有效的使命说明书将向全体员工明确地阐述工作目标、方向和机遇。使命说明书可以引导广大员工在各自的工作岗位上共同为实现公司的目标而努力工作。一份使命说明书应符合以下三点要求:

1) 业务应集中在有限的目标上。要切实可行,不要有如最高质量的产品,最低的价格,最广泛的分销网之类听起来不错,却不能提供明确的指导。

2) 使命说明书应强调公司的政策和价值观。规定公司处理与利益关系方的政策,对员工自主的范围加以限制,以使员工在实现公司目标上行动一致。

3) 明确公司要参与的竞争领域:

①行业领域。如杜邦公司专业经营工业品,陶氏(Dow)公司兼顾经营工业品与消费品。

②产品的应用领域。

③能力领域。即公司掌握和支配的技术及其他核心能力。

④市场细分领域。即公司的市场或顾客类型。

⑤垂直渠道领域。即公司是加入从原料到最终产品的分销渠道,还是很少或没有垂直结合。

⑥地理区域领域。即公司希望开拓的区域、国家或国家集团范围。

### 2.1.2 规划业务组合

(1) 建立战略业务单位。

规模大的公司经营着为数众多的业务,每一项业务都应建立各自的战略。战略业务单位(strategic business units,SBUs)应具备以下特征:

1) 它是一项独立的业务或相关的一组业务,它能与公司其他业务分开而单独作业。

2) 它有自己的竞争者。

3) 它有一位经理,负责战略计划、利润业绩,并控制影响利润的资源。

公司划分战略业务单位的目的,是要独立开发这些业务并适当安排的资金。而安排业务投资的前期工作是对战略业务单位进行评估。

(2) 战略业务单位的评估。

两种著名的投资组合的评估模型是:

1) 波士顿咨询公司模型

波士顿公司(Boston Consulting Group,BCG)是一家先进的管理咨询公司。它建立了"市场增长率——相对市场份额"矩阵(Growth-Share Matrix)(见图2-1)。图中圆圈代表公司的战略业务单位,圆圈直径大小表示战略业务单位的规模。每项业务的位置表示它的市场增长率和相对市场份额。

图中,纵坐标上的市场增长率(Marketing Growth Rate)表示这项业务的市场年销售增长率。以10%为界分为高增长和低增长。横坐标上的相对市场份额(Relative Market Share)表示该战略业务单位的市场份额与该市场最大竞争者的市场份额之比。以 $1x$ 为界,相对市场份额分为高份额和低份额。

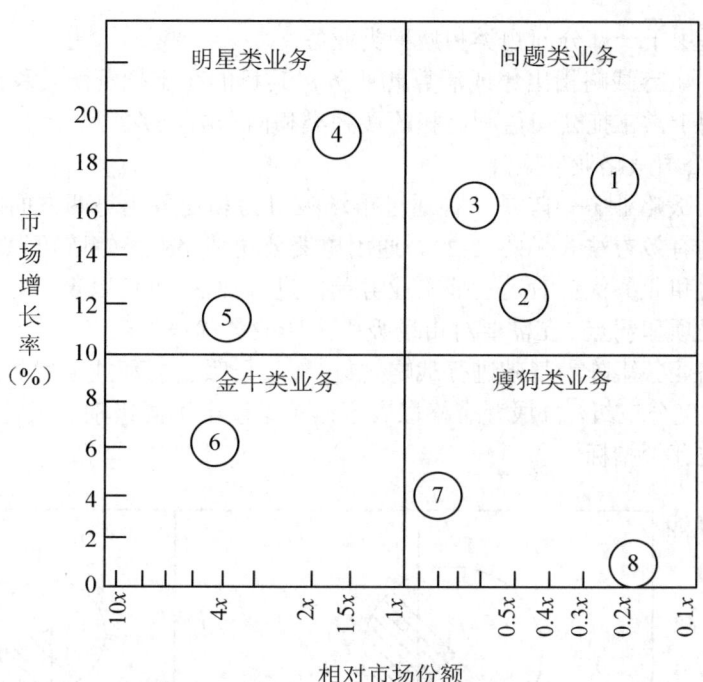

图 2-1 市场增长率——相对市场份额矩阵

"市场增长——相对市场份额"矩阵分成四个区域,每个区域内的业务属于一个类型。

其一,问题类业务。此类业务是市场增长率高而相对市场份额小的业务。大多数业务都是以问题类业务开始的。问题类业务需要投入大量现金,以跟上迅速增长的市场需要。

其二,明星类业务。此类业务是市场增长率和相对市场份额双高的业务。如果一家公司的问题类业务的相对市场份额扩大至第一名,就进入明星类业务。明星类业务并不一定为公司带来大量现金,因为公司必须投入大量资本来维持其地位并击退竞争者的各种进攻。

其三,金牛类业务。此类业务是市场增长率低,但相对市场份额大的业务。如果一家公司的明星类业务的市场增长率下降到 10% 以下,同时继续保持最大的市场份额,明星业务就变成金牛业务了。这类业务为公司带来大量的现金收入。由于市场增长率低,公司不必投入大量的资本。同时,该业务是市场领导者,它还享有规模经济和较高的利润率优势。

其四,瘦狗类业务。此类业务是市场增长率和相对市场占有率双低的业务。一家公司的金牛类业务如果在竞争中相对市场份额缩小到 1x 以下,而市场增长率依然低于 10%,这项业务就跌入瘦狗类业务范围中了。

公司在对其战略业务单位进行评估后,下一步的工作是要为每一个战略业务单位确定目标、发展战略和预算。公司可以采取以下四种发展战略:

第一,发展。发展战略适合于问题类业务。当其市场份额有较大增长时,它有可能进入明星类业务。

第二,维持。维持战略适用于强大的金牛类业务,这样,可以使公司继续产生大量的现金流。

第三,收获。收获战略的目的在于增加短期现金收入,而不考虑长期影响。决策收获战略,常常取消研究与开发费用,不更新设备,减少广告费支出等等。这一战略适用于处境不佳的金牛类业务也适用于一部分问题类和瘦狗类业务。

第四，放弃。放弃战略指出售或清算此业务，其目的在于把资源转移到更有利的业务上去。这一战略适用于常常拖公司盈利后腿的瘦狗类和问题类业务。

2）通用电器公司战略业务矩阵

通用电器公司战略业务矩阵是一种通过市场吸引力和业务优势两方面的多因素组合来评价战略业务单位的有效方法（见图 2-2）。通用电器公司战略业务矩阵可以用来根据战略业务单位的市场吸引力和业务优势对这些战略业务单位进行评估，也可以表述一个公司的战略业务单位组合判断其强项和弱点。在需要对市场吸引力和业务优势作广义而灵活的定义时，可以以通用电器公司战略业务矩阵为基础进行战略规划。按市场吸引力和业务优势两个维度评估战略业务单位，每个维度分三级，分成九个格以表示两个维度上不同级别的组合。两个维度上可以根据不同情况确定评价指标。

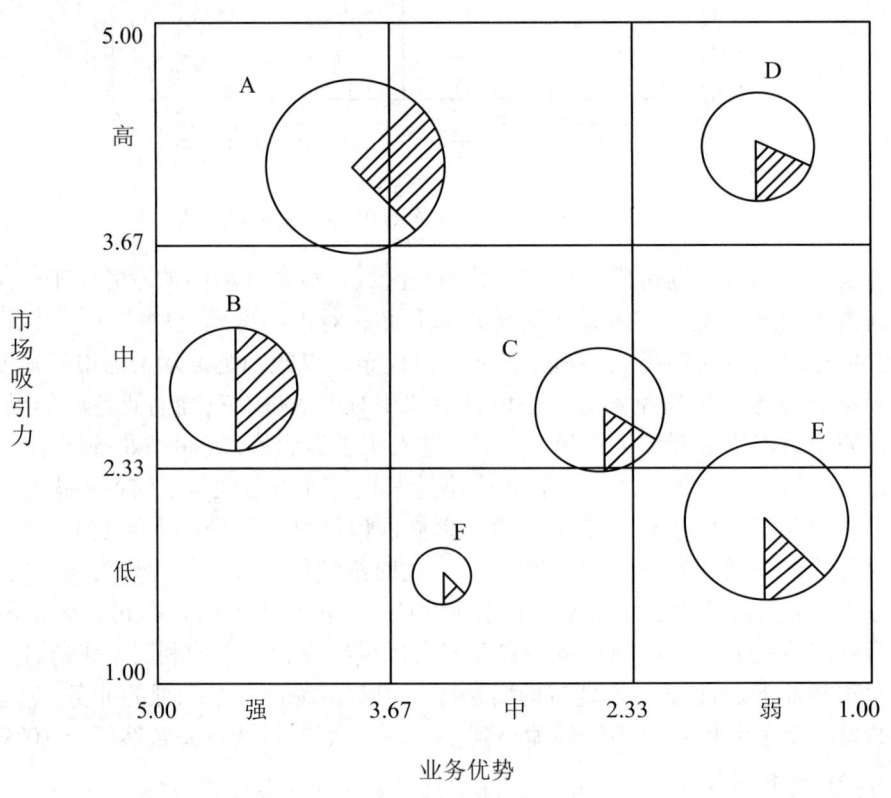

图 2-2　通用电器公司战略业务矩阵

### 2.1.3　制定增长战略

公司将现有各项业务的销售额和利润汇总，就构成了公司的总销售额和总利润额。如果公司现有业务构成的总销售额和总利润额与期望的销售额和利润额之间存在缺口，就必须制定一个发展新业务计划，以填补战略计划的缺口。公司可以采取如下方式实现增长：

（1）密集型增长。

密集型增长是指公司在现有的业务领域寻求未来发展机会。安索夫（Ansoff）提出了一种

"产品-市场扩展方格"(见图2-3)。①

安索夫的"产品-市场扩展方格"提出了公司在现有产品和市场基础上的三种发展战略:

1)市场渗透战略。即公司设法在现有市场上使现有产品增大市场份额。公司可以促使现有顾客增加购买次数和购买数量;可以争取竞争者的顾客;还可以吸引从未购买过本公司产品的顾客。

2)市场开发战略。即公司设法为现有产品开发新市场。公司可以在现有销售区域内寻找新的细分市场,如原来以企事业单位为顾客的电脑公司开发家庭、个人市场。公司也可以开发新的销售区域。

|  | 现有产品 | 新产品 |
|---|---|---|
| 现有市场 | 1.市场渗透战略 | 3.产品开发战略 |
| 新市场 | 2.市场开发战略 | (多样化战略) |

图2-3 安索夫"产品-市场扩展方格"

3)产品开发战略。即公司改进现有产品,以满足现有市场上顾客发展变化的需求。公司可以在花色、品种、规格、功能、材料等方面不断改良现有产品。

(2)一体化增长。

如果公司的业务所在的行业很有发展前途,实现一体化可以资源共享,提高营销效益,则可选择一体化增长战略。一体化增长战略包括:

1)后向一体化。即公司通过投资、收购、兼并原料、材料、配件供应商,拥有或控制供货系统。后向一体化,也称供产一体化,它可以避免原材料短缺,摆脱供应商的控制,为公司争取发展和营利的机会。

2)前向一体化。即公司通过投资、收购、兼并批发、零售公司,拥有或控制分销系统。前向一体化,也称产销一体化,它可以获得流通领域的利润,并及时了解市场信息,也可避免中间商的控制。

3)水平一体化。即公司通过投资、收购、兼并同类型具有竞争性的其他公司,以扩大生产规模。这种发展战略可以增强公司实力,享受规模带来的效益。

(3)多样化增长。

如果公司在目前业务范围以外的领域发现了营销机会,而公司又具备跨行业经营的条件,则可以实施多样化发展战略。多样化增长战略包括:

1)同心多样化。即公司以原有的技术、产品、经验为基础发展相关的新业务。如飞机制造厂发展小轿车,电视机厂发展DVD。公司在原有核心能力的基础上发展新业务,可以发挥优势易于成功。

---

① Johnson, S.J. Jones, C. How to Organize for New Products[J]. Harvard Business Review 1957 May-Jun: 49-62.

2）水平多样化。即公司为现有市场上的顾客发展另外一类产品。公司实施此种战略，不需开拓市场，只是为原买主提供另外一类产品，满足其新的需求。如原来生产拖拉机的公司，现在为原买主生产农药、化肥。公司在技术上进入一个全新领域，会增大经营风险。

3）跨行业多样化。即公司开发与现有技术、产品和市场毫无关联的新业务。如冶金公司发展电子业务，百货公司发展房地产业务。公司实施此战略在获取较大的发展和营利机会的同时，也面临较大的经营风险。

上述公司发展战略如表2-1所示。

表 2-1　企业增长战略表

| 密集化发展战略 | 一体化发展战略 | 多样化发展战略 |
| --- | --- | --- |
| 市场渗透 | 后向一体化 | 同心多样化 |
| 市场开发 | 前向一体化 | 水平多样化 |
| 产品开发 | 水平一体化 | 跨行业多样化 |

## 2.2　市场营销战略与市场营销组合

公司应高度重视市场营销战略的制定，它关系着公司长远的发展。而公司的营销目标和战略，需要通过市场营销组合的实施去实现。

### 2.2.1　市场营销战略

公司制定的市场营销战略至关重要，具有战略意义的谋划主要是：

（1）目标市场营销战略。

目标市场营销战略包括市场细分、选择目标市场、市场定位三个步骤。第一，市场细分。即按不同细分变量将市场划分为不同的顾客群。第二，选择目标市场。即根据衡量细分市场吸引力的有关标准，确定涵盖多少子市场并确定营销组合的总体思路。第三，市场定位。建立某一产品或服务的市场传播的关键性特征和利益。

（2）产品生命周期营销战略。

产品在市场上有一个生命周期，这个周期可以划分为导入、成长、成熟和衰退四个阶段。公司应研究产品生命周期各阶段的特征，并采取适宜的策略经营好处于不同阶段的产品。

（3）新产品开发战略。

在充满变化的市场上，没有永恒的产品。为了支撑公司长盛不衰，公司必须高度重视新产品开发工作。公司要研究新产品开发的风险和成功的要素，要管理好新产品开发的各个阶段。

（4）选择竞争战略。

公司不是孤立地存在于市场上的，公司可能面临来自同行业的竞争和来自满足同一需求的不同公司的竞争。公司应明确本公司的竞争地位，选择恰当的战略参与竞争并从中获胜。

（5）市场进入战略。

公司还要考虑是否进入国际市场问题。公司应特别研究国际市场的政治、经济、自然资源和文化环境，在进入与否、如何进入，以及市场营销组合上做出正确决策。

### 2.2.2 市场营销组合

公司的营销目标和战略,需要通过市场营销组合(4P 营销组合)的实施去实现。公司应从以下基本方面做出设计,并构成一个有机的整体:

(1) 产品(Product)。

公司要决策产品质量、设计、性能、品牌和包装。还要决策各种服务,如租赁、送货、维修、培训等。

(2) 价格(Price)。

公司按一定的程序制定产品的市场价格,并针对情况的不同,作出策略性改变。此外,公司还要研究价格调整和如何应付竞争者的价格变化。

(3) 地点(Place)。

公司要设计自己产品的营销渠道,选择中间商和加强对中间商的管理。公司还要研究市场物流的有关问题,处理好仓库、存货和运输等项工作。

(4) 促销(Promotion)。

公司要在产品销售过程中加强信息沟通工作,设法将公司产品的信息顺畅地传递给可能的买主。公司要在各种促销工具上做出决策和整合。恰当地运用广告、销售促进、公共关系、人员推销、直接营销和在线营销等手段,促进产品的销售。

## 2.3 管理市场营销活动

市场营销是战略和战术活动的统一体,它始于产品开发生产之前,行于产品开发生产之中,在产品销售之后还应延续。为了实现目标,公司、部门和业务单位的经理应通过市场营销活动来履行其职责。

### 2.3.1 SWOT 分析

SWOT 分析是综合考虑了公司所面临的外部环境因素和内部资源能力因素,进而分析公司的优势(Strengths)、劣势(Weaknesses)及其所面临的机会(Opportunities)和威胁(Threats)的一种方法。其中,优劣势分析主要将注意力放在公司自身的实力及其竞争对手的比较上,而机会和威胁分析则主要着眼于外部环境的变化或对公司自身的影响。SWOT 分析不仅在战略分析中有着广泛的应用,还可以推而广之应用到其他决策之中。

SWOT 分析的核心就在于战略的"匹配",即根据公司的优势、劣势及机会、威胁设计出 SO 战略、WO 战略、ST 战略和 WT 战略,以此来获取独特的竞争优势,使公司在行业中取得有利的地位,如图 2-4 所示。

(1) 优势-机会(SO)战略。

此战略是一种发挥公司内部优势同时注重把握公司外部机会的战略。

(2) 劣势-机会(WO)战略。

此战略是通过利用外部机会来弥补公司的不足或者通过改变自己的劣势从而提高把握外部机会的能力的一种战略。

图 2-4　SWOT 分析矩阵图

（3）优势—威胁（ST）战略。

此战略是利用本公司的优势回避或减少外部的威胁的一种战略。

（4）劣势—威胁（WT）战略。

此战略是通过减少劣势来回避外部环境威胁的一种防御性战略。

SWOT 分析具有应用灵活、分析系统和表述清晰等特点，所以在实际工作中有着极强的应用价值。但是，由于此分析方法在很大程度上都依赖分析者的经验和直觉，对分析者的素质要求较高，无法确定在所给出的匹配方案中是否有最佳方案。实际上，公司的优势、劣势、机会和威胁是相对于竞争对手而言的，为了更加准确的评估公司的综合优势、劣势、机会和威胁，可以结合 EFE 和 IFE 中的分析方法，把其中的定量数据作为权重引入 SWOT 分析中，得出权重与专家评分之积作为比较的准则。这样可以有助于分析者重点关注权重较大的因素，从而为 SWOT 分析中的战略匹配提供决策上的指引与提示。[①]

### 2.3.2　市场营销计划

市场营销计划是市场营销活动方案的具体描述，它规定了公司各种经营活动的任务、策略、政策、目标及具体指标和措施。市场营销计划是公司从事营销活动的指导，在跨国公司中，编制详尽、完整和合理的营销计划已成为公司经营管理活动的惯例。其重要性表现在：有助于避免经营上的盲目性，使公司的营销活动顺利的开展；能够充分利用公司资源，取得较好的经济效益；有利于协调公司内部各部门之间的关系，分工明确，各司其职。

（1）计划概要。

计划概要对营销目标和措施作概括性的说明，以便公司高层管理人员能够很快掌握整个计划的核心内容。

（2）当前营销状况分析。

当前营销状况分析主要包括市场需求分析、顾客分析、竞争对手分析、宏观经济环境分析。

（3）确定营销目标。

营销目标是营销计划的核心和制定营销策略的基础，一般分为财务目标（即期利润指标、长期投资收益率等）和营销目标（销售额、市场占有率、目标利润率、广告效果、分销网、价格等）。

---

① 黄旭. 战略管理：思维与要径（第 3 版）[M]. 北京：机械工业出版社，2015：217.

（4）制定营销策略。

每一目标都可以通过多种途径去实现，管理者必须做出决策，包括市场定位、市场时机、市场进入、市场发展、市场竞争和市场产品组合等。

（5）提出行动方案。

营销策略还要转化行动方案，把具体行动方案用图表形式描述出来，表明日期、活动经费、责任人等，以便执行实施。

（6）进行预算预测。

列出收支预算，作为安排采购、生产、营销和人力资源管理的依据。

（7）列出控制方法。

营销计划的最后一部分是列出控制方法，主要说明如何对计划的执行过程和进度进行管理。[①]

### 2.3.3 市场营销组织

现代企业必须具有健全而有效的营销组织，才能对市场需求做出快速反应，提高营销活动的效率。

（1）分析营销组织环境。

分析营销环境首先应掌握市场状况，如市场的稳定程度，在相对稳定的市场上，公司的营销组织和资源配置也比较稳定，反之，则必须经常调整。其次，要考虑所经营产品的产品生命周期。因为产品在生命周期的不同阶段有着不同的特点，需要营销组织做出相应的变化。再次，应根据顾客对产品和服务的需求特征建立相应的职能型组织结构。如产业用户与消费者在购买同一商品时有着不同的要求，公司应采取不同的营销策略及与之相适应的营销组织。最后，还要分析竞争环境，了解主要竞争者的基本情况及竞争策略，确定适当的组织结构，以便对竞争者的挑战做出快速反应。

（2）确定营销组织的活动。

营销组织内部的各种活动可以分为职能型与管理型两种。职能型活动涉及营销的各个职能部门；管理型活动涉及管理任务中的计划、协调、控制等方面。公司常常是在制定战略规划的基础上，再确定相应的营销活动及营销组织的类型。

（3）建立组织职位。

首先，确定职位类型，是直线型或参谋型；是专业型或协调型；是临时型或永久型。每个职位的设立都应与营销组织的需要相吻合。其次，确定职位层次，即决定每个职位在营销组织中地位的高低，这主要取决于其营销职能在实现公司营销战略过程中的重要程度。最后，确定职位数量，这与职位层次密切相关。一般来说，职位层次越多，辅助性职位数量也就越多。

（4）设计组织结构。

设计组织结构的首要问题是将各个职位与所要建立的组织结构相对应，用较少的人员和较简单的管理层次去实现组织的目标。为了提高组织的效率，必须研究分权化程度和管理宽度。分权化程度是指权力分散到什么程度才能使上下级之间更好地沟通。管理宽度是指每个上级所能控制的下级人数。如果每个员工都恪尽职守，那么，营销组织的分权化程度越高，管理宽度

---

① 张贵敏. 体育市场营销学（第二版）[M]. 上海：复旦大学出版社，2015：263-264.

越大,其工作效率就越高。

(5) 配备组织人员。

营销组织的人员配备有两种情况:一是为新成立的组织配备人员;另一是对原有组织进行调整,相比较而言,后者更为复杂。不论哪种情况,公司配备组织人员时都应为每个职位制定详尽的工作说明书,并从学历、经历、能力、个性、健康状况等方面全面考查候选人的素质及其适应性。如果是对原有组织进行再造,还应对原有的员工重新考核评价,以确定他们在新组织中的职位。另外,公司为了完成某项特殊任务,往往要成立一些临时性的营销组织,这些机构的人员配备也应引起足够的重视。

(6) 组织结构的评价与调整。

任何形式的营销组织都不是完美的,总是存在着不同程度的矛盾与冲突。因此,营销经理的一个重要任务就是对组织的运行状况经常进行检查和监督,及时发现问题,加以调整与改进,使公司的营销组织不断发展,趋于完善。

### 2.3.4 市场营销执行

市场营销执行是将营销计划转化为行动和任务的过程,并保证这种任务的完成,以实现营销计划所制定的目标。一个好的营销计划,如果执行不当,就会使整个计划受损。分析营销环境、制定营销战略和营销计划是解决公司营销活动应该"做什么"和"为什么要这样做"的问题;而营销执行则是要解决"由谁去做""在什么时候做"和"怎样做"的问题。有效的营销执行要求建立一个有很强执行能力的组织,将资源分配给对营销计划起关键作用的活动上,制定出相关的营销政策,建立起完善的运作程序和有效的监控评估体系,使得计划执行过程中任何问题都能快速予以解决,任何偏离行为都能予以及时纠正和改善。

(1) 制定行动方案。

为了有效地执行营销计划,必须制定详细的行动方案。这个方案应该明确营销计划执行的关键性决策和任务,并将执行这些决策和任务的责任落实到个人或小组。另外,还应包含具体的时间表,定出行动的确切时间。

(2) 建立组织结构。

公司的正式组织在营销执行过程中产生决定性的作用,组织将战略实施的任务分配给具体的部门和人员,规定明确的职权界限和信息沟通渠道,协调公司内部的各项决策和行动。具有不同战略的公司,需要建立不同的组织结构。也就是说,组织结构必须同公司战略相一致,必须同公司本身的特点和环境相适应。

(3) 设计决策和报酬制度。

为执行营销计划,还必须设计相应的决策和报酬制度。这些制度直接关系到计划执行的成败。就公司对管理人员工作的评估和报酬制度而言,如果以短期的经营利润为标准,则管理人员的行为必定趋于短期化,他们就不会有为实现长期目标而努力的积极性。

(4) 开发人力资源。

营销战略最终是由公司内部的工作人员来执行的,所以人力资源的开发至关重要。这涉及到人员的考核、选拔、安置、培训和激励等问题。在考核选拔管理人员时,要注意将适当的工作分配给适当的人,做到人尽其才;为了激励员工的积极性,必须建立完善的工资、福利和奖惩制度。此外,公司还必须决定行政管理人员、业务管理人员和一线工人之间的比例。许多美国公司已经削减了公司一级的行政管理人员，目的是减少管理费用和提高工作效率。

（5）建设公司文化和创造管理风格。

公司文化和管理风格一旦形成，就具有相对稳定性和连续性，不易改变。因此，公司战略通常是适应公司文化和管理风格的要求来制定的，而不宜轻易改变公司原有的文化和风格。

### 2.3.5 市场营销控制

市场营销控制是对营销业绩的分析和评估，确保营销计划全面落实。

（1）年度计划控制。

年度计划控制实质为确保公司达到年度计划规定的销售额、利润及其他指标而进行的控制，主要工具有：销售额分析、市场占有率分析、销售/费用比分析等。

（2）获利性控制。

获利性控制是指通过对财务报表和数据的一系列处理，衡量产品、地区、销售渠道、顾客等因素对公司最终赢利的贡献大小和盈利水平，从而决定哪些产品或市场应该扩展，哪些应该缩减以至放弃等。

（3）效率控制。

效率控制是指公司使用一系列指标对营销各方面的工作进行日常监督和检查。一般来说公司营销效率控制的内容有：推销员工作效率控制、广告效率控制、促销效率控制等。

（4）市场营销审计。

市场营销审计是指定期对公司市场营销环境、经营战略、目标、计划、组织和整体营销效果等进行全面系统的审查和评价，属于最高级别的市场营销控制。市场营销审计包括市场营销环境审计、市场营销战略审计、市场营销组织审计、市场营销系统审计、市场营销效率审计和市场营销组合要素审计。市场营销审计是一项颇为庞大的工程，需要花费相当的时间、人力和资金，来保证利润最大化目标的实现。[①]

# 小结

1. 公司战略规划是指公司为了生存和发展，对公司整体和长远发展而进行的谋划。
2. 两种著名的投资组合评估模型，一是波士顿咨询公司的"市场增长率——相对市场份额"矩阵模型，另一是通用电器公司的"市场吸引力——业务优势"组合矩阵。
3. 公司制定的增长战略包括密集型增长、一体化增长、多样化增长。
4. 市场营销组合（4P营销组合）包括产品（Product）、价格（Price）、地点（Place）、促销（Promotion）。
5. SWOT分析是综合考虑了公司所面临的外部环境因素和内部资源能力因素，进而分析公司的优势（Strengths）、劣势（Weaknesses）及其所面临的机会（Opportunities）和威胁（Threats）的一种方法。
6. 市场营销计划包括：①计划概要；②当前营销状况分析；③确定营销目标；④制定营

---

① 张贵敏. 体育市场营销学（第二版）[M]. 上海：复旦大学出版社，2015：265-266.

销策略；⑤提出行动方案；⑥进行预算预测；⑦列出控制方法。

7．市场营销组织包括：①分析营销组织环境；②确定营销组织的活动；③建立组织职位；④设计组织结构；⑤配备组织人员；⑥组织结构的评价与调整。

8．市场营销执行包括：①制定行动方案；②建立组织结构；③设计决策和报酬制度；④开发人力资源；⑤建设公司文化和创造管理风格。

9．市场营销控制包括：①年度计划控制；②获利性控制；③效率控制；④市场营销审计。

### 重要概念

公司战略　公司战略计划过程　波士顿咨询公司模型　相对市场占有率　通用电器公司战略业务方格　密集型增长　一体化增长　多样化增长　市场营销组合　SWOT 分析　市场营销计划

### 复习思考题

1．对公司的使命的形成产生影响的因素有哪些？
2．波士顿咨询公司模型是如何评估战略业务单位的？
3．通用公司战略业务方格是如何评估战略业务单位的？
4．公司可采取的增长战略有哪些？
5．市场营销组合包括哪几部分？
6．SWOT 分析的核心内容是什么？
7．市场营销计划的内容有哪些？
8．如何建立市场营销组织？
9．市场营销执行活动包括哪些内容？
10．市场营销控制的内容有哪些？

## 经典案例

### 汉江集团的增长战略

随着经济全球化及各行各业的快速发展，公司间的竞争更加激烈。为降低成本，增强抗风险能力，公司就要尽快达到规模化经营，否则必将被淘汰出局。汉江集团要加快增长速度，实现规模化经营，实施增长战略。

开发水电产业。汉江集团是汉江流域水电龙头公司，拥有水利水电一级施工资质，曾先后参加过丹江口水利枢纽工程、黄龙滩水电站、丹江口自备防汛电厂、汉江王甫洲水利枢纽工程、长江干堤加固等工程建设，在水电站建设、工程监理和电站运行管理等方面，具有资金、设备、技术、人才和管理等优势。

整合高耗能产业。集团高能耗公司的产品面临着激烈的市场竞争，只有形成规模优势，降低生产成本、提高产品品质、凸显产品特色，才能继续站稳己有的市场。为此，必须进行铁合金、碳化硅、电石三大高能耗产业的聚集，实现资源共享，形成产业规模优势。

发展旅游业。汉江集团现有水上交通设施和宾馆服务业等基础设施，拥有丹江口大坝、丹江电厂及除三峡外亚洲最大的人工淡水湖——丹江口水库，离道教圣地武当山仅 75 公里。

汉江集团发展旅游业具有得天独厚的条件。汉江集团要以南水北调中线工程为契机，依托武当山优越的人文、自然景观和集团所在水利行业优势，发掘丹江口水库及库区的旅游资源，形成独具特色的道教文化与人工湖有机结合的旅游风景线，通过各种合作方式，做好水利旅游文章，并以此带动集团相关产业的发展。

做好水文章。汉江集团已成立了水资源开发公司，注册了南水北调饮用水商标，水源开发公司应凭借丹江口水库优良的水质和南水北调工程的影响力，要在经营体制、运行机制上不断创新。要不断拓展销售渠道、不断扩展市场，尽快将南水北调这一饮用水品牌做成行业名牌，并依托这一品牌，将集团的饮用水产业做大、做强。

资料来源：MBA 智库百科

**案例思考题**

1．汉江集团实施的是哪种增长战略？
2．汉江集团实施的增长战略在公司营销中起到了什么样的作用？

# 第二篇　理解市场和顾客价值

# 第 3 章　分析市场营销环境

现代公司是通过创造优质顾客价值和顾客满意来实现价值，为了比竞争者更好地满足目标顾客的需要，公司要主动适应外部环境的变化。为此，公司应该制定战略计划并实施营销管理，而市场营销环境分析则是营销管理的前提条件。

市场营销环境是指公司的营销部门无法控制的、但又能够影响其与目标顾客建立并保持良好关系能力的各种因素和力量。市场营销环境由微观环境和宏观环境两部分组成。微观环境是指直接影响和制约公司服务顾客能力的因素，而宏观环境则涉及影响和制约整个微观环境的更广泛的力量。

## 3.1　公司的微观环境

公司的微观环境由直接影响和制约公司服务顾客能力的各种因素构成，包括公司其他部门、供应商、营销中间商、顾客、竞争对手和公众。图 3-1 显示了公司微观环境中的这六种顾客价值创造的主要参与者。公司营销部门是否能够为目标顾客创造比竞争者更大的价值，取决于其与这六种主要参与者建立良好关系的能力，因为他们共同构成公司的价值让渡系统。

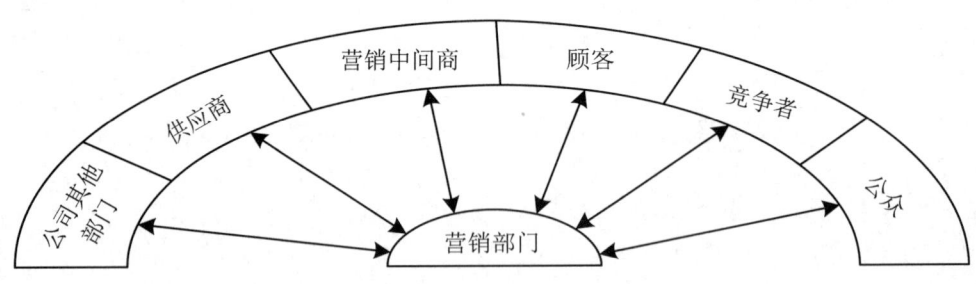

图 3-1　公司微观环境中的参与方

### 3.1.1　公司其他部门

公司其他部门主要是指营销部门所在公司的管理高层、研发部门、采购部门、生产部门、财务部门和会计部门。他们共同构成了公司的内部环境，并且直接影响营销部门为目标顾客创造价值的能力。管理高层通常是指公司的董事会、最高经理层和监事会，他们确定公司的宗旨和目标,规划公司的总体战略和政策。一方面,营销部门是在管理高层制定的战略计划指导下做出营销决策,并且经过其批准之后才实施。另一方面,营销部门又在管理高层制定战略计划的过程中扮演重要角色,为其识别有吸引力的市场机会和评价公司利用这些机会的能力。

营销部门还必须与公司其他职能部门密切合作,将公司每一个职能部门都视为公司价值链上的一个环节。营销部门为目标顾客创造价值能力的强弱,取决于价值链上的最弱的一个环节。研发部门负责设计既安全可靠又有吸引力的产品,采购部门关注如何获取原材料和零配件等生产资料,生产部门致力于生产出既定质量和数量的产品,财务部门为营销计划的实施筹措资金,而会计部门则需要核算生产成本和各项费用。只有在所有这些职能部门都以顾客为中心,为其提供优质价值和满意条件下,营销部门才能实现公司的营销目标。

### 3.1.2 供应商

供应商是指向公司提供生产特定产品和服务所需要的各种资源的组织和个人。供应商在公司整个顾客价值让渡系统中起着重要作用,它与销售商共同构成公司的供应链。伴随竞争由单一公司之间向本公司供应链与竞争对手供应链之间的转移,营销部门应该注重与供应商建立良好的伙伴关系。供应商的供给能力、及时性和关键供应品的价格变动幅度等都会影响公司目标顾客的满意度。

营销部门应该把供应商视为创造和传递顾客价值的合作者,并从双赢的角度考虑和处理与供应商的关系。例如,商业公司可以协助供应商测试其新产品在商店内的销售情况。又如,营销部门编写供应商销售建议指南并建立公司的网站,以帮助供应商了解本公司的采购流程。再如,营销部门运用计算机信息技术建立销售数据库和库存数据库,输入每天、每个销售点、每个顾客的和有关每件商品的销售信息,并且及时进行数据更新。这样,公司相关职能部门就能够向有关供应商适时下订单通知运货和换货。

### 3.1.3 营销中间商

营销中间商(Marketing Intermediary)是指帮助公司促销、销售以及分配产品和服务给最终用户的组织和个人。它由中间商、货物储运公司、营销服务机构和金融机构组成。

中间商是指帮助公司寻找最终用户并向他们销售产品和服务的分销渠道机构,包括批发商和零售商,他们为卖而买。如果说公司与供应商的合作构成供应链的上游,那么,公司与中间商的合作就组成供应链的下游。显然,中间商在公司整个顾客价值让渡系统中也起着重要的作用。公司选择中间商是一项十分困难的工作,这是因为其面对的是大型的且实力越来越大的零售商组织。如沃尔玛作为大型零售商组织,于2006年度凭借其3500亿美元的年销售额成为了全球500强公司的第一名。这些组织通常具有操纵谈判条款的能力,可以将某一制造商从整个市场中排挤出去。

货物储运公司是指协助制造商储存产品并把产品从原产地运送到目的地的公司,主要包括仓储公司和运输公司。仓储公司是指那些为了填补买卖双方在需求量和时间之间的差距而专门储存和保管商品的机构。运输公司包括从事公路运输、铁路运输、水路运输、航空运输、管道运输以及联合运输(即将上述两种或更多方式结合使用)的公司,它们负责把货物从一地运往另一地。营销部门应该从成本、交货期、速度、安全等方面进行综合考虑,选择成本最低而效益较高的运输方式。

营销服务机构是指协助生产公司选择恰当的目标市场并促销其产品的组织或个人，包括营销调研机构、广告代理公司、广告媒介公司和市场营销咨询公司。这四类营销服务机构分别从事市场细分、广告策划、广告登载及营销战略规划等业务活动。由于这些机构业务内容繁杂、组织治理结构各异且规模相差甚远，其在服务质量、收费标准和创新能力等方面参差不齐。因此，营销部门在决定委托专业机构办理这些事务时，需要慎重地做出选择。同时，营销部门还应该定期检查其工作，倘若发现某个专业机构不能胜任工作，则必须另找其他代替专业机构。

金融机构是指各类商业银行、保险公司、商业信贷公司以及其他从事投融资业务活动的组织机构。金融机构在买卖双方之间起着桥梁和纽带的作用，为买卖双方提供各种信息和信用担保以及融通资金、支付货款等一系列金融业务服务。

营销部门不仅应该把供应商视为创造和传递顾客价值的合作者，还应该把营销中间商也视为顾客价值创造的合作者。而合作的方式可以包括：一是营销活动方面的资金支持；二是消费者调研资料和调研结果的共享；三是向对方派驻跨职能团队，协助其解决某些棘手问题；四是借助计算机网络技术实现双方内部产品生产进度信息的沟通与协调。

### 3.1.4 顾客

营销部门与供应商和营销中间商建立密切的伙伴关系的目的，是为目标顾客创造优质价值。因此，营销部门需要认真研究其所面对的顾客市场。一般地讲，公司的目标顾客市场可以划分为5种类型：

（1）消费者市场。它是指所有为满足生活需要而购买商品和服务的个人和家庭的总和；

（2）产业市场。它是指所有为了进一步加工或者在生产过程中使用而购买商品和服务的组织和个人；

（3）转卖者市场。它是指所有为了再出售以获取利润而购买商品和服务的组织和个人；

（4）政府市场。它是由各级政府机构及其下属部门组成，其购买商品和服务是为了执行政府职能和提供公共服务。

（5）国际市场。它是由其他国家的购买者组成，涉及国外的消费者、经销商、制造商和外国政府。

上述每一类市场均具有其独有特征，营销部门只有充分考虑到这些独特要求后，才有可能为其提供最大顾客价值和满意。

### 3.1.5 竞争对手

从市场营销理论视角分析，一家公司的成功取决于其为顾客提供比其他竞争对手更高价值的产品和服务的能力。在市场经济条件下，业绩低下的公司通常是那些忽略竞争对手或仅仅是模仿竞争对手的公司，而业绩优秀公司则是那些引领竞争对手的公司。因此，营销部门只考虑满足目标顾客需求是不够的，还必须在顾客心目中将本公司的产品和服务与竞争对手的产品和服务区别开来，才能获取竞争优势。

然而，理解竞争对手并非易事。首先，要识别出本公司的主要竞争对手。为此，营销学从经济学借用了行业竞争观念，加上市场竞争观念，从而形成了确定公司业务范围的不同指导思想和竞争者识别的各种方法。其次，要分析竞争对手的目标和战略。竞争对手的目标决定其对不同竞争行为的反应模式，而竞争对手的战略与本公司的战略越相近，相互之间的竞争就越可能激化。再次,选择竞争对手。一家公司的确需要有竞争对手且可以从竞争中获益,但并非所有竞争对手都是对公司有益的。最后,确定竞争战略。营销部门还需要制定广泛的竞争营销战略,通过提供卓越的顾客价值和满意来获得竞争优势。

### 3.1.6 公众

公众作为公司微观环境中的六种主要参与者之一,主要是指对公司实现其目标的能力具有现实的或者潜在的利益关系或影响的个人和组织。公众并不直接购买公司的产品和服务,也不向公司提供原材料和零部件或协助公司销售产品;但他们能够增强或者削弱公司实现战略目标的能力。一般地讲,具备影响力的公众有 7 种类型:

(1) 金融公众。金融公众由商业银行、各类投融资机构和公司股东构成,他们是公司资金的主要来源,因此,其对公司的态度决定公司的融资能力;

(2) 媒介公众。媒介公众是指电视台、广播电台、报纸、杂志和电子媒体等,其大量各种各样的视听、纸质和网上新闻报道、特写和评论直接或间接影响公司在消费者心目中的形象;

(3) 政府机构。政府及其各级机构是市场经济的管理者。营销部门必须了解和遵守政府相关部门制定的有关产品安全性、广告真实性、环境保护和资源合理使用等方面的法规和政策;

(4) 公民行动团体。公民行动团体由环境保护组织、消费者权益保护组织、民间团体、妇女权益保护组织、弱势群体组织等构成。营销部门与此类组织保持接触与沟通能够化解矛盾,消除和处理对公司不利的谣言、传说和事件,有利于建立和保持良好的公司形象;

(5) 地方公众。地方公众包括公司所在地的居民和城镇、街道及社区组织。他们并不一定购买公司的产品,但他们的生活环境质量,如空气和饮用水等的质量可能受到公司的生产活动的影响。负责任的公司通常设专人与地方公众沟通以处理和解决其提出的各种问题。

(6) 普通公众。普通公众是指所有可能直接或间接购买公司产品和服务的个人和组织。他们对公司的看法和态度对其决定是否购买公司产品有着重要影响。因此,营销部门应该密切关注公司在普通公众中的形象,树立良好的口碑。

(7) 内部职工。公司的内部职工也是具备影响力的公众之一,他们由公司的董事会、管理层、职员和生产工人组成。他们对公司的忠诚度决定其在接触和处理与所有外部公众关系中的态度和行为。

## 3.2 公司的宏观环境

公司营销部门与公司其他部门、供应商、营销中间商、顾客、竞争对手和公众这六种顾客价值创造的主要参与者,都是在一个更大的宏观环境中从事顾客价值创造活动的,而宏观环境因素既给公司营销部门的顾客价值创造活动带来机遇,也给其造成威胁。图 3-2 列出了公司宏观环境中六种主要的影响因素。

公司宏观环境的基本特征表现为:

(1) 发展变化的不可控制性。

一家公司根本无法控制一个国家的诸如人文、经济、社会文化、自然、技术、政治法律一类的宏观环境因素,更不用说控制全球的宏观环境因素了。但是,公司又只能在不可控制的大环境下创造顾客价值,而这些不可控的宏观因素既可能给公司活动创造机会,又可能带来威胁。因此,公司必须密切关注各种宏观环境因素的发展变化,力求掌握其发展变化的趋势并从中发现机遇和回避风险。

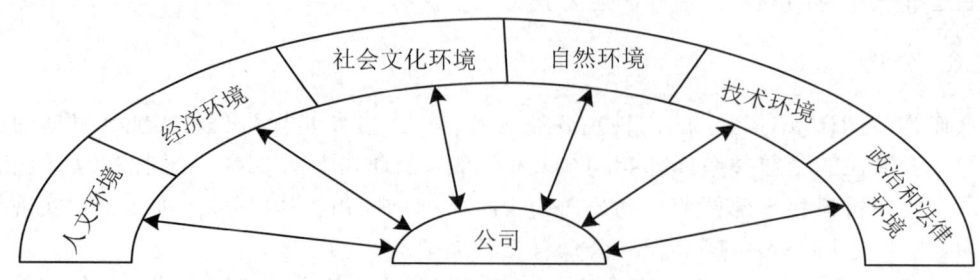

图 3-2　公司宏观环境中的主要影响因素

（2）趋势持续时间长度的差异性。

各种宏观环境因素发展变化的趋势在时间持续性上是不同的,具体地讲,可划分为三类:

1）短期趋势。短期趋势又称为时尚,是短暂的、瞬息即变的,因而很难把握和预测。如前几年在中国北方地区流行的娱乐健身工具"呼啦圈",虽风行一时却又迅速消失。短期趋势对公司而言,没有太大的经济意义,只能是一种运气。

2）中期趋势。中期趋势是具有内生动力和持续性的一系列事件及其发展方向。中期趋势与短期趋势相比,持续的时间更长,因而也就更具有可预见性。例如,伴随人们可任意支配收入的增加和生态环境形势的恶化,无公害蔬菜和有机蔬菜的销售量正在逐年上升。

3）长期趋势。长期趋势又称大趋势,是指人文、经济、社会文化、自然、技术、政治法律方面的重大变化,其形成过程虽然缓慢,但形成后的影响力会持续十年以上的时间。例如,对零售商业长期发展趋势的影响力量,包括宏观经济因素、社会文化因素、自然因素和行业因素等,这些因素的重大变化都将会深刻地改变零售商业的未来。

（3）环境因素之间的相互影响性。

公司宏观环境中的6种主要力量不仅是分别产生影响力,还相互影响而产生共同影响力。如一国人口的迅速增长可能导致该国自然资源消耗量的上升和环境污染状况的恶化,这又促使国民要求立法机构通过立法来保护自然资源和自然环境,同时也使得公司加快开发新技术和新产品以减少自然资源的消耗和保护自然环境,而这些新技术和新产品又促进了经济的发展和国民收入的提高,并潜移默化地改变着国民的社会文化观念和行为。显然,公司营销人员必须关注这六种主要力量之间的相互影响和作用,才可能更及时和准确地把握新的机会和回避新的威胁。

### 3.2.1　人文环境

人文环境是指人口状况、人口的年龄结构、种族结构、教育程度、家庭规模与类型、人口的分布与流动这些人口统计变量。由于人口统计数据的研究对象是人,而人又构成了市场,所以,公司营销人员通常十分重视对人文环境的调查研究。

（1）世界人口状况。

世界人口1960年为30亿,1987年7月突破了50亿大关,2016年世界人口超过76亿。据联合国有关组织统计,2030年将达到86亿,2050年将达到98亿,2100年将达112亿。世界各国人口差距很大，2016年人口最多的10个国家依次是中国、印度、美国、印度尼西亚、巴西、巴基斯坦、尼日利亚、孟加拉国、俄罗斯和日本，占世界总人口的58.56%，而人口少于1000万的国家超过100个。

第二次世界大战以后的50年，是世界人口增长最快的阶段。全世界1981—1990年的年人口增长率平均为1.7%，发达国家和发展中国家的人口增长率相差甚远，英国、法国和日本等发达国家的人口年平均增长率仅分别为0.2%、0.5%和0.6%，而发展中国家的非洲人口年均增长率则高达2.9%，拉丁美洲为2.2%，亚洲为1.9%。人口专家预测，到公元2025年，世界新增人口的80%以上将出生在发展中国家，特别是非洲国家，而某些发达国家的人口将呈现负增长，人口总数将下降。

人口爆炸已经成为全球关注的热点议题之一。一般地讲，人口增长并不意味着市场的扩大，但对于价格很低的产品而言，人口要素在决定市场潜力方面比收入要素更重要。

（2）人口的年龄结构。

不同的年龄层次，对商品的需求是不同的。营销人员可以通过分析目标市场不同年龄档次人数的多寡，来预测公司产品的潜在市场容量。一般地讲，营销人员可将人口按年龄划分为六个群体：婴幼儿市场、小学生市场、中学生市场、20～39岁年轻人市场、40～64岁中年人市场和65岁及以上老年人市场。不同的市场在产品需求方面就有较大的差别。例如，婴幼儿市场畅销尿布、玩具、儿童服装、食品等。有些国外公司曾因正确地预测到第二次世界大战后将会出现一个生育高峰，抢先开发出婴儿营养食品和育婴用具等，从而获得了巨大的成功。又如，中学生市场对书籍、音乐、服装、运动器材等有较大的需求，这个年龄层次人数的上升，意味着这类市场的容量将会扩大。

发达国家人口结构变化的特点：一是人口高龄化。老年人市场的出现，将为医疗保健用品、老年人食品、服装及相关的各种服务提供了广泛的市场机遇。二是出生率下降。这就意味着婴幼儿市场前景不佳，随着年轻夫妇空闲时间增多，他们将把更多的精力和财力用于旅游、娱乐、体育等活动，从而为相关行业的发展提供了机会。

目前，我国人口结构变化集中表现为抚养比内部结构的重大变化。抚养比是指没有劳动能力的0～14岁和65岁及以上人口之和与15～64岁劳动人口的比率。而抚养比的内部结构是指没有劳动能力的0～14岁人口与没有劳动能力的65岁及以上人口之间的关系。在1982年至2015年的34年间，我国人口数由10.17亿增长为13.75亿，没有劳动能力的0～14岁人口由3.41亿下降到2.27亿，所占比重由33.6%降至16.5%；同期没有劳动能力的65岁及以上人口却由0.50亿增长为1.44亿，所占比重由4.9%升至10.5%[1]。我国人口抚养比的内部结构的这一重大变化对市场的影响表现为：其一，婴幼儿市场、小学生市场、中学生市场的总体规模正在缩小，以此为目标市场的消费品之间的市场竞争势必激化；其二，65岁及以上老年人市场的总体规模正在扩大，给以此为目标市场的消费品制造公司提供了广阔的发展空间。

（3）种族结构。

各国的种族和族裔的构成存在很大差异。中国拥有56个民族，汉族占人口总数的91.51%，其他55个民族占人口总数的8.49%[2]。而美国和日本的种族和族裔的构成则处于两个极端，前

---

[1] 国家统计局. 中国统计年鉴[J]. 北京：中国统计出版社，2016.
[2] 第六次人口普查委员会. 2010年第六次全国人口普查主要数据公报（第1号）[R]. 北京：第六次人口普查委员会，2010.

者涵盖了几乎世界上所有国家的族裔，后者由大和民族这一单一民族组成。

营销人员应注意的是种族和族裔市场不只是受文化因素的影响，还受经济及其他因素的制约。正因为如此，一些国际著名的营销调研机构近几年来开展了大量的跨文化营销研究活动，将某一族裔市场按照收入水平、年龄、家庭类型、性格等综合因素，细分为模仿者市场、奋斗者市场、成就者市场、精英者市场和保守者市场，并为每一个细分市场设计特殊的市场营销组合。

（4）教育程度。

从受教育水平视角可将一国人口划分为五个层次：文盲、高中以下学历、高中学历、本专科学历和本科以上学历。全球现有的 75 亿多人口中有 7.5 亿文盲，占人口总数的 10%，其中近 2/3 的是女性。发达国家人口受教育水平比发展中国家人口受教育水平高，美国受过高等教育的人口占总人口的 36%左右。2015 年中国人口的文盲率是 5.42%，高中以下学历占 77.05%，普通高中和中职学历的占 16.44%，本专科学历和研究生学历的占 6.51%。中国高等教育在校学生总数于 2015 年达到 3452.38 万人，其中普通本专科 2625.30 万人、成人本专科 635.94 万人、硕士研究生 158.47 万人、博士研究生 32.67 万人。中国普通高等学校招生人数由 2000 年的 220.6 万人增加到 2015 年 737.8 万人，增长了 3.34 倍[①]。受教育人口的增加，旅游、教育和医疗等高品质产品和服务市场将会持续扩大。

（5）家庭规模与类型。

随着我国社会主义市场经济的不断发展和人民生活水平的逐步提高，中国平均每户家庭人口数由 1983 年的 4.06 人下降到 2000 年的 3.42 人，又下降到 2015 年的 3.10 人。此外，平均每户家庭人口数地区差异比较大，东部沿海地区家庭人口规模普遍偏小，其中北京 2.54 人，上海 2.46 人，浙江 2.69 人，天津 2.78 人[②]。每户家庭规模的缩小和家庭户数的增加，为生产家用电器、家具等家庭用品公司提供了新的市场机会。

市场营销人员通常将家庭分为两大类型，一是传统家庭。它是由丈夫、妻子和孩子组成的三口之家；二是非传统家庭。它包括单身家庭、单亲家庭、丁克家庭、空巢家庭等。中国的三口之家占家庭总户数的 26.42%，一人户和两人户占家庭总户数的 38.43%，其他的是由四人及以上组成的家庭。美国的传统家庭仅占家庭总户数的 20%，单身家庭和单亲家庭占 35%，丁克家庭和空巢家庭占 32%，其他类型家庭占 13%。市场营销人员之所以应该关注消费者的家庭类型，是因为不同家庭类型在购买住房、家具、房屋装修、家用电器、快速消费品等方面的需求和购买行为各异。

（6）人口的分布与流动。

世界各地区及各国之间在人口规模和分布上不尽相同，亚洲地区的人口最多，约占世界人口的一半，而中东地区人口仅占世界人口的不到 4%。中国人口于 2015 年达到 13.746 亿，其分布是沿海地区居多，内陆地区较少，城市人口已超过 7 亿人，占全国总人口的 56.10%以上；日本人口的 50%集中在东京、名古屋、大阪地区；美国人口则在东、西部居多，中部较少。

人口的大规模地理迁移是当今全球人文环境的重要特征之一。市场营销人员应该关注消

---

[①] 国家统计局. 中国统计年鉴[J]. 北京：中国统计出版社，2016.
[②] 国家统计局. 中国统计年鉴[J]. 北京：中国统计出版社，2016.

费者向哪些地区聚集,因为地理位置可以影响消费者的购买行为和对商品和服务的偏好。美国人口从东北部和中西部向阳光地带各州的迁移,导致对家用暖气设备和冬季服装需求的下降,同时又使得对夏季用品和空调需求的上升。

伴随市场经济的发展和城市化进程的加快,中国人口大量从乡村流向城镇,城镇人口占全国人口的比重由 1978 年的 17.92%,上升至 2015 年的 56.10%,按照 2015 年中国人口总数 13.75 亿计算,我国城镇人口是 7.72 亿人[①]。我国城市化进程的加快,对国民经济的快速健康发展起到了巨大的推动作用,促进了房地产业及其上游相关产业的发展,也带动了房屋装修业、家具业、家用电器业等行业发展,为这些行业领域中的公司提供了巨大的市场机遇。

### 3.2.2 自然环境

自然环境是指影响公司市场营销的非人为的各种因素。自然环境的恶化是全人类共同面临的一个严重课题。从市场营销角度分析,自然环境领域的四种主要发展趋势值得营销人员的密切关注,因为其既可能为公司带来机遇,又可能对公司构成威胁。

(1) 自然资源短缺。

自然资源是指人类可以直接从自然界获得并用于生活和生产的物质资源。自然资源一般划分为两大类:

1) 可再生资源。可再生资源是指在一定时间内可以再生长出来的资源,如粮食、鱼虾、牛羊、木材等。可再生资源虽然在短时间内可以再生并可以循环利用,但是对这类资源的利用必须是合理的和可持续的,否则就会造成资源浪费和破坏。我国某些地区对于内河和近海渔业资源的过度捕捞导致某些渔业资源的枯竭就是佐证。人类社会对于可再生资源的需求决定着对与之相关的生产资料的需求,这也为此类生产资料的制造商提供了巨大的市场机会。在我国,农用机械有着广阔的市场就是这个道理。

2) 非再生资源。非再生资源是指在使用后不能再生的资源,包括矿产资源和地热资源。这些资源的形成过程长达数百万年,开采后就无法再生。从可耗竭性分析,非再生资源包括不可耗竭资源与可耗竭资源。不可耗竭资源有太阳能、风能等。可耗竭资源是指经过人类一段时间开采后会枯竭的自然资源。其中,可耗竭不可回收资源有石油、煤气、煤和铀,可耗竭可回收资源有矿物、纸张、玻璃等。由于这类资源不可再生,其蕴藏量将与日俱减,这对公司的生存和发展,无疑是严重的限制和威胁。公司必须努力降低产品的资源单耗,寻找代用资源和降低产品使用的能耗,以及加强对可耗竭可回收资源的循环利用,并积极开发利用不可耗竭资源,如太阳能、风能等。

(2) 能源价格飙升。

石油作为可耗竭但不可回收的能源,在世界各国人民生活和国民经济发展中起着重要的作用。但国际原油价格却由 1999 年初的每桶 5 美元一路波动上浮至 2017 年 4 月的每桶 57.2 美元,上升了 11 倍。

国际油价的长期上涨是国际原油供不应求的必然结果,而且这种供不应求关系还将长期存在。这对于 50%以上的石油消费依赖进口的中国而言,国际油价的上涨对人民生活和国民经济的影响都是巨大的。它给重化工行业、运输行业和相关行业公司造成严重威胁,因此公司

---

① 国家统计局. 中国统计年鉴[J]. 北京:中国统计出版社,2016.

必须努力降低产品能源单耗,才能赢得市场。同时,国际油价上涨为我国新能源行业公司提供了广阔的发展空间,太阳能、风能发电设备制造公司的迅猛发展并得到中国资本市场的青睐和热捧便是证明。

(3) 环境污染日趋严重。

许多行业(如重化工行业、造纸行业)公司的生产活动肯定会对自然环境造成负面影响。其行为引发的污染问题涉及:一是各类污染。如水污染、大气污染、噪音污染或废弃物污染;二是污染含量和总量。即公司在一定时间和空间内,污染物的排放浓度和总量;三是公司排污可以造成的直接和间接的生态环境后果。即排入环境中的污染物,遇到环境中的其他物质常会发生化学反应,生成更具危害性的污染物,如在湿度大且风速小的条件下,废气有可能变成硫酸雨。

环境污染给人类带来多方面的不良影响。水污染使鱼虾等水生物大量死亡;大气污染达到一定程度会对人体健康、农业生产造成损害,还会增大交通事故率;噪音污染影响人们的正常生产和生活活动;废弃物污染会导致土壤污染,从而威胁人类赖以生存的食品的安全。日趋严重的环境污染迫使人类社会建立起了污染控制的市场机制。

从市场营销角度分析,环境污染治理为公司提供了巨大商机:一是从污染物中回收有用资源用作原材料,降低成本;二是公司可以生产保护环境的产品和设备,如污水处理设备、垃圾处理设备、烟囱除尘设备等;三是从污染治理行政管理部门获得的各种治污优惠政策带来的经济利益;四是成为环境友好型公司后,可以从社会大众和消费者获得形象和公共关系方面的利益。

(4) 政府加大对环境保护的力度。

我国政府十分重视自然环境的保护工作,构建起了由基本法、单项法规和环境标准组成的法律法规体系。

1) 于 1989 年 12 月颁布的《中华人民共和国环境保护法》作为我国生态环境保护的一部综合性的基本法,对我国环境保护做出全面规定,①环境保护的对象。列举了包括生活环境和生态环境的完整对象;②基本原则和制度。如协调原则和综合治理原则以及环境影响评估制度、"三同时"制度、排污收费制度等;③环境污染防治的基本要求和义务。如建立环境保护责任制,对严重污染公司限期治理,禁止使用不符合环保要求的技术和设备,污染事故或突发性事件报告制度,有毒化学品管理制度;④违反本法的法律责任,包括行政责任、民事责任和刑事责任。[①]

2) 在基本法的统领下,我国还颁布了许多污染防治的单项法律,在大气污染防治方面,1987 年颁布《大气污染防治法》(2015 年重新修订);在水污染防治方面,1984 年颁布《水污染防治法》(2017 年重新修订),1982 年颁布《海洋环境保护法》(2016 年重新修订);在噪声污染防治方面,1996 年颁布《环境噪声污染防治法》;在废物污染防治方面,1995 年颁布《固体废物污染环境防治法》(2016 年重新修订)。

3) 环境标准。环境标准是国家为了维护环境质量、控制污染,从而保护人群健康、社会财富和生态平衡,按照法定程序制定的各种技术规范的总称。[②] 环境标准是具有法律性质的

---

① 金瑞林. 环境与资源保护法学[M]. 北京:高等教育出版社,2004,34.
② 金瑞林. 环境与资源保护法学[M]. 北京:高等教育出版社,2004,34.

技术规范，它是我国环境保护法律体系中的独立、特殊和重要的组成部分。我国环境标准，由分别针对环境保护领域五个不同方面的标准构成：

①环境基本标准。它为各类环境标准的制定提供了一个基本框架，如统一的技术术语、代码、指南等，以避免各标准之间出现内在逻辑上的矛盾。

②环境方法标准。它对环境采样、分析、数据处理等环境质量监测全过程的每一个阶段的工作内容、方法和所用技术做出严格的规定，以确保监测结果的准确性和可对比性。

③污染物排放标准。此类标准涉及污染物排放的浓度，超过此标准排放的公司将承担法律责任，因此，这类标准具有较强的法律强制力。但是，这类排放标准对于控制排放总量方面仍不尽人意。

④环境质量标准。此类标准规定生态环境中各类有害物质，在一定时间和地理范围内的最高含量，如居民室内每立方米甲醛的一定允许含量。

⑤环境校准物质标准。环境校准物质在环境保护工作中用于标定仪器、进行量值传递、验证测试方法等，如水质 COD 标准样品等，环境校准物质由国家法定机构承制，因此在准确性和可靠性上具有权威力。

从上述可见，我国已经就生态环境保护工作，构建起了由基本法、单项法规和环境标准组成的法律法规体系。毋庸置疑，我国公司都应该遵守这些环境法规的要求。从市场营销角度分析，首先，我国公司应该认真学习和熟悉我国的环境法律法规，才能避免因不了解相关法律法规而受各种惩罚和缴纳相关罚金以致给公司造成不应有的损失。其次，公司应该使用符合环保要求的技术和设备。最后，公司应将环境活动管理与公司自身的发展战略融合为一体，甚至将其变为公司未来发展方向的有机部分。

### 3.2.3 技术环境

技术环境是指创造新技术、新工艺、新产品和市场机会的力量的总和。技术创新是推动人类社会进步的主要力量之一。对公司营销而言，新技术是既拥有创造性又具有毁灭性的一种力量，因为技术上的任何重大突破，都会创造出一个崭新的行业同时淘汰一个传统的行业。晶体管技术的创新产生了电子产品行业，也淘汰了原有的真空管行业；U 盘的出现使得所有传统的 3.5 软盘制造商被迫改产其他产品；计算机技术的诞生创造了计算机硬件和软件行业，同时也使得有数百年历史的打字机行业走向了衰亡。

另外，重大技术发明和突破的深层次影响是更为长久和广泛的，互联网技术和手机技术的发明，不仅创造了互联网和手机行业并削弱了传统媒体行业，还改变了人们社交活动的习俗，在很大程度上减少了人们面对面交谈的次数，进而改变人们的性格和消费行为。

可见，技术环境的发展变化对公司营销的影响是不容忽视的。现代公司必须认真制定市场营销对策，积极寻找和把握技术创新所带来的新的市场机遇，同时设法回避技术创新带来的威胁，或将这种不利影响减轻到尽可能低的程度。新技术对公司营销的影响主要表现在：

（1）迫使公司更加注重市场营销活动。

技术进步加速是指新产品从创意到热销的全过程缩短，既包括从创意到研制成功之间的时间间隔缩短，也包括从试销到畅销之间的时间间隔缩短。苹果公司的新产品 iPod 从创意到热销仅用了 1 年时间，而以往同类产品从创意产生到热销的全过程，通常需要 5 年以上的时间。而公司市场营销活动的核心，就是为目标顾客创造出优于竞争对手的顾客价值；技术进步加速意味着公司可以缩短实现这一目标的时间。这就为注重市场营销活动的公司提供了发展空间，使其能够迅速做大做强；这同时也使得不求进取的公司的生存空间变小，迫使它们转变观念，为顾客提供更多的顾客价值。

（2）为公司市场营销活动创造了巨大商机。

近20年以来，微电子技术、计算机技术、光导通讯技术、传感技术、互联网技术、人工智能技术、激光技术、生物工程技术、新能源技术、海洋生物技术、智能芯片技术等，得到了迅速发展和快速的产业化推广应用，从而诞生了众多的新兴高科技行业及公司，如智能手机市场格局演变就是一个很好的例子。自苹果2007年推出第一代iPhone，以及谷歌Android开源平台发布开始，世界手机市场格局发生了翻天覆地的变化。芬兰的诺基亚和加拿大的黑莓逐渐走向没落，而iOS和Android连续不断的强势进攻，最终在5年后拿下了近乎整个手机市场。如今的智能手机市场格局十分稳定，基本被谷歌、苹果、三星牢牢掌控。这三家巨头在垄断整个机行业的同时，也将数不清的利润纳入囊中。[①]可见，技术的不断进步与新技术的问世，将会给公司带来前所未有的市场营销机会，而且其发展速度还使得劳动密集型的传统行业公司望尘莫及。

（3）是公司市场营销成功的力量源泉。

沃尔玛凭借其2016财政年度的3858.74亿美元销售额，成为2017年度美国《财富》杂志公布的世界500强公司的第一名。沃尔玛成功背后的商业逻辑到底是什么？天天低价是沃尔玛提出的一个响亮的口号和营销战略，但它只不过是沃尔玛成功的表象，表象背后是沃尔玛使用新技术所形成的卓越物流配送能力。这一强有力的物流配送系统和相关的信息技术支持，是沃尔玛取得成功的关键，这才是沃尔玛的核心竞争力。

沃尔玛一贯坚持依靠新技术提高生产率的哲学，总是在其他竞争对手还在观望和犹豫时，就抓住先机而率先应用新技术，待其他竞争对手认为条件成熟并准备应用该新技术时，沃尔玛早已从该技术上获取了巨大的经济效益，并已经将眼光放到了更高层次的技术上。例如，沃尔玛是最先采用计算机跟踪库存技术和最早使用条形码技术提高物流效率的零售公司；是最先采用供应商管理库存及快速用户反馈系统（VMIECR）技术和最早采用无线射频识别技术的零售公司；沃尔玛还是最先使用RFID追踪库存的早期采用者。目前，沃尔玛计划推出一款导购机器人，其不仅能够为购物者携带物品，而且可以跟着顾客四处闲逛。沃尔玛凭借新技术在扫描购物环节提高顾客体验，顾客可以使用沃尔玛APP直接扫描商品结账，而不用在柜台排队，减少了顾客等待时间。可见，新技术在公司市场营销中起着十分重要的作用。

（4）促使理想的营销理论转变为营销实践。

新技术促使营销理论转变为营销实践，表现为两个方面：

一是使市场细分理论达到最佳境界，即一对一营销变成为现实。市场细分旨在选择目标市场，即公司有能力提供卓越顾客价值的那个消费者群体。然而，那个消费者群体内部还是有差异的，所以最理想的是一对一营销。但一对一营销因其成本高昂而只能停留在理论层面上，却无法付诸实施。网络技术的发明使得公司可以在几乎不增加成本的条件下，通过为每一位顾客制定一个营销计划来实践一对一营销。2013年12月，亚马逊获得了一项名为"预测式发货"的新专利，可以通过对用户数据的分析，在他们还没有下单购物前，提前发出包裹。亚马逊可

---

① 冯海超. 2013年智能手机格局如何演变？[J]. 2013, (05):46-47. 北京：科学出版社，2013.

能会参考之前的订单、商品搜索记录、愿望清单、购物车，甚至包括用户的鼠标在某件商品上悬停的时间，预测用户的购物习惯，从而在他们实际下单前便将包裹发出。

二是使关系营销由理论上的可行变为现实中的可行。关系营销要求公司与分散在不同地区的、甚至是全球各地的顾客、潜在顾客、供应商和分销商建立起双赢的关系。这种关系只有建立在互惠的基础上才能持久，这就需要经常和反复的相互沟通，但在原有的通讯技术下，不仅沟通成本大于公司的承受能力，而且沟通本身也只能是单向的。网络技术的产生，可以在同一时间以同样的花费到达世界的任何地方，并可以实现双向沟通。

（5）新技术之间的融合和普及推动营销理论和实践的进步。

各类新技术本身就为公司市场营销活动创造了巨大商机，此外这些不同类别的新技术还可以相互融合而成生一种更为强大的技术力量。信息技术与通讯技术的融合，能够以互联网为平台把传真、在线、有线电视、卫星、寻呼机、电话的功能加以整合，从而形成新的更为强大的功能，这势必会更为深刻地影响着公司的市场营销活动。另外，新技术还可以与传统产品相结合，使其增加产品价值。如市场上销售的每一件物品、运动器械、汽车、家用电器等嵌入智能芯片后，便拥有远程通信功能，即消费者购买后可以远距离操控这些产品，如夏天在回家的路上启动家里的空调机。这同样为公司营销活动提供了新的领域。

（6）三网融合技术和物联网技术为公司市场营销提供了新的平台。

我国的三网融合是指电信网、广播电视网和互联网融合发展，实现三网互联互通、资源共享，为用户提供话音、数据和广播电视等多种服务。而物联网是指通过信息传感设备，按照约定的协议，把任何物品与互联网连接起来，进行信息交换和通讯，以实现智能化识别、定位、跟踪、监控和管理的一种网络。它是在互联网基础上延伸和扩展的网络。三网融合技术和物联网技术在我国的广泛运用，既给有准备的公司的市场营销活动提供了新的机会，又使得那些安于现状的公司面临巨大威胁和挑战。

### 3.2.4 经济环境

对市场来说，购买力和人口同样重要，其主要受消费者的收入水平、储蓄能力、信贷能力以及消费结构特征等宏观经济环境制约。经济环境主要由那些影响消费者购买力和消费方式的因素构成。

（1）消费者收入水平。

消费者收入水平决定其支出能力，而衡量消费者收入水平的标尺主要是个人可支配收入。它是个人总收入，即工薪收入、经营净收入、财产性收入、转移性收入之和，扣除交纳的个人所得税、个人交纳的社会保障支出以及记账补贴后的收入。改革开放以来，特别是近20年来我国消费者收入水平有了大幅度提高。中国城镇居民人均可支配收入在1990年为1510元，2015年为33616元；农村居民人均纯收入在1990年为686元，2015年为12363元。这就为中高档服装、用品、家用电器、小汽车、住宅等产品提供了有支付能力的需要。

市场营销人员不仅应该了解目标市场消费者的人均收入水平，还应该关注消费者之间的收入差距。而国际上用来综合考察居民内部收入分配差异状态的一个重要分析指标就是基尼系数。它是意大利经济学家基尼于1922年提出的有关定量测定收入分配差异程度的指标。其经济含义是，在全部居民收入中，用于进行不平均分配的那部分收入占总收入的百分比。基尼系数最小等于0，表示收入分配绝对平均；最大等于1，表示收入分配绝对不平均；实际的基尼系数介于 0 和 1 之间，而 0.4 是收入分配贫富差距的国际公认"警戒线"。1980 年，中国居民收入的基尼系数是 0.32，在 2016 年达到 0.465。

（2）消费者储蓄状况。

消费者的支出能力还受其储蓄状况的影响。中国城乡居民人民币储蓄存款余额随着改革开放后人民生活水平的提高一直在快速增长，从 1978 年的 210.6 亿元飙升至 2015 年的 54.61 万亿元[1]，占当年国内生产总值（GDP）68.55 万亿元的 79.65%。中国城乡居民的高储蓄率受中国人勤俭节约的传统文化直接影响，也与社会保障机制尚不完善和其他个人投资渠道缺乏不无关系。

储蓄存款的增多会使消费者当前购买力下降，但储蓄存款作为个人收入却会增加消费者的潜在购买力。潜在购买力是未来收入的支出部分和现实储蓄的未来值之和。当个人收入增加时，个人储蓄越多，对汽车和住房等大数额支出项目的潜在购买力越强；反之，现实储蓄越少，对汽车和住房等大数额支出项目的潜在购买力越弱。

（3）消费支出结构的变化。

消费支出结构由八大类支出构成，包括：食品、衣着、居住、家庭设备用品及服务、医疗保健、交通和通信、娱乐教育文化服务、其他商品和服务。国际上通用的衡量居民生活水平高低的一项重要指标就是恩格尔系数，它是指食品支出金额在消费总支出金额中所占的比例，它随居民家庭收入和生活水平的提高而下降。其计算公式是：

恩格尔系数＝食品支出金额÷总支出金额×100%

根据联合国粮农组织提出的标准，恩格尔系数在 60% 及以上为贫困、50%～59% 为温饱、40%～49% 为小康、30%～39% 为富裕、低于 30% 为最富裕。我国农村居民家庭恩格尔系数在 1978 年为 67.7%，2008 年为 43.7%；城镇居民家庭恩格尔系数在 1978 年为 57.5%，2008 年为 33.8%，已接近联合国划分的 20%～30% 的富足标准。不难看出，经过近 40 年的改革开放历程，我国农村居民和城镇居民的生活水平由贫困走向了小康和富裕。

至于我国人均消费支出结构的变化趋势，现以中国城镇居民 1990 年至 2012 年这 23 年期间人均消费支出结构变化为例加以分析。在我国城镇居民消费支出结构的八大类支出中，各自所占的百分比的变化是：食品由 54.24% 下降为 36.23%，衣着由 13.36% 下降为 10.94%，居住由 6.98% 上升为 8.90%，家庭设备用品及服务由 10.14% 下降为 6.69%，医疗保健由 2.01% 上升为 6.38%，交通和通信由 1.20% 上升为 14.73%，娱乐教育文化服务由 11.12% 上升为 12.20%，其他商品和服务由 0.94% 上升为 3.94%。[2]

总括地讲，伴随我国城镇居民家庭收入和生活水平的提高，食品、衣着、家庭设备用品及服务在我国城镇居民消费支出结构中所占的百分比下降，而居住、医疗保健、交通和通信、娱乐教育文化服务、其他商品和服务所占的百分比上升。我国城镇居民消费支出结构的上述变化给房地产业、医药卫生保健行业、交通和通信行业、娱乐教育文化服务行业的公司提供了巨大的发展机遇。

---

[1] 国家统计局. 中国统计年鉴[J]. 北京：中国统计出版社，2016.
[2] 国家统计局. 中国统计年鉴[J]. 北京：中国统计出版社，2016.

### 3.2.5 政治和法律环境

政治环境通常指对公司营销产生影响的外部政治形势和状况以及国家方针政策的变化。

(1) 政治环境。

1) 政治形势。国家政局稳定与否会给公司营销活动带来重大的影响。当前，我国政局稳定，生产发展，人民安居乐业，会给公司提供良好的营销环境。我国稳定解决了十几亿人的温饱问题，总体上实现小康，不久将全面建成小康社会，人民美好生活的需要日益广泛，不仅对物质文化生活提出了更高要求，而且在民主、法治、公平、正义、安全、环境等方面的要求日益增长。

2) 经济政策。根据不同需要颁布一些经济政策，制定经济发展方针，这些方针、政策不仅要影响本国公司的营销活动，而且还要影响外国公司在本国市场的营销活动。这些政策包括扩大内需消费政策、人口政策、金融政策、财税政策、创新政策、进出口政策、投资政策、价格管制政策、能源政策等，以及囊括这些政策工具的产业政策。在扩大内需政策上，"品质革命"和"工匠精神"开始成为消费政策的关键词，在提升消费品品质，改善消费环境，扶持新消费等方面，相关部门将打出全方位、多角度的系列政策组合拳。2015年11月，国务院发布了《关于积极发挥新消费引领作用加快培育形成新供给新动力的指导意见》，从构建消费升级、有效投资、创新驱动、经济转型、有机结合的发展路径，系统阐述了以新消费引领新供给新动力的总体思路。在人口政策上，我国自20世纪80年代开始严格推行以独生子女政策为核心内容的计划生育政策。2011年11月，中国各地全面实施"双独二孩"政策，2013年12月，中国实施"单独二孩"政策，2015年10月，中国共产党第十八届中央委员会第五次全体会议公报指出：坚持计划生育基本国策，积极开展应对人口老龄化行动，实施全面二孩政策。"二胎政策"的深入推行，将激发婴幼儿人口快速增长，也必将带来中国婴幼儿市场的进一步火爆。在进出口政策上，自2015年6月1日起，降低部分服装、鞋靴、护肤品、纸尿裤等日用消费品的进口关税税率。其中有14个税目商品的关税平均降幅超过50%。这14类商品，与百姓日常生活密切相关，也是消费者在境外购买比例比较高的商品。

(2) 国际政治环境。

涉外公司还需要研究国际政治环境对公司市场营销的影响，详见本书第15章。

(3) 法律环境。

法律环境泛指对公司市场营销产生作用的法律、法规等法律性文件的制定、修改和废除。公司营销人员应了解和熟悉我国全国人民代表大会、国务院及有关政府部门发布的各项法律和规定，弄清其对公司市场营销的影响，以便能够运用法律手段为公司谋取正当的利益。法律环境对公司市场营销的影响主要表现为：

1) 有关市场活动法规的制定。改革开放以来，我国政府制定了一系列法律和法规，特别是中共十四大确定建立社会主义市场经济以后，我国立法机关加快了立法进程，先后发布有关市场经济方面的法律法规上百部，初步形成了我国社会主义市场经济法律体系的框架。

中国社会主义市场经济法律体系框架主要包括以下5个方面：

①规范市场经济主体方面的法律。如《公司法》《注册会计师法》《公司破产法》《广告法》《劳动法》等；

②规范市场行为方面的法律。如《反垄断法》《技术合同法》《反不正当竞争法》《对外贸

易法》《仲裁法》《会计法》《房地产管理法》《银行法》《消费者权益保护法》等；

③规范政府行为方面的法律。如《预算法》《统计法》《税收征收管理法》等；

④保护知识产权方面的法律。如《著作权法》《专利法》《商标法》等；

⑤涉及社会保障方面的法律。如《中华人民共和国劳动争议处理条例》《国有公司富余职工安置规定》《国有公司职工行业保险规定》等。

商业立法进一步完善，可以维护市场公平竞争秩序，保障消费者权益免受不公平公司行为损害，保护社会利益免受公司活动损害。从市场营销角度分析，公司营销管理者熟悉上述有关法律、条例、规定且守法经营，就可以运用相关法律、法规维护本公司的合法权益；否则，就会因法盲或法律意识淡薄而违法，这势必会给公司造成重大损失。

2) 法律体系之间的差异。从总体上讲，世界各国法律体系可划分为两大类型：①普通法体系。它起源于英国法，英国、美国、加拿大以及曾经处于英国影响之下的其他国家都属于普通法体系。其特点是以过去的惯例和法律先例为判别基础；②大陆法体系。它起源于罗马法，现为绝大多数西方国家所采用。它由包容一切的条款规定所构成。

我国公司的市场营销人员必须了解两种法律体系之间的差异，才能与在我国从事生产经营活动的数以万计的外商投资公司，开展正常业务并保护自身的合法利益。例如，在实行普通法体系的国家内，一般将"不可抗力"解释为洪水、雷击、地震和其他类似自然灾害，当因此类不可抗力造成无法履约时，可以免除执行合同规定的义务；而在实行大陆法体系的国家内，"不可抗力"不但包括上述的自然力，还包括罢工和暴动等人类行为。又如，在一些大陆法体系国家，销售协议必须经过公证后才有强制执行力；而在普通法体系国家，同样的协议，只要能证明其存在，就有强制执行力。

3) 司法管辖权。由于世界上没有一个处理不同国家公民之间的商事纠纷的司法机构，所以在出现这类争执时，必须确定哪国法律体系拥有司法管辖权。一般地讲，国际上通用的确定司法管辖权的方法有：①按照合同中包含的司法管辖权条款来确定；②按照合同条款的履行地点确定；三是按照合同签约的地点来确定。在大多数情况下，只要市场营销人员在合同内写进了有关司法管辖权的条款，就能在将来发生争议时确定司法管辖权。但是，有时即使有专门的条款规定司法管辖权，如果合同不是在该条款指定的国家内履行，有些法院也会视该条款为无效。因此，市场营销人员必须对此予以特别注意。

4) 工业产权保护。工业产权包括公司耗费巨资创立的名牌和商标，以及开发的新产品、新工艺、新技术等。它是公司的宝贵财富，公司必须防止他人非法使用这些资产。值得注意的是，两大法律体系在确定工业产权的所有权时所使用的标准是不同的：普通法体系的国家按"使用在先"的原则确定工业产权的所有权，而大陆法体系的国家则按"注册在先"的原则确定工业产权的所有权。

### 3.2.6 社会文化环境

社会文化环境对公司市场营销活动产生重要影响，因为文化是人类的全部社会遗产，社会文化因素决定消费者的口味和偏好，进而决定消费者对产品的选择和购买。社会文化环境因素包括：风俗习惯、宗教信仰、价值观念、审美标准、教育水平等。它们之间存在着复杂的内在联系，是一个有机的整体。因而市场营销人员必须全面地研究社会文化环境的诸要素，才能适应目标市场的文化环境的需要，使顾客更容易接受公司的产品。

（1）风俗习惯。

风俗习惯是指代代相传、积久而成的风尚、礼节、习俗等。公司的营销人员对此若不熟悉，可能会给其市场营销活动造成不利的影响。如各民族仅在问候礼节方面就存在巨大的差异，日本人会在握手后再鞠一个躬，而且依据对方的重要性来决定鞠躬的时间长度和深度；印度尼西亚人很可能进行社交性接吻，但不可以用手指指着对方；南非黑人在握手之前会先紧紧抓住对方的大拇指，然后再握手；印度人用双手合拢且稍微弯腰来表示问候，但视男性触碰女性为不礼貌行为；韩国人在问候中很重视正式性介绍，如介绍出头衔和官阶等，却把讨论政治视为不礼貌行为；委内瑞拉人表示热情问候的方式则是拥抱和拍击对方的后背。我国有 56 个民族，每个民族都有自己的社会风尚和习俗。例如，汉民族最重要的节日是春节，藏民族最重要的节日则是藏历新年等。另外，各民族对服装的样式、颜色等方面的要求也不尽相同。因此，公司在制定市场营销战略时，必须综合考虑上述各种社会文化因素，把握市场机遇，才能获得最佳经济效益。

应强调的是，这些问候礼节本身并不存在优劣，营销人员只有了解和尊重这些问候礼节，才能顺利开展市场营销活动。

（2）宗教信仰。

宗教信仰影响到人们的生活习惯和消费行为。首先，在某些国家，如果公司在做广告时强调人体美，就会遭受非议，有些产品也会受到抵制和排斥。其次，宗教禁忌对于公司市场营销活动也有着巨大的影响。如印度教视牛为神，禁食牛肉，所以在印度的麦当劳店里，如巨无霸之类的牛肉汉堡原料会变成鸡肉或羊肉。再次，宗教势力也是影响公司市场营销活动的重要因素。在荷兰和比利时，罗马天主教徒和新教徒各有自己的政党和报纸，公司要想打入市场，必须分别在两派的报纸上做广告，否则就不能顺利地展开市场营销活动。从宗教角度讲，我国人民拥有宗教信仰的自由，但不同的宗教对其信徒们都有不同的要求和规定，这些清规戒律深深地影响或左右教徒们的消费习惯。例如，和尚因信奉佛教而不食荤菜。

（3）价值观念。

价值观念指的是一个社会或一个群体对客观事物的评价标准，即人们用以判别事物好坏、是非曲直的标尺。它包括人们对自我、他人、时间、财富、创新、自然、组织等的态度。人们几乎是在不知不觉中接受了社会对这些问题的看法，它又直接影响着人们的消费行为和方式。因此，熟悉目标市场消费者的价值观念，是决定公司市场营销活动成败的关键。

1）自我观。人们对如何实现自我满足有着不同的看法，而这些看法又制约着人们的消费偏好。追求快乐的人，喜欢享受人生、看电影、看电视、参加各种娱乐活动、热衷购物等。追求自我实现的人，为理想而努力学习和工作，他们花费较多时间读书、工作或进行户外健身活动、或制作工艺品等。进取心较低的人，则比较保守和量入为出。

2）他人观。人们对他人态度的不同影响其的消费行为。注重与他人交往的人，乐于参加各种各样的俱乐部、度假和宗教活动，为从事与此活动有关的公司提供了市场机会。而不喜欢与他人交往的人，更可能将时间花费在看电视、玩电子游戏机和上互联网等活动。

3）时间观。消费者在时间观念上的差异对产品的市场营销活动有着直接的影响。一般地讲，随着市场经济的不断发展，人们的生活和工作节奏会逐渐加快，更加注意节约时间，提高生活效率。在我国，随着社会主义市场经济的发展和人民生活水平的提高，能够节省时间的产品逐渐受到消费者青睐。例如，方便面、速溶饮料、高压锅、洗衣机等产品，已经在重视时间的消费者中打开了广阔的市场。

4）财富观。人们对财富的不同看法也会影响他们的消费行为和方式。在崇尚节俭的社会里，人们将很大一部分收入储蓄起来，而高级消费品的市场规模和潜力就比崇尚高消费的社会要小一些。另外，人们对于财富的观念也会影响人们对于商品的评价标准。如超高级小汽车、高级手表、高档化妆品等，常常以超出成本数倍的价格出售，就是因为它们代表着一定的财富地位。

5）创新观。人们对创新产品的态度决定他们接受新产品的速度。不同的社会对创新产品的态度各有不同。美国人喜欢标新立异，而德国人就比较保守，偏爱名牌产品。另外，同一社会中不同年龄结构的消费者对创新产品的看法也不尽相同。一般来讲，年轻顾客往往追求时髦，喜欢流行商品，而老年顾客则不愿意轻易改变自己的消费习惯，往往是某些老牌产品的忠实顾客。

6）自然观。人们对自然的态度正在发生深刻的变化，由人类利益优先向生态利益优先转换。以人类利益为中心的思想贯穿人类的发展史，在这种思想指引下人类在与自然界的抗争中发展和壮大了自己。而可持续发展思想，则是人类从世界观层次上对资源日益短缺和环境日益恶化进行反思后在认识上的飞跃。人们对自然在认识上的这一飞跃，为资源节约型产品和环境友好型产品提供了巨大的市场需求。

7）组织观。人们对公司的看法正在发生变化，由视工作为满意的来源转变为赚钱谋生的工具，这使得员工对公司的忠诚度大幅下降。因此，公司需要寻找新的途径去赢得员工和消费者的信任。富士康公司作为全球最大的电子产品专业制造商，其在深圳地区的工厂在 2010 年前 5 个月中有 13 名员工相继跳楼身亡，说明新生代打工者的需求和基本权利没有得到公司应有的关照和满足。

（4）审美标准。

各国、各民族由于文化背景和习惯的不同，审美标准也不尽相同。市场营销人员必须了解消费者不同的审美标准，尤其是目标市场消费者的审美观点，才能设计出消费者喜爱的广告、包装、产品款式等，否则将会遭到消费者的抵制和排斥，以致使公司的营销活动失败。例如，我国人民办丧事习惯穿白色服装，但西方人却把白色作为女式婚服色彩。又如，在美国，鹿代表阳刚之气，而在巴西，鹿则意味着同性恋。

（5）教育水平。

语言是人类用来表达意思和交流思想的主要工具，是不同文化之间最显著的区别之一，也是公司进入目标市场的钥匙。市场营销人员必须努力掌握作为世界商业语言而广泛使用的英语以及目标市场国的语言，不但要注意不同语言之间表面上的差异，还要注意所使用的文字是否符合当地习惯。同一词语在不同文化环境下含意可能完全不同，例如，"Table the report"在英国意味着"列入议程"，而在美国则表示"推迟"的意思。

## 小结

1. 市场营销环境是指公司的营销部门无法控制的、但又能够影响其与目标顾客建立并保持良好关系能力的各种因素和力量。市场营销环境由微观环境和宏观环境两部分组成。微观环境是指直接影响和制约公司服务顾客能力的因素，而宏观环境则涉及影响和制约整个微观环境的更广泛的力量。

2. 公司的微观环境由直接影响和制约公司服务顾客能力的各种因素构成，包括公司其他部门、供应商、营销中间商、顾客、竞争对手和公众。公司其他部门主要是指营销部门所在公司的管理高层、研发部门、采购部门、生产部门、财务部门和会计部门。供应商是指向公司提供生产特定产品和服务所需要的各种资源的组织和个人。营销中间商是指帮助公司促销、销售以及分配产品和服务给最终用户的组织和个人；它由中间商、货物储运公司、营销服务机构和金融机构组成。公司的目标顾客市场包括：消费者市场、产业市场、转卖者市场、政府市场和国际市场。具备影响力的公众有七种类型：金融公众、媒介公众、政府机构、公民行动团体、地方公众、普通公众和内部职工。

3. 公司宏观环境的基本特征表现为：发展变化的不可控制性、趋势持续时间长度的差异性和环境因素之间的相互影响性。公司宏观环境由人文、自然、技术、经济、政治法律、社会文化六个环境因素组成。

4. 人文环境是指人口状况、人口的年龄结构、种族结构、教育程度、家庭规模与类型、人口的分布与流动这些人口统计变量。抚养比是指没有劳动能力的0～14岁和65岁及以上人口之和与15～64岁劳动人口的比率。抚养比的内部结构是指没有劳动能力的0～14岁人口与没有劳动能力的65岁及以上人口之间的关系。

5. 自然环境是指影响公司市场营销的非人为的各种因素。自然环境领域值得营销人员密切关注的四种主要发展趋势包括：自然资源短缺、能源价格飙升、环境污染日趋严重和政府加大对环境保护的力度。自然资源是指人类可以直接从自然界获得并用于生活和生产的物质资源。自然资源一般划分为两大类：一是可再生资源，二是非再生资源。我国政府十分重视自然环境的保护工作，构建起了由基本法、单项法规和环境标准组成的法律法规体系。

6. 技术环境是指创造新技术、新工艺、新产品和市场机会的力量的总和。新技术是既拥有创造性又具有毁灭性的一种力量。新技术对公司营销的影响主要表现在：迫使公司更加注重市场营销活动；为公司市场营销活动创造了巨大商机；是公司市场营销成功的力量源泉；促使理想的营销理论转变为营销实践；新技术之间的融合和普及推动营销理论和实践的进步；三网融合技术和物联网技术为公司市场营销提供了新的平台。

7. 经济环境主要指一国的经济体制和产业结构、消费者收入、储蓄、信贷以及消费支出结构变化对公司营销的影响。基尼系数的经济含义是，在全部居民收入中，用于进行不平均分配的那部分收入占总收入的百分比。恩格尔系数是指食品支出金额在消费总支出金额中所占的比例，它随居民家庭收入和生活水平的提高而下降。

8. 政治环境通常指对公司营销产生影响的外部政治形势和状况以及国家方针政策的变化。我国近几年对公司营销影响较大的政治因素变化有：坚持教育是国家和民族发展最根本事业这一基本国策；促进经济平稳较快发展；努力扩大国民消费；加大产业结构调整力度；提高开放型经济水平。

9. 法律环境泛指对公司市场营销产生作用的法律、法规等法律性文件的制定、修改和废除。法律环境对公司营销的影响主要表现为：有关市场活动法规的制定、法律体系之间的差异、司法管辖权、工业产权保护。

10. 社会文化环境因素包括：风俗习惯、宗教信仰、价值观念、审美标准、教育水平等。它们之间存在着复杂的内在联系，是一个有机的整体。因而市场营销人员必须全面地研究社会文化环境的诸要素，才能适应目标市场的文化环境的需要，使顾客更容易接受公司的产品。价值观念指的是一个社会或一个群体对客观事物的评价标准，即人们用以判别事物好坏、是非曲直的标尺。它包括人们对自我、他人、时间、财富、创新、自然、组织等的态度。

**重要概念**

市场营销环境　微观环境　宏观环境　公司其他部门　供应商　营销中间商　公众　人文环境　抚养比　抚养比的内部结构　经济环境　个人可支配收入　基尼系数　消费支出结构　恩格尔系数　社会文化环境　价值观念　自然环境　技术环境　政治环境　法律环境

**复习思考题**

1．在公司微观环境中创造顾客价值的主要参与者有哪些？营销中间商由哪些组织构成？
2．公司的目标顾客市场可以划分为哪几种类型？
3．具备影响公司实现战略目标能力的公众有哪些？
4．公司宏观环境的基本特征是什么？
5．人文环境包括哪些人口统计变量？
6．我国人口结构中的抚养比的内部结构的重大变化是什么？
7．我国人均消费支出结构的变化趋势是什么？该趋势对我国哪些行业产生显著影响？
8．社会文化环境因素包括哪些变量？
9．价值观念指的是什么？它包括哪些内容？熟悉目标市场消费者的价值观念有何重要意义？
10．自然观如何影响消费者的购买和消费行为？
11．自然环境领域值得营销人员密切关注的主要发展趋势是什么？
12．从市场营销角度分析，环境污染治理为公司提供了哪些商机？
13．我国政府十分重视自然环境的保护工作，构建起了由基本法、单项法规和环境标准组成的法律法规体系。从市场营销角度分析，我国公司如何做才能达到这些环境法规的要求？
14．为什么说新技术是既拥有创造性又具有毁灭性的一种力量？
15．新技术对公司营销的影响主要表现在哪些方面？
16．法律环境对公司市场营销的影响主要表现在哪些方面？

## 经典案例

### 日本药企何以盯上中国雾霾商机

令国人备受困扰的灰霾天气，却给小林这样的日本制药公司带来新的商机。该说法乍听起来让人错愕，但却也并非网友恶搞或空穴来风。日本经济新闻中文网日前报道，瞄准了中国游客旺盛需求的小林制药,计划在2017年将一款名为"清肺汤DUSMOCK"的汉方药增产30%，并准备以"适合空气污染"等噱头制作海报，在中国游客经常光顾地区的约60家药店大力推广。联想到日本汉方药约八成原料是从中国进口，这样的消息真是让人五味杂陈。

用网络略微搜索一下可知，所谓日本的汉方药，虽然在用药部位、剂量、工艺、生产等方面有明显差异，但与我国中药依然十分类似，都是以传统医药理论为基础，以自然植物为主要原料研制而成。从相关报道中也可以看出，随着近年防霾治霾成为举国关注的话题，"清肺汤"自上市以来就备受青睐，不仅成为中国游客的热门代购商品，甚至还被一些文章列为"防霾十大神器"。不过，如果仔细辨别一下就会发现，作为汉方药的"清肺汤"，主要治疗支气管哮喘和呼吸器官功能减弱的慢性阻塞性肺病，在日本国内以40~50多岁的吸烟者为主要销售对象，至于是否如宣传的那样"抗霾"，外行人难下定论。再有，关于中药与抗霾防霾的关联，已有国内专业人士给出了说法。河南中医药大学免费派发中药防霾的消息一度颇受关注，后来有中药方剂学教授给出了解释，即中医治疗可以缓减霾所引致的咽喉疼痛、痒、咳嗽等人体呼吸道的不适症状，但要涉及在病理学上是否真有疗效，还有待进一步研究。

一盒12袋装的"清肺汤"不含税折合人民币89元，算起来并不便宜。为什么"清肺汤"颇受追捧？表面上看，这里面有很多营销的因素，但另一方面，人们对雾霾造成的不良影响越来越关心，也相应地增加这方面的需求意识；而在在宣传上，通过在海报中加入因过量PM2.5而变得灰蒙蒙的天空照片，小林这样的药企恰恰抓住了消费者的恐惧心理。但更深层次的，则还是要回到品牌上。在国人的日本代购清单上，来自小林制药的产品不止"清肺汤"，从蒸汽眼罩、退热贴再到止痛露、消炎膏，有相当一批产品赢得了不错的口碑。正是凭借这种品牌影响力，才能让消费者迅速接纳一种"新药"的疗效宣传，而一旦其的确能缓解相关症状，疗效就会凸显，形成良性循环。针对汉方药备受追捧，此前日本一药社社长总结说，汉方药虽然有中国的印象，但更关键是"在生产上不仅要认真分析中草药的成分、进行细致地检测，还要精心考量成分的组合方式、加工方法、商品化形式等，只有这样才能提高产品信誉"。这恐怕多少道出了问题的关键。

我们有受到他人关注的"神药"吗？去年有报道说，某款麝香膏在美国亚马逊上颇受欢迎。我们有广受认可的中药品牌吗？也许同仁堂可以算一个。但综合来看，前者品类还很单一，后者则在应对市场需求上反应力还很不够，因此在跨国消费者的广泛认可上，至少在影响力上比起小林制药来还有一定差距。更值得警醒的是，还有一部分公司在市场营销上还停留在"万能药"的心态上，从禽流感到灰霾，似乎一包板蓝根就可以解决所有问题，这既非对消费者负责的严肃态度，从长远来看也无法维系品牌，遑论商机。

资料来源：南方日报2017-01-17，作者：子长

**案例思考题**

1. 影响小林制药增产"清肺汤"的宏观环境因素是什么？
2. 影响公司营销的宏观环境因素和微观环境因素还有哪些？
3. 鉴于将有更多竞争者模仿小林制药，为了公司未来发展，你是否能提出其他的建议？
4. 面对这一宏观环境的变化，我国制药企业应该采取何种策略应对？此外，雾霾天气还会给哪些行业带来商机？

# 第 4 章　创造竞争优势

在市场经济社会中，公司要在激烈竞争的市场上求得生存和发展，不仅要准确地把握顾客的需求，而且要比竞争对手更有效地满足需求。营销大师菲利普·科特勒指出："忽略了竞争者的公司往往成为绩效差的公司；效仿竞争者的公司往往是表现平平的公司；在竞争中获胜的公司则是引导着它们的竞争者。"在市场规模既定的条件下，公司的竞争能力在很大程度上决定着它的市场份额和盈利水平。所以，如何获得竞争优势是公司营销管理必须解决的问题。本章将介绍识别和分析竞争对手；研究基本的竞争战略形式；分别探讨处于不同竞争地位公司的竞争战略选择。

## 4.1　竞争者分析

赢得竞争的前提是"知己知彼"，有的放矢地制定公司的竞争战略。为此，公司首先要认清谁是主要的竞争者；竞争者的战略、目标是什么；竞争者有哪些优势与劣势；他们选择的反应模式是哪一类型，据此决定公司应该攻击谁、回避谁。

### 4.1.1　识别竞争者

识别竞争者并不是件轻而易举的事情，不像可口可乐公司把百事可乐公司作为主要竞争对手、索尼公司把松下公司当成最大竞争威胁那么简单。事实上，公司面对着众多现实的和潜在的竞争者，"白猫"洗衣粉的最大威胁并不是来自同行业的大公司，而是正在研制的不用洗衣粉的超声波洗衣机。明枪易躲，暗箭难防，公司被自己忽略的潜在竞争对手击败的可能性更大。因此，公司必须具备长远的战略眼光，从行业结构和市场观念的不同角度来识别竞争者。

（1）行业竞争观念。

行业是由一组生产同一类型、或功能相近、在使用价值上可以相互替代的产品的公司构成的，同行业公司，互为竞争对手。决定行业结构的主要因素有：销售商的数量和产品差异度；进入、流动和退出障碍；成本结构；纵向一体化的程度；全球化经营的程度。

1) 销售商的数量和产品差异度。按照销售商的数量和产品差异度的标准，可以将行业结构分为五种类型（见图 4-1）。

| 销售商数量<br>产品类型 | 一个销售商 | 少数销售商 | 许多销售商 |
| --- | --- | --- | --- |
| 无差别产品 | 完全垄断 | 完全寡头垄断 | 完全竞争 |
| 有差别产品 | | 不完全寡头垄断 | 垄断竞争 |

图 4-1　行业结构的 5 种类型

第一，完全垄断。即在一定的地区范围内，某一行业只有一家公司供应产品或服务。完全垄断可分为"政府垄断"和"私人垄断"两种。在私人垄断情况下，由于缺少替代品，追求最大利润的垄断者会抬高商品价格，少做或不做广告，提供最低限度的服务。买方别无选择，只得购买其产品。如果出现了替代品或竞争危机，垄断者会投入更多的服务和技术作为阻止新的竞争者进入的障碍。

第二，完全寡头垄断。寡头垄断指某一行业内少数几家大公司的产品和服务占据绝大部分市场。完全寡头垄断是寡头垄断的一种类型，即几家大公司的产品和服务是标准化的，没有什么差异。客户对不同品牌无特殊偏好。西方国家的钢铁、石油等行业多为完全寡头垄断。由于寡头公司之间的相互牵制，使得每一公司只能按照行业的现行价格水平定价，不能随意调整，获得竞争优势的唯一办法是降低成本。

第三，不完全寡头垄断。又称差别寡头垄断。尽管少数大公司占据了绝大部分市场，但它们的产品和服务在质量、特性、款式、功能等方面是差异性的，不能相互替代，西方国家的汽车、电脑、照相机等行业多为不完全寡头垄断。顾客往往根据自己的需求和偏好选择购买，并愿意为自己喜欢的品牌支付较高的价格。这类寡头公司竞争的焦点不是价格，而是产品特色。

第四，垄断竞争。即垄断与竞争并存的市场。某一行业内有许多的卖主，它们之间形成了竞争，但由于产品和服务的差异，每个生产者对自己的产品有垄断权。竞争的焦点是突出本公司产品和服务的特色，与竞争品拉开距离，更好地满足目标顾客的需求。同时，要灵活地运用价格、分销渠道、促销等营销策略来强化特色，造成顾客的心理差别，赢得竞争优势。

第五，完全竞争。指某一行业内有许多卖主，它们的产品没有什么差异。完全竞争的情况大多出现在同质产品市场，如食盐、食糖、农产品、水泥等。买卖双方都不能左右价格，只能按照行业供求关系决定的价格买卖商品。公司竞争的焦点是降低成本，增加服务。

2）进入、流动与退出障碍。当某一行业的发展前景非常看好，就会有一些公司设法进入。不同行业的进入门槛有很大差别。一般地说，开设一家饭店比较容易，进入飞机制造业就很困难。主要的进入障碍包括：缺乏足够的资本；未达到规模经济；没有专利和许可证；缺少场地；难以找到理想的供应商和分销商；市场信誉不易建立等。有些障碍是行业固有的；有些障碍是先期进入的公司为了维护自己的市场地位和利益而设置的。即使公司进入了某一行业，当它准备向更有吸引力的细分市场流动时，也会遇到流动障碍。一个行业进入和流动的门槛高，先期进入的公司就能够获得超额利润，其他公司只能望洋兴叹；相反，行业进入和流动的门槛低，其他公司纷纷进入，导致产品供过于求，行业的平均利润率下降。

如某一行业的利润低于社会平均利润，已进入的公司会选择退出，转移到更有吸引力的行业。但是，退出一个行业也会遇到障碍，主要包括：对顾客、债权人和员工的法律和道义上的义务；过分专业化或设备陈旧造成的资产利用价值低；缺乏市场机会；高度的纵向一体化；感情障碍等。即使不完全退出该行业，仅仅是收缩经营规模，也会遇到收缩障碍。退出和收缩障碍的存在，使得一些公司在无利可图的情况下，勉强维持，它们的存在降低了行业的平均利润率。这时，同行业的公司出于自身利益的考虑应设法减少它们的退出障碍，如买下退出者的资产、帮助承担顾客义务等。

3）成本结构。不同行业开展经营业务所需成本及成本结构不同，譬如，轧钢业需要的成本高，玩具业的成本要低得多；轧钢厂的成本结构中制造费用和原材料的比重大，而玩具厂的成本中分销和促销的费用高。公司应当把注意力集中在最大的成本上，并从战略上考虑如何降低这部分成本。轧钢厂应该把更多的资金投在采用先进技术，扩大生产规模上，才能获得竞争优势；而玩具厂将资金用于分销渠道及促销宣传远比投入生产更为有效。

4）纵向一体化。在许多行业中，实现纵向一体化可以提高公司的控制力，降低成本，获得竞争优势。如农工商联合公司，集农产品的生产、加工和销售为一体，不仅控制了增值流，而且可以在各个细分市场上控制价格和成本，使得没有实行一体化经营的对手处于竞争劣势。

5）全球化经营。有些行业的地方性特征明显，如理发、浴室、歌厅等，而另一些行业更适宜全球化经营，如石油、电脑、飞机制造等。在全球性行业开展经营业务必须着眼于全球市场的竞争，以采用先进技术，实现规模经济等手段获得竞争优势。

（2）市场竞争观念。

我们从市场竞争观念出发可以将竞争者视为是力求满足相同需要或服务于同一顾客群的公司。公司开展的任何业务都包括四个方面的决策：一是要服务的顾客群；二是要迎合的顾客需求；三是满足这些需求的技术；四是运用这些技术生产的产品。公司在确定和调整业务范围时，都自觉不自觉地奉行一定的营销观念，不同的导向影响着对竞争者的识别和竞争战略的选择。

1）产品导向。指公司的业务范围限定为经营某种定型产品，在不进行或很少进行产品更新的前提下，设法扩大该产品的市场。实行产品导向的公司仅仅把生产相同品种和规格产品的公司当成竞争对手，主要的竞争战略是挖掘潜在顾客、进入新的市场和提高顾客的需求量。

2）技术导向。指公司将业务范围限定为经营用现有设备和技术生产出来的产品。业务范围的扩大主要依靠利用现有设备和技术（或稍加改进）生产出新的花色品种。技术导向将所有使用同一技术生产同类产品的公司视为竞争者，而忽略了满足同类需求的其他生产公司，如激光照排的普及淘汰了铅字印刷，因此，技术导向会使公司产生"营销近视症"。

3）需要导向。指公司将业务范围确定为满足顾客某一类需求，并运用互不相关的技术生产不同类型的产品。例如，为满足顾客对书写工具的需要，公司可以生产铅笔、钢笔、圆珠笔、毛笔、打字机等。需要导向的公司将满足同一需要的公司都视为竞争对手，而不论它们采用什么技术，生产哪类产品。他们选择的竞争战略往往是新产业开发，多角化经营，进入与现有产品、现有技术无关，却是满足同一需求的行业。

4）顾客导向。指公司将业务范围确定为满足某一消费群体的需要，业务范围的扩大则主要依靠开发与原顾客群体相关，与原技术、原产品、原需求无关的新产品。例如，婴幼儿用品公司可以生产玩具、服装、食品、日用品等。顾客导向的公司把服务于同一顾客群的其他公司都视为竞争对手。顾客导向可以充分利用公司在原顾客群体中的信誉、业务关系和渠道销售其他类型的产品，减少进入市场的障碍，降低营销成本，提高销售量和利润。

5）多元导向。指公司将上述两种或两种以上导向结合起来，通过对各类市场需求趋势和盈利水平的动态分析来确定业务范围。新开发的业务可能与原有的产品、技术、需要及顾客群体都没有关系。如海尔推出整体厨房；宝洁经营幼儿食品等。当公司具备了雄厚的实力、敏锐的市场洞察力和强大的跨行业经营能力时，选择多元导向可以抛开原有业务范围对公司发展的束缚，最大限度地挖掘和利用市场机会。

### 4.1.2 分析竞争者

公司识别了主要竞争者之后，接下来要做的工作就是分析竞争者的战略和目标。

（1）判定竞争者的战略。

竞争者的战略决定着它的经营目标、经营计划和经营活动。正确地判定竞争者的战略，可以提高公司预测竞争者行动的准确性。

在特定的目标市场中推行相同战略的一组公司构成一个战略群体。一个行业常常由若干战略群体构成，同一战略群体内的竞争最为激烈。识别竞争对手的战略可以帮助公司避开竞争强度高的战略群体，选择进入竞争强度相对较低的战略群体。公司一旦进入了某个战略群体，该群体的其他成员就成为公司的直接竞争对手，必须给予密切关注。此外，还应适当注意不同战略群体之间存在的现实或潜在的竞争。

识别竞争者的战略是一项长期的工作，因为竞争者的战略不是一成不变的，富有活力的竞争者将随着时间的推移和环境的变化而修订其战略。例如，国产手机最初的战略是占领高性能的高端市场，一年以后就根据实际情况调整了战略，开始定位于时尚人群，采用设计新颖的产品外观，聘请影视明星做产品形象代言人，价格也转向中档。成功的公司应时刻关注竞争者战略的发展动态，适时调整自己的竞争战略。

（2）了解竞争者的目标。

竞争者的目标决定着它的行为动力。可以说，利润是竞争者永远的目标，但是，不同公司对长期利润与短期利润的重视程度不同；对满意利润的判别标准也不同。美国公司多数按照最大限度扩大短期利润的模式来经营，因为，公司的经营业绩由股东们判定，而股东们会因为当前盈利不好，丧失信心，抛售股票使得公司资本成本增加。日本公司则按照最大限度扩大市场份额的模式来经营，由于它们从银行获得贷款的利率较低，所以，它们也满足于较低的利润收益。

竞争者的目标很可能不是单一的，而是一个目标组合，包括：获利能力、市场占有率、现金流量、成本控制、技术领先和服务水平等。了解竞争者的目标就是要探寻其目标组合的内容、排列顺序及侧重点，并以此为依据预测竞争者对不同竞争行为的反应。例如，以追求短期利润为目标的竞争者对其他竞争品的降价可能不大在意，而以扩大市场占有率为目标的公司对于竞争者的降价行为会非常敏感，马上采取措施予以反击。

竞争者的目标由多种因素决定，包括公司的规模、历史、产品种类、市场地位、经营状况、财务状况等。

公司还应随时关注竞争者的扩展计划，了解竞争者进入新的细分市场或开发新产品的目标，以便预先做好准备，制定应对措施。

（3）评估竞争者的优势与劣势。

分析竞争者的实力主要是了解其优势和劣势，掌握其实现营销目标的各方面能力。为此，公司需要收集大量的有关竞争者的资料和信息，包括竞争者几年来的销售额、利润率、市场占有率、产品的特点、竞争的主要策略、发展战略及财务状况等等。这些资料的取得很困难，主要是通过间接的途径获得。公司可以对中间商和顾客进行调查，了解竞争对手的情况。也可以调查问卷的形式，请顾客将本公司和竞争者的产品在一些重要方面进行对比，并分别打分，这样不仅可以了解竞争者的长处和劣势，还能从中分析出公司与竞争对手在市场地位上的差别。另外，也可以聘请专业的调查公司进行专门的调查。

表 4-1 显示了一家啤酒公司要求顾客对其三个主要的竞争对手 A、B、C 在五个属性上进行排名的结果。表中 5、4、3、2、1 分别代表优秀、良好、中等、较差和差。竞争者 A 闻名

遐迩，产品质量很好，并由优秀的推销人员进行销售，但其在供货效率和技术服务方面较差；竞争者 B 没有明显的缺陷；竞争者 C 只有供货效率良好，其他方面都一般。通过以上分析，公司可以决策：在供货效率和技术服务方面进攻 A 公司，而在很多方面可以进攻 C 公司。

表 4-1 某啤酒公司的竞争对手的实力分析表

| 竞争对手 | 品牌知名度 | 啤酒口味 | 销售渠道 | 技术服务 | 市场推广 |
| --- | --- | --- | --- | --- | --- |
| A | 5 | 5 | 2 | 2 | 4 |
| B | 4 | 4 | 5 | 4 | 5 |
| C | 3 | 1 | 4 | 3 | 3 |

在分析竞争者的弱点时应特别注意其对市场的错误估计和战略选择方面的失误。例如有的竞争者认为市场前景看好，采取扩大投资规模、增加产量的策略，而事实并非如此。有些错误观念也会导致战略上的失误，如错误地认为"生产和经营高档次的产品可以提高公司的声誉""价格是竞争的最好手段""顾客偏爱产品线齐全的公司"等等。如果发现竞争者的营销观念上存在不符合实际的偏见，公司就可以对其营销的薄弱环节发动进攻，以期取得竞争的胜利。

（4）判断竞争者的反应模式。

在市场竞争中，准确地判断竞争者的反应模式是非常重要的，只有这样，公司才能决定下一步的适当对策，在竞争中始终处于主动地位。

当公司推出某项竞争战略后，必然会引起竞争者的反应。各个竞争者不同的营销观念、公司文化、战略目标、竞争实力决定了他们不同的反应模式。竞争中常见的反应模式有以下四种：

1）从容型竞争者。对其他竞争者的攻击没有做出迅速反应或强烈反应。采取这种反应模式的公司可能实力很强，自信竞争者的行为不会危及自己的市场地位；也可能实力很弱，缺乏做出反应所必需的资源条件；还可能是营销情报系统的效率不高，没有把信息及时传递给决策部门。对于这类竞争者，公司一定要搞清楚从容不迫的原因。

2）选择型竞争者。对某些攻击行为做出反应，而对其他类型的挑战不予理会。他们只对影响到自身核心竞争优势的市场行为进行反击。公司遇到选择型竞争对手，就要具体分析竞争者会在哪方面做出反应，以便有针对性地制定最佳的进攻方案。

3）凶狠型竞争者。对所有的攻击行为都会做出迅速而强烈的反应，而且对抗到底。这类竞争者一般具有较强的实力，采取凶狠型的反应模式意在表明其维护自身市场地位的坚定立场，使其他竞争者不敢轻举妄动。微软公司一旦发现任何有可能威胁到它的竞争者，就会迅速采取行动予以反击，直到收购它们或者迫使其破产。

4）随机型竞争者。对竞争攻击的反应没有固定模式，有无反应和反应强度无法根据以往情况进行预测。一般来说，小公司更可能是随机型的竞争对手，经营管理不成熟或处于变革期的公司也可能是随机型竞争者。

### 4.1.3 选择竞争者

为了便于公司确定攻击对象和回避对象，可以对竞争者进行以下分类：

（1）强竞争者与弱竞争者。

大多数公司喜欢把攻击目标瞄准软弱的竞争者，这样取胜的把握更大，提高市场占有率的每个百分点所耗费的资金和时间更少,但在这个过程中,公司的能力提高和利润增长也是有限的。攻击强有力的竞争者,迫使公司不得不改进技术、加强管理、提高营销水平,从而可以大幅度地扩大市场占有率和利润。与强手较量的难度大,但能使公司得到锻炼,竞争取胜的收获也非常可观。

(2) 近竞争者和远竞争者。

多数公司重视与近竞争者较量,并试图摧垮对方。但是,这种胜利的后果常常是招来了更加难以对付的竞争者。例如,鲍希-隆巴公司在20世纪70年代后期积极与其他软性隐型眼镜生产商对抗并取得了很大成功。然而,这导致了一个又一个弱小竞争者将其资产卖给了露华浓、强生等大公司,结果使该公司面对更大的竞争者。可以说,这一胜利毫无意义。

(3) 良性竞争者与恶性竞争者。

每个行业都存在良性竞争者与恶性竞争者。良性竞争者的特点是按行业规则开展营销活动;使价格在合理的范围内浮动;把自己的经营限制在行业的某一部分或细分市场里,保持产品的差异性,避免直接冲突;接受它们的市场份额和利润规定的大致界限;采用正当的手段竞争等等。这种竞争有利于开发新市场,增加市场的总需求;有利于开发新产品,满足消费者的各种需要;有利于技术进步,降低成本,促进行业的稳定和健康发展。恶性竞争者的表现具有破坏性,如不顾一切地冒险,集中投资于利润较高的产品,最终导致群败俱伤;采取收买、贿赂顾客和用户的手段增加销售额,提高市场占有率;用高额奖励刺激消费者购买,争夺市场;以低于成本的价格吸引顾客,挤垮竞争者等等。这种竞争会打破行业的均衡。公司明智的选择是支持好的竞争者,攻击坏的竞争者。

### 4.1.4 确定竞争地位

每个公司由于营销目标、资源、实力及发展机会的不同,在市场竞争中居于不同的地位,而不同的竞争地位又决定了不同的竞争战略。因此公司在制定竞争战略之前,应首先进行竞争性定位,即确定公司在市场竞争中的地位。

美国市场营销学家菲利普·科特勒(Philip Kotler)将市场上的营销者按竞争地位的不同分为四种类型:市场领导者、市场挑战者、市场跟随者和市场补缺者。

(1) 市场领导者。

绝大多数的行业都有一家公司被公认为是市场领导者。这家公司在相关产品的市场上占有最高的市场份额,通常在新产品的开发、价格变动、渠道选择和促销强度等方面对其他公司起着导向作用。比如软饮料市场的可口可乐公司、零售行业的沃尔玛公司、电子计算机市场的国际商用机器公司、快餐市场的麦当劳公司等等。这些市场领导者的地位是在竞争中自然形成的,但不是一成不变的。市场领导者往往是其他公司挑战、效仿或躲避的对象。稍有疏忽就可能从第一的宝座上滑落下来,沦为第二、第三,甚至更糟。

(2) 市场挑战者。

是指那些在市场上地位仅次于市场领导者,而处于第二、第三位置上的公司,如美国软饮料市场的百事可乐公司。这些公司为了争取更多的市场份额,常常向市场领导者和其他竞争对手发动进攻,希望夺取市场领导者的地位。

(3) 市场跟随者。

是指在市场上处于次要地位、实力不强的公司。在行业中,这类公司为数不少,但所占的市场份额不大，他们力求在与竞争者和平共处中获得更多的收益。一些在行业中居第二或第三位的大公司如果不主动发起竞争攻势，也属于市场跟随者。

（4）市场补缺者。

这是指每个行业中的小公司。它们规模小、资金少、实力较弱。在市场竞争中，小公司处于劣势，所以他们往往采取专业化营销，即寻找那些大公司无暇顾及的小的细分市场来实现自己的目标，在大公司的夹缝中求得生存和发展。

上述四种类型，即可用于公司的竞争性定位，也可用于公司的产品线或某种产品的定位，因为同一个公司的不同产品可能处于不同的市场地位，需要不同的竞争战略。

## 4.2 竞争战略

### 4.2.1 市场领导者战略

市场领导者如果不能取得法定的垄断地位，那么，在营销过程中便时刻面临着竞争者的挑战，为了维持自己的统治地位，必须保持高度的警惕，并采取适当的战略对挑战者予以反击，否则很可能被竞争者取而代之。

市场领导者应把营销战略的重点放在维持和扩大市场占有率上，以保持第一的竞争优势。可供选择的战略主要有扩大市场需求总量、保持市场占有率和提高市场占有率。

（1）扩大市场总需求。

当某种产品的市场需求量扩大时，受益最大的当属市场领导者。例如，在美国，如果汽车的需求量增加，通用汽车公司收益最大，因为它的产品在全国汽车市场上占了一半以上的份额。作为市场领导者的公司应努力寻找扩大市场需求量的途径，这包括挖掘产品的新用户、开发产品的新用途和刺激顾客增加产品使用量等。

1）挖掘产品的新用户。

每类产品都有吸引新的购买者的潜力，因为任何公司的市场营销组合都不可能是完美无缺的，都有需要改进的薄弱环节。例如，产品本身存在缺陷，不能达到消费者的满意；价格制定的不合理，不能为顾客所接受；销售渠道不畅通，影响了顾客购买；促销宣传不够，很多用户对产品不了解等等。当公司发现了自己经营上的薄弱环节并加以改进后，就可大幅度地提高产品的销售量。挖掘产品的新用户还可以通过扩大产品的销售区域或进入新的细分市场来实现。例如强生公司生产的婴儿洗发精一度在市场上处于领先地位，但随着出生率的下降，产品的市场萎缩，于是该公司决定向成年人发起广告攻势，推荐该产品，取得了巨大成功，使该产品成为整个洗发精市场的主导品牌。

2）开发产品的新用途。

开发与推广产品的新用途能够有效地扩大产品的需求量。美国杜邦公司通过不断开发尼龙的新用途，使其产品在市场上长盛不衰。尼龙最初用于制作降落伞，而后制作丝袜，再后作为衬衣的主要原料，接着又用于制造汽车轮胎、沙发椅套和地毯。总之，每当一种尼龙产品进入成熟期后，一些新用途又被开发出来，每一种新用途都使该产品进入新的生命周期。杜邦公司借助于不断开发新产品而声名大振。

在很多情况下，是顾客发现了产品的新用途，扩大了产品的消费领域。如凡士林最初只不过是一种机器的润滑油。但若干年后，顾客对该产品提出了许多新用途，如用作护肤软膏、发蜡等等。所以公司应注意监测用户对产品的使用反馈，以便发现产品的新用途。

3）刺激现有顾客增加使用量。

公司如果能说服顾客增加对产品的使用量或使用频率，就能有效地扩大产品的销售。一些生产化妆品的公司在产品包装上印有"长期使用效果更佳"的字样，劝说顾客长期重复购买该产品；有些食品的包装上印有多种食用方法，以刺激顾客增加购买量；法国米其林轮胎公司希望法国的汽车拥有者每年行驶更多的里程，这样会导致更多的轮胎置换。它们出版了一些带有地图和沿线风景的导游书，鼓励人们更多地自驾车到法国南部旅游。

（2）保持市场占有率。

在努力扩大市场需求量的同时，市场领导者还应时刻防范竞争对手的挑战，保卫自己的市场阵地。保卫自己市场阵地的最有效方法是主动出击、不断创新。市场领导者应在产品的创新、服务质量的提高、分销渠道的效益、产品促销的有效性等方面真正成为本行业的领导者，并针对竞争对手的弱点，发起进攻，以巩固和加强自己的市场地位。

市场领导者如果不主动发起进攻，就必须严守阵地，堵塞一切漏洞，不给竞争者以可乘之机。然而堵塞漏洞要付出很高的代价，但如果放弃一个阵地损失可能更大。市场领导者必须准确地判断哪些阵地至关重要，值得耗资防守；哪些阵地风险较小，当防御力量不够时可以放弃。有6种防御战略可供市场领导者选择：

1）阵地防御

这是防御的基本形式，即在现有阵地四周建立牢固的防御工事。这是一种静态的防御，如果公司将全部的力量都投入这种防御，最终结果往往是导致失败。所以，受到竞争挑战的市场领导者只是简单地防守现有市场阵地的做法是愚蠢的，是一种"营销近视症"。公司必须保持积极的进攻、不断开拓新产品、新市场，才能永远立于不败之地。

2）侧翼防御

市场领导者在保卫自己阵地的同时，还应建立一些侧翼或前哨阵地，同主阵地形成犄角之势。当遇到对手进攻时可互相策应，必要时还可作为反攻基地。侧翼往往是防守的薄弱环节，应认真地制定侧翼防御的战略，以防挑战者乘虚而入。

3）以攻为守

这是一种积极的防御战略，即在竞争对手向公司展开进攻之前，先发制人，主动发起攻击。一般做法是密切注意几个主要的竞争对手，当其市场占有率的增长对本公司构成威胁的时候，就对其发起攻击；或者当竞争者推出新产品、开展大型促销活动前抢先发起进攻。实施这种战略比起消极防御来会产生事半功倍的效果。如精工手表有2300个品种，覆盖所有的细分市场。

4）反击防御

当市场领导者受到攻击时，必须向对手进行反击。市场领导者面临竞争者降价竞销、广告攻势、产品创新的挑战或销售区域被入侵时，不应该保持沉默，而应选择对手的弱点进行反击。一个有效的反击是正面攻击，侵入进攻者的主要阵地，迫使其收缩兵力回防；也可以发动侧翼包抄，选择竞争对手的薄弱环节予以还击。

5）运动防御

这是一种扩大范围的防御战略，它不仅防御自己现有的阵地，而且还要扩展到新的领域中去,而这些领域在将来可能成为防守和进攻的中心。运动防御战略主要通过拓宽目标市场和多角化经营求实现。

拓宽目标市场即公司将注意焦点从现行产品转移到与之相关的需求上,并研究开发有关满足该项需求的新技术、新产品。如原来生产地面装饰产品的公司把经营范围拓展到房屋装饰产品,增添墙壁和天花板的装饰品,既可增加销售额,又可提高竞争能力。

多角化经营是公司为避免风险而进入与目前业务无关的新的经营领域。当本行业的发展前景黯淡或其他行业更具有吸引力的情况下,公司往往采取多角化经营的策略。例如,许多国家对吸烟的限制日益严格,一些烟草公司认识到这种环境威胁后,并不是单纯地进行阵地防御,也不满足于寻找香烟的替代品,而是进入新的行业,如经营啤酒、软饮料和冷冻食品等。

6)收缩防御

市场领导者在受到全面攻击的情况下,有时候全面防守是不明智的,那样力量太分散,容易受到竞争对手的蚕食。最佳的行动方案是有计划地收缩,放弃疲软的市场和较弱的产品,把力量重新分配到较强的领域。例如,美国西屋电气公司把冰箱的型号从四十种削减到三十种,收缩了战线,集中了"兵力",其结果反而增强了竞争能力,巩固了市场地位。

(3)提高市场占有率。

提高市场占有率是增加销售额和利润、增强公司竞争能力的重要途径。据美国的一项研究成果(PIMS)显示(见图4-2),市场占有率是投资收益率的重要变数之一。市场占有率超过40%的公司将得到30%的平均投资报酬率,相当于市场占有率在10%以下的公司的三倍。所以,许多公司把扩大市场份额作为追求的目标。例如,通用电器公司决定,在它涉足的每一个市场中至少应成为第一位或第二位,否则就退出。该公司放弃了计算机和空调等产品,因为在这些行业中它没有取得领先地位。

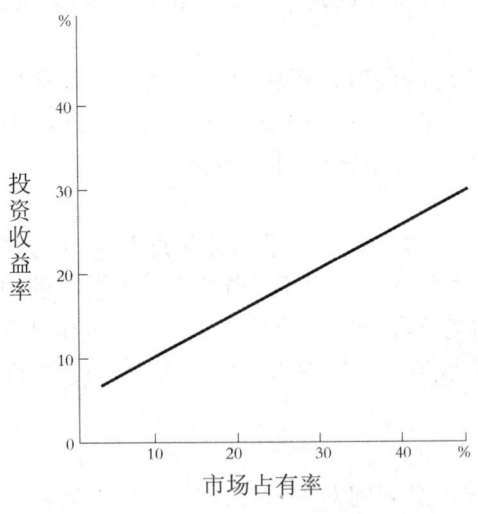

图 4-2　按 PIMS 研究的线性关系

但是,其他一些研究成果得出与上述观点不同的结论。在许多行业中,市场占有率与盈利率之间存在着 V 型关系(见图4-3)。在这些行业中,一个或少数几个大公司靠实现规模经济取得成本优势和较高的市场占有率,而一些小竞争者靠在小的细分市场上填补空白的特殊营销策略获得较高利润。V 型曲线显示只有那些中等规模的竞争者没有任何竞争优势，所以他们的盈利也最差，与小公司相比，它们不能得到集中竞争的利益；与大公司相比，它们无法享受规模经济效益。那么，是不是由此可得出这样的结论，中等规模的公司应该想办法跻身于大公司的行列，或者是在能发挥自己特长的专门化补缺市场中立足呢？

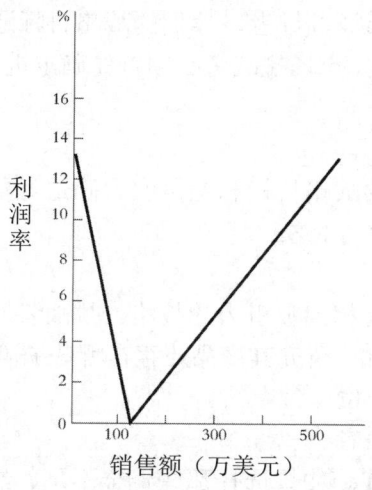

图 4-3　V 型关系

应该指出的是，不是在任何情况下，市场占有率的提高都意味着收益的增长，这主要取决于为提高市场占有率而采取的策略。如果策略不当，会出现为提高市场占有率付出的代价超过所获得的收益的情况。因此，不能盲目地追求市场份额的增加，公司必须认真考虑以下三个因素：

第一，反垄断法。一些国家有实施严格的反垄断法，当市场主导者的市场占有率超过一定限度时，可能招致其他公司的指控和法律的制裁。

第二，经营成本。即为提高市场占有率而付出的代价（见图 4-4）。当市场份额持续增加，公司利润会随之提高，但市场占有率达到一个较高水平后，再要进一步提高就要付出很高的成本，此时经营成本的增长速度大于利润的增长速度，公司利润会随市场占有率的提高而下降。

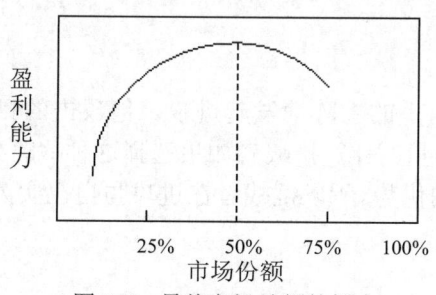

图 4-4　最佳市场份额的概念

第三，市场营销组合。一些营销策略对提高市场占有率很有效，却不一定能增加利润。例如，采用大幅度降价争取市场份额。只有在以下两个条件成立时市场占有率同收益率才成正比：一是单位成本随产量和销量的增加而减少；二是商品价格的提高超过为提高产品质量所投入的成本。

总而言之，市场领导者必须善于扩大市场需求量，防御挑战者的进攻，维持和增加市场占有率，才能巩固其市场地位。

#### 4.2.2 市场挑战者战略

市场挑战者的地位仅次于市场领导者，他们的战略目标通常是提高市场占有率，所以他们不断地向其他竞争者发动进攻。市场挑战者必须首先确定进攻对象，然后再选择适当的进攻战略。

（1）确定攻击对象。

市场挑战者可以根据自己的战略目标和竞争实力确定竞争对手。一般来说，市场挑战者可以在以下三类竞争者中选择攻击对象：

第一，攻击市场领导者

这是一个既有高度风险又有相当吸引力的战略。挑战者应认真研究市场领导者营销的弱点和失误，找准"攻击点"。例如，研究其产品还存在哪些缺陷，力争在产品创新上胜过对方，从而争取顾客、争夺市场领导地位。

第二，攻击实力相当的竞争者

这是向势均力敌的对手挑战。如果选择那些资金不足、经营状况不佳的竞争者作为攻击对象，成功的把握更大。公司应仔细研究竞争者是否满足了顾客的需求，发现其营销方面的缺陷，就找到了攻击的目标。

第三，攻击当地的小公司

一些小公司实力不强，产品落后、管理混乱，仅在有限的细分市场上开展经营活动。挑战者通过竞争争夺他们的市场，甚至兼并或收购他们。很多外国独资和合资公司在进入我国市场之初就击败了当地资金不足的弱小公司。

在选择竞争对手时，需要做一个系统的分析，每一个公司都必须收集竞争者的最新信息，了解竞争者的战略目标、经营状况、财务状况及优劣势，力争每次挑战都有明确的目标和成功的把握。

（2）选择进攻战略。

在确定了挑战对象之后，市场挑战者还需要选择一个正确的进攻战略。可供选择的进攻战略主要有以下五种：

1）正面进攻

挑战者集中优势兵力向对手的主阵地发起进攻。他攻击的目标是对方的主要市场和主要产品，其结果取决于双方的力量对比。挑战者如果选择这种战略必须在产品、价格、分销、促销等方面比起对手来有一定的优势。所以挑战者在进攻与自己实力相当的对手和小公司时才选择正面进攻的策略。

2）侧翼进攻

一般来说，竞争对手对主阵地的防御比较重视，而对侧翼或后方的防御较薄弱。进攻者采取避实就虚的战略，集中力量攻击对手的弱点，就可出奇制胜。侧翼进攻又分两种情况：一是地理性的侧翼进攻，即向对手力量薄弱的地区发起攻击，占领市场。例如 IBM 公司的挑战者在被该公司忽视的一些中小城市内建立强大的分支机构，取得了比在大城市更好的效果；另一种是细分性的侧翼进攻，即寻找对方尚未进入的细分市场，迅速填补空缺，占领市场。侧翼进攻对于实力较差的挑战者具有较大的吸引力，常常用来向市场主导者进攻。同正面进攻相比，侧翼进攻更加经济，成功的可能性更大。

3）包围进攻

这是全面进攻，同时攻击对方的前方、后方和侧翼，使对手防不胜防，顾此失彼。当挑战者在实力上具有较大优势时，就可向对方发起包围进攻。

4）迂回进攻

这是一种间接进攻的战略，即不与对方在现有阵地上直接交锋，而是绕开对方的阵地进入其他市场。具体做法有三种：一是产品多角化，发展与现有产品无关的新产品；二是市场多角化，以现有产品打入新市场；三是采用高新技术，实现产品更新换代。这种迂回进攻能帮助公司增强自身实力，等待时机成熟，转入正面进攻或包围进攻。

5）游击进攻

即向对方的不同领域进行小规模、间断性的攻击，目的是骚扰对方，打击对方的士气，削弱对方的实力。游击进攻常常是小公司向大公司发起的，因为小公司没有能力发起正面进攻，甚至不能组织有效的侧翼进攻，只能在某些角落发动小范围的攻击。应当指出的是，要想击败对手，光靠游击进攻是不能奏效的，它只能作为一种辅助手段。

上述进攻战略各有利弊、具有不同的适用条件。挑战者应根据实际情况加以选择，通常是设计一套组合战略，使几种进攻战略互相配合，扬长避短，才能取得整体最佳的效果。

### 4.2.3 市场追随者战略

并非任何处于次要地位的公司都愿意充当挑战者的角色，如果没有充分的把握就不应当贸然进攻，最好的战略是追随，即跟在市场领导者之后，维持一种"和平共处"的局面。实践证明，成功的市场追随者也能获得高额利润。

在同质产品市场上，大多数公司都采取追随战略。因为这类产品的差异性小，所以顾客对价格十分敏感。公司一般不会挑起价格竞争，尽量避免几败俱伤的结果，而是效仿市场领导者的战略，不互相争夺顾客，保持市场占有率的相对稳定。

市场追随者必须掌握保持现有的市场份额、并争取一些新的顾客的战略。同时，还应尽量降低成本，提高产品和服务质量，更好地满足顾客的需求。市场追随者不应消极地模仿市场领导者的战略，而是要确定一套适合自己的战略，即能求得稳定的发展，又不致引起竞争者的报复行为。

（1）市场追随者的分类。

市场追随者可分为以下四种类型：

1）伪造者

伪造者完全复制领导者的产品和包装，在黑市或通过不良的经销商销售。

2）克隆者

克隆者效仿领导者的产品、名称和包装，但有少许的变动。

3）模仿者

模仿者从领导者产品中复制一些东西，但是会在包装、广告、定价和选址等方面保持差异性。只要模仿者不展开强烈攻势，领导者不会太过介意。

4）改良者

改良者对领导者的产品进行调整或改良，他们可能会选择在不同的市场销售产品，但这样很可能成长为未来的挑战者。

（2）市场追随战略选择。

第一，紧密追随

市场追随者在诸细分市场及营销组合的各方面都尽力模仿领导者。只要不从根本上侵犯领导者的利益就不会发生直接冲突。例如，当领导者研制开发出新产品后，追随者马上生产出仿制新产品，一样可以获利。因为要取得产品创新的成功，不仅要有大量的投资，还要承担较大的风险，而跟随者对其产品进行仿制和改良，虽然不能取代主导者的地位，但由于投资少、见效快，通常可获得较高的利润。

第二，距离追随

市场追随者在主要方面追随领导者，如产品创新、价格制定和分销渠道等方面，在其他方面则保持一定的距离。市场领导者比较欢迎这种追随，因为这既不妨碍他们实施市场计划，又可使他们免受垄断市场的指责。保持距离的追随者可以在不侵犯领导者利益的前提下，通过联合、兼并小公司壮大自己的力量。

第三，选择追随

市场追随者在有些方面模仿领导者，而在另一方面又走自己的路。这种战略比较明智，根据公司的目标和实力，选择合适的战略追随，避免直接竞争。同时又发挥自己的优势和独创性，求得自身的发展。采取选择追随的公司常常能成长为未来的挑战者。

市场追随者的市场份额虽然比领导者低，但这并不影响他们获得较高的利润。一项研究成果表明，许多公司的市场份额不足领导者的一半，但其五年的资本净值报酬超过本行业的平均水平。市场追随者成功的关键在于：能主动细分市场；重盈利而不单纯追求市场份额；制定有效的市场营销组合策略。

### 4.2.4　市场补缺者战略

每一个行业都有为数众多的小公司，他们避免同大公司发生直接冲突，通过专业性经营，为那些被大公司忽略或放弃的细分市场提供有效的产品或劳务，占据有利的市场位置。这些公司被称作市场补缺者。市场补缺不仅对小公司有吸引力，一些大公司中的小部门或小产品也可寻找一个或几个这种既安全又有利的市场位置。

一个理想的市场补缺位置应具有以下特征：第一，具有足够的市场潜力和购买力；第二，对市场领导者和大公司不具吸引力；第三，可获得满意的利润；第四，公司具有进入并占领该市场所必需的资源和经营能力；第五，公司可依靠自身实力和信誉，对抗竞争者的攻击。

补缺战略的关键是专业化营销，公司可以在市场、顾客、产品、渠道等方面实行专业化，下面是可供选择的几种专业化方案：

（1）最终用户专业化。

通过市场细分，专门为某类最终用户服务。例如，一家医疗器械公司选中的目标市场是专门为牙科诊所提供检查和治疗牙齿的器械。

（2）垂直专业化。

即公司专门致力于某个行业或某种产品供产销中的某个环节，如专门生产经营某种大型机床的零部件。

（3）用户规模专业化。

按用户规模细分市场，选择为某一类规模的用户服务。如有些小公司专门为那些被大公司忽视的小客户服务。

（4）特定顾客专业化。

即只为一个或少数几个有特殊联系的客户服务。如一家轮胎厂只为某大型汽车制造公司提供配件轮胎。

（5）地区专业化.

专为国内外某一地区顾客的特殊需要提供服务。

（6）产品或产品线专业化。

即只经营一条产品线，如某家食品厂只生产巧克力类产品。

（7）产品特色专业化。

公司专门生产某种具有特色的产品，如天津的"狗不理"包子。

（8）质量——价格专业化。

专门生产经营某种质量或价格的产品。如专门生产优质优价的产品或生产低质低价的产品。

（9）客户订单专业化。

公司按照每个客户的订单生产特定产品。

（10）服务项目专业化。

专门提供一种或几种其他公司没有的服务项目。如百货公司提供邮购服务，银行开办电话贷款业务等。

（11）分销渠道专业化。

专门服务于某一类分销渠道，如专门生产超级市场销售的产品等。

应该指出的是，市场补缺者的专业化营销战略具有一定的风险，如果公司将全部力量集中在一个细分市场的营销上，容易受到竞争者的攻击。所以多种补缺策略比单一补缺有着更大的回旋余地，同时也为市场补缺者提供了更多的发展机会。

公司在密切关注竞争者的同时不能忽略了顾客，不能用以竞争者为中心来取代以顾客为中心。以竞争者为中心使公司跟踪竞争者的行动并迅速做出反应，公司行为受竞争者行为牵制。这种模式的优点在于使营销决策者保持警惕，时刻关注竞争态势；缺点是被竞争对手牵着走，缺乏长远规划和明确的目标。以顾客为中心指公司以顾客需求为依据制定战略，优点是能够很好地识别市场机会，确定目标市场，扬长避短地制定战略规划；缺点是可能忽略了竞争者的动向，受到攻击。在现代市场中，公司应注意顾客导向与竞争者导向的兼顾，不可偏废。

## 小结

1．赢得竞争的前提是"知己知彼"，有的放矢地制定公司的竞争战略。为此，公司首先要认清谁是主要的竞争者；竞争者的战略、目标是什么；竞争者有哪些优势与劣势；他们选择的反应模式是哪一类型，据此决定公司应该攻击谁、回避谁。

2．决定行业结构的主要因素有：销售商的数量和产品差异度；进入、流动和退出障碍；成本结构；纵向一体化的程度；全球化经营的程度。我们从市场竞争观念出发可以将竞争者视为是力求满足相同需要或服务于同一顾客群的公司。公司在确定和调整业务范围时，都自觉不自觉地奉行一定的营销观念，不同的导向影响着对竞争者的识别和竞争战略的选择。

3. 美国市场营销学家菲利普·科特勒（Philip Kotler）将市场上的营销者按竞争地位的不同分为四种类型：即市场领导者、市场挑战者、市场跟随着和市场补缺者。

4. 市场领导者应把营销战略的重点放在维持和扩大市场占有率上，以保持第一的竞争优势。可供选择的战略主要有扩大市场需求总量、保持市场占有率和提高市场占有率。

5. 市场挑战者的地位仅次于市场领导者，他们的战略目标通常是提高市场占有率，所以他们不断地向其他竞争者发动进攻。市场挑战者必须首先确定进攻对象，然后再选择适当的进攻战略。

6. 市场追随者必须掌握保持现有市场份额，并争取一些新的顾客的战略。同时，还应尽量降低成本，提高产品和服务质量，更好地满足顾客的需求。市场追随者不应消极地模仿市场领导者的战略，而是要确定一套适合自己的战略，即能求得稳定的发展，又不致引起竞争者的报复行为。

7. 每一个行业都有为数众多的小公司，他们避免同大公司发生直接冲突，通过专业性经营，为那些被大公司忽略或放弃的细分市场提供有效的产品或劳务，占据有利的市场位置。这些公司被称作市场补缺者。市场补缺不仅对小公司有吸引力，一些大公司中的小部门或小产品也可寻找一个或几个这种既安全又有利的市场位置。补缺战略的关键是专业化营销，公司可以在市场、顾客、产品、渠道等方面实行专业化。

**重要概念**

行业　完全垄断　寡头垄断　垄断竞争　完全竞争　市场领导者　市场挑战者　市场追随者　市场补缺者

**复习思考题**

1. 试述行业的进入、流动、退出的障碍有哪些？
2. 决定行业结构的主要因素有哪些？
3. 确定公司业务范围的导向有几种？不同导向如何识别竞争者？
4. 竞争中常见的反应模式有哪几种？
5. 公司为了便于确定攻击对象和回避对象，如何对竞争者进行分类？
6. 试述市场领导者战略。
7. 试述市场挑战者战略。
8. 试述市场追随者战略。
9. 理想的市场补缺位置应具备哪些特征？
10. 市场补缺者可选择的专业化分案有哪些？

**经典案例**

### SodaStream 气泡水机：在碳酸饮料中注入新活力

价值 280 亿美元的碳酸饮料市场一直由规模巨大的竞争者主导，可口可乐与百事公司共同占据了其约 67%的市场份额。排在第三位的 Dr Pepper Snapple 集团（旗下有 Dr Pepper，7UP，A&W，Canada Dry 和 Crush 等品牌）占据 21%的市场份额。然而，一个刚起步的小品牌——SodaStream，却给碳酸饮料市场注入了新的活力。SodaStream 并不与可口可乐或百事正面对抗，而是推出属于自己的独特补缺市场。它不销售碳酸饮料和水，而是向顾客提供可以在家自制苏打水的机器。

使用 SodaStream 自主并且有趣。它邀请顾客发挥创造力尽情地"释放气泡"。这种家庭碳酸饮料系统可以让顾客定制自己喜欢的口味的气泡水，还能控制气泡的数量。SodaStream 还提供 100 多种不同口味的糖浆。SodaStream 装置及其瓶子本身就是一种很好的自我宣传。它采用 8 种不同的现代感十足的设计方案，为厨房操作台增色不少。SodaStream 提供的糖浆的配方中不含高果糖的玉米糖浆，而且其中所含的碳水化合物和热量只有市场上出售的碳酸气泡水的 1/3 左右。许多 SodaStream 用户会在饮料中添加果汁或柠檬汁，得到的混合饮料比现成的苏打水更健康。SodaStream 比瓶装或罐装苏打水更加环保，它极大地减少了饮料生产、回收塑料或铝罐包装物等过程中的能耗和有害物质的排放。

所有这些维护消费者利益的行为为 SodaStream 及其所主导的家用碳酸系统行业创造了巨大商机。而且该品牌正采用积极的营销策略，借助创新、产品开发和市场营销拓展该补缺市场。例如，顺应当前的饮料需求趋势，SodaStream 开发出 Stream Energy Mixes（"混合动力"的口味）。

作为竞争策略的另一个关键，SodaStream 正迅速拓展新市场和销售渠道。2013 年，SodaStream 的产品在全球 6 万家销售，包括沃尔玛、塔吉特、科尔士、好市多、亚马逊和 Bed Bath & Beyond 等。由于 SodaStream 出售的是设备而不是瓶装饮料，它有效地避开了在拥挤的饮料渠道中为争夺有限的货架空间而进行的激烈竞争。

**案例思考题**

1. 在碳酸饮料市场，SodaStream 与可口可乐和百事可乐竞争，采用的是何种市场竞争战略？该战略的特征有哪些？
2. 本案例中 SodaStreamn 在家用碳酸机市场领域，采用何种市场竞争战略？除 SodaStream 采用的市场竞争战略外，还有其他哪些市场竞争战略？
3. SodaStream 气泡水机是怎样满足消费者需求的？

# 第 5 章　管理市场营销信息

为了在当今的市场中取得成功，公司必须将市场营销信息转化为可以帮助自己为顾客递送价值的、新鲜的顾客洞察。优秀的产品和市场营销方案始于优质的顾客信息，公司还需要关注竞争者、转售商和其他行动者及市场力量等大量信息。在现代市场营销观念的指引下，公司要通过比竞争者更好地满足市场的需求，赢得竞争优势、取得合理利润，就必须从研究市场出发，对市场进行定性及定量分析，预测目前和未来市场发展规模和趋势。实践证明，正确的营销决策必须建立在准确的市场调研基础之上，并能够根据市场发展的规律准确地预测未来市场发展的趋势。本章将就公司营销信息系统和市场需求的衡量与预测的知识和方法加以阐述。

## 5.1　开发市场营销信息

为了创造顾客价值并与他们建立可盈利的关系，市场营销者必须首先对顾客需求和欲望进行新颖的、深入的了解。公司运用这种顾客洞察来建立竞争优势。尽管顾客和市场洞察对建立顾客价值和关系非常重要，但是要获得这些洞察并不容易。顾客需求和购买动机常常不明显——消费者自己常常不能准确地告诉你他们需要什么以及为什么购买。为获得优质的顾客洞察，市场营销者必须有效地管理来自各种渠道的市场营销信息。

### 5.1.1　市场营销信息与"大数据"

随着信息技术的迅猛发展，公司现在可以产生和发现大量的市场营销信息。市场营销世界充满了各种来源的海量信息。

（1）市场信息。

信息就是事物的存在方式、运动状态及其对接收者的效用的综合反映。信息量的大小取决于该信息所反映的事物的不确定程度的大小，不确定程度越大，信息量也越大。市场信息是指一定时间和条件下，与公司的营销有关的各种事物的存在方式、运动状态及其对接收者效用的综合反映。

市场信息除具备一般信息的特征外，更具有营销信息的特殊性。这主要表现在以下几方面：

1）目的性。

在产出大于投入的前提下，为营销决策提供必要、及时和准确的信息。及时性包括速度和频率，在激烈的竞争环境中，信息传递的速度越快就越有价值，且频率要适宜。准确性要求信息来源可靠、收集整理信息的方法科学，能够反映客观实际情况。

2）系统性。

公司营销信息系统不是零星、个别的信息的汇集，而是若干具有特定内容的同质信息在一定时间和空间范围内形成的系统集合。在时间上具有连续性，在空间上具有广泛性。

3）社会性。

市场信息反映的是社会经济活动。在竞争性的市场上，无数市场营销活动的参与者以买者和卖者的身份交替出现，他们既是信息的发布者也是信息的接受者，营销信息的触角已经渗透到社会经济生活的各个领域。伴随着市场经济的发展和经济全球化，营销活动的范围将扩展至全国性、国际性和全球性的市场，市场信息的传播将会更加广泛。

（2）"大数据"。

实际上，大多数市场营销经理根本不是缺乏信息，而是数据载荷太大，甚至常常被淹没其中。"大数据"的概念很好地总结了这一问题。"大数据"是指由如今成熟的信息生成、收集、存储和分析技术产生的大量复杂数据。

大数据给市场营销者带来机会的同时，也提出了严峻的挑战。有效利用"大数据"的公司能够获得丰富、及时的顾客洞察。但是，评价和挖掘如此多的数据几乎是无法完成的任务。例如，当诸如百事等公司考察关键词在推特、博客、公告栏和其他来源搜索得到的关于其品牌的网络讨论时，发现每天有超过 600 万次公开谈论，每年超过 20 亿次。这一信息量远远超出了任何管理者的消化能力。因此，市场营销者不是需要更多的信息，而是需要更好的信息。他们需要更好地利用已有的信息。

### 5.1.2 市场营销信息系统

菲利普·科特勒将市场营销信息系统（Marketing Information System，MIS）定义为由人、设备和程序组成，它为营销决策者收集、挑选、分析、评估和分配所需要的、适时的和准确的信息。在营销决策过程中，营销决策者需要了解宏观和微观环境的各方面信息，公司营销信息系统的主要任务是评估决策者的信息需求并适时地为其提供所需要的信息。市场营销信息系统的概念如图 5-1 所示。

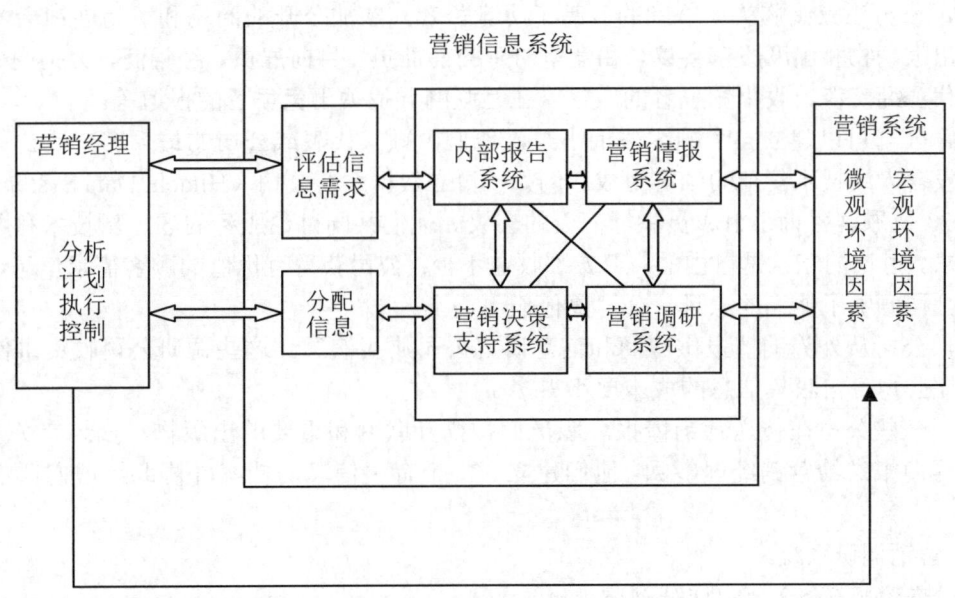

图 5-1　市场营销信息系统

（1）内部报告系统。

营销经理依靠内部报告系统提供订单、销售额、价格、成本、存货水平、应收账款、应付账款等信息。通过分析这种信息，他们能够发现重要的机会和问题。及时比较实际与目标的差异,采取切实可行的改进措施。内部报告系统包括订单-收款循环系统和销售信息系统两部分。

内部报告系统的核心是订单-收款循环系统。订货部门要及时处理推销员、经销商和顾客提交的订单,仓储部门及时发货。发票副本、运单和账单或其复印件,应及时分送相关部门。

销售信息系统主要是记录和反映经销商和竞争对手的活动情况。该系统向营销决策者及时提供全面、准确的生产、经营信息,以利于公司掌握最佳时机,处理好进、销、存的关系,使公司在竞争中处于有利地位。新型的销售报告系统设计应符合使用者的需要,体现及时、准确、简单、实用、规范和有针对性的原则。

(2)营销情报系统。

内部报告系统为管理人员提供结果数据,而营销情报系统则为管理人员提供发生的数据。营销情报系统是使公司经理获得日常的关于营销环境发展的恰当信息的一整套程序和来源。营销经理通过阅读书籍、报刊和同业公司的出版物,与顾客、供应商、分销商或其他公司经理交谈收集情报。公司可以采取以下几个步骤改进其营销情报的质量。

首先,可以训练和鼓励销售人员去发现和报告新发展的情况。销售代表在收集信息上处于一个有利的地位,是其他人员不能取代的,但他们非常忙,常常不能及时转告重要的信息。所以,公司必须向销售人员"推销"一个观念:作为情报来源,销售人员是最重要的。销售人员也应该知道各种信息应传递给哪位负责人。例如,普豪(Prentice Hall)到学院向教师推销教科书的销售代表,就是该公司重要的信息来源。他们让编辑了解了许多需求,如书中应写些什么、谁在做能引起轰动的研究和谁想订购尖端学科的书。

第二,公司鼓励分销商、零售商和其他中间商报告重要的情报。

第三,公司还应该购买竞争者的产品了解竞争者,参加公开的商场和贸易展销会,阅读竞争者的出版刊物和出席股东会议,和竞争对手的前雇员、目前雇员、经销商、分销商、供应商、运输代理商交谈,收集竞争者的广告,在互联网寻找关于竞争者的报道等。

第四,公司可以建立一个顾客咨询小组,他们由顾客代表或公司的最大客户或公司最重要的外部发言人或技术复杂的顾客组成。例如,日立数据系统公司(Hitachi Data Systems)每9个月与20位顾客咨询小组成员举行三天的会议。他们共同讨论服务问题、新技术和顾客对战略的要求。讨论的气氛是自由的,双方都收益不少:公司获得有价值的顾客需求信息,顾客感到由于公司倾听了他们的意见,公司离他们更近了。

第五,公司从外界的情报供应商和信息研究公司购买信息。这些调研公司收集事例与消费者数据比公司各自收集信息的成本要小得多。

第六,一些公司在传送营销情报。职员们扫描互联网和重要的出版物,摘录有关新闻,并制成新闻简报送给营销经理参阅。他们建立了一个有关信息的档案并协助经理们评估新的信息。

(3)营销调研系统。

本部分内容将在 5.2 节中详细阐述。

(4)营销决策支持系统。

越来越多的组织为了帮助它们的营销经理作好决策,设立了营销决策支持系统,约翰·李特尔(John Little)的定义如下:营销决策支持系统(Marketing Decision Support System,MDSS)是一个组织,它通过软件与硬件支持,协调数据收集、系统、工具和技术,解释公司内部和外部环境的有关信息,并把它转化为营销活动的基础。该系统是公司以一些先进技术分析市场营销数据和问题的工具的总和。完善的营销决策支持系统包括资料库、统计库和模型库三部分。

1)资料库。有组织地收集公司内外部资料,以备营销管理人员随时抽取数据分析。内部资料包括销售、订货、存货、推销访问和财务信用资料等;外部资料包括政府资料、行业资料、市场研究资料等。

2)统计库。它是指一组随时可用于汇总分析的特定资料统计程序。营销管理人员为测量各变数之间的关系,经常需要运用以下分析技术:回归、相关、判别、变异分析以及时间序列分析。

3)模型库。模型库是由高级营销管理人员运用科学的方法,针对营销决策的问题建立的,包括描述性模型和决策模型的一组数学模型。描述性模型主要用于分析实体分配、品牌转换、排队等候等营销问题;决策模型主要用于解决产品设计、厂址选择、产品定价、广告预算和营销组合决策等问题。

## 5.2　营销调研

### 5.2.1　营销调研的内容与分类

营销调研是指公司系统地设计、收集、分析和报告与某个公司面临的特定营销问题有关的各种数据和资料。每个营销者都需要做营销调研,营销调研的范围包括市场机会、市场份额、客户满意度、购买行为、定价、分销、促销活动及其效果。

(1)市场营销调研的内容。

1)市场需求容量(The Market Needs)调研。

市场需求容量调研主要包括:市场最大和最小需求容量;现有和潜在的需求容量;不同商品的需求特点和需求规模;不同市场空间的营销机会以及公司竞争对手的现有市场占有率等情况的调查分析。

2)可控因素(The Controllable Factor)调研。

可控因素调研主要包括对产品、价格、销售渠道和促销方式等因素的调研。

第一,产品调研。包括有关产品性能、特征和顾客对产品的意见和要求的调研;产品寿命周期调研,以了解产品所处的寿命期的阶段;产品的包装、名牌、外观等给顾客的印象的调研,以了解这些形式是否与消费者或用户的习俗相适应。

第二,价格调研。它包括产品价格的需求弹性调研;新产品价格制定或老产品价格调整所产生的效果调研;竞争对手价格变化情况调研;选样实施价格优惠策略的时机和实施这一策略的效果调研。

第三,销售渠道调研。它包括公司现有产品分销渠道状况,中间商在分销渠道中的作用及各自实力,用户对中间商尤其是代理商、零售商的印象等内容的调研。

第四,促销方式调研。主要是对人员推销、广告宣传、公共关系等促销方式的实施效果进行分析、对比。

3)不可控制因素(The Uncontrollable Factor)调研。

第一,政治环境调研。它包括对公司产品的主要用户所在国家或地区的政府现行政策、法令及政治形势的稳定程度等方面的调研。

第二，经济发展状况调研。它主要是调查公司所面对的市场在宏观经济发展中将产生何种变化，调研的内容有各种综合经济指标所达水平和变动程度。

第三，社会文化因素调研。调查一些对市场需求变动产生影响的社会文化因素，诸如文化程度、职业、民族构成、宗教信仰及民风、社会道德与审美意识等方面的调研。

第四，技术发展状况与趋势调研。主要是为了解与本公司生产有关的技术水平状况及趋势，同时还应把握社会相同产品生产公司的技术水平的提高情况。

第五，竞争对手调研。在竞争中要保持公司的优势，就需要随时掌握竞争对手的各种动向，在这方面主要是关于竞争对手数量、竞争对手的市场占有率及变动趋势、竞争对手已经并将要采用的营销策略、潜在竞争对手情况等方面的调研。

（2）营销调研的类型。

营销调研按调研目的可分为：

1）探测性调研。公司在情况不明时，为找出问题的症结，明确进一步调研的内容和重点，需进行初步调研，收集一些有关的资料进行分析。即收集初步的数据，来探索问题的性质、大小或为求得解决问题的思路所做的调查研究。

2）描述性调研。在已明确所要研究问题的内容与重点后，拟定调研计划，对所需资料进行收集、记录和分析。一般要进行实地调查，收集第一手资料，摸清问题的过去和现状，进行分析研究，寻求解决问题的办法。如电视机生产公司对明年国内市场的具体需求量大小进行调研，调研方法多采用定量的方法。

3）因果关系调研。为了弄清市场变量之间的因果关系，收集有关市场变量的数据资料，运用统计分析和逻辑推理等方法，判明什么是自变量（原因），什么是因变量（结果），以及它们变动的规律。如销售与促销费用、价格有因果关系，在确定了这样的关系后，就可在具体销售指标要求下，正确预算促销费用。

### 5.2.2 市场营销调研的程序

营销调研的程序包括确定问题和研究目标、制定调研计划、收集信息、分析信息和陈述研究结果五个步骤。

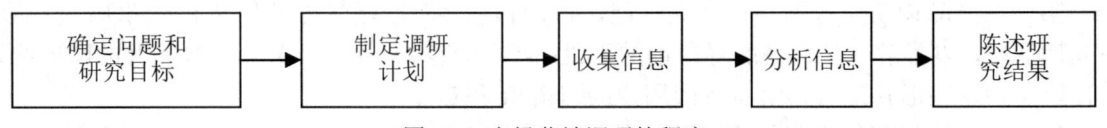

图 5-2　市场营销调研的程序

（1）确定问题和研究目标。

该步骤把握着调研的方向，即确定需要调研的主要问题和达到的目标。但并不是所有调研都有明确目的的，如探索性调研主要以揭示问题的原因为主，描述性调研以定量描述为主，这些都不需要制定调研目标。

（2）制定调研计划。

营销调研的第二阶段是要求制定的一个收集所需信息的最有效的计划。首先需要估计该调研计划的成本。其次要考虑资料来源、调研方法、调研工具、抽样计划、接触方法。

1) 资料来源。

公司可以利用和主动寻找许多资料来源。资料可分为第一手资料和第二手资料。一手资料是指公司为调查某问题而收集的原始资料；二手资料是指已存在且为调查某问题而收集的资料。一般来说，第一手资料获取成本高，但资料适用性强，第二手资料则相反。

2) 调研方法。

收集一手资料的调研方法：①观察法，即观察有关的对象和事物；②焦点访谈法，即选择6~10人组成小组对有关营销问题进行讨论；③调查法，即采用统计方法对客户的认识、信任、偏好和满意等进行定量描述；④行为数据法，即通过商店的扫描数据、分类购买记录和顾客数据库来记录顾客购买行为的方法；⑤实验法，即选择匹配的小组，分别给予不同的营销刺激，在剔除外部环境的影响后，观察实验样本的反映，这是一种最科学的调研方法。获取二手资料的方法有：①内部资料如公司的资产负债表、损益表、销售报告、存货记录等；②政府文件如统计年鉴，行业资料统计等；③期刊和资料如专业杂志，消费者杂志的调查资料；④专业信息公司资料。

3) 调研工具。

营销调研人员在收集第一手资料时，可以选择以下主要工具：调查问卷、心理学工具、仪器和定性测量。

4) 抽样计划。

营销调研者在决定了调研方法与工具后，必须设计一个抽样计划，它要求做出三个决定：抽样单位，即向什么人调查？样本大小，即向多少人进行调查？抽样程序，即怎样选择被调查者？

5) 接触方式。

一旦抽样计划被确定以后，营销调研者必须决定如何接触被调查对象：邮寄、电话、面谈或网上访问。

（3）收集信息。

营销调研的数据收集阶段是一个花费最昂贵也是最容易出错的阶段。在进行调查时会发生4个主要的问题：有些被调查者恰好不在家，但必须再度访问；有些会拒绝合作；有些可能会给予有偏见或不诚实的回答；还有些访问人员偶尔会带有偏见或不诚实。然而，在现代通信和电子技术的影响下，数据收集方法正在迅速变化。

（4）分析信息。

研究人员可以运用营销决策支持系统中的统计方法和模型方法对收集的信息加以编辑、计算、加工、整理。去伪存真，删繁就简，最后用文字、图表、公式将资料中潜在的各种关系，变化趋势表达出来。

（5）陈述研究结果。

最后一步，研究人员要提供研究结果，研究人员应该提出与代理层进行主要营销决策有关的一些主要调查结果。

## 5.3 市场需求的衡量和预测

公司开展营销调研的主要原因之一是为了确定它的市场机会。一旦调研工作结束，公司必须仔细地评价每一个市场机会。如潜在的规模、成长和利润、销售预测、在财务上被用来筹集投资和经营所需的现金、被制造部门用来估算能力和产出水平、被采购部门用来获得正确数量的供应物以及被人事部门用来确定所需员工的数量等。营销部门对制订销售预测负有责任，如果它们的预测远离指标，公司要么会承受过剩的库存，要么由于存货短缺而丧失赚钱的机会。销售预测的基础是需求预测。经理们需要仔细地确定市场需求实际上所包含的内容。

### 5.3.1 市场需求测量

（1）不同层次的市场。

市场作为营销学的范畴，是指某一商品的实际购买者和潜在购买者的总和。对某类产品有兴趣的顾客群体，也称潜在市场。潜在市场的规模，取决于现实顾客与潜在顾客人数的多少。

有效市场是对某种产品感兴趣、有支付能力并能获得该产品的顾客群体。同样的产品，往往因购买者必须具备某一特定条件，才能获取该产品。如规定到一定年龄者才能驾驶汽车。有效市场中具备这种条件的顾客群体，构成该产品合格有效市场。

公司可将营销努力集中在合格有效市场的某一细分部分，这便成为公司的目标市场。

公司及竞争者的营销努力，必能售出一定数量的某种产品，购买该产品的顾客群体，便形成渗透市场。

（2）市场需求的概念。

市场需求是某个产品在一定的地理区域和一定的时间内，在一定的营销环境和营销方案下，由特定的顾客群体愿意购买的总量。对需求的概念应从以下 8 个方面理解：

1）产品。首先确定所要测量的产品类别及范围。

2）总量。可用数量和金额的绝对值表述。

3）购买。指订购量、装运量、收货量、付款数量或消费数量。

4）顾客群。分为总市场的顾客群、某一层次市场的顾客群、目标市场的顾客群或某一细分市场的顾客群三个层次。

5）地理区域。根据明确的地理界线测量一定的地理区域内的需求。

6）时期。市场需求测量的时间性，如年度、5 年、10 年的需求。

7）营销环境。测量宏观环境，如人口、经济、政治、法律、技术、文化因素的变化及其对需求的影响。

8）营销努力。市场需求也受营销组合因素的影响。

（3）市场潜量。

市场潜量是指在一个既定市场环境下，当行业营销努力达到无穷大时，市场需求所趋向的极限。由于市场环境变化深刻地影响市场需求规模、结构和时间，必然也深刻地影响市场潜量。

（4）公司需求。

公司需求是公司在营销努力基础上估计的市场需求的份额。它取决于该公司的产品、服务、价格、促销等手段与竞争者的比较。如果其他因素相同，公司的市场份额将取决于其市场费用在规模和效益上与竞争者的对比关系。

（5）公司预测和公司潜量。

公司预测指公司的销售预测，是与公司选定的营销计划和假定的营销环境相对应的销售额，即预期的销售水平。特别应当指出的是，公司预测并不是制定营销或销售计划的基础，而是由营销计划制定的。与销售预测有关的两个概念,一个是销售定额,即公司为产品线、事业部和推销员确定的销售目标,这是一种规范和激励销售队伍的管理手段,一般要高于公司预测。另一个概念是销售预算,即对预测销售量的一种保守估计,主要为公司当前的采购、生产和现金流量决策提供依据,一般应低于公司预测。

### 5.3.2 估计当前需求

(1) 总市场潜量。

总市场潜量是指一定时期内,一定环境条件下和一定行业营销努力水平下,一个行业中所有公司可能达到的最大销售量,估算公式为:

$$Q=npq \tag{5.1}$$

式中:Q 为市场潜量;n 为既定条件下特定产品的购买人数;p 为每一购买者的平均购买数量;q 为产品的平均价格。

由公式(5.1)还可推导出另一估算市场潜量的方法,即连锁对比法。它是由一个基本数乘以几个修正率构成的。假设某啤酒厂要估计一种新的营养啤酒的市场潜量,可以通过下面的公式计算获得有关数字。

新啤酒的需求潜量=人口×每人可支配的个人收入×可支配的个人收入用于食品的平均百分比×食品支出用于饮料的平均百分比×饮料支出用于含酒精饮料的平均百分比×含酒精饮料支出用于啤酒的平均百分比×啤酒饮料支出中用于淡啤酒的预计百分比

(2) 地区市场潜量。

公司在测量市场潜量后,为选择拟进入的最佳区域,合理分配营销资源,还应测量各地区的市场潜量。较为普遍的有两种方法:市场累加法和多因素指数法。前者多为工业品生产公司采用,后者多为消费品生产公司采用。

1) 市场累加法。先识别某一地区市场的所有潜在顾客并估计每个潜在顾客的购买量,然后计算得出地区市场潜量。如果公司能列出潜在买主,并能准确估计每个买主将要购买的数量,则此法无疑是简单而又准确的。问题是获得所需的资料难度较大,花费也较高。目前我们可以利用的资料主要有全国或地方的各类统计资料、行业年鉴和工商公司名录等。

2) 多因素指数法。也称为购买力指数法,指借助与区域购买力有关的各种指数以估算其市场潜量。例如药品制造商假定药品市场与人口直接相关,某地区人口占全国人口的 2%,则该地区的药品市场潜量也占全国市场的 2%。这是因为消费品市场上顾客很多,不可能采用市场累加法。但上例仅包含一个人口因素,而现实中影响需求的因素甚多,且各因素影响程度各异。因此,通常采用多因素指数法。美国《销售与市场营销管理》杂志每年都公布全美各地和大城市的购买力指数,并提出以下计算公式:

$$B=0.5y+0.3r+0.2p \tag{5.2}$$

式中:B 为地区的购买力占全国总购买力的百分比;

y 为地区个人可支配收入占全国的百分比;r 为地区零售额占全国的百分比;p 为地区人口占全国的百分比;

0.5、0.3、0.2 分别是三个因素的权数,表明该因素对购买力的影响程度。

上述公式用以反映许多既非高档奢侈品,也非低档消费品的地区市场潜量,是相对的行业机会。产品不同,权数应有所调整。如需精确的测量,还应考虑季节性波动和市场特点等因素。

（3）行业销售额和市场占有率。

公司为识别竞争对手并估计它们的销售额，同时正确估量自己的市场地位，以利于在竞争中知己知彼，正确制定营销战略，有必要了解全行业的销售额和本公司的市场占有率状况。

公司一般是通过国家统计部门公布的统计数据、新闻媒介公布的数字，也可通过行业主管部门或行业协会所收集和公布的数字，了解全行业的销售额。通过对比分析，可计算本公司的市场占有率，还可将本公司市场占有率与主要竞争对手比较计算相对市场占有率。例如，全行业和主要竞争对手的增长率为8%，本公司增长率为6%，则表明公司在行业中的地位在削弱。

为分析公司市场占有率增减变化的原因，通常要剖析以下几个重要因素：产品本身因素，如质量、装潢、造型等；价格差别因素；营销努力与费用因素；营销组合策略差别因素；资金使用效率因素等。

### 5.3.3　市场需求预测的方法

在大多数市场中，总需求和公司需求并不稳定，于是可靠的预测成为公司成功的关键。预测失误可能导致存货过多、牺牲性减价或由于缺货而丧失销售机会。需求越不稳定，预测的准确性就越是关键，而预测过程就越加复杂。

公司通常采用三个阶段的程序进行销售额预测。它们首先进行宏观经济预测，然后进行行业预测，最后进行公司销售预测。预测要求对通货膨胀、失业、利率、消费者开支和储蓄、政府支出、净输出以及与本公司有关的其他重要因素和事件进行分析。其结果产生一个全国总产出的预测，应用这种预测数据并结合其他环境指标，便可预测行业销售额。然后，公司把假设在行业销售中能达到的一定数量的份额作为它销售预测的基础。

公司实际上怎样进行宏观预测？许多公司可以向下列公司购买预测材料：

第一，营销调研公司。它通过会见顾客、分销者及其他有见识的人士预测未来。

第二，专业预测公司。它对特定条件下的环境作长期预测，诸如人口、自然资源和技术。

第三，未来学研究公司。它可以提供推测性的预测方案。

（1）购买者意图调查法。

预测是在一组规定的条件下预料购买者可能买什么的艺术。这种方法建议对购买者应该买什么进行调查。如果购买者有清晰的意图，愿付诸实施，并能告诉访问者，则这种调查就显得特别有价值。

（2）销售人员意见综合法。

当公司不能访问购买者时，则可要求它的销售代表进行估计。每个销售代表估计每位现行的和潜在的顾客会买多少公司生产的每一种产品。吸引销售人员参加预测可获很多好处，销售代表在发展趋势上可能比其他任何人更具敏锐性。通过参与预测过程，销售代表对他们的销售定额充满信心，从而激励他们达到目标。这种方法可按产品、地区、顾客和销售代表分别进行。

（3）专家意见法。

公司也可以借助专家来获得预测。专家包括经销商、分销商、供应商、营销顾问和贸易协会。例如，汽车公司向它们的经销商定期调查以获得短期需求的预测。然而，经销商的估计和销售人员的估计一样有着相同的优点和不足。许多公司从一些著名的经济预测公司购买经济和行业预测。这些预测专家处在较有利的位置，由于他们有更多的数据和更好的预测技术，因此，他们的预测优于公司的预测。

公司可以不定期地召集专家，组成一个专门小组进行某个特定的预测。请专家们交换观点并做出一个小组的估计（小组讨论法）；或者可以要求专家们分别提出自己的估计，然后由一位分析家把这些估计汇总成一个估计（个人估计汇总法）；或者由专家们提出各人的估计和设想，由公司审查、修改，从而深化原估计（德尔菲法 Delphi method）。

（4）过去销售额分析。

销售预测可以以过去的销售情况为基础。时间序列分析（Time-series Analysis）将过去的销售数据分解成四种成分（趋势、循环、季节和偶发事件），然后把这些成分再组合以产生销售预测。指数平滑法（Exponential Smoothing）是对下一期的销售预测，综合过去销售和最近销售的平均值，越到后面的权数越重。统计需求分析法（Statistical Demand Analysis）揭示影响销售水平的重要因素（如收入、营销支出、价格）和研究它们相互影响的方法。最后，经济分析法（Econometric Analysis）是建立一组描述某个系统和过程的公式，从而进行参数统计。

（5）市场测试法。

在购买者不准备仔细地作购买计划，或购买者在实现他们购买意图时表现得非常无规则，或专家们并非是可靠的预测者的情况下，一个直接的市场测试是必要的。直接的市场测试特别适用于对新产品的销售预测或为产品建立新的分销渠道或地区的情况。

## 小结

1．市场信息是指一定时间和条件下，与公司的营销有关的各种事物的存在方式、运动状态及其对接收者效用的综合反映。市场信息除具备一般信息的特征外，更具有营销信息的特殊性：目的性、社会性和系统性。

2．"大数据"是指由如今成熟的信息生成、收集、存储和分析技术而产生的大量复杂数据。

3．菲利普·科特勒将公司市场营销信息系统（Marketing Information System，MIS）定义为：由人、设备和程序组成，为营销决策者收集、挑选、分析、评估和分配所需要的、适时的和准确的信息。营销信息系统包括：内部报告系统、营销情报系统、营销调研系统和营销决策支持系统四个组成部分。

4．市场需求是某个产品在一定的地理区域和一定的时间内，在一定的营销环境和营销方案下，由特定的顾客群体愿意购买的总量。它包括市场需求测量、估计当前需求和预测未来需求三方面的内容。

5．公司通常采用三个阶段的程序进行销售预测。首先进行宏观经济预测，然后进行行业预测，最后进行公司销售预测。预测的主要方法有购买者意图调查法、销售人员意见综合法、专家意见法、过去销售额分析和市场测试法等。

**重要概念**

市场信息　"大数据"　市场营销信息系统　营销调研　市场需求　市场潜量

**复习思考题**

1. 市场信息的特点有哪些？
2. 营销信息系统包括的内容。
3. 营销调研的类型有哪些？
4. 营销调研的程序有哪些？
5. 地区市场潜量的测量方法有哪些？

## 经典案例

### 吉列公司成功推出雏菊刮毛刀

男人长胡子，因而要刮胡子；女人不长胡子，自然也就不必刮胡子。然而，美国的吉列公司却把"刮胡刀"推销给女人，居然大获成功。

吉列公司创建于1901年，其产品因使男人刮胡子变得方便、舒适、安全而大受欢迎。进入20世纪70年代，吉列公司的销售额已达20亿美元，成为世界著名的跨国公司。然而吉列公司的领导者并不因此满足，而是想方设法继续拓展市场，争取更多用户。就在1974年，公司提出了面向妇女的专用"刮毛刀"。

这一决策看似荒谬，却是建立在坚实可靠的基础之上的。

吉列公司先用一年的时间进行了周密的市场调查，发现在美国30岁以上的妇女中，有65%的人为保持美好形象，要定期刮除腿毛和腋毛。这些妇女之中，除使用电动刮胡刀和脱毛剂之外，主要靠购买各种男用刮胡刀来满足此项需要，一年在这方面的花费高达7500万美元。相比之下，美国妇女一年花在眉笔和眼影上的钱仅有6300万美元，染发剂5500万美元。毫无疑问，这是一个极有潜力的市场。

根据调研结果，吉列公司精心设计了新产品，它的刀头部分和男用刮胡刀并无两样，采用一次性使用的双层刀片，但是刀架则选用了色彩鲜艳的塑料，并将握柄改为弧形以利于妇女使用，握柄上还印压了一朵雏菊图案。这样一来，新产品立即显示了女性的特点。

为了使雏菊刮毛刀迅速占领市场，吉列公司还拟定几种不同的"定位观念"到消费者之中征求意见。这些定位观念包括：突出刮毛刀的"双刀刮毛"；突出其创造性的"完全适合女性需求"；强调价格的"不到50美分"；以及表明产品使用安全的"不伤玉腿"等。

最后，公司根据多数妇女的意见，选择了"不伤玉腿"作为推销时突出的重点，刊登广告进行刻意宣传。结果，雏菊刮毛刀一炮打响，迅速畅销全球。

资料来源：http://www.795.com.cn/wz/42878.html

**案例思考题**

1. 围绕本案例，讨论市场调研有何作用？
2. 调研类型有哪些？吉列公司的调研属于哪种类型？

# 第 6 章  顾客价值分析与管理

顾客关系和价值在今天尤为重要。面对巨大的技术变革以及政治、经济、社会和环境的严峻挑战,如今的顾客和公司之间、与其他顾客之间的联系日益数字化。数字、移动和社交媒体的新发展迅速变革消费者的消费模式和互动方式,公司应如何面对机遇与挑战呢?传递和创造卓越的顾客价值,建立持久的顾客关系变得比以往任何时候都更重要。

## 6.1 顾客价值

市场营销就是管理有价值的客户关系。市场营销的双重目的在于:通过承诺卓越的价值吸引新顾客以及通过创造满意来留住和发展顾客。

### 6.1.1 价值让渡过程

(1)价值让渡过程。

价值让渡过程由选择价值、提供价值和传递价值三个阶段构成,这与建立长久顾客关系和公司员工、合作伙伴利益整合在一起,形成公司合力和共同的奋斗目标。

关于营销活动在价值让渡过程中所扮演的角色,营销理论界一直存在着两种不同的观点:传统观点认为营销活动仅仅发生于价值让渡过程的后半部分,见图 6-1(a);新观点认为营销活动贯穿于价值让渡的整个过程,见图 6-1(b)。

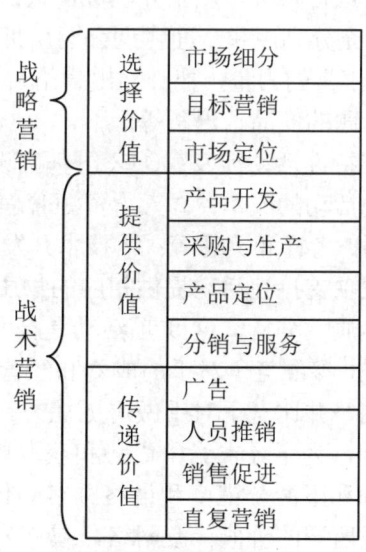

(a)传统生产销售过程　　　　　　　　　(b)价值传递过程

图 6-1　关于价值让渡过程的不同观点

新观点与传统观点的根本区别在于,新观点认为营销活动贯穿于产品从设计到销售出去的全过程中,且这一过程的起点应是消费者需求,产品从设计到销售出去,实际上是一个价值让渡过程,营销活动贯穿于价值让渡的整个过程。

(2) 价值链管理。

哈佛大学教授迈克尔·波特(Michael E. Porter)于1985年最早提出价值链(Value Chain)理论,旨在用它来识别创造出更多的顾客价值的途径,见图6-2。波特从不同行业公司各种各样的价值创造活动中,发现并归纳出公司产品价值创造过程中的9项共有活动。他认为,价值链是由内部物流、生产、外部物流、营销与销售和服务5项基础活动以及公司基础设施、人力资源管理、技术开发和采购4项支持性活动构成的公司创造价值的活动系列。

图6-2 一般的价值链

其中,基础活动包括:①内部物流。如购进各种原材料和辅料;②生产。即按照产品设计方案对原材料进行加工并制成产成品;③外部物流。即把产成品运至发货目的地;④营销与销售。即充分利用和全面协调公司所拥有的广告、销售促进、人员推销、直接营销和公共关系5种沟通工具的力量,把产品出售给目标顾客;⑤服务。即提供各种售后服务,如保修、召回有质量问题的产品、退货等。

而支持性活动涉及:①公司基础设施。即指公司的总体计划、财务和管理费用、会计核算及其他活动的成本;②人力资源管理。即公司普通员工、技术人员、管理人员等的招募、培训、使用、考评和奖惩等;③技术开发。即依据市场需求开发新产品、新工艺等;④采购。即为上述三项支持性活动提供相应的物质保障。

从本质上分析,这9项活动是公司为顾客创造价值全过程的9个相互联系的阶段。公司的任务是,参照竞争对手的成本和经营绩效,检查自身每项价值创造活动的情况,旨在不断改进和提高,并比竞争对手做得更优秀。

另外,为了寻求竞争优势和获取更大的成功,公司还需要超越自身的价值链,进入其上游供应商和下游分销商和最终顾客的价值链。当今许多公司都在与供应商和分销商合伙或合作,形成所谓的价值让渡网络,或称为供应链。

供应链是指围绕核心公司,通过对信息流、物流和资金流的控制,实现从采购原材料、生产中间产品及最终产品,到由销售网络把产品送到消费者手中的全过程一体化。它实际上把供应商、制造商、分销商、零售商、直到最终用户整合为一个相互依赖的利益共同体。所以,一条完整的供应链,应包括供应商(原材料供应商或零配件供应商)、制造商(加工厂或装配厂)、分销商(代理商或批发商)和零售商(如大卖场、百货商店、超市、专卖店、便利店等)以及目标消费者。

(3)核心竞争力。

公司核心竞争力概念最先是由美国学者普拉哈拉德(C.K.Prahalad)和英国学者哈默(G.Hamel)于 1990 年在《哈佛商业评论》杂志上发表的一篇题为《公司核心竞争力》的论文中提出的。两位学者是从能力集合这一新视角探讨公司的兴衰,将公司长久生存和可持续发展归结为拥有"积累性学识,特别是关于协调不同的生产技能和有机结合多种技术的学识"。

一般来讲,核心竞争力的典型特征有 5 个:

第一,它是公司竞争优势的源泉,并且能够大幅度地提升顾客感知利益;

第二,它在市场上具有广泛的和很强的应用价值;

第三,竞争对手在短时间内根本无法模仿;

第四,核心竞争力的载体是个性化了的公司,而不是具体的事物或可交易的资产;

第五,公司核心竞争力不等于核心技术或世界级技术。

### 6.1.2 顾客价值

价值是顾客就某种产品或服务满足其需求的能力所做出的评价。在买方市场的条件下,顾客会挑选其认为具有最高价值的产品和服务。在有限的时间、信息和收入的制约下,顾客搜寻并购买价值最大化的产品和服务。

(1)顾客让渡价值。

顾客通常从那些他们认为提供最佳顾客让渡价值的公司购买产品,见图 6-3。

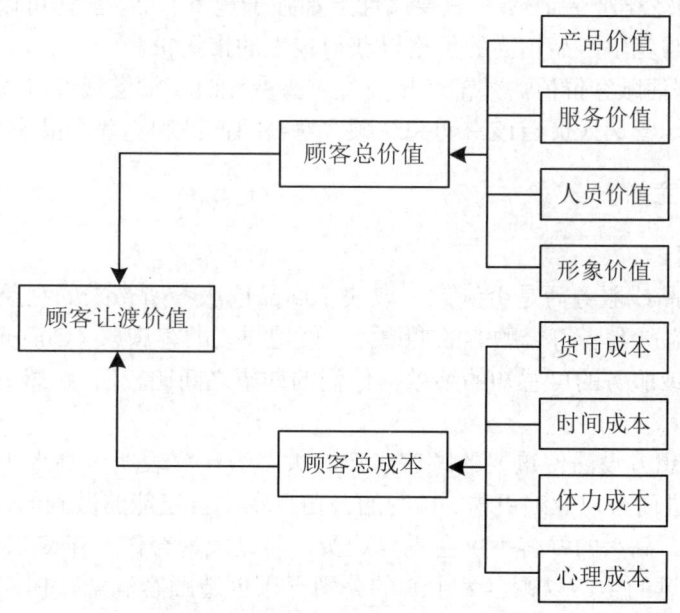

图 6-3 顾客让渡价值的决定因素

顾客让渡价值(Customer Delivered Value)实际上是顾客总价值与顾客总成本之差。顾总价值就是顾客期望从某一特定产品和服务中获得的一组利益，包括从产品价值、服务价值、人员价值和形象价值4个方面获取的利益；而顾客总成本是在评估、获得和使用该产品和服务时而引起的顾客的预计费用，涉及货币成本、时间成本、体力成本和心理成本4个方面。因此，营销人员可以通过提高产品、服务、人员和形象的价值，或降低货币、时间、体力和心理的成本，来提升顾客所获得的价值。

（2）顾客感知价值。

顾客感知价值（Customer Perceived Value），是指顾客在对比了其他竞争产品的基础上，对拥有和使用某种产品或服务的总价值和总成本进行衡量后的差额价值。例如，使用奔驰轿车的顾客，获得的主要利益是安全和自豪感。另外，顾客还可以获得经久耐用的好处。

顾客让渡价值和顾客感知价值，都包括顾客总价值与顾客总成本这两部分，并且都是这两部分之差。所不同的是，顾客让渡价值没有强调与竞争产品的对比。

（3）顾客价值分析法。

顾客价值分析法作为一种价值分析工具，是用于识别本公司产品与竞争产品之间的孰优孰劣，据此，公司可以发现从哪个方面提高顾客总价值或降低顾客总成本。具体步骤包括：

1）确定顾客追求的主要属性和利益。营销人员可以通过询问顾客，了解他们在选择产品和服务时关注哪些产品属性、利益和性能。如空调机的属性有制冷能力、耗电量、噪音、外观、重量等；计算机的属性有存储能力、运算速度、图像显示能力等。

2）属性的权重。即消费者对产品的不同属性给予的不同重要性的分值，如对上述空调机的制冷能力、耗电量、噪音、外观、重量五个属性按重要程度打分。如果各个属性之间的分值相差很大，营销人员应该按分值的大小，对属性重新进行排列。

3）对比竞争产品的属性分值。营销人员可以通过询问顾客，了解他们给予竞争产品的相同属性的分值。如果公司产品在所有重要属性上都强于竞争产品，公司可以制定较高价格以获取超额利润，或者与竞争产品相同的价格以获得较大的市场份额。

4）定期重新评估顾客价值。外部环境发生重大变化时，如宏观经济周期发生改变、出现重大的技术突破等，营销人员应该密切关注顾客对公司产品和竞争产品态度的变化。

### 6.1.3 顾客满意

（1）顾客满意。

顾客在购买商品或服务后是否满意，取决于商品或服务所带来的利益（包括经济利益、社会利益和心理利益）是否符合顾客的期望。一般地讲，顾客满意（Customer Satisfaction）是指顾客通过对产品或服务的可感知的绩效与他们的期望之间比较后，所感觉到的愉悦或失望的程度。

杰出的公司会想方设法使重要的顾客满意。大多数研究表明，高水平的顾客满意产生高水平的顾客忠诚，进而公司业绩更佳。精明的公司只承诺自己能够做到的，而后比承诺的给予更多来使顾客高兴。高兴的顾客不仅会重复购买，而且成为合作伙伴或积极的传教士。

有一点需要注意的是，以顾客为中心的公司寻求创造顾客满意，但这可能会降低公司的利润；也有可能降低员工、经纪人、供应商和股东的满意度。因此，公司必须坚持的理念应该是在一定的资源限度内和保证其他利益相关者能接受的满意水平的前提下，尽力提供高水平的顾客满意。

（2）顾客满意度管理。

顾客满意度管理，包括测量顾客满意程度、识别顾客不满意因素和落实挽救措施三项内容。

1）测量顾客满意程度。测量顾客满意程度的方法有三种：一是定期调查法。公司可以雇佣咨询公司来做顾客满意度的定期调查，也可以自己进行网络调查。近几年来，网络调查因其成本低、速度快且调查范围宽广而得到越来越多公司的青睐。二是专项调查法。如调查顾客流失率，联系停止购买或转向竞争对手产品的顾客，了解其放弃购买本公司产品的原因。三是隐蔽调查法。公司营销部门经理或公司的高层经理，以普通顾客的身份分别购买本公司产品和竞争产品，亲身体验顾客的经历，通过对比找出差距。

2）识别顾客不满意因素。识别顾客不满意因素是指将顾客满意程度测量结果，按照不满意的成因分类，并根据重要性排序，为有关部门及时和合理解决问题提供依据。

3）落实补救措施。公司有关部门迅速解决顾客的投诉很重要，因为投诉圆满解决可以使60%的投诉者继续购买公司产品，而迅速圆满解决投诉之事，可以使95%的投诉者继续购买公司产品。为此，首先公司营销部门应建立顾客抱怨快速通道，如24小时免费热线、传真、电子邮箱等；其次应快速回应顾客的抱怨；再次相关部门应承担责任，而不应该批评顾客；最后解决结果应让顾客满意，包括经济上的和情感上的满意。

### 6.1.4 吸引顾客参与

当今的数字技术，互联网、通信以及社交媒体的发展，显著影响公司如何与顾客建立联系以及顾客之间如何联系并相互影响。

（1）顾客参与当今的数字和社交媒体。

数字时代涌现出许多有助于建立顾客关系的新工具，从网站、网络广告和视频、移动广告和应用、博客，到网络社群和诸如推特、脸书、YouTube、微信等重要社交媒体。

以往公司主要集中于面向广大细分市场的大众营销。但现在，许多公司运用网络、移动通信和社交媒体精准地瞄准和吸引顾客深度参与和互动。传统营销是向顾客营销品牌而新营销方式注重顾客参与——在形成品牌对话、品牌体验和品牌社群中培养直接和持续的顾客参与。

迅猛发展的互联网和社交媒体推动顾客参与营销的快速增长。如今的消费者比以往更加消息灵通、联系紧密，也更强势。他们有大量的数字平台便捷地发布并与其他消费者分享自己对品牌的看法。因此，顾客与公司、顾客与顾客联系以形成他们自己的品牌体验。

例如，公司在社交媒体网站上发布最新的广告和视频，希望它们引发关注和谈论。它们在推特、YouTube、脸书、Google＋、微信等其他社交媒体维持密集的展示。公司纷纷推出自己的博客、移动应用、微网站和消费者生成的评价系统，从而与顾客建立更加个性化、互动性更强的关系。

（2）消费者生成的营销。

消费者生成的营销（Consumer Generate Marketing）是新顾客对话中迅速增长的部分。消费者在形成自己和他人的品牌体验中起到越来越重要的作用，主要体现在消费者在博客、视频分享网站、社交媒体和其他数字论坛中自发地交换信息和看法。与此同时，公司越来越多地邀请消费者参与形成产品和品牌信息的过程。

一些公司向消费者征集新产品和服务的创意。例如，星巴克建立"我的星巴克创意"（My Starbucks Idea）网站，收集顾客提出的有关新产品、门店改造或其他能够进一步改善星巴克体验的一切想法。网站鼓励顾客分享自己的创意，投票评选和讨论其他人的创意以及观看星巴克已经采纳和实施了顾客们哪些创意。

## 6.2 顾客资产

公司应该把顾客视为一种资产，而且是最重要的资产。公司必须管理好顾客资产，力争实现公司的顾客资产最大化。

### 6.2.1 顾客终身价值与顾客资产

（1）顾客终身价值。

顾客终身价值（Customer Lifetime Value）是指顾客一生惠顾某一商店所要购买的商品的总和。例如，某顾客每周在某超市大约消费200元，一年按50周计算，大约消费10000元；该顾客在此地区居住了20年，其终身价值是200000元。若该超市因服务缺陷而流失一个顾客，其损失的不只是一笔交易额，而是这个顾客一生惠顾所要购买的商品的总和，即200000元交易额。汽车制造商雷克萨斯，就是从顾客终身价值视角看待每一位顾客的，它计算出一个满意的顾客，在其一生惠顾中所要购买的商品的总和是600000美元。据此，雷克萨斯尽最大努力让每一位顾客满意，以获取顾客终身价值。

（2）顾客资产。

顾客资产（Customer Equity）是公司所拥有的现有和潜在顾客的终身价值现值的总和。一般地讲，公司拥有的优质顾客越忠诚，公司的顾客资产总额就越大。顾客资产观念展示的是公司的未来，而销售额和市场份额指标仅仅能够说明公司以往的业绩。例如，凯迪拉克上世纪70年代在美国豪华车市场的份额是50%以上，但其顾客当时平均年龄达到60岁，正在使用其最后的一部车了，因而顾客资产总额较低；而宝马当时的市场份额不到10%，但其顾客资产总额并不低，因其顾客主要是年轻人，因而顾客终身价值较高。到了21世纪初，凯迪拉克在美国豪华车市场的份额下跌至15%，远在宝马的市场份额之下，输给了宝马。

（3）顾客份额。

顾客份额（Share of Customer）是指顾客购买本公司产品在其购买的同类产品中所占的比重。例如，年轻的和单身的上班族经常在外就餐，而某一餐馆的顾客份额是指其顾客在一定时间内在该餐馆的花费占其在外就餐花费总额的百分比。增加顾客份额则意味着增加顾客购买本公司产品在其购买的同类产品中所占的比重。因此，增加顾客份额可以提升顾客资产总额。

营销部门提高顾客份额的方法有两种：一是向现有顾客提供其他相关大类产品。如亚马逊网上书店最早只出售各类书籍，后又延伸到音乐、礼品、玩具、衣服与服饰、办公用品等。二是向现有顾客进行交叉销售。即在顾客购买产品时，向其介绍和推荐相关的互补产品。如顾客购买汽车后，与其签订定期汽车保养合同，这样就同时获得了汽车保养业务。

### 6.2.2 顾客盈利能力

公司的顾客在盈利性上是有区别的，所谓典型的20:80定律讲的就是这个道理，即公司20%的顾客创造了公司的80%的利润。

（1）盈利顾客。

盈利顾客（Profitable Customer）是指在一定时期内，扣除与之有关的吸引、交易、服务等成本支出之后，仍能够给公司产生净收入的个人、家庭或组织。应注意的是，这里强调的是"在一定时期内"，而不是某一笔交易所产生的利润。盈利顾客对公司而言，具有重要意义。营销人员在寻找盈利顾客时，应关注其以下几个特征：

1）盈利顾客追求的价值方案（Value Proposition）与公司提供的价值方案相一致。即盈利顾客期望从公司产品和服务所获得的全部利益，恰好是公司计划提供的那些利益。

2）盈利顾客通常是群体中的意见带头人。其购买行为在群体中有较大的影响力。

3）盈利顾客在一定时期内的购买金额在全体顾客中，应该进入前10%的行列。

（2）顾客盈利能力分析。

顾客盈利能力分析（Customer Profitability Analysis）方法，经历了一个由贡献分析法转向作业成本法分析的过程。

1）贡献分析法。所谓贡献分析法是指，用顾客在一定期间的消费金额，减去与之相关的变动成本所得的差额。

2）作业成本法。作业成本法是通过对所有作业活动进行动态追踪反映，计量作业和成本对象的成本，评价作业业绩和资源的利用情况的成本计算和管理方法。它以作业为中心，根据作业对资源耗费的情况，将资源的成本分配到作业中，然后根据产品和服务所耗用的作业量，最终将成本分配到产品与服务。

（3）公司顾客群体的分类。

面对盈利性参差不齐的顾客，公司如何保留盈利顾客，减少和淘汰非盈利顾客？如何和使用什么标准对公司顾客进行分类？

雷纳茨·沃纳和库玛于 2002 年在《哈佛商业周刊》上撰文提出了公司顾客群体分类的概念[①]，旨在合理划分公司的顾客群，并针对不同群体采取不同的对策，见图 6-4。

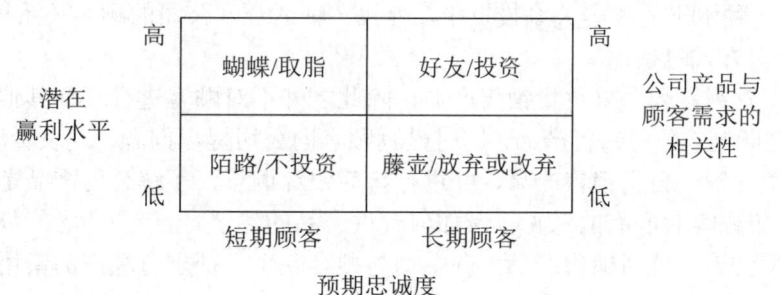

图 6-4　公司顾客群体的分类

图 6-4 根据公司顾客潜在赢利水平、公司产品与顾客需求的相关性和忠诚度，把公司顾客划分为四种主要类型，公司应该针对每一种类型顾客的特征，采取不同的顾客管理策略。

1）针对"陌路"型顾客的管理策略。"陌路"型顾客潜在盈利水平低，公司从与其交易中仅能获取很少利润；此种类型顾客所追求的产品利益与公司产品所提供的利益存在差异；他们对公司产品的忠诚度很低，随时可能转向其他竞争品牌。公司对此种类型顾客的管理策略，

---

① Werner. R., Kumar. V. The Mismanagement of Customer Loylty[J], Harvard Business Review, 2002 July: 86-94.

应该是不进行任何投资。

2）针对"蝴蝶"型顾客的管理策略。"蝴蝶"型顾客所追求的产品利益，正是公司产品所提供的利益；此类顾客能够给公司创造较高的利润，但其对公司产品的忠诚度很低。其行为就像现实中的蝴蝶一样，来去匆匆。公司对此种类型顾客应该采用取脂策略，用强力促销手段来吸引他们，并同其达成双赢的交易。然后停止对其的任何促销活动，耐心等待下一次机会的到来。

3）针对"好友"型顾客的管理策略。"好友"型顾客所追求的产品利益与公司产品所提供的利益是一致的。他们既能够为公司创造丰厚的利润，又对公司产品十分忠诚。公司应该将投资的重点放在此类顾客上，以与其建立长期和稳定的关系，旨在培养、保留和增加此类顾客的数量。

4）针对"藤壶"型顾客的管理策略。"藤壶"型顾客所追求的产品利益与公司产品所提供的利益有一些相关性。此类顾客就像附在船体底部的甲壳类动物那样忠诚，但他们不能给公司带来利润。如银行业中的小型客户，他们经常到银行做储蓄业务，但因其业务量太小，而无法弥补银行为其管理账户的成本。公司对待此类顾客的策略有两种：一是改变他们。公司可以通过向其销售更多相关产品、减少服务或提高费用等方法，使他们变成盈利顾客。二是放弃他们。即增加他们的成本，使其不得不停止交易。

## 6.3　顾客关系管理

### 6.3.1　顾客关系的层次

公司为了建立顾客关系是需要付出成本的，而且顾客关系的密切程度，与公司成本的付出量是成正比的。菲利普·科特勒认为，公司营销人员在建立顾客关系时，可以根据本公司产品特征，从下述 5 种水平的顾客关系投资中，寻找一种适合本公司的顾客关系投资方式。5 种通用顾客关系投资方式包括：

（1）基本型营销。公司只负责销售产品，除此之外不对顾客进行任何其他投资。

（2）反应型营销。公司销售产品，同时鼓励顾客向公司提出问题、发表看法或发泄抱怨。

（3）可靠型营销。公司销售产品，并进行售后跟踪调查，了解公司产品是否能够达到顾客的期望值，征集顾客对产品的意见以及如何改进产品的建议。

（4）主动型营销。公司销售产品，并主动与顾客联系，征求有关产品新用途和新产品方面的建议。

（5）合伙型营销。公司销售产品，并与顾客密切合作，为顾客提供全方位服务。宝洁公司向沃尔玛派驻了上百人的营销团队，为其提供从商品信息、促销和融资支持、产品创新、售后服务等一系列服务活动，旨在建立双赢的供应链。

不难看出，从与顾客关系的密切程度上讲，上述 5 种通用顾客关系投资方式，实际上是一种渐进关系，与顾客的密切度由低度走向了高度密切。一般地讲，公司在选择顾客关系投资方式时，应考虑的因素有二：一是顾客的盈利性。公司与顾客的密切度应与顾客的盈利性成正比，即按照顾客的盈利性决定与之关系的密切程度；二是顾客数量的多寡。顾客数量应与顾客的密切度成反比，即公司顾客人数越多，公司与其的密切度应该越低。见图 6-5。

|  | 高盈利 | 中盈利 | 低盈利 |
|---|---|---|---|
| 顾客数量很多 | 可靠型 | 反应型 | 基本型或反应型 |
| 顾客数量一般 | 主动型 | 可靠型 | 反应型 |
| 顾客数量很少 | 合伙型 | 主动型 | 可靠型 |

图 6-5  不同水平的顾客关系

借助上述顾客关系投资方式理论，我们认为，家用电器、日用百货一类的行业，因其顾客数量众多且单位产品利润很低，应该实施基本型营销或反应型营销。豪华轿车、奢侈品制造商一类的公司，因其顾客数量很少且单位产品利润极高，所以应该采取主动型营销或合伙型营销。在这两种情况之间的公司，则可建立其他几种水平的顾客关系。

### 6.3.2 顾客的吸引和维系

公司若要增加销售量和利润，就必须花费大量的时间和资源来吸引（Attracting）新顾客。由于当今顾客获取产品信息更便捷、选择余地更宽广、对产品知识的了解更全面及对价格更敏感，所以，不仅吸引新顾客的难度和成本上升了，维系（Retaining）现有顾客的难度和成本也同样地上升了。因此，公司必须把吸引新顾客和维系现有顾客这两项重要工作有机地联系在一起，以最小的成本去争取两项工作的整体效益最大化。

（1）顾客的吸引。

公司可以借助许多沟通工具来寻找和吸引潜在的新顾客，如在各类媒体上播放广告、直接发送电子邮件或打电话、参加各种贸易展览会、在销售点开展营业推广活动、上门推销等。

从实践角度分析，公司寻找和吸引潜在的新顾客并非是一件一蹴而就的事情，它实际上是一个渐进的发展过程。格雷芬·吉尔提出了由 8 个步骤构成的潜在顾客发展过程概念[①]，图 6-6 描绘了公司吸引新顾客过程的 8 个步骤。

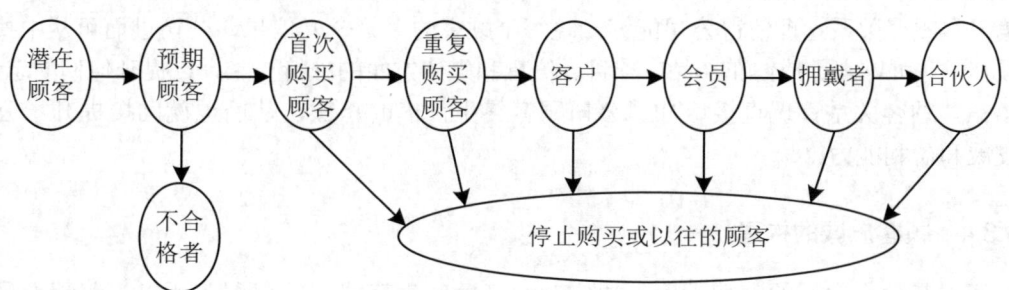

图 6-6  新顾客的发展过程

（2）顾客的维系。

保留和维系好顾客是公司的首要任务。实际上，满意的顾客是公司的顾客关系资产（Customer Relationship Capital），它与公司的厂房、机器设备、品牌、技术专利一样，都是公司的宝贵资产。所以，公司保留和维系好顾客，就是对公司资产的保值和增值。

公司为了生存和发展必须保留和维系好顾客。为此，公司应该努力减少其顾客的流失率，首先，公司要确定并定期检查其顾客维系率。其次，公司应分析顾客流失的原因以制定应对的

---

① Griffin, J. Customer Loyalty: How to earn it, How to keep it[M]. New York: Lexington Books, 1995, 36.

策略。造成顾客流失的原因可分为两大类：一是不可控因素。如顾客迁徙出本地区或退出本行业，对此公司是无能为力的。二是可控因素。如因服务缺陷、产品质量问题、价格不合理或达不到顾客的期望值等，对此公司应积极落实补救措施。再次，公司减少顾客流失率活动的投入资源应该是有限度的。这一限度是，为减少顾客流失所付出的成本，应小于从顾客流失中损失的利润。最后，公司还需要妥善处理顾客抱怨，以减少顾客的流失率。研究表明，公司将抱怨解决后，会有54%~70%的顾客再次购买公司产品；如果公司迅速解决抱怨，这一比例还可以上升至95%，而且满意的顾客还会将此次愉快的经历告之其他5个人。

### 6.3.3 顾客关系管理

（1）顾客关系管理的含义。

顾客关系管理（Customer Relationship Management）是一个管理每个顾客详细信息和顾客所有接触点的、旨在追求最高顾客忠诚度的过程。所谓顾客的"接触点"（Touch Points）是指顾客接触到公司产品和品牌的任何场合，既有亲身体验、从推销人员或大众传媒获得的信息，又有随意观察的印象。

从宾馆、酒店角度分析，顾客与其的接触点涉及：预订房间、入住登记、客房和一般项目服务、健身房、商务服务、餐饮服务。如我国的全国性经济型酒店如家、锦江之星、7天、莫泰168等都很重视对顾客接触点的管理，包括建立中央预订系统，提供微笑或亲切服务，为休闲旅游客人提供干净温馨的服务，为商务旅客提供工作方便，为高端旅客提供豪华服务。

（2）顾客关系管理的重要性。

顾客关系管理之所以受到许多公司的重视，特别是大中型公司的青睐，其原由可以归纳为以下几点：

第一，顾客关系管理可以大幅度提升公司的顾客服务质量。这是因为通过顾客关系管理，公司可以将原有的标准化的顾客服务上升为定制化的顾客服务。

第二，顾客关系管理使得公司能够知晓每个顾客的大量个人信息，公司进而可从中找出高盈利顾客，并可以满足他们在产品、项目、信息和媒体方面的独特要求，以提升他们的忠诚度。

第三，顾客关系管理直接增加了公司顾客终生价值的总额，从而也就间接提升了公司的生存发展和盈利能力。

### 6.3.4 顾客忠诚的构建

公司与其顾客关系的密切程度，决定公司竞争和生存能力的强弱；所以，营销人员一直把建立牢固顾客关系视为重要战略目标。由伦纳德·贝里和帕拉苏拉曼提出的构建顾客忠诚的4种主要方法[1]包括：互动法、忠诚项目开发法、定制营销法和结构联系法。

（1）互动法。

构建顾客忠诚的互动法强调两点：一是倾听顾客叙述。许多研究结果表明，倾听顾客叙述与提高顾客的忠诚度之间高度正相关。据此，很多公司建立了顾客叙述倾听机制。二是设身处地为顾客着想。如保险公司营销人员在促销保险产品的过程中，建议顾客不要购买那些不需

---

[1] Leonard L. B., A. Parasuraman. Marketing Services: Computing through Quality[M]. New York: The Free Press, 1991, 136-142.

要的保险产品。

（2）忠诚项目开发法。

公司可以通过开发顾客忠诚项目来提高顾客的忠诚度。具体地讲，可供公司选择的顾客忠诚项目有两类：

其一，频率项目。频率项目（Frequency Programs）是指向大量和经常购买公司产品和服务的顾客发放奖励。在频率项目下，伴随顾客忠诚度的提高，顾客为公司创造了大量的交叉销售和增值销售的机会，也同时提高了顾客的终身价值。频率项目最早是在酒店业、航空业、信用卡业得到广泛使用的，现在越来越多的行业采用了这种忠诚开发法。如许多连锁超市按照顾客购物积分，定期发放现金或实物奖励。

其二，俱乐部会员项目。俱乐部会员项目（Club Membership Programs）是指针对所有购买公司产品的顾客、针对特定顾客群或针对愿意支付少量费用的顾客提供奖励，并吸收其为俱乐部会员。例如，哈雷戴维森公司成功地运用了有限条件俱乐部形式，强化了其顾客的忠诚度。

（3）定制营销法。

定制营销法是指公司营销人员向高盈利顾客提供个性化和私人化服务，旨在把顾客转变为客户。利用定制营销法提高顾客忠诚度，要求公司在信息技术和网络技术设备上，必须先期进行较大的投资。戴尔公司之所以能够为公司在全球各地的客户提供定制化的计算机订单，就是因为公司先期投资建设了先进的网络系统。

（4）结构联系法。

结构联系法通过向顾客提供某种特定设备和某些服务，与顾客建立紧密关系以提高顾客忠诚度。如药品批发商为了提高在药品零售市场上的份额，花费巨资建设电子数据交换中心，以帮助与其有业务往来的药品零售公司管理他们的订单、存货、会计账目，甚至提供及时的物流配送支持。莱斯特·温德曼认为，公司可以从三个方面增强与顾客的结构性联系：[①]

1）建立长期供货关系。杂志社与读者、金融机构与贷款人之间通过杂志订单、贷款协议可以将一笔交易变为长期和稳定的交易。

2）向定期购买某些商品的顾客提供优惠。如某些商店对经常购买特定日用品、饮料、啤酒的顾客提供价格折扣。

3）从销售商品转向提供全面解决方案。例如，宠物食品公司由销售宠物食品转为向顾客提供全面的宠物服务，涉及宠物喂养、临时照管、兽医护理和宠物保险。

## 6.4　数据库营销

公司因顾客而存在，所以，公司应该把顾客视为最重要的一种资产，并力争实现公司的顾客资产最大化。为此，公司必须了解顾客、收集他们的信息并且储存在专门的数据库中，以便今后进行数据库营销和建立长期顾客关系。

---

[①] Wunderson. L., Being Direct, New York: Random House, 1996.

### 6.4.1 顾客数据库

顾客数据库（Customer Database）是对顾客购买方式和历史的记录，以组织化形式汇总成系统并保存在计算机里，旨在为各种营销活动迅速提供信息。顾客数据库里储存的信息通常包括以下几点：

（1）顾客以往交易信息。涉及：①顾客过去的购买情况；②采购团队成员的情况；③当前合约的内容；④竞争对手产品的名录；⑤顾客从销售和服务角度对竞争产品优劣势的评估；⑥顾客的采购模式、政策和风格。

（2）人口统计信息。如顾客的年龄、生日，顾客家庭成员的构成情况，顾客及其家庭的年收入水平，顾客居住的地理区域、街区、邮政编码。

（3）心理信息。顾客的各种活动特点，如工作活动、业余和体育活动、休假、购物和社交活动；顾客的兴趣，如顾客对服装的流行款式的偏好，对食品、娱乐的爱好，对家庭的看法；顾客的态度，如对社会热点议题的态度，对环境保护、文化教育的态度。

（4）媒体信息。如顾客接触媒体的习惯，对印刷媒体、电子媒体、网络媒体、户外媒体、移动媒体、邮寄媒体等的偏好程度。

许多公司建立起了内容巨大的顾客数据库，如目录管理公司芬格何特的顾客数据库中，拥有 3000 万个家庭、每家约 1400 条信息资料。这些信息资料使得该公司在相关市场竞争中占有明显的竞争优势。

### 6.4.2 数据库营销

数据库营销（Database Marketing）是通过建立、维系和使用顾客数据库和其他的诸如产品、供应商和零售商数据库，以管理公司的建立、维系和加强顾客关系的全过程。数据库营销理论认为，营销人员能够通过分析顾客以往行为和顾客性格来预测顾客未来的购买行为。数据库营销按照顾客购买的可能性，把顾客细分为不同的顾客群，从而提高了促销活动的效率。另外，营销人员通过数据分析可以获得顾客的产品偏好，并可据此设计和推出新产品。

数据库营销应用较为普遍的行业包括：酒店业、连锁超市业、银行业、保险业、航空业、信用卡业、通信电话业、产品具有交叉和增值销售潜力的行业、产品价值高并且品牌之间差异度大的行业。

数据挖掘（Data Mining）是指营销统计人员从大量的数据库信息资料中搜寻和归纳出有关顾客个人、流行趋势和细分市场的信息。营销人员在数据挖掘中通常使用数理统计和数学方法，如预测建模、聚类分析、交叉检验和人工神经网络。许多公司都是借助专用数据库和数据挖掘技术，才在市场竞争中占有明显优势的。美国运通公司的数据库里储存了 5000 亿比特的有关其 3500 万顾客如何使用各类信用卡的信息，并且把按月寄出的数以百万计的顾客账单中的每笔交易都输入数据库。该公司利用数据挖掘技术，准确掌握了其顾客的购买模式和偏好，因此可以制定出有针对性地营销组合策略。

从数据库营销角度讲，营销人员可以通过数据挖掘获取 5 类信息：

1) 寻找和发现潜在顾客。营销人员可以把从邮寄产品目录的反馈卡、产品和服务广告中的免费电话号码以及其他沟通方式所获得的顾客反馈信息，输入顾客数据库。然后，从中筛选最佳潜在顾客，并向他们发送电子邮件、打电话、发函或上门拜访，努力将他们转变为首次购买顾客。

2）确定高盈利顾客。公司在销售产品和服务的过程中，一般都会通过交叉销售和增值销售来扩大顾客份额，为此，公司需要确定哪些顾客是最合适的潜在顾客。营销人员可从顾客数据库中，按照既定标准精准地挖掘出此类顾客。

3）促使顾客重复购买。营销人员根据数据库信息，可以通过电子邮件或邮寄方式与目标顾客保持经常或定期的联系，给顾客送春节和新年贺卡、生日贺卡或淡季促销活动信息，还可以向目标顾客提供有吸引力的定制产品和服务。

4）提升顾客忠诚度。营销人员依据顾客数据库信息，迎合目标顾客的偏好，定期或不定期向他们发放投其所好的礼品、折扣赠券或趣味读物等，引发顾客的兴趣和培育顾客的忠诚度。

5）避免重大顾客失误。营销人员通过顾客数据的挖掘、归纳和分类，可以避免重大顾客失误。

# 小结

1．关于营销活动在价值让渡过程中所扮演的角色，营销理论界一直存在着两种不同的观点：传统观点认为营销活动仅仅发生于价值让渡过程的后半部分，新观点认为营销活动贯穿于价值让渡的整个过程。两者的根本区别在于，新观点认为营销活动贯穿于产品从设计到销售出去的全过程之中，且这一过程的起点应该是消费者需求。

2．波特认为，价值链是由内部物流、生产、外部物流、营销与销售和服务 5 项基础活动以及公司基础设施、人力资源管理、技术开发和采购 4 项支持性活动构成的公司创造价值的活动系列。从本质上分析，这 9 项活动是公司为顾客创造价值全过程的 9 个相互联系的阶段。公司的任务是，参照竞争对手的成本和经营绩效，检查自身每项价值创造活动的情况，旨在不断改进和提高，并比竞争对手做得更优秀。另外，为了寻求竞争优势和获取更大的成功，公司还需要超越自身的价值链，进入其上游供应商和下游分销商和最终顾客的价值链。当今许多公司都在与供应商和分销商合伙或合作，形成所谓的价值让渡网络，或称为供应链。

3．公司核心竞争力是在现代公司制度和先进公司文化环境下，经过长期的生产经营实践积淀后，融入公司内质的独特知识、技能和技术的集合，是公司作为一个整体时才拥有的、可向顾客永续提供的、比竞争对手更优秀价值的能力。其典型特征有：是公司的竞争优势的源泉，并且能够大幅度地提升顾客感知利益；在市场上具有广泛的和很强的应用价值；竞争对手在短时间内根本无法模仿；其载体是个性化了的公司，而不是具体的事物或可交易的资产；其不等于核心技术或世界级技术。

4．顾客让渡价值实际上是顾客总价值与顾客总成本之差。顾客总价值就是顾客期望从某一特定产品和服务中获得的一组利益，包括从产品价值、服务价值、人员价值和形象价值 4 个方面获取的利益；而顾客总成本是在评估、获得和使用该产品和服务时而引起的顾客的预计费用，涉及货币成本、时间成本、体力成本和心理成本 4 个方面。

5．顾客感知价值是指，顾客在对比了其他竞争产品的基础上，对拥有和使用某种产品或服务的总价值和总成本进行衡量后的差额价值。顾客让渡价值和顾客感知价值，都包括顾客总价值与顾客总成本这两部分,并且都是这两部分之差。所不同的是,顾客让渡价值没有强调与竞争产品的对比。

6. 顾客满意是指顾客通过对产品或服务的可感知的绩效与他们的期望之间比较后,所感觉到的愉悦或失望的程度。公司必须坚持的理念应该是,在一定的资源限度内和保证其他利益相关者能接受的满意水平的前提下,尽力提供高水平的顾客满意。

7. 顾客终身价值是指顾客一生惠顾某一商店所要购买的商品的总和。顾客资产是公司所拥有的现有和潜在顾客的终身价值现值的总和。顾客资产观念展示的是公司的未来,而销售额和市场份额指标仅仅能够说明公司以往的业绩。顾客份额是指顾客购买本公司产品在其购买的同类产品中所占的比重。营销部门提高顾客份额的方法有两种:一是向现有顾客提供其他相关大类产品;二是向现有顾客进行交叉销售。

8. 盈利顾客是指,在一定时期内,扣除与之有关的吸引、交易、服务等成本支出之后,仍能够给公司产生净收入的个人、家庭或组织。

9. 所谓贡献分析法是指,用顾客在一定期间的消费金额,减去与之相关的变动成本所得的差额。作业成本法是通过对所有作业活动进行动态追踪反映,计量作业和成本对象的成本,评价作业业绩和资源的利用情况的成本计算和管理方法。它以作业为中心,根据作业对资源耗费的情况,将资源的成本分配到作业中,然后根据产品和服务所耗用的作业量,最终将成本分配到产品与服务。

10. 通用顾客关系投资方式包括:①基本型营销。公司只负责销售产品,除此之外不对顾客进行任何其他投资。②反应型营销。公司销售产品,同时鼓励顾客向公司提出问题、发表看法或发泄抱怨。③可靠型营销。公司销售产品,并进行售后跟踪调查,了解公司产品是否能够达到顾客的期望值,征集顾客对产品的意见以及如何改进产品的建议。④主动型营销。公司销售产品,并主动与顾客联系,征求有关产品新用途和新产品方面的建议。⑤合伙型营销。公司销售产品,并与顾客密切合作,为顾客提供全方位服务。

11. 公司吸引新顾客过程的8个步骤是:将顾客逐渐转变为潜在顾客、预期顾客、首次购买顾客、重复购买顾客、公司的客户、会员和拥戴者。公司减少其顾客流失率的具体做法涉及:首先公司要确定并定期检查其顾客维系率。其次公司应分析顾客流失的原因以制定应对的策略。再次公司减少顾客流失率活动的投入资源应该是有限度的。最后公司还需要妥善处理顾客抱怨,以减少顾客的流失率。

12. 顾客关系管理是一个管理每个顾客详细信息和顾客所有接触点的、旨在追求最高顾客忠诚度的过程。顾客的"接触点"是指,顾客接触到公司产品和品牌的任何场合,既有亲身体验、从推销人员或大众传媒获得的信息,又有随意观察的印象。

13. 构建顾客忠诚有4种主要方法:①互动法。强调:倾听顾客叙述、设身处地为顾客着想。②忠诚项目开发法。它有两个内容,频率项目、俱乐部会员项目。③定制营销法。它是指公司营销人员向高盈利顾客提供个性化和私人化服务,旨在把顾客转变为客户。④结构联系法,即通过向顾客提供某种特定设备和某些服务,与顾客建立紧密关系以提高顾客忠诚度。

14. 顾客数据库是对顾客购买方式和历史的记录,以组织化形式汇总成系统并保存在计算机里,旨在为各种营销活动迅速提供信息。顾客数据库里储存的信息通常包括:顾客以往交易信息;人口统计信息;心理信息;媒体信息。数据库营销是通过建立、维系和使用顾客数据库和其他的诸如产品、供应商和零售商数据库,以管理公司的建立、维系和加强顾客关系的全过程。数据库营销理论认为,营销人员能够通过分析顾客以往行为和顾客性格来预测顾客未来的购买行为。

15．数据挖掘是指营销统计人员从大量的数据库信息资料中搜寻和归纳出有关顾客个人、流行趋势和细分市场的信息。营销人员可以通过数据挖掘获取 5 类信息：寻找和发现潜在顾客；确定高盈利顾客；促使顾客重复购买；提升顾客忠诚度；避免重大顾客失误。

**重要概念**

选择价值　提供价值　传递价值　价值链　供应链　核心竞争力　价值　顾客让渡价值　顾客感知价值　顾客满意　顾客终身价值　顾客资产　顾客份额　盈利顾客　贡献分析法　作业成本法　基本型营销　反应型营销　可靠型营销　主动型营销　合伙型营销　顾客关系管理　顾客接触点　顾客数据库　数据库营销　数据挖掘

**复习思考题**

1．新观点如何看待营销活动在价值让渡过程中所扮演的角色？
2．如何正确认识价值链与供应链？
3．公司的每项价值创造活动本身做得好还不够,协调好各项创造活动才能够产生更优秀的绩效。为此,公司应该加强对哪些关键业务流程的管理？
4．顾客让渡价值与顾客感知价值的区别是什么？
5．描述顾客价值分析法？
6．如何吸引顾客参与？
7．为什么通过增加顾客份额来扩大市场份额的成本是比较低的？营销部门提高顾客份额的方法有哪些？
8．简述雷纳茨·沃纳和库玛的顾客分类法。
9．通用顾客关系投资方式有哪些？公司在选择顾客关系投资方式时应考虑什么因素？
10．公司吸引新顾客过程的 8 个步骤是什么？
11．公司减少其顾客流失率的具体做法是什么？
12．顾客关系管理的重要性是什么？
13．简述构建顾客忠诚的 4 种主要方法。公司可以从哪 3 个方面增强与顾客的结构性联系？
14．营销人员通过数据挖掘可以获取哪些信息？

## 经典案例

### 亚马逊：执着地创造顾客价值和关系

当人们考虑网上购物时,最先想到的可能就是亚马逊。1995 年,这位网络先行者最早打开虚拟世界的大门,创始人杰夫·贝佐斯（Jeff Bezos）在其位于西雅图郊区的车库里开始出售图书。如今亚马逊仍然销售书籍,但是也销售其他商品,从音乐、电子产品、工具、家居用品、服装、生活用品到裸钻和缅因龙虾。

从一开始,亚马逊就取得了爆炸式的增长。年销售额从 1997 年的 1.5 亿美元急剧增加到现在的 740 多亿美元。在过去 3 年里,亚马逊的收入近乎翻番。2016 年全年净销售额为

1360亿美元，较2015年全年的1070亿美元增长27%，这将使它成为全美国仅次于沃尔玛的第二大零售商。

究竟是什么成就了亚马逊如此辉煌的成功？创始人兼首席执行官（CEO）贝佐斯将这个问题的答案归结为："为顾客痴迷"。其核心思想在于公司运作完全是顾客导向的。贝佐斯说过："一切源于为顾客创造真正的价值。"亚马逊坚信，只有为顾客提供真正的价值，利润才会随之而来。因此，公司从顾客的需求出发，采用逆向工作法。亚马逊不是依靠现有的能力发现自己能做什么，而是首先专注于"谁是我们的客户？他们需要什么？"等问题，然后去开发满足消费者需求所需要的各种能力。

在亚马逊，诸如此类的话可不是应付消费者的空谈，公司要求所有决策的制定都必须着眼于提升亚马逊网站的用户体验。事实上，在亚马逊的许多会议上，会议室里最有影响力的人就是一把"空椅子"——桌边的这把空椅子代表着极其重要的消费者。有时这把椅子并不是空的，会坐着一位"客户体验改善者"，即一位接受了特殊培训、能够代表顾客利益的员工。为了让"空椅子"有足够响亮和清晰的发言权，亚马逊根据近400个与消费者相关的目标对业绩进行严密追踪。

亚马逊在满足消费者需求上的执着追求，促使其采用与其他公司不同的方法接受挑战和不断创新。例如，亚马逊注意到书籍购买者需要更优化的途径来接触电子书籍以及其他数字化的内容后，研发出了电子书阅读器（Kindle）这一前所未有的原创产品。公司花了4年多的时间，采用一整套全新的技术进行开发。亚马逊"从顾客出发"的理念获得了丰厚的回报，如今Kindle已经成为公司销量第一的产品，在亚马逊官网上出售的电子书数量也超过了精装书和平装本的总和。电子书阅读器不仅让顾客可以随时接触到亚马逊出售的电子书、音乐、视频以及应用（App），而且比以前更容易进行互动。顾客用Kindle在亚马逊网站上购物，在公司的博客和社交媒体主页上与其互动。

与亚马逊"卖什么"相比，"如何卖"显得更加重要。亚马逊希望为每一位消费者创造一种特殊的体验。大多数亚马逊网站的常客都能感受到一种与公司强烈的关系，这在网络购物环境下缺少面对面交流时尤为可贵。亚马逊执着的追求让每一位顾客的体验都尽可能独一无二、个性化。例如，亚马逊网站用极其个性化的个人主页来迎接消费者，它的"相关推荐"专栏可以提供个性化的产品推荐。亚马逊是最早使用协同过滤技术的公司，协同过滤是对每个具有相似背景的消费者以往购买情况和购买模式进行研究，据此为消费者提供个性化的网页内容。亚马逊希望每位顾客都享有个性化的购物体验。如果说它拥有2.37亿名顾客，就意味着它经营着2.37亿家商店。

登录亚马逊网站的消费者可以获得一系列独一无二的好处：庞大的挑选范围、良好的价值、低廉的价格以及便利性。但是，"发现"这一因素使得每个人的购物经历真的很特别。一旦进入亚马逊网站，你就会被吸引——浏览，学习，并发现。从某种意义上说，亚马逊已经成为一种网上社区，参与其中的消费者可以浏览产品，探索购买中的其他可选择项，与其他访问者共享观点和评价，与作者、专家在线交谈。凭借这些努力，亚马逊不仅仅是在网上卖东西，它创造了直接的、个性化的顾客关系和令人满意的网上体验。年复一年，亚马逊几乎在所有的顾客满意度排行榜上都位列前茅。

亚马逊因执着地专注于递送顾客价值而取得成功，已经成为当今公司的榜样。杰夫·贝佐斯从一开始就知道，只有为顾客创造卓越的价值，亚马逊才能赢得生意和忠诚；有了自己的顾客，公司才能获得利润和收益，从而取得成功。正如贝佐斯所说："事情变得越来越复杂时，我们只需问自己'什么对顾客最有利？'就能使之简单明了。我们相信只要坚持做到这一点，就一定会成功。"

资料来源：[美]菲利普·科特勒，阿姆斯特朗．市场营销：原理与实践．第16版[M]．楼尊译．北京：中国人民大学出版社，2015．

**案例思考题**

1．顾客管理的重要意义是什么？亚马逊是怎样为顾客创造价值的？
2．亚马逊是怎样专注顾客体验的？
3．亚马逊是怎样吸引顾客参与的？

# 第 7 章　消费者市场与消费者购买行为

　　市场营销的目的是影响消费者的想法和行动。为了影响消费者买什么、何时买以及怎样买，市场营销者必须首先了解他们为什么买。消费者购买是市场购销体系的最后环节，它意味着商品价值和使用价值的最终实现，消费者购买行为结束后商品将退出流通领域进入消费领域。消费者市场是整个经济活动的最终市场，它的变化和发展对组织市场乃至整个经济运行都有着重大的影响。因此，消费者市场是整个市场研究的基础。

　　本章的内容包括：消费者市场的特征和消费者购买行为模型；影响消费者购买行为的因素；消费者购买决策过程。通过对消费者市场及其购买行为的研究，公司可以更好地开展目标营销，制定行之有效的营销组合策略。

## 7.1　消费者行为模型

　　消费者购买行为是指最终消费者——为个人消费而购买产品和服务的个人和家庭——的购买行为。所有这些最终消费者组成消费者市场。消费者市场是现代市场营销理论研究的主要对象之一，对其特征和消费者行为模式的揭示和概括既是理论研究的基础，也是公司开展有效市场营销活动的重要依据。

### 7.1.1　消费者市场的特征

　　消费者市场与其他各类市场相比较，具有下列特征：
　　（1）购买目的具有非营利性。
　　消费者购买是非营利性的，目的是为了满足个人或家庭的某种生理或心理需要，取得使用价值是消费者购买的最终目标。而公司市场的购买是以营利为目的的，是为了取得价值的增值、获得最大的利润。这是消费者市场和组织市场的本质区别。
　　（2）需求差异大、购买具有多样性。
　　消费者的需求，由于受年龄、性别、职业、收入、教育程度、居住区域、民族、宗教等方面差别的影响，不仅不同的消费者需求各异，就是同一消费者因需求时间、场合等客观因素的不同也存在着差别。由于消费者需求的差异性大，导致消费者对不同商品和同种商品的不同品种、规格、质量、外观、服务、价格等产生了多种多样的要求，且这种需求的多样性随着经济的发展和消费水平的提高有不断扩大的趋势。
　　（3）购买的规模较小频次高。
　　消费者的购买目的是为了满足自身需要，因而其购买是随用随买，特别是日常生活必需品，由于不易保管和储存，购买规模不可能很大，交易数量较小，因而使购买更加频繁。
　　（4）多数商品"价格—需求弹性"较大。
　　消费者市场较之组织市场而言，对价格变化较为敏感。当商品或服务价格上涨时，需求量会明显下降；当商品或服务的价格下跌时，需求就会受到刺激而增加。这种因价格变动而导致需求量的伸缩，在高档奢侈品中体现得最为显著。

（5）购买具有非专业性和可诱导性。

消费品花色、品种繁多，质量、性能各异，消费者不可能掌握各种商品的专业知识，大多数购买活动属于非专业性购买。由于对商品知识缺乏了解，消费者在购买商品时，很大程度上受卖方促销活动的影响。因此，商家对消费者的购买行为有很强的诱导性。

### 7.1.2 消费者购买行为模式

消费者购买行为是指消费者在一定的购买欲望（动机）的支配下，为了满足某种需要而购买商品和服务的行为。消费者购买行为多是复杂的、受一系列相关因素影响的连续行为。营销专家归纳出了 6 个影响消费者购买决策及行为的主要问题。

其一，由谁购买？其二，购买什么？其三，为何购买？其四，何时购买？其五，何处购买？其六，怎样购买？

这 6 个方面揭示了消费者购买行为的主体、客体、动机、时间、地点以及购买行动的具体状态，指明了对消费者购买行为研究的基本内容。根据心理学"刺激—反应"理论，在通常情况下，人的行为是受心理活动支配的，消费者首先是受到了某些客观刺激，而后产生了对某种商品或服务的购买动机，这个过程属于消费者的内在心理活动范畴，是一个他人无法了解的"黑箱"。我们可以通过"刺激—反应"模式解释消费者的购买行为模式（图 7-1）。

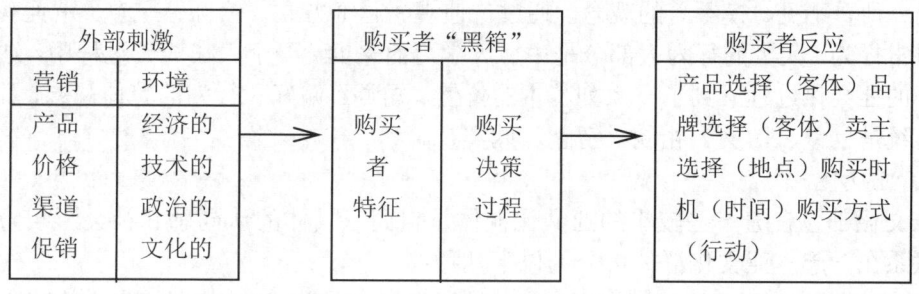

图 7-1 购买者行为模型

外部刺激包含了营销刺激和环境刺激两方面：营销刺激由 4P——产品、价格、渠道、促销构成；环境刺激包括影响消费者的经济、技术、政治、文化等因素。这些因素进入购买者的"黑箱"，与购买者的个性特征相融合，形成购买者的决策，并化作一连串可观察到的购买者的反应——购买者的态度和偏好以及购买者对产品、品牌、卖主、购买时机、购买方式的选择。

营销者则需要通过对消费者购买行为模式的剖析，探究外部刺激怎样在购买者的"黑箱"中转化为反应的。也就是我们下边要研究的两个问题：一是影响消费者购买的因素，二是消费者购买决策过程。下面，分别对这两部分进行研究。

## 7.2 影响消费者购买行为的因素

消费者的购买行为经历了由刺激引发需求，产生动机，然后采取购买行为的过程。在这个过程中，许多因素影响着消费者的购买行为，决定了消费者购买活动的特征和差异。这些因素既包括文化、社会因素等外在因素，也包括个人、心理因素等消费者的内在因素。

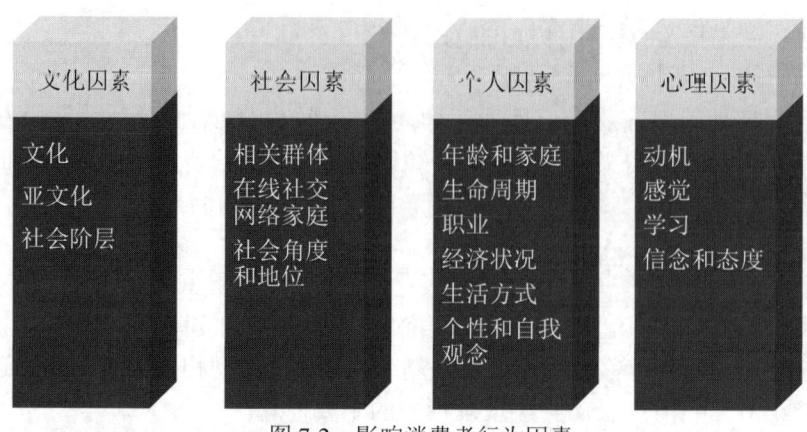

图 7-2　影响消费者行为因素

### 7.2.1　文化因素

文化在消费者行为中起着最广泛和深刻的影响。营销者需要研究文化、亚文化及社会阶层对消费者购买所起的作用。

（1）文化。

文化指人类从生活实践中建立起来的价值观念、道德、理想和其他有意义的象征的综合体。它是一种看不见、摸不着的观念，通过价值观、思维方式、信仰、宗教、审美观等支配着人们的日常行为。人类的行为大部分是由后天学习而来的。一个人在成长过程中，通过家庭和其他机构的社会化过程学到了一系列基本的价值、知觉、偏好和行为的整体观念，比如：中国的文化传统是仁爱、信义、礼貌、智慧、诚实、忠孝。

（2）亚文化。

每一文化都包含着一些较小的亚文化群体，它们以具体的认同感和社会影响力将群体内的成员联系在一起。亚文化群体可分为以下几种：

1）民族亚文化。每个民族在宗教信仰、崇尚爱好、图腾禁忌等方面都有独特之处，形成了不同的民族习惯和生活方式，使消费者在日常的商品需求和购物行为中表现出极强的民族性。

2）宗教亚文化。世界上有许多宗教，如天主教、基督教、伊斯兰教和佛教等。这些宗教都有不同的教规和戒律，影响着宗教信奉者的购买行为。

3）种族亚文化。白种人、黄种人、黑种人都有各自特殊的人生态度、文化传统和生活方式，不同种族的消费者在消费需求和购物行为上存在很大的差异性。

4）地理亚文化。由于地理位置、气候和自然环境的差异，使居住在不同地区的人有不同的风俗、习惯和爱好，在消费需求中表现出明显的地域色彩。

（3）社会阶层。

社会阶层是指一个社会中具有同质性和持久性的群体。依据消费者的收入、职业、所受教育以及居住区域的不同，可以将其划分为不同的社会阶层。社会阶层具有以下特点：第一，同一社会阶层的人往往有共同的价值观、生活方式、思维方式和生活目标，在消费需求和购买行为上有很强的趋同性，而不同社会阶层的人在这些方面有明显的差异。第二，人们以自己所处的社会阶层来判断各自在社会中的地位。第三，一个人的社会阶层是由多个变量决定的。第四，人们的社会阶层不是一成不变的，既可以迈向高阶层，也可能跌入低阶层。

### 7.2.2 社会因素

消费者的购买行为,与其所处的社会环境密切相关。社会是指以共同的物质生产活动为基础而相互联系的人们所构成的总体。影响消费者购买行为的社会因素包括相关群体、家庭、社会角色与地位、在线社交网络等。

(1) 相关群体。

相关群体是指能直接或间接影响他人的态度或行为的群体。相关群体可分为两类:一类是直接相关群体;另一类是间接相关群体。

直接相关群体是指对群体成员有直接影响的群体,又称为成员群体。成员群体可分作首要群体和次要群体两种。首要群体是指某人经常直接接触的一群人,如:家庭成员、亲戚、朋友、同事、同学、邻居等。首要群体对消费者的需求和购买行为影响最大。次要群体是某人不经常直接接触但一般较为正式的群体,如宗教组织、职业协会等,它对消费者的影响比首要群体小。

间接相关群体是对某消费者的行为产生影响的无形群体。比如崇拜性群体。崇拜性群体又叫向往群体,它是指被消费者推崇的一些人或者希望加入的群体。例如,某人所崇拜的体育明星、新闻人物、知名人士等对其行为的影响巨大。

我们研究相关群体的目的是要揭示它对消费者需求和购买行为的影响,从而利用相关群体的力量来提高公司的营销绩效。相关群体对消费者的影响有三个方面:第一,相关群体为消费者展示出新的行为模式和生活方式;第二,由于消费者有效仿崇拜性群体的愿望,消费者对某些公司、品牌、产品的态度会受其影响;第三,参照群体促使人们行为趋于一致化,它会影响人们购买时对品牌和产品的选择。

相关群体对不同产品,产品生命周期的不同阶段以及品牌的影响力有所不同。对于一些最基本的生活必需品,相关群体的影响力不大,但对于选购品,特殊品及非寻求品的影响力很大。在产品生命周期的不同阶段,相关群体对产品和品牌选择的影响也不尽相同,一般情况下,在介绍期,相关群体在产品选择上有影响力,而在成长期,它对消费者选择何种产品、何种品牌有强烈的影响,在成熟期,它只对消费者的品牌选择起作用,在衰退期则基本没什么影响。基于以上分析,公司应善于运用相关群体对消费者施加影响,扩大市场。

(2) 家庭。

家庭对消费者的需求和购买行为的影响是长期的、具有决定性的。家庭成员在购买活动中往往相互影响。分析家庭购买群体有助于公司抓住家庭购买的关键人物开展行之有效的营销活动,提高营销效率。

在一般家庭中,就购买决策者的类型而言,可分为:丈夫决策型、妻子决策型、共同决策型、各自做主型。大多数家庭并非固定在一种类型上,而是根据购买商品的种类不同,随时变换购买决策类型。下面是不同的商品或服务所属的购买决策类型。

第一,丈夫决策型。主要有保险、汽车、高科技新产品。

第二,妻子决策型。主要有日常所需家庭用品、食品、服装、厨房用品。

第三,共同决策型。主要有住宅、家具、旅游。

第四,各自做主题。每个家庭成员都有权相对独立地做出有关自己的决策。

(3) 社会角色与地位。

一个人在一生中会参加许多群体,如家庭、团体和各种组织。在不同的群体中处境各异,即角色不同。比如,一个成年男子可有以下诸多角色:是父母亲的儿子,是妻子的丈夫,是孩子的父亲,是公司的经理,是桥牌协会的会员等,不胜枚举。当消费者的角色改变时,购买行为也会发生变化。每一种身份都附有一种地位,反映社会对他的总体评价。这就是消费者的地位。人们常常通过购买商品、使用商品的方式来表明其社会地位。不同阶层选择的商品或购买行为有所不同。因此,公司应研究、了解和识别每个人在社会上充当的角色,发现角色与购买行为的内在联系,有针对性地开展营销活动。

(4) 在线社交网络。

随着互联网和智能手机的普及,在线社交网络这种新型的社会互动方式得到迅速发展。在线社交网络(Online Social Networks)已成为人们交流货交换消息和意见的在线交流社区。

国内外社交网络媒体的范围从博客、微博(新浪)、论坛(天涯)、贴吧(百度贴吧)、直播(斗鱼、熊猫)等互动社区,到各类社交平台(例如微信、QQ、易信、飞信、MSN)这些新型B2B和B2C给营销人员带来很大启示。

市场营销者开始利用这些社交网络和和自媒体来推销他们的产品,征询客户意见,建立更加便捷、紧密的客户关系。例如,红牛在脸书上的朋友多达到4100万,推特和脸书已成为红牛与大学生沟通的主要途径。戴尔公司资助9个博客,专门提供"与戴尔顾客直接交流联系彼此的技术"。联想微博也拥有485.9万的粉丝。营销人员已清晰地感受到运用社会网络与消费者进行互动远比单向地向用户投放商业广告更容易与顾客沟通与交流,更容易建立良好的客户关系。

### 7.2.3 个人因素

消费者的需求和购买行为还受其个人因素的影响。个人因素包括年龄与家庭生命周期、职业、经济状况、生活方式、个性和自我观念。

(1) 年龄与家庭生命周期。

人们在一生中购买的商品和服务随着年龄的增长会不断变化。例如,儿童是玩具的主要消费者,青少年是文体用品、快餐、新潮时装的重要消费者,成年人购买的商品和服务大都是家居用品,在着装上以稳重大方、做工精细、质地优良为主,老年人是保健用品的主要购买者。

家庭生命周期是指消费者从离开父母家庭独立生活开始,到家庭自然解体为止所经历的全过程。家庭生命周期可分为以下9个阶段,每个阶段的需求重点和购买行为都有各自的特点。

第一,单身阶段。单身青年。购买重点是基本厨房用品和家具、交通工具、娱乐用品和旅游。这一时期几乎没有经济负担,大多属于革新者和早期大众。

第二,新婚阶段。年轻且无子女。购买的商品和服务主要是安家用品,如服装、家具、耐用消费品、交通工具、旅游度假等。消费者在这一时期经济状况一般较好,负担很轻,基本可按意愿去实施购买,很多是革新者或早期大众。

第三,满巢I期。最小的子女在6岁以下。重点购买的商品是家用电器,婴儿及儿童食品和药品、儿童玩具等。在这一时期,没有住房的家庭开始着手购房,因此经济状况较紧张、购物需三思而行,由革新者向早期大众、晚期大众转化。

第四,满巢II期。子女已经超过6岁。重点购买各种食品、清洁用品、书报杂志等,教育费用是该阶段的重要支出。经济状况比前一阶段有所好转,大部分属于早期大众和晚期大众。

第五,满巢III期。年长的夫妻与尚未独立的子女同住。购买的商品为新款式家具、大量食品、交通工具、报刊杂志、计算机、更新耐用消费品、旅游用品等。教育费用仍是该阶段的重要支出。经济状况进一步好转，大部分属于早期大众和晚期大众，有一部分成为革新者。

第六，空巢I期。年长的夫妻，无子女同住，仍在工作。购买的商品诸如奢侈品、家庭装修用品、娱乐用品等。在这一时期尽管经济状况很好，但对新产品兴趣不大，因此，基本上属于晚期大众。

第七，空巢II期。年长的夫妻，无子女同住，且已退休。热衷于购买医疗保健用品。消费者在此时收入大幅度降低，购买类型是迟钝采用者。

第八，鳏寡I期。尚在工作。收入仍可观，但也许会出售房子。

第九，鳏寡II期。独居老人，体弱多病，需要得到关怀和社会的帮助。主要购买生活必需品和医疗保健品。

营销者只有正确判断目标市场的消费者处于家庭生命周期的阶段，采用正确的营销组合策略，方能取得好的营销业绩。应该指出的是自然年龄与消费者的心理年龄并非完全同步，公司应在掌握细分市场自然年龄的基础上，尽量按心理年龄组成目标市场，避免营销错误。

（2）职业。

职业对消费者的需求和行为模式有着重要的影响，公司经理与工人的需求不同，大学教师与体力劳动者需要的商品也有很大差异。公司应尽量发现对其产品和服务具有特定需求的职业群体，并根据其特点来开发适销对路的产品和服务，从而取得更好的经济效益与社会效益。

（3）经济状况。

经济因素指消费者可支配的收入、储蓄、资产和借贷的能力。经济状况是决定购买行为的根本因素。经济状况越好，消费者购物量越大，购买决策时间越短，购买行为的实施越容易，公司营销的难度相对就小；当经济状况不好，消费者收入较低时，购买就会很慎重，注意价格因素，公司营销的难度就大。因此，营销者应特别注意居民个人收入、储蓄、存款利率、股市行情的变化，以及消费者对未来经济、商品价格走势的看法，及时调整自己的营销方案。

（4）生活方式。

所谓生活方式是指人们在世界上的生活模式，集中表现在人们的活动、兴趣及看法上。根据美国斯坦福研究所国际公司的阿诺德·米切尔（Arrod Mitchel）提出的新分类法，美国消费者的生活方式群体有以下几种类型：幸存者、支撑者、归属者、竞争者、成功者、自我主义者、体验者、社会良知者、集优点于一身者。虽然有些人属于同一社会阶层和亚文化群体，但由于生活方式不同，活动、兴趣、看法也不尽相同，因此，实际需求和购买行为和与其相同社会阶层的消费者大相径庭。根据上述分析，营销者了解消费者的生活方式是非常必要的，因为，市场营销向消费者提供了实现其不同生活方式的产品或服务，使消费者有可能按照个人的偏好，选择最适当的生活方式。

（5）个性和自我观念。

个性是表现人的态度和购买行为较稳定的心理特征。与消费者个性相联系的购买类型是忠于某一种或少数几种品牌的习惯型；购买前冷静思考、慎重地选择购买决策和行为的理智型；特别重视价格的经济型；易受外界刺激而进行购买的冲动性；感情和联想丰富的想象型；缺乏主见的不定型。

与消费者个性相关联的另一个概念是自我观念（或称自我形象）。它是指消费者欲把自己塑造成的一种理想形象。消费者的自我观念意识也会对购买行为产生一定的影响。据此，公司必须充分了解其目标市场消费者的个性及自我形象的特点，使自己的营销活动与之相适应。

### 7.2.4 心理因素

消费者的需求和购买行为还会受到自身心理因素的影响，这主要包括：动机、感觉、学习、信念和态度。

（1）动机。

动机是一种升华到足够强度的需要。动机引起行动，维持行为，并引导行为去实现需求目标。人们的行为受动机支配，而动机来源于需要。每个人在任何时刻都有许多需要。有些是生理上的，如饥饿、口渴。有些则是心理上的，如被他人认可、尊重和归属感等。人的某种需要会产生导致行动的驱动力，需求越强烈，产生的驱动力越大。这种心理上的内在张力的释放需要通过某种刺激物（如商品、服务等）的获得来解决，即产生了购买动机。在一定时期内，人们的需要是多种多样的，动机也不会只有一个，但动机的强弱程度各不相同，往往只有那些最强的"优势动机"才能支配人们去真正购买。

心理学家曾提出了许多关于人类行为动机的理论，最著名的 3 种是西格蒙德·弗洛伊德的动机理论、亚伯拉罕·马斯洛需要层次理论和弗富德里克·赫茨伯格的双因素理论。

1）弗洛伊德的动机理论。弗洛伊德（Sigmund Freud）的动机理论来自于精神分析论，他把人的心理比作冰山，露在水面上的小部分为意识领域，水下的大部分为无意识领域，造成人类行为的真正心理力量大部分是无意识的。人在成长和接受社会规范过程中有很多欲望受到抑制，因此，人们往往不能真正了解自己的真实动机。例如，保健品的价格为什么偏高，包装为什么那么考究，那是因为保健品的购买者主要不是为了自用，而是为了送礼，送礼当然得讲究面子，讲究包装了。再如，某工厂要引进国外先进设备，遭到工人反对，说原设备仍然可用，为何要花重金购买新设备呢？真是一群"败家子"。初一听好像他们很为工厂着想似的，但真正的原因是他们恐惧新机器进来后，他们在工厂原有的地位会动摇，搞不好还有下岗的危险。怎样才能了解到消费者真实的需要呢？Freud 提出了阶梯（Laddering）技术，它可以追踪一个人的动机从已陈述的话到另一端的思想。然后，营销者在决策开发何种程度的信息和诉求，以便由产品的某些特性引发消费者的联想与情感，形成购买动机。

2）马斯洛的需要层次理论。马斯洛的动机形成理论被称为"需要层次论"。马斯洛（A.H.Maslow）是美国著名心理学家，他在 1954 年发表的代表作《动机与个性》中提出了这个理论。马斯洛把人类的需要层次依次分为：生理的需要、安全的需要、社会的需要、尊重的需要和自我实现的需要，如图 7-3 所示。需要层次论可概括为以下几个要点：第一，人类的需要和欲望有待于满足，已满足的需要不会形成动机，只有未满足的需要才会引起购买行为的动机；第二，人类的需要从低级到高级具有层次性，只有低一级的需要得到相对满足后，高一级的需要才会成为支配人的行为的主导动机；第三，一般说来，需要强度的大小和需要层次的高低成反比，即需要的层次越低，其强度越大。

3）赫茨伯格的双因素理论。弗雷德里克·赫茨伯格（F.Herzberg）于 1959 年创立了双因素理论。其要点是把动机与工作联系起来，提出工作满足与不满足两类因素，前者称为动机需要，后者称为保健需要。动机需要包括成绩、承认、工作的岗位、提升等因素，这些可推动职工努力工作。保健因素包括与工作性质无关的一些因素，如工作条件、福利待遇、管理条例等。二者的区别是：保健需要满足与否，只能影响对工作不满情绪的程度，只有动机需要获得满足，方能产生工作动力。赫茨伯格双因素理论可用于分析消费者行为。公司用于引发消费者购买行为的市场营销因素可分为保健因素和动机因素，保健因素是消费者购买的必要条件，动机因素是促进条件，在有选择余地的情况下，对保健因素不满意就肯定不买，但仅对保健因素满意，购买冲动的强度还不足以使之购买，只有在动机因素满意时才会形成强烈的购买行为。

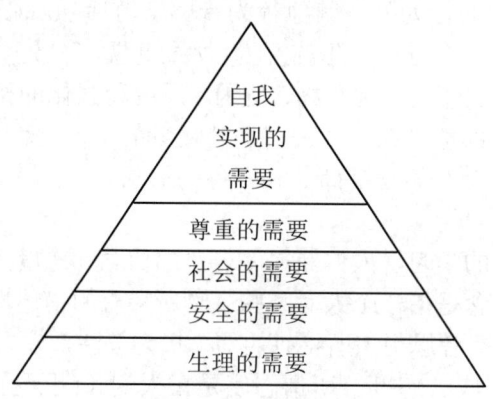

图 7-3　马斯洛需要层次论

（2）感觉。

人们的需要受到刺激产生了动机，随时可付诸行动，但采取怎样的行动却要视消费者个人对客观环境的感觉而定。两个具有同样动机处在同样环境的消费者，由于他们对环境的感觉不同，可能导致不同的行为。所谓感觉是指个人选择、组织并解释信息，以便创造一个有意义行为的过程。这一心理过程是有选择性的，分别经历选择性注意、选择性曲解和选择性记忆三个阶段。

1）选择性注意。人的一生中时刻面临着许多刺激物，以商业广告来说，美国人平均每天见到的广告超过 1500 多条，但他不可能注意所有这些刺激物，大多数会被"过滤"掉，真正引起个人关注的只有极少数。所以，对于营销者而言，最困难的是要了解目标顾客群对何种刺激物感兴趣。经过多年的研究，我们可以总结出以下三种情况能够引起人们的注意：一是与目前需要有关的刺激物；二是人们比较注意所期盼的刺激物；三是变化幅度极大、较为特殊的刺激物，如降价 50%比降低 5%的刺激强度要大得多。选择性注意意味着市场营销者必须尽量吸引消费者的注意力。因为，他们要传递的营销信息不会引起与目标市场无关的消费者的关注，即使是目标顾客群也不会轻而易举地注意到这些信息，所以，必须采用与众不同的刺激物方能引起人们的注意。

2）选择性曲解。即便是消费者注意到公司营销信息刺激物，也并非一定会达到公司预期的效果，原因在于每个人都是按自己既有的思维模式来接受信息，这就是选择性曲解。选择性曲解是指人们趋向于将所获得的信息与自己的意愿模式结合起来的思维倾向。选择性曲解说明人们接收外界刺激物信息后要经过主观加工来理解的过程，即人们一般是要按先入为主的思维定式来解释信息的。在实际购买中品牌忠诚者的出现就属于这种情况，即使新品牌可能在性能、质量等方面更好，但某一品牌忠诚者不会轻易改变其品牌偏好。

3）选择性记忆。人们往往会忘记大多数所接触过的信息，只会记住那些符合自己态度与信念的信息，这就是在选择性曲解基础上的选择性记忆。这种选择性记忆使人们大都只记忆自己所偏好的品牌、商店、超市或服务提供者的优点，而忽视了其他同类供应者的优点。

上述感觉过程提出营销者必须设法突破消费者的感觉壁垒，使其信息尽快、失真度最低地根植于目标顾客心中，为培养公司的品牌忠诚者铺平道路。

（3）学习。

人类除本能驱使力支配的行为外，其他行为皆属学习活动。心理学家发现，学习行为是某一刺激物与某一反应建立联系时所发生的行为，如司机见了红灯就停车，观众对精彩表演鼓掌等。消费者的学习是通过驱使力、刺激物、诱因、反应和强化的相互影响而产生的。营销学对消费者学习过程研究的全部意义在于使公司把消费者的学习过程与得到驱使力联系起来，运用各种营销手段来强化消费者对其营销商品和服务的需求。

（4）信念和态度。

通过以前的行为和不断的学习，人们获得了自己的信念和态度，而信念和态度又反过来影响人们的购买行为。所谓信念是指一个人对某些事物所特有的描述性思想。营销公司应对其产品和服务以及公司自身在消费者思想中所特有的信念极为关注，建立良好的公司声誉和品牌。

消费者在学习过程中形成了态度。所谓态度是指人们长期保持的对于某种事物或观念的是非和好恶。消费者一旦对某种产品、品牌或公司形成一种态度往往很难改变，要想改变某一消费者对某产品或某品牌及某公司已经形成的态度，需要公司付出相当大的营销努力，进行全方位的营销调整，甚至革新。

消费者的购买行为是文化、社会、个人和心理因素相互影响和作用的结果。营销者对其中的许多因素是无法改变的，但它对识别消费者的购买行为是很有帮助的。营销者对文化、社会、个人和心理因素中的许多部分具有影响力，可以运用营销手段作用于这些因素，从而诱发消费者的强烈欲望和购买行为。

## 7.3　消费者购买决策过程

消费者购买过程是消费者购买动机转化为购买活动的过程。不同消费者的购买过程有其特殊性，也有一致性。研究这一过程可以使营销活动更具针对性并提高营销业绩。

### 7.3.1　消费者购买决策的参与者

消费者的消费一般是以家庭和个人为单位的，有些商品的购买决策和购买行为都是由家庭成员中的某一成员作出的。但许多商品和服务的购买，例如住宅、耐用消费品及贵重商品，是由几个家庭成员共同协商决定的。因此，在一项购买决策中，某一家庭成员可能会扮演下列角色中的某一种角色或身兼几种角色。

第一，发起者。首先提出购买某种商品和服务的人。

第二，影响者。直接或间接影响最后决策的人。

第三，决策者。在是否买、买什么、买多少等方面能够作出完全或部分最终决策的人。

第四，购买者。实际执行购买决定的人。

第五，使用者。直接使用或消费所购商品或服务的人。

对消费者购买决策参与者的分析，可以使公司能根据家庭各成员在购买决策中所起的作用进行有针对性的营销活动。

### 7.3.2 消费者购买行为类型

消费者购买决策依其购买类型的不同而变化，根据消费者介入程度和品牌差异程度，可将消费者购买行为分为以下四种（如表7-1所示）。

表7-1 消费者购买行为类型表

| 品牌差异 \ 介入程度 | 高 | 低 |
|---|---|---|
| 大 | 复杂的购买行为 | 寻求多样性的购买行为 |
| 小 | 降低失衡的购买行为 | 习惯性的购买行为 |

（1）复杂的购买行为。

复杂的购买行为是指消费者高度介入在众多具有明显差异的品牌中进行反复选择的购买行为。当消费者参与购买的程度较高，并且不很了解品牌间的差异时，大都属于该种购买行为。在一般情况下，消费者在购买比较昂贵、有相当风险和有一定重大意义的不经常购买的商品时，其介入程度普遍较高。由于购买者不熟悉该类产品，因此，在购买之前需要经历一个学习过程，该过程主要包括树立产品信念、形成品牌偏好、慎重选择购买几个步骤。对于复杂购买行为，营销人员需要制定出相应策略，帮助购买者了解这类产品的各种属性，了解这些属性的相对重要程度，了解公司的品牌在比较重要的属性方面的声誉以及能为消费者带来的利益，从而影响购买者的最终选择。

（2）寻求多样性的购买行为。

这是为了使消费多样化而常常变换品牌的一种购买行为。它一般是指对品牌差异大但介入程度较低商品的购买。例如对于饼干、膨化食品等休闲食品的购买基本上属于这种购买行为。应当指出的是，消费者在该类购买行为中品牌的频繁转换并非是对产品不满意，而是在寻求消费的多样化。对于寻求多样性的购买行为，不同市场地位的公司应采取差异性的营销战略。市场领导者品牌可通过不断开发新产品，占据最有利货架位置、避免脱销及提示性广告来鼓励消费者从寻求多样化品牌转变为某一品牌的习惯性购买者。而市场挑战者品牌应通过创新、低价、优惠、赠券、免费样品及强调试用新产品的促销活动来鼓励顾客寻求多样化的购买行为，以降低领导者品牌的顾客忠诚度，吸引更多的新顾客。

（3）降低失衡的购买行为。

降低失衡的购买行为是指消费者在购买时介入程度较高但商品品牌差异又不大的一种购买行为。降低失衡的购买行为比复杂的购买行为要简单。介入程度高是因为消费者对该类商品不熟悉且存在一定的风险，但由于品牌差异不大，消费者一般不花很多时间收集不同品牌的各种信息进行评价，而把重点放在价格、促销活动、售后服务等方面。因此，购买行动比较迅速。由于决策草率，经常在购后会发现所购商品的缺陷或其他品牌更优越的地方，因此，产生心理上的失衡感。为此，消费者会再度搜集有关已购商品的有利信息，设法获得新的信念，争取他人的支持，以证明自己购买行为的正确性，从而寻求新的心理平衡。鉴于这种心理特点，公司一方面要通过调整价格、选择适当的销货地点和干练的售货员影响消费者的品牌选择；另一方面，还应通过各种渠道与购买者进行沟通，及时提供关于商品的全面信息，尽量减少其失调感，使其坚定购买正确性的信心，提高对自己购买的满意度。

（4）习惯性的购买行为。

习惯性的购买行为是指消费者在购买时介入程度较低，有明显的品牌偏好，购买决策简单的一种购买行为。比如购买食盐，消费者在购买时几乎不加思考，会随便购买某个品牌，如果他们一直购买某个品牌的食盐，也只是出于习惯，而并非是忠诚于该品牌。消费者对于基本日用品的购买大多属于习惯性购买行为。在这种情形下，消费者的购买行为打破了正常的信息—态度—行为的购物顺序，他们并不广泛搜集商品及品牌信息，也不评价品牌的特性，更不对购买何种品牌进行取舍选择，购后也不会加以评价。经过多年的研究，对此类购买行为运用价格策略和促销策略更加行之有效。近年来，发达国家的营销者还通过设法提高顾客购买介入程度的方法来建立消费者习惯性购买的品牌意识，比如将高露洁牙膏与防止蛀牙联系起来，麦氏咖啡与人际沟通结合在一起等。应当指出的是，上述策略虽然有助于提高顾客的参与程度，但其无法从根本上改变习惯性购买的无品牌意识行为。

### 7.3.3 消费者的购买决策过程

消费者的购买决策过程是由一系列相关联的活动构成的。在复杂的购买行为中，消费者的购买决策过程要经过确认需要、搜索信息、评价方案、购买决策、购后行为 5 个阶段（如图 7-4 所示）。但降低失调的购买行为、寻求多样性的购买行为和习惯性的购买行为并非都必须经过上述 5 个阶段，随着消费者在购买时介入程度的降低，某些阶段可能会被忽略或颠倒。在此，我们仅讨论消费者介入程度最高的也是最困难的复杂的购买行为的决策过程。

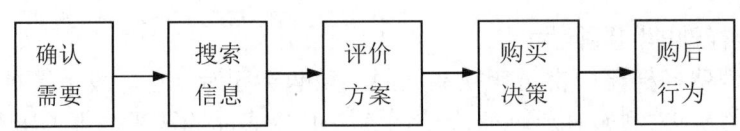

图 7-4　复杂的购买行为的决策过程

（1）确认需要。

购买过程开始于购买者对某个问题或需要的确认。这个需要是由内部刺激或外部刺激引起的。比如饥饿、干渴等都属于内部刺激，当其需要强度达到一定程度就升腾为一种购买动力。外部刺激也能引起人们强烈的购买欲望，如人们路过食品店时，看到陈列精美的蛋糕会引起食欲。看到模特的时装表演会引发其购买时装的愿望等。市场营销者在此阶段的主要任务，是营造能够激发消费者产生强烈需求的环境，具体路径有两方面：一是掌握本公司产品实际的或潜在的激发消费者需求驱动力的最佳强度；二是由于消费者对某种产品的需求强度会随着时间的推移而变化，公司必须善于适时设计诱因，促使消费者产生强烈的需求，并立即采取购买的行动。

（2）搜索信息。

在复杂购买行为中，消费者确认需求后并不立即购买，而是需要搜索与满足其特定需求相关的各种产品的信息。当消费者的需求从有限度地解决问题转向确定全面解决方案时，搜索资料的状态就从适度搜索转化为积极搜索。

消费者的信息来源分为 4 类：

1) 个人来源。包括家庭、朋友、邻居、熟人等。

2) 商业来源。包括商业广告、推销员、经销商、商品包装、展览等。

3）公共来源。包括大众媒体、消费者评比机构等。
4）经验来源。包括产品的处理、检查与使用等。

这些信息来源的丰富程度和对消费者的作用各异。一般情况下，商业来源是消费者搜集信息的主渠道，而最有效的信息当属个人来源。商业来源提供的信息一般只起告知作用，而个人来源则具有认定或评价作用。

消费者收集信息的积极性，因需要强度的不同而有所变化。需要强度高会非常主动的收集有关信息，需要强度低，不一定会主动地去寻找有关信息。消费者需要寻找的信息量，取决于购买行为类型。当消费者对其将要购买的产品完全不了解时，消费者需要收集的信息量就大，反之则少。因此，公司要在对市场进行充分调查、分析的基础上，设计和使用恰当的信息传播途径和沟通方式，采用对目标市场影响最大、力度最强的促销组合，方能有效地引导消费者的购物行为。

（3）评价方案。

当消费者收集到足以帮助其选择和判断的信息资料后，就进入对资料分析评价、确定购买方案的阶段。消费者的评价过程依次表现为以下几个方面：

第一，产品属性。即产品能够满足消费者需要的特性，如计算机的储存能力、运算速度、图像显示能力等，照相机的体积大小、摄影速度、成像清晰度等，轮胎的安全性、胎面弹性、行驶质量等，都是消费者感兴趣的产品属性。消费者对某一类产品属性的关切程度因人而异，他们特别重视那些最能够实现购买欲望的产品属性。

第二，属性权重。即消费者对产品有关属性所赋予的不同重要性权数。当消费者被问及如何考虑产品的属性时，不同消费者所考虑的最重要的属性或首要关注的属性各异，我们把这种属性称之为产品的特色属性。但特色属性未必是最重要的属性，在非特色属性中，有的是被消费者所忽视的，而一经提及，购买者会马上认识到它的重要性，特色属性可以作为细分消费者市场的依据。

第三，品牌信念。消费者可能就每种属性上的各种品牌确定出品牌信念感，而这些品牌信念构成了品牌形象。消费者的品牌信念随个人经验不同以及选择性注意、选择性曲解与选择性记忆的效果不同而各异。

第四，效用函数。即描述消费者所期望的产品满足感随产品属性不同而变化的函数关系。它与品牌信念的联系是，品牌信念指消费者对某品牌的某一属性已达到何种水平进行的评价，而效用函数则表明消费者要求该属性达到何种标准他才会接受，也就是说，品牌信念是效用函数建立的基础。

第五，评价模型。即消费者对不同品牌进行评价和选择的程序和方法。大多数购买者同时会考虑多个属性，并赋予不同属性不同的权重。他们将这些权数乘以每个品牌的信念，就得到了每种方案的综合评价值并从中择优选取，我们把这个模型称为期望值模型。

据此，营销者在此阶段可采取如下措施以提高自己产品被选中的可能性：

第一，修正产品属性。市场营销人员应分析本公司产品应具备哪些属性，以及不同类型的消费者分别对哪些属性感兴趣，以便进行市场细分，对不同需求的消费者提供具有不同属性的产品，这既能够满足消费者需求，又最大限度地减少了因提供不必要的属性而造成的资源浪费。

第二，改变消费者心目中的品牌信念。通过广告和宣传努力消除消费者的心理偏见，树立良好的品牌形象。

第三，改变消费者对竞争品牌的信念。当消费者对竞争者品牌信念过高时，应设法改变其不切实际的品牌信念。

第四，改变重要性权重。设法改变消费者对产品各种性能的重视程度，千方百计提高消费者对本公司产品优势属性的重视程度，引起消费者对被忽视的产品性能的注意。

第五，改变消费者心目中的理想产品属性的标准。

（4）购买决策。

购买决策是购买决策过程的中心环节。经过评价选择后，消费者便形成了对某个品牌的偏好和购买意向。接下来消费者就要做出购买决策，购买决策通常有三种：一是消费者认为商品质量、款式、价格等符合自己的要求和购买力，决定立即购买；二是认为商品的某些方面还不能完全满意或价格偏高等决定延期购买；三是对商品质量、价格等不满意而决定放弃购买。由此可见，购买意图和购买决策之间仍有距离，并非所有购买意图都能转化为购买决策，这是因为在二者之间还有两种因素在起作用，如图7-5所示。

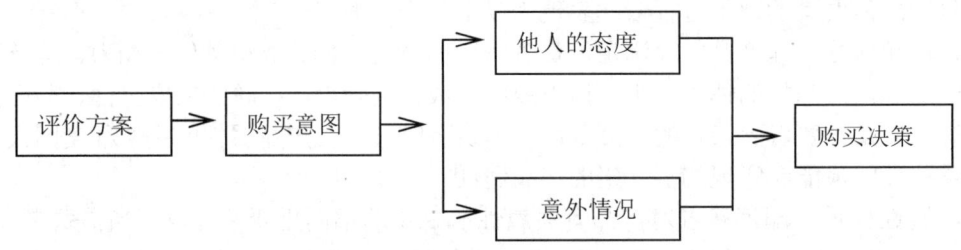

图7-5　购买意图与购买决策过程

第一因素是他人的态度。他人的态度对购买者否定购买意图的影响程度取决于：其一，他人对购买者所偏爱品牌的否定态度的强烈程度；其二，购买者遵从他人愿望的动机。他人的否定态度越强烈，与购买者的关系越亲密，购买者就越有可能修正自己的购买意图；反之亦然，购买者对某个品牌的偏好程度会因亲近的人喜好同样的品牌而增加。

第二因素是意外情况。消费者购买意图的形成是基于诸如预期的家庭收入、预期的价格及期望产品的利益等。但在消费者即将实施购买时，会出现始料不及的意外情况，如失业、其他购买动机强度陡增等，从而改变了其购买意图。

消费者改变、推迟或取消购买决定，在很大程度上是受所感到的风险影响的，所感风险的程度是随支出费用的多少、属性不确定的程度及自信程度而变化的。消费者为回避风险而常采取的办法有：回避决策；向朋友收集信息；选择著名品牌与有保证的产品。市场营销人员必须了解引起消费者的风险感觉因素，为他们提供信息支持以减轻购买者的风险感。

（5）购后行为。

消费者购买行为完结后，并不意味着购买决策过程的结束，购后行为同样是购买决策过程的一个重要阶段。

消费者在购买产品后，通过使用和他人的看法对其所购商品进行评价，产生某种程度的满意感或不满意感。购买者对购买活动的满意感（S）是指其对产品的期望（E）与该产品可觉察性能（P）的函数，公式为 $S=f(E,P)$。若 $E=P$，则消费者满意；$E>P$，则消费者不满意；$E<P$，则消费者非常满意。消费者对产品的期望是通过从商业来源和个人来源等信息中

形成的，其中，商业来源对产品期望的形成影响较大。如果营销者夸大其产品的优点，消费者就会建立较高的产品期望，会导致 E>P 的现象，造成消费者对产品的不满意感，营销者夸大的程度越大，E 与 P 的差距就越大，不满意感就会更强烈。因此，卖主应对其产品进行如实的宣传，使产品的可觉察性与消费者建立的产品期望相一致，使消费者购买后感到满意或非常满意。

消费者购后行为对公司的影响是至关重要的。首先，它决定着消费者是否重复购买。如果对所购产品满意，他会继续购买；如不满意，他就会停止购买该品牌商品，甚至拒绝购买该公司生产的所有商品。其次，对其他消费者的购买行为有着重要的影响。"最好的广告是满意的顾客"。满意的消费者会成为其所购商品的义务宣传员，他对该商品的称赞对其他消费者的购买决定影响巨大。如果消费者购买商品后不满意，不仅自己不再购买，他还会向别人扩散其对某公司、某品牌的不满，致使公司信誉和品牌信誉受损。因此，公司应采取各种有效的措施，尽可能地使消费者感到满意。除了如实宣传外，还要经常听取顾客意见，加强售后服务，同消费者保持联系，当顾客不满意时，应及时进行补救。

公司通过对消费者购买决策过程的了解和研究，可获得许多有助于满足消费者需要的有用线索，并为其有效地设计和实施目标市场营销战略和策略打下坚实的基础。

## 小结

1. 消费者购买行为是指最终消费者（为个人消费而购买产品和服务的个人和家庭）的购买行为。所有这些最终消费者组成消费者市场。

2. 消费者市场是最终市场，它的变化和发展对组织市场乃至整个经济运行都有着重大的影响。消费者市场具有购买目的的非营利性、需求差异大、购买频繁、"价格－需求弹性"大、购买的非专业性和可诱导性等特征。购买者行为模型由外部刺激、购买者"黑箱"和购买者反应三个步骤组成。

3. 消费者购买行为受诸多因素影响，主要包括文化因素、社会因素、个人因素、心理因素等几个方面。

4. 消费者购买决策过程是购买行为模型中起决定作用的一环，研究这一环节应从购买决策的参与者、购买决策的类型，以及决策过程等方面着手进行。

5. 消费者的购买决策过程是由一系列相关联的活动构成的。在复杂的购买行为中，消费者的购买决策过程要经过确认需要、搜索信息、评价方案、购买决策、购后行为五个阶段。

6. 消费者在购买产品后，通过使用和他人的看法对其所购商品进行评价，产生某种程度的满意感或不满意感。购买者对购买活动的满意感（S）是指其对产品的期望（E）与该产品可觉察性能（P）的函数，公式为 $S=f(E,P)$。若 $E=P$，则消费者满意；$E>P$，则消费者不满意；$E<P$，则消费者非常满意。

### 重要概念

消费者市场　消费者购买行为　社会阶层　相关群体　家庭生命周期　马斯洛需要层次论　复杂的购买行为　寻求多样性的购买行为　降低失衡的购买行为　习惯性的购买行为

**复习思考题**

1. 消费者市场的概念及特征。
2. 解释消费者购买行为模式。
3. 论述文化因素对消费者购买行为的影响。
4. 论述社会因素对消费者购买行为的影响。
5. 论述个人因素对消费者购买行为的影响。
6. 论述心理因素对消费者购买行为的影响。
7. 在线社交网络使消费者购买行为发生了哪些变化？
8. 营销公司如何利用好在线社交网络。
9. 解释消费者的购买类型。
10. 论述消费者的购买决策过程。

## 经典案例

### 小王的购车过程

26岁的小王研究生毕业后找到了一份较满意的工作，可是工作单位距离住处较远，搭乘公共交通不太方便，而且需要绕行耗费时间，于是小王决定购买辆汽车。在上下班的途中，小王密切关注着各款汽车，并开始频频地进入车友论坛，咨询同事和同学。

随着年轻人逐渐成为汽车市场的主流消费群体，年轻化已经成为所有汽车品牌，包括豪华品牌在内的营销重心。年轻人的购车标准复杂多样，要动感、要年轻时尚，科技性和娱乐性配置要足够丰富，当然更重要的是还要照顾他们的小存款——性价比一定要高，毕竟大部分的消费者在购车时往往都是先确定预算，才开始挑选在预算范围内性价比最高的车。

在搜集了多款汽车的排量、最大功率、市场参考价、销量等数据，小王发现不同品牌和款式的汽车存在很大差别。经过反复比较，小王开始锁定福克斯和卡罗拉双擎，详见下表。

汽车价格、油耗对比表

| 车型名称 | 指导价（万元） | 油耗（L/km） |
|---|---|---|
| 福克斯 | 11.58～16.58 | 6.3 |
| 卡罗拉双擎 | 13.98～17.58 | 4.9～5.9 |

通过两款车的基本参数对比，空间方面表现较好的是卡罗拉双擎，动力方面表现较好的是福克斯。2017年4月份一汽丰田现款卡罗拉双擎上市，动力方面搭载1.8L混合动力系统，搭载新发动机后，卡罗拉双擎的动力或有较大幅度的提升。从售价区间看两款车价格差相当，从油耗来看受环保、节能大趋势的影响，卡罗拉双擎（油电混合动力）车在行驶速度低于40km/h用电不用油，而且正在行驶过程中还能够自动充电，于是其销量呈现明显上升趋势。小王的同事小张，同学小高都买了卡罗拉双擎。小王也最终选择了卡罗拉双擎这款车。

资料来源：http://auto.sina.com.cn/

**案例思考题**

1. 小王的购买行为属于哪种类型？为什么？
2. 运用消费者决策过程的五阶段模型分析小王选车所经历的相关阶段。
3. 结合案例分析小王获得信息的来源。
4. 结合小王选车经历为车企提几点营销建议。

# 第8章 组织市场与组织购买行为

组织市场是指由各种组织机构形成的对公司产品和劳务需求的总和。它包括产业市场、转卖者市场、政府市场和非营利组织市场三部分。与消费者市场相比，组织市场的需求及购买行为有着明显的不同。所以，公司欲在组织机构市场进行成功的营销活动，必须对其特点和购买行为进行深入的研究。

## 8.1 产业市场及购买行为

产业市场是社会物质产品和劳务的主要提供者，在各类组织机构市场中占有重要的地位。

### 8.1.1 产业市场的概念及特点

（1）产业市场的概念。

产业市场又称生产者市场，是指购买产品和服务、将其用于其他产品和劳务的生产，以供销售的组织和个人。产业市场主要由以下产业组成：农业、林业、水产业、制造业、建筑业、通讯业、公用事业、金融业和保险业、服务业等。

（2）产业市场的特点。

在组织机构市场中，产业市场的需求和购买行为具有典型意义。产业市场在市场结构与需求、购买者的性质、决策类型与决策过程等方面，与消费者市场有着明显的差异，具体表现如下：

1）产业市场上购买者数量较少，批量大。在产业市场上，购买者大多数是公司单位，其数量肯定要少于消费者市场，但由于是为了生产而购买，一次的进货批量必然很大，这一点，在资本和生产高度集中的行业购买中尤为突出。

2）产业市场上的购买者在地理区域上相对集中。很多国家有半数以上的产业购买者往往集中在少数几个地区，如石油、钢铁、橡胶等行业具有很强的地理区域集中性，农产品的产地也是如此。所以，公司把产品卖给用户的费用可以大大降低。

3）产业市场的需求具有派生性。产业购买者对产业用品的需求，归根结底是从消费者对消费品的需求引申而来的，也就是说产业购买者购买产品或服务的最终目的，是为了向消费者市场提供产品。因此，产业市场的购买者大多密切注视消费品市场的发展趋势，及时调整自己的采购计划。

4）产业市场的需求缺乏弹性。产业市场对许多产品和服务的需求受价格变动的影响较小，短期需求尤其缺乏弹性。造成这一特点的原因有：

第一，产业市场的需求具有派生性，只要消费品市场的初始需求不改变，产业用户的采购不会因价格的变动而变化，仅仅是更换供应商；

第二，生产者的生产方法和生产工艺在短期内无法改变；

第三，产业用户的制成品许多是由若干零部件构成的，其中价值很低的零件往往缺乏弹性。

5）产业市场的需求具有波动性。由于产业市场的需求具有派生性，由最终消费品会引发产生多层次的派生需求，这就决定了产业市场对产品的需求具有扩大效应，西方经济学称之为加速理论。产业市场的波动性，为生产产业用品的公司带来了较大的风险。为了减少风险，公司往往扩大经营范围，实行多角化经营。

6）产业市场购买的专业性强。产业用品特别是机器设备的技术性很强，公司一般要选用训练有素的专业技术人员负责采购工作，对于一些重要的大型设备，甚至由技术专家和高层管理者组成的采购委员会来领导采购工作。因此，卖方需要采用专家推销的方式来适应。

7）产业市场的购买基本上是直接购买。产业购买者大都是从生产者处直接采购所需的产业用品，而不通过中间商环节。特别是价格高、技术性强的设备或批量大的原材料更是如此。在对产业市场营销的活动中，人员推销是首选的手段。

8）产业市场的购买具有互惠性。产业市场上的购买者大都具有买者和卖者的双重身份。有时会出现"你买我的商品，我买你的商品"的互惠做法。买卖双方并非都是直接的互惠者，更多的是三角或多角互惠。因互惠减少了公司营销风险，所以被公司普遍采用。

9）产业购买者通过租赁方式取得产业用品。这是现代产业市场购买的一个新特点。由于机器设备、交通运输工具等产业用品的大型化、高精密化和全自动化，而且技术设备更新速度加快，通常产业用户并不是购买该类用品，而是越来越多的通过租赁的方式来取得产品的使用权。

### 8.1.2　产业市场的购买类型

产业采购者在进行购买活动时要进行一系列的决策，其决策的难度依购买类型而定。根据采购单位的生产任务和需求差异，产业购买者的购买类型有所不同，大致可分为以下三种：

（1）直接重购。

直接重购是指公司的采购部门为了满足生产活动的需要，按常规方式进行订货决策。这是最简单的购买类型。它包括从供应商名单中（大多是已有业务经历的）选择供应商并直接重购过去采购的同类产业用品。直接重购的产品主要是原材料、零配件和劳保用品。

对于直接重购类型的购买，供应商应竭尽全力保持产品质量和服务质量的稳定，采取各种营销措施提高产业用户的满意程度。

（2）修正重购。

修正重购是指公司采购部门适当改变采购的某些产品的规格、质量、价格或供应商。这种类型的购买比直接重购要复杂一些，采购公司需要做一些调查和重新决策，故参与此类购买决策的人要多一些。

修正重购对于未列入供应商名单的公司来说提供了良好的机会，公司要当机立断，采用一切营销手段抓住机会，占领市场；而对于已列入供应商名单的公司则是一种威胁，需要千方百计采取各种手段来保住自己的客户。

（3）新购。

新购是指公司为了生产新产品或增添新服务项目的需要而进行的购买决策。新购的资本投入最大，风险最高，是产业用户最复杂的购买决策。由于采购人员缺乏购买经验，需要收集大量的有关信息，决策涉及的内容有：产品规格、价格幅度、交货条件和时间、服务条件、订购数量、挑选供应商等。所以，新购大都在专家和最高管理者组成的领导小组的指导下进行。

新购要经历大致认识、兴趣、评价、试用、采用几个阶段，不同阶段的信息源所起的作用各异。在最初的认识阶段,大众媒介最为重要;在兴趣阶段,推销人员影响最大;而在评价阶段,技术来源最为重要。因而,营销人员需要依照不同阶段的特点采用最为有效的传播工具。

### 8.1.3 产业购买者和决策参与者

产业市场的营销者不仅要了解产业市场的特点,购买决策类型,还要掌握谁参与购买决策。不同的公司在采购不同产业用品时,购买决策的参与者不尽相同。从规模上看,比较小的公司,一般是由附属于生产机构的一个或少数几个人员负责采购活动;大公司通常设有专门的采购机构。从决策权限上看,有的公司采购机构的权力很大,既可以决定购买数量、价格,还可选择供应商;有的公司的采购机构权力很小,采购决策由主管经理做出,采购部门只负责下订单。从所购物品的性质看,日常消耗品的购买决策大多由采购机构决策;大型设备的决策,有的公司要由高层管理者和专家共同完成。

产业用户购买决策的所有参与者组成的组织被韦伯斯特和温德称之为"采购中心"。所谓采购中心是指:"所有参与购买决策过程的个人和集体,他们具有某种共同目标,并一起承担由决策所引发的各种风险"。一个公司的采购中心通常包括以下5种人员:

(1)使用者。这是指采购单位中实际操作或消耗所购生产资料的人员。使用者一般是最初提出购买意见的人,他们对购买产品的品种规格决策起着重要的影响作用。

(2)影响者。主要是指公司内外一切对最终购买决策有影响的人员,如使用者、技术人员、推销员等。他们在帮助决策者决定购买产品品种和规格方面起一定的作用。

(3)采购者。是指公司中拥有正式采购职权的人员。其主要职责是选择供应商和具体洽谈购货合同的条款。在较复杂的采购工作中,采购者还包括参加谈判的公司高级人员。

(4)决策者。是指在公司中有批准购买产品权力的人员。在日常的标准品常规采购中,采购者往往是决策者,而在复杂的采购中,决策者常常是公司的领导。

(5)信息控制者。是指公司内部和外部能控制市场信息传送到决策者、使用者的人员,如公司的购买代理商、技术人员等。

当然,并不是所有公司的任何一次购买都有上述几种人参与,产业购买决策参与者的多少,因采购产业用品的种类、规模和重要程度不同而各异。

### 8.1.4 影响产业购买者购买决策的主要因素

影响产业购买者购买决策的因素很多,西方学者提出了各种"组织购买行为模型",其中,比较流行的是"韦伯斯特和温特模型"。在此,我们运用韦伯斯特和温特的理论框架,对影响产业用户购买决策的因素进行分析。

韦伯斯特和温特将各种影响产业购买者的因素归纳为环境、组织、人际关系和个人4个方面,见图8-1。

(1)环境因素。

环境因素是指对产业用户的采购行为产生影响的公司外部环境因素。它包括市场需求状况、国家的经济发展前景、货币流通状态、技术发展变化、政治与法律发展趋势和竞争态势等。例如,一个国家经济发展前景很好,市场需求旺盛,产业用户就会增加投资,加大采购量,增加原材料库存量。

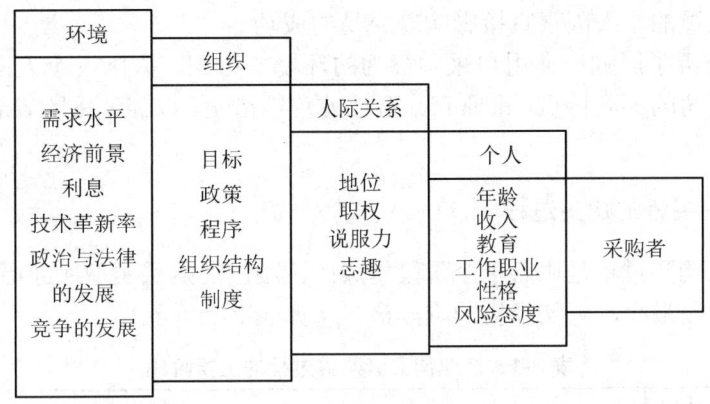

图 8-1 影响产业采购行为的主要因素

（2）组织因素。

组织因素是指影响产业采购者购买行为的公司内部因素。包括公司目标、政策、程序、组织结构、系统等方面。组织目标是公司生产、销售、工作等准备达到的目标。组织结构是公司采购单位的组织体系。购买系统是指公司的采购组织是集中决策还是分散决策。

近年来，随着跨国公司的发展和大型公司的日益增多，公司采购组织的发展趋势呈现出以下几个特点：

1) 采购部门不断升级。尽管采购部门控制着公司大量的费用，但就管理层次而言，它们在公司中所处的地位一直比较低。近年来由于竞争的加剧，原材料、机器、设备的供应已经演变成公司间竞争的重点环节之一，因此，大公司纷纷提高采购部门的级别，将采购部门的领导任命为主要管理者之一，一些跨国公司已将采购部门升级为"战略原料部门"，负责从全球采购资源并与其他战略伙伴进行合作。

2) 采购集中化。在设有多个业务部的公司里，由于需求各异，以前通常由各部门分别自行采购。进入 1990 年后，许多公司开始把部分采购权集中起来，由总部确定各分公司所需的原材料，然后集中采购，公司因此节约了大量采购费用。

3) 合同长期化。产业采购者与可信赖的供应商签订长期合同是当前的一种发展趋势。制造商倾向于选择少数能够提供优质产品的供应商进行长期合作，另外，B2B 电子商务平台的运行也为合同长期化提供了信息交互沟通的技术支持，使产业采购者与供应者的关系更加稳定。

4) 建立采购绩效评估制度。很多公司设立了采购奖励制度，以奖励采购绩效卓著的采购经理及人员。这种制度使采购组织的权力、义务和利益更加均衡，能够引导组织成员为公司效益的提高而进行采购工作。

（3）人际关系因素。

人际关系因素是指公司"采购中心"人员之间的相互关系。公司采购中心的 5 种成员在地位、职权、说服力和志趣等方面存在差异，这种差异在很大程度上影响着产业用户的采购行为，这也是产业用品营销者必须很好解决的难题。

（4）个人因素。

个人因素是指参与采购人员的年龄、受教育程度、对风险的态度等因素。采购决策制定后，具体实施则由采购人员去完成。但每位采购者的风格各不相同，有的采购者习惯于用"最简单"的技术指标的方法；有的采购者注重于价格；有的着重质量；有的喜欢一揽子采购等，由此可见，采购人员的个人因素直接影响着交易的成功。

以上，我们分析了影响产业用户采购行为的环境、组织、人际、个人四大因素，产业用品营销者应根据公司的不同特点，采取有针对性的营销措施，以促使采购者的购买决策向有利于本公司的方向转化。

### 8.1.5 产业购买者的购买过程

产业购买者的购买过程是由若干个阶段构成的。不同的购买类型所经历的阶段有所不同，直接重购经历的阶段最少，新购经历的阶段最多（如表 8-1 所示）。

表 8-1 产业购买者购买过程的主要阶段

| 购买阶段 \ 购买类型 | 直接重购 | 修正重购 | 新购 |
| --- | --- | --- | --- |
| 1.认识需要 | 不需要 | 可能需要 | 需要 |
| 2.确定需要 | 不需要 | 可能需要 | 需要 |
| 3.说明需要 | 需要 | 需要 | 需要 |
| 4.物色供应商 | 不需要 | 可能需要 | 需要 |
| 5.分析建议 | 不需要 | 可能需要 | 需要 |
| 6.选择供应商 | 不需要 | 可能需要 | 需要 |
| 7.选择订货程序 | 不需要 | 可能需要 | 需要 |
| 8.检查履约情况 | 需要 | 需要 | 需要 |

罗宾逊等人划分的新购的 8 个阶段模式被称为购买模式框架。下面对这 8 个阶段进行具体分析：

（1）认识需要。

产业市场的采购过程是从用户认识到需要，并为满足该种需要而产生购买动机开始的。产业采购者的需要往往是由内部刺激和外部刺激引起的。就内部而言，通常有以下原因：

1）公司决定推出新产品，需要生产该产品的设备和材料。

2）机器发生故障，需要更新或买新零件。

3）已购材料不理想，公司寻找新的供应商。

4）采购经理认为有得到价格更低或质量更好的产品的机会。从外部因素来看，采购者可能受外部启发（如展览会、竞争者新产品发布会等）产生了新设想，或看到了新广告，或新供应商能够提供更低价格或更优质的产品等。

（2）确定需要。

指通过价值分析确定所需产品的品种、性能、特征、数量和服务。标准化产品易于确定，而非标准化产品须由采购人员和使用者、技术人员乃至高层经营管理者共同协商确定。供应商应向买方介绍产品特性，协助买方确定需要。

（3）说明需要。

产业采购者在确定所需产品之后，还要进一步对这些产品的功能、质量、规格、数量等进行详细技术说明。在说明需要时，需运用由美国通用电器公司采购经理迈尔斯于 1947 年发明的价值分析的方法,后被称为价值工程。价值分析中所说的"价值"是指某一产品的"功能"与这种产品所耗费的资源(成本或费用)之间的比例关系,其公式为:

$$V(价值)=F/C$$

公式中 F(功能)代表产品的用途、效用,即产品的使用价值;C 为成本或费用。采购单位的专家小组要对所需品种进行价值分析,并写出语言凝练的技术说明,为采购人员决策提供技术上的依据。供应商应通过尽早的参与采购公司的价值分析来展示自己产品在使用价值上的优良性和成本上的相对低廉性的优势,以获取更好的营销机会。

(4)物色供应商。

写出产品技术说明书后,下一步就要根据说明书的要求物色供应商。物色供应商的途径大致有两条:一是通过公司名录寻找;二是通过向已经购买所需产业用品的单位了解情况。在这个阶段,产业用品的供应单位应注意把自己公司列入《工商公司名称目录》的工作,还要在日常的营销活动中扩大宣传,提高公司声誉,增强本公司推销人员与采购公司的采购部门的联系,使本公司被列入准供应商行列。

(5)分析建议。

第五步是征求物色好的供应商对供货的意见和建议,通过分析挑选出最合适的供应商。对产业用品的供应商而言,这是个非常关键的时刻,营销者应善于提出独具特色的建议书,引起产业用户的信任,争取成交。

(6)选择供应商。

通过对供应者的产量、质量、产品价格、品种、交货期、服务与公司声誉等方面的评价,公司选择出最恰当的供应商。产业采购者重视的产品属性是随采购产品的不同而变化的。如日常零部件、原材料,采购者重视的是产品的稳定性、交货可靠性及价值低廉;购买新型设备主要重视设备的创新性与高效率,各种技术服务支持等。采购中心在做出最后选择之前,还可能与选中的供应商进行最后一轮的价格磋商,对此营销者应通过强调产品质量以及相对优势功能尽量减少降价幅度。一个精明的采购经理大多选择一个以上的供应商,这样既可以保证供应,又促进供应商之间的竞争。

(7)选择订货程序。

产业购买者选定供应商后,购买单位就转入与供应商具体业务的洽谈步骤。采购者通常要在订货单上列举技术说明、需要数量、交货期限等。目前,发达国家产业用品的采购者普遍通过"一揽子合同"(又叫无库存采购计划)与供应商建立长期供货关系。一揽子合同是指产业采购者与其供应商签订在约定价格下长期随时供货的合同。在这种情况下,采购者可把库存降到最少,甚至无库存,当需要进货时,由采购经理的电脑自动印发订单给供应商。通过一揽子合同,采购者可把库存费用大大降低,提高经济效益,而供应商可得到较长期的订单,保持销售市场的稳定。

(8)检查履约情况。

这是购买产业用品的最后一步,采购单位要向公司的使用者征求意见,了解他们对购进产品的满意程度,进一步检查供应商的履约情况,并根据检查和评价的结果,决定是否与某个供应商继续保持购买关系。

## 8.2 转卖者市场及购买行为

转卖者市场是沟通生产和消费的桥梁，其职能在于有效地促进产品从生产者向消费者转移。转卖者市场采购者的采购行为与产业市场存在很多相似之处，但在购买组织、购买决策类型和购买方式上各有其特点。

### 8.2.1 转卖者市场的概念和特点

（1）转卖者市场的概念。

绝大多数制造商并不是将其产品直接销售给最终用户，即使是在网络营销时代，生产者也不可能把其产品直接销售给每一个消费者，在产销之间仍然需要中介机构架起一座座桥梁，这些中介机构的集合就构成了转卖者市场。

转卖者市场是指从生产公司或其他转卖者购买商品，再将其转售给消费者、社会集团、转卖者或生产者的公司和个人。转卖者市场如果按其经营产品的用途分，可以分为生产资料转卖者和消费资料转卖者；如果按其经营产品是否发生所有权转移分，可以分为经销转卖者和代理转卖者，如果按其销售对象分，可分为批发转卖者和零售转卖者。

（2）转卖者市场的特点。

转卖者采购的目的与产业购买者相同，都是为了盈利，但二者在社会再生产中的地位不同。转卖者特定的地位决定了其购买行为的鲜明特点。

1）转卖者市场需求派生性引发的波动比产业市场小。转卖者市场的需求同样也属于引申需求，但由于与最终消费者比较接近，尤其是零售商直接为最终消费者服务，消费者需求的变动会首先反应到零售商再传导到批发商。因此，转卖者市场能够及时根据最终消费者需求的变化调整其购买行为，故由派生性引发的转卖者市场购买的波动效应比产业市场要小。

2）转卖者市场对购买价格较敏感。转卖者是为卖而买，因此，购进价格是转卖者占据竞争优势地位的最重要条件之一，转卖者市场的采购者对价格的敏感程度比产业市场购买者大得多。

3）转卖者市场普遍要求交货迅速。转卖者一旦发现市场机会，就会提出订单，要求立即交货，以满足消费者的需要，赚取利润。因此，转卖者市场近期购买比远期定货量大。

4）转卖者市场需要供应商提供所购产品或劳务的广告促销费。转卖者的实力一般比产业市场的实力差，他们需要同时经营多家公司的产品，在购买商品时，往往需要供应商资助广告费。

5）转卖者市场的采购者在购买的同时需要供应方提供各种服务。由于转卖者采购者不擅长技术，他们在购进商品时需要供应商提供退货、技术、培训、维修服务。

### 8.2.2 转卖者的购买类型

转买者的采购类型可以分为以下三种：

（1）直接重购。

是指转卖者直接从原销售者处购买产品的活动。一般由转卖者的有关人员以例行方式处理。

（2）重新选定供应商。

是指转卖者在采购常规品种的情况下，重新选择供应商的采购活动。采用此种购买类型的原因有两点：其一是因为供应商竞争激烈，转卖商有选择最佳供应商的余地；其二是因为转卖者准备用私人品牌，即自己的品牌经营产品，故需选择愿意提供无品牌产品的供应者。

（3）采购新项目产品。

转卖者变更产品编配策略，开拓经营范围；或新成立的转卖者，要从产品、供应商等方面进行新的选择。

在这三种购买类型中，直接重购最简单，购买过程经过的阶段最少，采购新项目产品最复杂，经过的购买阶段最多，其购买过程包括的阶段与产业市场的直接重购、修正重购，新购类似，在此不再赘述。

### 8.2.3 转卖者购买过程的参与者

转卖者购买过程的参与者多少与转卖者的规模和类型有关。小型"方便店"的经理或经营者会亲自采购。一般的公司有采购部门，像生产者采购中心一样，这些工作人员分别扮演着五种角色中的其中一种或几种。

### 8.2.4 转卖者市场的购买组织及影响因素

转卖者市场的购买动机是"为卖而买"，其目的是赚取利润。从产品的使用价值看，转卖者市场的采购行为是为了满足各类市场的需要，从价值上看，转卖者的购买是为了取得货币的增值。所以，转卖者市场购买者的动机与产业市场购买者一致，也是集体动机，属于组织行为，影响产业市场采购行为的因素——环境因素、组织因素、人际关系因素、个人因素，同样对转卖者市场的购买也产生影响。

### 8.2.5 转卖者购买决策的内容、方式

（1）转卖者采购决策的内容。

转卖者在进行采购决策时，涉及的主要内容有：产品编配决策，选择供应商决策、购买条件和定价决策等。其中，产品编配决策在批发商和零售商的采购决策中是最重要的。产品编配决策是指转卖者经营产品品种的搭配策略。它既决定了转卖者在市场中的位置，也制约着转卖者的采购范围。产品编配决策包括以下四种策略：

第一，独家编配。这是指转卖者只经营一家公司提供的各种花色品种的产品。

第二，深度编配。这是指转卖者经营来自同行业不同厂家的各种花色品种的同类产品。

第三，广度编配。这是指转卖者经营来自同行业多家公司的多种花色品种的不同类产品。

第四，混合编配。这是指转卖者经营来自不同行业多家公司的各种产品，这些产品关联性不强。

（2）转卖者采购的进货方式。

转卖者的进货方式各有不同，特别是批发公司与零售公司。批发公司在进货批量、进货途径等方面与产业用户采购差别不大，都向"一揽子合同"（无库存采购）和合作广告等方向转化。而零售商的进货方式一般有三种类型：

第一，集中进货。这是指零售公司设置专门采购人员统一进货，然后分配到各商品组（柜台）销售。这种方式一般适用于人员少、资金少、经营品种少的小型零售店和专卖店。

第二，分散进货。这是指由零售公司各商品部在核定的资金范围内自行采购。一般适用

于大型零售商店。

第三，联购分销。它是指由若干个零售公司统一从配送中心进货，然后再分别销售。它的优点是可以降低进货成本，节约交易和运输费用；缺点是在组织工作上有一定的难度。联购分销是伴随着物流革命和现代化的大规模配送中心的兴起而发展起来的连锁业普遍采用的一种进货方式。

## 8.3 非营利组织市场和政府市场的购买行为

非营利组织市场和政府市场是组织市场的重要组成部分，它们与产业市场和转卖者市场存在明显的差异，购买行为具有鲜明的特点，需要专门进行研究。

### 8.3.1 非营利组织市场

（1）非营利组织市场的类型。

按照职能的不同，非营利组织市场可分为以下两种类型：

1）促进社会群体交流的非营利组织。指促进某群体内成员之间的交流、推动某项事业发展、维护社会群体利益的各种社会组织，包括各种职业团体、业余团体、宗教组织、专业学会和行业协会等。

2）提供社会服务的非营利组织。指为某些公众的特定需要提供服务的非营利组织，包括学校、医院、红十字会、卫生保健组织、新闻机构、图书馆、博物馆、文艺团体、基金会、福利和慈善机构等。

（2）非营利组织的购买特点。

1）限定总额。非营利组织的采购经费总额是既定的，不能随意突破。比如，一些经费来源于财政拨款的组织，拨款不增加，采购经费就不可能增加。

2）保证质量。非营利组织的采购不是为了盈利，而是为了维持组织运行和履行组织职能，对所购商品的质量和性能都特别重视。

3）受到控制。非营利组织采购人员受到社会公众或上级机构的严格监督和控制，只能按照条件购买，缺乏自主性。

4）程序复杂。非营利组织购买过程的参与者较多，经过的审批环节繁杂，故采购程序复杂。

（3）非营利组织的采购方式。

1）公开招标方式。非营利组织的采购部门通过传播媒体发布广告或发出信函，说明拟采购商品的名称、规格、数量等要求，邀请供应商在规定的期限内投标。投标者进行密封投标。招标单位在规定的日期开标，有专家委员会选择最符合要求的供应商为中标单位。

2）议价合约选购。非营利组织的采购部门同时与若干供应商就某一采购项目展开商务谈判，最后与最符合要求的供应商签约。该方式适用于复杂的大型工程项目。

3）日常性采购。指非营利组织为了维持日常办公和组织运行的需要而进行的采购。这类采购金额少，一般是即期付款，即期交货。

### 8.3.2 政府市场及其购买行为

政府市场是指为执行政府职能而采购商品或租用货物的各级政府单位。政府市场是服务于国家和社会,以实现社会整体利益为目标的有关组织,包括各级政府和下属各部门、军队、警察、消防队和监狱等。

(1) 影响政府采购的主要因素。

政府采购者的采购行为同样也受到环境因素、组织因素、人际关系因素和个人因素的影响,但值得指出的是,政府采购者的行为还要受到社会公众的制约。纳税人有责任监督和制约政府采购者的采购行为。在我国,这种公众制约是通过各级人民代表大会行使权力来完成的。近年来,随着各级人大监督机制的日益增强,社会公众对政府采购行为的制约力度在不断加大。

(2) 政府采购者的决策过程。

政府采购者的决策过程根据购买情况不同各异,这一点与产业市场的采购者决策过程基本一致。在政府的常规性商品的采购活动中,由于购买对象、数量和时间有较强的计划性,供应商的更换频率不高,所以,决策的内容并不复杂,但审批手续比较繁琐,拖延的时间很长。根据政府采购者决策程序的特点,政府市场的营销者应做到两点:第一,对于政府的常规性采购,在进行大力促销工作的同时,要有较强的耐心和自制力,以图保持长期的供货关系;第二,对于新购,特别是投资巨大的复杂项目,公司要给予高度的重视,要组成技术专家、财务专家和公关专家的专家小组进行行之有效的促销工作,在竞争中充分显示公司的实力,方能一举成功。世界各大公司为获得政府订单而专门建立营销部门,如柯达公司和英特尔公司等,已经证明了这两点。

## 小结

1. 组织市场是由社会各种组织机构对公司产品和劳务的需求所形成的。它分为产业市场、转卖者市场、政府市场和非营利组织市场三部分。与消费者市场相比,组织市场的需求及购买行为有着明显的不同。

2. 产业市场又被称为生产者市场,其需求特点与采购方式同消费者市场有着显著的不同,采购决策和过程更加科学和规范。

3. 转卖者市场采购者的采购行为与产业市场存在很多相似之处,但在购买组织、购买决策类型和购买方式上各有其特点。

4. 非营利组织市场是为了有效地维持和行使非营利组织的职能而形成的对产品和服务需求的市场。非营利组织市场分为两种类型,三种采购方式,除了受环境因素、组织因素、人际关系因素和个人因素的影响外,还要受社会公众的制约。

**重要概念**

组织市场　产业市场　直接重购　修正重购　新购　转卖者市场　独家搭配　深度搭配　广度搭配　混合搭配　政府市场

**复习思考题**

1. 试述产业市场的概念及特点。
2. 分析产业市场的购买决策。
3. 论述影响产业购买者决策的主要因素。

4. 说明产业购买者的购买过程。
5. 说明转卖者市场的概念及特点。
6. 说明转卖者购买的类型和方式。
7. 解释转卖者购买决策的内容。
8. 说明非营利组织市场的特点。
9. 非营利组织市场的采购方式有哪些？

## 经典案例

### 政府采购方式变革为公司带来什么？

据有关资料测算：全国事业单位一年的采购金额约为 7000 亿元，政府实际上成为国内最大的单一消费者。为适应市场经济体制的新形势，政府采购方式将发生变革。

以前，北京市海淀区下属各单位要购买设备，首先向财政局报预算，经财政局行政科按市场价格核定后给予拨款，再由各使用单位自行购买。但是行政科的职员们时常心里打鼓：商品价格究竟是多少，我们没底，采购环节的伸缩性实在太大了。2000 年 5 月，北京市海淀区出台了《海淀区采购试行办法》，规定区属各行政事业单位由区财政安排专项经费，购置设备单项价值在 10 万元以上，或全区范围内一次集中配置的批量采购总价值在 29 万元以上，均需采取公开的竞争性招标、投标采购。海淀区专门成立了政府采购领导小组，区属两家机关购买 133 台空调的工作成为区政府采购方式改革的第一个试点。5 月 26 日召开招投标大会，有 6 家公司投标。开标后，投标商单独介绍了产品技术、质量、价格等内容，并接受由空调专家、高级会计师和使用单位人员组成的评审委员会的质询。经专家们反复比较论证，科龙空调以较好的性能价格比中标。此次购买的预算资金 177 万元，实际支出 108 万元，节约 69 万元，近预算金额的 1/3。采购部门负责人说："想都没想到，效果好得出奇。"

海淀采购办公室正着手进行其他项目的政府采购工作。购买 7 辆公务车，预算金额 208 万元。由于车型不一，不成规模，将采用"询价"的方式，也就是货比三家的方式购买。广播局购买两台专用设备则采取广播局主办，采购办参与的招标方式。还将进行教学用具、医疗设备、基本建设非标准设备的采购工作，争取今年的政府采购总额达到 1000 万元。从长远来看，将采购办从财政局分离出去，使批钱的和买东西的是两部分，更便于监督和制约。

据悉，国家财政部的有关专家正在积极制定我国统一、规范的政府采购制度。他们认为，政府采购是加强采购支出管理的必由之路，但一定要做到规范、统一，使制度在各地不走样。要建立采购主管机构，明确采购模式，设立仲裁机构。财政部门不直接主管采购，防止由分散采购改为集中采购后出现新的"集中腐败"。

资料来源：曹家为. 市场营销学[M]. 北京：中国财政经济出版社，2011.

**案例思考题**

1. 该案例说明了组织市场购买行为的什么特点？
2. 组织采购的方式与流程是怎样的？
3. 政府采购与产业市场、转卖者市场采购有哪些不同？

# 第三篇　目标市场营销战略与营销组合策略

## 第9章　顾客导向的目标市场营销战略

通过分析市场营销环境和消费者，公司会发现许多市场机会，但是，许多公司已经意识到，自己不可能吸引市场中所有的消费者。一方面，公司受制于自身的资源和能力；另一方面，消费者数量众多、分布广泛，他们的需求和购买行为存在巨大差异。因此，公司必须在众多机会中选择最能发挥自己资源优势，提供最佳产品或服务的一个或若干个市场机会进行营销活动，即采用目标市场营销模式。与传统大众营销分散化的模式不同，目标市场营销将资源集中于对公司创造价值最感兴趣的消费者。这需要公司设计顾客导向的目标市场营销战略，建立恰当的顾客关系。目标市场营销包括以下三个步骤：

第一，市场细分。即按不同细分变量将市场划分为不同的顾客群，每个顾客群体具有不同的需求、特点和行为。

第二，选择目标市场。评价每一个细分市场的吸引力，选择一个或几个细分市场进入。

第三，市场定位。为某一产品或服务塑造与众不同的特征，传递独特的价值和利益，在目标顾客头脑当中占据清晰、独特和令人渴望的位置。

### 9.1　市场细分

市场细分是公司目标市场营销的第一步。通过市场细分，公司可把纷繁复杂的顾客需求进行分类和整合，清晰地勾勒出各子市场的轮廓和每个子市场的需求特点，为公司正确地选择目标市场和制定行之有效的营销方案提供依据。

#### 9.1.1　市场细分的概念

市场细分的产生与发展经历了以下三个阶段：

（1）大量市场营销阶段。

早在19世纪末20世纪初，西方经济发展的中心是速度和规模，公司市场营销的基本方式是大量市场营销。大量市场营销是指公司大量生产某种产品，并通过众多的渠道大量分销，以求用一种产品吸引市场上所有的购买者。在当时的情况下，公司通过大量市场营销可极大降低生产成本和价格，挖掘最大的潜在市场，获得更多利润。

（2）产品差异市场营销阶段。

20世纪30年代，随着科学技术的进步、科学管理和大规模生产条件的应用，公司产量迅速提高；随着资本主义经济危机的爆发，公司面临着严重的产品过剩，推销观念逐渐成为公司营销观念的主流，公司纷纷转向产品差异市场营销。产品差异市场营销是指公司向市场提供多种外观、式样、质量和型号的产品。但这些差异产品不是建立在市场细分基础上，也不是为了满足消费者的需要，而是为了与其他竞争者更有效地竞争。

（3）目标市场营销阶段。

20世纪50年代以来，买方市场逐渐形成，公司大都奉行市场营销观念，开始进入目标市场营销时代。在目标市场营销的过程中，公司首先要进行市场细分，然后选择其中一个或几个细分市场为目标市场，制定有针对性的营销战略和策略，以满足目标消费者的需求。由此可见，目标市场营销与大量市场营销和产品差异市场营销有着本质的区别，它对市场营销思想和实践的发展具有重要的推动作用。

1956年7月，温德尔·史密斯（Wendell R.Smith）在美国市场营销协会出版的《营销学报》上发表了题为《产品差异化和市场细分是市场营销的战略选择》的文章，首次提出了市场细分的概念（Market Segmentation），即以消费者的某些特征或变量为依据，区分具有不同需求的购买者群体的过程。市场细分之后，某一错综复杂的具体市场就被分割成许多子市场，形成细分市场。所谓细分市场，是指对同一组营销刺激具有相似反应、类似需求倾向的消费者群体。

市场细分概念一经提出，很快就被纳入市场营销的分析体系中，并成为市场营销的一个重要战略过程。

### 9.1.2 市场细分的作用

市场细分为公司开展营销活动提供了新的思路，对公司的生存与发展具有重要的作用。

（1）市场细分有利于公司发掘市场机会。

通过市场细分，公司可以有效地分析和掌握各子市场需求的满足程度和市场竞争态势。那些需求满足程度低、竞争不很激烈的细分市场是最好的市场机会，可能成为公司新的目标市场。市场细分对中小公司更为重要。中小公司实力相对薄弱，资源有限，在较大的细分市场上，难以同大公司相抗衡，它们可以抓住被大公司忽略的市场空隙，以较小的子市场为目标市场，在激烈的市场竞争中谋求生存和发展。例如，美国某钟表公司战前通过市场细分把美国手表市场的购买者分成三类：第一类顾客想以尽可能低的价格购买能准确计时的手表，占美国手表市场的23%；第二类购买者想以较高的价格购买计时精确，耐用性强和款式新颖的手表，占美国手表市场的46%；第三类购买者想购买名贵手表，把手表作为家庭地位和表达情感的装饰品，占美国手表市场的31%。当时，著名的钟表公司大都以第三类顾客群为目标市场，主要制造价格昂贵的名贵手表，并通过大百货公司和珠宝店销售，而占美国手表市场总额69%的第一和第二类顾客群的需求没有得到充分满足。于是，美国这家钟表公司选择第一和第二类购买群为目标市场，及时开发了一种"天美时"牌的低档手表，广泛通过廉价店、折扣店、药店等渠道经销，结果大获成功，一跃成为当时世界上较大的钟表公司之一。

（2）市场细分有利于公司提高经济效益。

市场细分对公司提高经济效益的作用体现在以下两个方面：

第一，公司可以根据目标市场的特点，制定和实施有效的市场营销组合策略，并随时保持与目标市场变化的动态适应性，确保产品的适销对路，达到扩大销售，提高经济效益的目的。

第二，在市场细分的基础上，公司可以把有限的资源集中使用于一个或几个细分市场上，开展有针对性的营销，达到事半功倍之效。这一点对中小公司尤为重要。中小公司实力薄弱，无法与大公司进行全方位竞争，但可以通过集中全部资源服务于一个较小的目标市场，就可以把整体劣势变成局部优势，充分发挥资源的潜力，提高资源的使用效率。

（3）市场细分有利于公司提高竞争能力。

进行市场细分，可以使公司认清自己在不同细分市场上的竞争地位，充分了解自己在竞争中的优势和劣势，根据避实就虚的原则选择目标市场，达到提高公司竞争力的目的。

### 9.1.3 市场细分的方法

消费者对某一产品或服务的需求不尽相同，市场细分的方法也是多种多样的，一种产品或服务市场可以通过许多方法进行细分，而细分后形成的子市场也各不相同，如图 9-1 所示。

图 9-1（a）表示一个拥有 6 个顾客的市场，如果这 6 位顾客的需求和欲望完全一致，呈现出无差异需求状态，市场细分就没有必要了。但现实却与之相反，往往这 6 位顾客的需求都各有特色，那么我们就可采用以下几种方法对其进行细分。

图 9-1（b）按照购买者的特点，把每一个潜在购买者划分一个细分市场，我们称之为完全细分。在完全市场细分的市场上采用差异性营销，即针对每个购买者的需求特点采用不同的营销组合策略，被称为定制营销。定制营销是公司营销的最理想状态，但由于环境因素的影响及公司营销资源有限性的制约，再加之公司预期利润目标的限制，大部分公司采用定制营销非常困难。

在一般情况下，公司会按照求同存异的原则，对现实生活中潜在购买者的需求进行分类，归纳出几类内部有相似需求的细分市场。在图 9-1（c）中，就是以收入水平为变量，把同一收入水平的购买者归为一个细分市场，共形成了 3 个细分市场。其中，规模最大的是细分市场 1。另外，年龄差别在同一产品的需求上也存在明显差异，我们把它们分为两个细分市场，如图 9-1（d）所示，每个子市场包含 3 位潜在购买者。假若我们把收入和年龄综合起来，就组成了一个复合型变量，可以把市场分为 5 个子市场：1A、1B、2B、3A 和 3B，见图 9-1（e）。

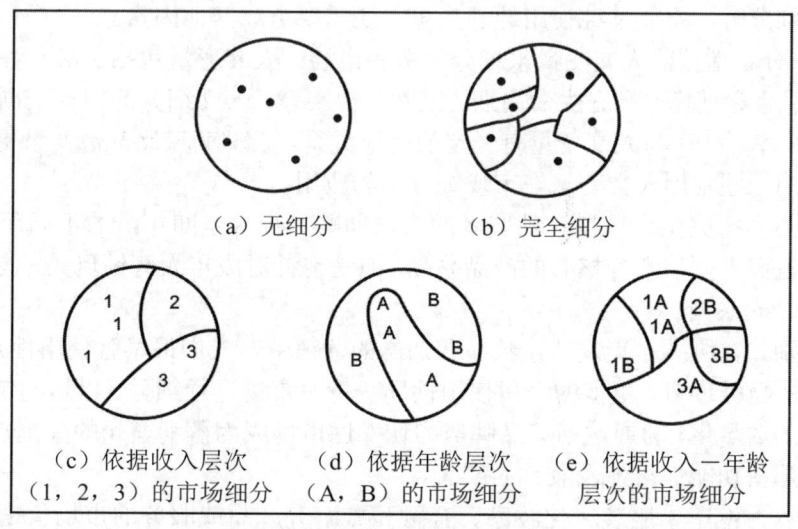

图 9-1 市场细分的不同方法

### 9.1.4 市场细分的依据

市场细分要依据一定的细分变量来进行。由于消费者市场和以公司市场为典型代表的组织市场的需求及购买行为差异很大,我们将分别对消费者市场的细分依据和公司市场的细分依据进行分析。

(1) 消费者市场的细分依据。

细分消费者市场所依据的变量,因公司经营的产品不同有所区别,但各公司在细分市场时存在一些共同的标准,这就是细分消费者市场的一般变量,它包括地理变量、人文变量、心理变量和行为变量4个方面。

表 9-1 消费者市场主要细分变量

| 细分变量 | 具体指标 |
| --- | --- |
| 地理 | 国家、地区、城市、社区、人口密度、气候、地形等 |
| 人文 | 年龄、性别、收入、职业、教育水平、家庭规模、家庭生命周期、宗教、种族等 |
| 心理 | 个性、生活方式、需求、动机、态度、自我概念等 |
| 行为 | 购买时机、利益、使用者状态、使用率、忠诚度等 |

1) 地理细分。指公司按照消费者所在地理位置以及其他地理变量来细分消费者市场。地理类变量是由城市、农村、城市规模、人口密度、气候、地形、交通等变量组成。

用地理变量细分消费者市场是传统和最简单的方法。其理论依据是:处在不同地理位置的消费者,对于同一种产品会有不同的需求和偏好,对产品、价格、渠道和广告宣传等市场营销活动的反应也有所不同。按照地理变量细分市场,不仅有利于公司研究不同地区消费者需求特点、需求总量及其发展变化趋势,也有利于公司开拓区域市场,使公司将有限的资源投放到最能发挥自身优势的地区市场中去。但地理变量是一种静态因素,它忽视了由于消费者经济收入、年龄、个性等不同而造成的同一地理区域内消费者在需求和购买行为上的差异。因此,公司在进行市场细分时,不能单纯使用地理变量,还需要考虑其他因素。

2) 人文细分。指按照人文变量来细分消费者市场。人文变量包括年龄、性别、收入、职业、教育水平、家庭规模、家庭生命周期、宗教、种族等。人文细分的理论依据是消费者的欲望、偏好和使用率,往往与人文变量有一定的因果关系,人文变量比其他变量更容易测量。下面用实例来说明一些常用人文变量在市场细分中的应用。

第一,年龄和家庭生命周期。消费者的需求和购买行为是随年龄的不同而存在差异。乐高主要针对儿童提供以积木为核心的产品系列,但是也针对成年人营销玩具,包括更加复杂的 Mindstorms 机器人系列。

第二,性别。在服装、美发、化妆品和杂志的营销中,人们很早就使用性别来细分市场,随着职业女性的日益增多,更多的公司使用性别变量对市场进行细分。以运动市场为例,随着运动市场竞争的白热化,阿迪达斯等品牌努力让女性市场成为盈利增长的关键点,他们发现女性消费者喜欢那些功能性与外表兼具的产品。

第三,收入。汽车、服装、化妆品、金融和旅游等产品或服务的市场营销者广泛使用收入变量进行市场细分。许多公司为富有的消费者提供高端产品和服务,但也有很多来自于发展中国家的公司通过关注金字塔底层的财富实现了快速增长，例如，我国阿里巴巴公司推出的互联网金融产品"余额宝"，为数量众多的普通收入人群提供了方便快捷的理财服务。

第四，多变量人文细分。大多数公司同时运用两种或两种以上的变量来市场细分。某家具公司经过市场调查发现家具需求受 3 个人文变量因素的影响：户主年龄、家庭人数和收入水平。这家公司把这 3 个人文变量组成一个多变量组合，把家具市场细分为 36 个子市场（如图 9-2 所示）。经过多因素组合细分后，该公司再考虑家庭数目、平均购买率和竞争程度等因素，就可以估计出每一个子市场的需求潜量，据此选择目标市场了。

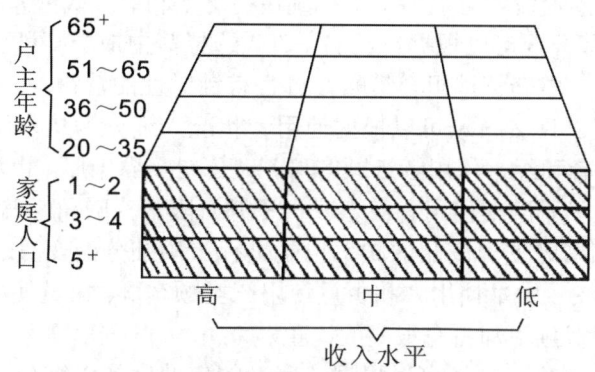

图 9-2　某家具公司的市场细分方案

人文变量细分市场也存在局限性。这是因为消费者的需求不仅受人文变量的影响，有时还要受心理变量、行为变量等其他因素的影响，因此，单纯使用人文变量，即使是"多变量细分"也不完全准确可靠。

3）心理细分。所谓心理细分就是按照消费者的生活方式、个性、自我概念等心理变量来细分消费者市场。公司常常发现按照地理变量和人文变量细分出来的同一消费者群体中，对同类产品的偏好和态度仍有所不同，在欲望、需求和购买行为上也存在差异，这主要是心理因素发生作用的结果。正如我们在消费者市场那一章所学，心理因素十分复杂，包括个性、生活方式、自我概念、态度、动机、价值观念等变量。

个性是指个人独特的心理特征，它会导致一个人对其所处的环境做出相对一致和持续不断的反应。人的个性可归纳为几类，如自信、自主、保守、温顺等。个性对人们的需求和购买行为影响很大。咖啡制造商发现爱喝咖啡的人往往精力旺盛、交际能力很强，因此，星巴克等营造了一种轻松、温馨的气氛。根据目标市场消费者的个性，公司可以赋予某些产品的"品牌个性"来吸引目标市场的顾客，达到促进销售的目的。

生活方式代表一种消费模式，它反映了一个人在社会生活当中如何使用时间和金钱。人们追求的生活方式不同，对产品的偏好和追求也不同。现代公司越来越多地运用生活方式来细分消费者市场。豪华摩托车品牌 Harley Davidson 按照生活方式将它的顾客划分为 7 类：爱冒险的传统主义者；敏感的实用主义者；追逐时尚者；悠闲的露营者；有品味的资本家；头脑冷静的独行者；自大的不合群者。

市场营销者也可以将自我概念作为细分市场的有效变量。自我概念是一个人所持有的关于自身特征的信念，以及对于这些特征的评价。人们拥有的产品和品牌在一定程度上反映了他们的身份，消费者倾向于购买那些能够体现、传递和强化其自我概念的产品或品牌，例如奢侈品可以彰显高贵，书籍可以代表品味。

4）行为细分。即按照消费者不同的购买行为来细分消费者市场。行为类变量包括：购买时机、消费者追求的利益、使用者状况、使用率、对品牌的忠诚度、购买准备阶段等变量。

第一，购买时机。根据消费者产生需要、购买或使用产品的时机，将他们划分为不同的群体。这种细分可以帮助公司扩展产品的使用范围。如节日来临时，公司可以抓住购物高峰期大力促销以增加产品的销量。

第二，消费者追求的利益。这是根据消费者在购买特定商品时追求的利益来细分市场。以购买牙膏为例，不同的消费者可能追求多种利益：财务利益（低价）、功能利益（防蛀）、社交利益（美白）等。现代公司可以根据自己的条件，选择其中追求某种利益的消费者群为目标市场，为其设计和实施一整套营销组合策略，进行有针对性的营销。

第三，使用者状况。许多市场可以根据使用者状况，细分为从未使用者、曾经使用者、潜在使用者、首次使用者和经常使用者等顾客群。大公司实力雄厚，市场占有率高，为了拓展市场的需要，一般注重吸引潜在使用者；小公司资源有限，对吸引经常使用者感兴趣。

第四，使用率。消费者使用商品的频率也是进行市场细分的变量之一。按照使用率可把消费者划分为大量使用者、中量使用者和少量使用三类顾客群。大量使用者在市场中一般仅占很小的比例，但在总消费额中却占有很高的比重。

第五，对品牌的忠诚度。市场可以根据消费者的忠诚度加以细分。消费者的忠诚对象可以是公司、品牌、店铺、产品或者服务提供者。根据购买者对品牌的忠诚程度，可将消费者划分为四种类型：①绝对忠诚者，指任何情况下只买一种品牌的消费者。苹果、乐高就都以拥有众多产品狂热者而著称。②动摇忠诚者，指同时忠诚于两三个品牌的购买者。这类顾客群目前在我国发展很快。③转移型忠诚者，指从偏爱一种品牌转移到偏爱另一种品牌，即从一种品牌的绝对忠诚者转移成为另一种品牌的忠诚者。④非忠诚者，指不对任何品牌表示忠诚的消费者。他们喜欢讨价还价，愿意购买差异性的产品。

公司通过分析顾客对自己品牌的忠诚度可以搜集到大量的信息，从而准确地在目标市场上选择定位。通过对动摇忠诚者的分析，公司能够确认构成最大竞争者的品牌，可以采用行之有效的应对策略。通过对转移型忠诚者的分析，可以发现自己的营销弱点，使公司少走弯路。

第六，购买准备阶段。市场上的顾客总是处于不同的购买准备阶段。对于一种产品，有些顾客可能一无所知，有些或许了解一点，有些人却很清楚，有些人只是感兴趣，有些人正打算购买。掌握处于不同准备阶段的顾客状况对于制定营销计划十分重要。

（2）公司市场细分的依据。

细分消费者市场的一些变量在细分公司市场时也可选用，如地理变量、追求利益等。但根据公司市场的特点，在进行公司采购者市场细分时，还需要使用一些特殊变量，包括最终用户、用户规模等，表 9-2 详细列出了进行公司市场细分的变量，在此，我们只讨论特殊变量。

表 9-2　公司市场主要细分变量

| 细分变量 | 具体指标 |
| --- | --- |
| 人文变量 | 行业、公司规模、地址等 |
| 经营变量 | 技术、使用者以及使用者地位、顾客能力等 |

续表

| 细分变量 | 具体指标 |
|---|---|
| 采购方法 | 采购职能组织、权力结构、现存关系性质、总的采购政策、采购标准等 |
| 形势因素 | 紧迫性、特别用途、订货量等 |
| 个性特征 | 买卖双方的相似性、对待风险的态度、忠诚度等 |

1)最终用户。公司市场最终用户追求的利益存在很大差异,客观上决定了公司必须使用不同的营销组合满足其需要,也就是要根据最终用户对产品的不同要求进行市场细分。比如,同是橡胶轮胎的购买者,拖拉机制造商所需轮胎的要求比飞机制造商的要求要低得多。

2)用户规模。公司购买者的规模决定着购买公司用品的数量,它是细分公司市场的一个重要标准。大客户数量少,但购买量大,小客户则相反。据调查,占美国公司市场总量 10%的大公司的采购量达到全部的 80%。按用户规模细分公司市场有两层含义:一是按经营实力可把公司划分为大型、中型和小型,不同类型的公司购买力不同;二是按公司使用某种产品的程度可以分为大量使用者、中量使用者和少量使用者,公司应把主要精力放在重要用户上。

除了以上两个标准外,公司市场还可按行业特点、用户购买特点等进行市场细分,在此不再赘述。

### 9.1.5 有效市场细分的条件

市场细分的方法有很多,但并非所有的细分都有效。市场细分对于公司来说是一个复杂的创造性过程,成功和失败的可能性都存在。问题的关键是看细分后形成的细分市场是否有效,判断市场细分是否有效的标准如下:

(1)可测量性。

可测量性是指细分市场的各种标准可以测量。细分后形成的各子市场的规模、购买水平、顾客特征等应清晰明确,可以通过各种定量和定性分析进行描述和测量。

(2)可进入性。

可进入性是指公司有能力和条件进入细分后所形成的子市场,并为之提供有效的服务。公司市场细分的目的是选择目标市场并能够最终为其服务。因此,公司必须能够对细分后所产生的若干子市场具有营销影响力,使公司在选择目标市场时有较大的余地,为成功开展营销创造条件。

(3)可盈利性。

可盈利性是指细分市场的规模,即顾客数量及购买力足以使公司获利。公司营销活动的最终目的在于赢利,如果市场规模太小、购买力不足致使公司无利可图,这样的细分市场是无效的。

(4)差异性。

差异性是指细分市场的边界应该容易区分。对于不同的细分市场,顾客的特征、需求等有明显差异,对不同的营销组合方案会有不同的反应。

(5)稳定性。

稳定性是指细分市场的特征在一定时期内保持相对稳定。市场是不断变化的,但各细分市场的基本特征应保持相对稳定,这样才有利于公司制定较长期的营销战略。否则,面对变化过快的子市场,因不确定因素过多,使公司难以把握其动向,就会增大公司的经营风险。

## 9.2 目标市场选择

市场细分的目的在于识别不同的市场机会,为目标市场决策提供依据。公司在进行有效的市场细分后,必须评价各个细分市场并决定服务于哪些细分市场,把有限的资源分配到最有吸引力的市场机会上去。目标市场决策包括评估细分市场和选择目标市场两个步骤。

### 9.2.1 评估细分市场

目标市场决策的第一步是对各细分市场进行评估,公司必须考虑以下三类因素:

(1) 细分市场的规模和发展前景。

理想的目标市场应具有适当的规模与公司匹配,能够达到公司预期的销售额。这里所谓的适当规模是一个相对的概念。大公司实力强,可以在规模大的市场上自如营销,小公司资源有限,无法在大市场中有效营销,与之相匹配的是一些中、小规模的市场。另外,细分市场应该具有较高的市场增长率,即有充足的发展潜力。

(2) 细分市场的结构性吸引力。

仅有一定的规模和发展潜力,还不能成为理想的目标市场,理想的目标市场必须具备长期盈利性。市场的长期盈利性取决于它的结构性吸引力。影响市场结构性吸引力的因素包括行业竞争者、潜在进入者、替代者、购买者和供应者。如果一个细分市场上已有很多实力雄厚的竞争者,则该细分市场的吸引力下降。如果该市场的进入障碍很低,潜在进入者的进入费用不高,其吸引力也会下降。替代品的价格越有吸引力,公司在该细分市场增加盈利的可能性被限制得越紧,从而使该子市场的吸引力下降。购买者和供应者对细分市场吸引力的影响体现在议价能力上,这会对公司价格的上调造成强大的压力,使公司无法取得高盈利。购买者的压价能力越强,或者现有供应者有能力降低所供产品和服务成本,都会使该细分市场的吸引力降低。在公司选择目标市场时,对每一细分市场的结构性吸引力都要认真估算,当细分市场的结构性吸引力足够大时,才能入围目标市场;否则,公司很难达到预计的长期盈利水平。

(3) 公司的目标和能力。

理想的目标市场,还必须符合公司的长期目标,以及与公司的能力相适应。某些子市场或许有较大吸引力,但与公司的目标不一致,因而只能舍弃。同时,公司还必须考虑自身是否拥有在该市场获胜所需的技术和资源。另外,与竞争者相比还要拥有相对竞争优势,并在营销中使之得以巩固和发展。

### 9.2.2 选择目标市场

对各个细分市场做出评估之后,公司必须明确将哪几个市场作为服务目标,以及采用何种营销组合策略。目标市场是指公司决定为之服务的、具有共同需求或特点的购买者群体。公司选择目标市场的战略有三种:无差异性市场营销战略,差异性市场营销战略和集中性市场营销战略。

(1) 无差异性市场营销战略。

无差异性市场营销战略是指公司忽略各细分市场需求的差异性,采用单一的市场营销组合,力求在最大程度上满足整个需求,这种大众营销战略重点是求同存异,注重的是消费者需求的共性而非个性。这种战略的具体做法是:推出一种产品,以同一质量、同一形式、同一花色进行大批量生产;采用一种价格;使用大众化分销渠道;运用大规模促销,投放于广大市场,如图 9-3 所示。

图 9-3　无差异性市场营销战略

在一般情况下,采用无差异营销战略的公司都具有大规模的生产线,能够进行大批量生产,有能力开展强有力的促销活动,能够进行大量的广告和统一的宣传,有广泛的分销渠道。同时,众多的子市场对其单一的产品有广泛的需求。如美国可口可乐公司在 20 世纪 60 年代以前,利用其世界性专利,以一种口味、一种规格的包装和统一的广告宣传,长期占据世界软饮料市场的霸主地位,被营销学界认为是实行无差异性营销的经典范例。采用这种战略的优点是通过减少品种、扩大批量,从而大大降低了单位产品的生产成本,同时也降低了储存、运输和促销费用,易于获得规模经济效益。这种战略的缺点是单一产品以同样的方式营销来满足所有消费者的需求,几乎是不可能的。特别是当市场上许多公司都实行这一战略时,该领域就会出现过度竞争的局面,以至于市场的差异性被严重忽视,消费者的需求得不到充分满足,公司为目标市场服务的有效程度降低。

(2)差异性市场营销战略。

差异性市场营销战略是指在市场细分的基础上,选择多个细分市场为目标市场,并为每个目标市场分别设计和实施不同的营销方案。该战略的具体做法是:设计和生产不同的产品;根据不同的产品制定不同的价格;采用不同的分销渠道;使用不同的促销组合,去满足不同目标市场上消费者的需要,如图 9-4 所示。

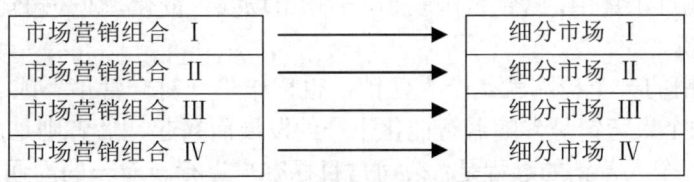

图 9-4　差异性市场营销战略

采用这一战略需要公司的实力比较雄厚,营销管理人员和技术水平较高,有能力进行小批量、多品种的营销。这种战略的优点是,能够较好地满足不同目标市场消费者的需求,提高公司的竞争能力,树立良好的公司形象,提高顾客的信任程度和购买频率,有利于扩大销售额。20 世纪 60 年代以后,美国的通用汽车公司、日本的松下等世界级大公司广泛采用了这种战略获得了成功。该战略的缺点是,公司的经营管理成本会不断攀升,这主要表现在以下几方面:

第一,产品改造成本。公司对产品进行改造以满足不同细分市场的需要,通常需要增加研发、工程设计、特殊模具成本。

第二,生产成本。制造多种产量很低的产品,单位产品生产成本要比制造一种产量很大的产品的单位生产成本高得多。

第三,管理成本。公司必须为每个细分市场制定相应的营销计划,这必然增加了营销调查、预测、销售分析、促销和渠道管理等方面的费用。

第四，储存成本。管理多种产品的储存费用，比管理一种产品的库存费用要高得多。

第五，促销成本。对不同的目标市场公司需要制定不同的促销方案，从而增加了促销和媒体使用成本。

因为差异性营销会导致销售额和成本同时上升，这种战略给公司带来的效果需要进一步做具体分析。值得注意的是，公司必须防止"超市场细分"的出现，即把市场划分得过细，一旦发生这种情况，应立即运用"反细分"战略，进行细分市场合并，或开拓新的同类市场，以扩大每个细分市场顾客的基数，强生公司将目标市场由婴儿向成年人市场拓展就如此。

（3）集中性市场营销战略。

集中性市场营销战略又叫密集性市场营销战略。它是指公司集中力量只推出一种产品，运用一套营销组合策略，为一个或少数几个细分市场服务。该战略的具体做法是：在市场细分的基础上，选择营销对象比较集中的细分市场为目标市场，进行专业化生产和销售。用一种产品，制定统一价格策略，采用一种分销渠道；运用一套促销策略来满足目标市场消费者的需要，如图9-5所示。

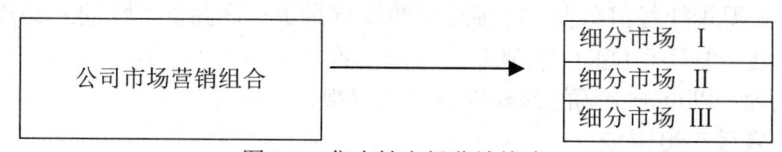

图 9-5  集中性市场营销战略

集中性市场营销战略对公司的实力要求不高，适用于资源有限的小公司，或初次进入新市场的大公司。这种战略的优点是：由于服务对象比较集中，可以对市场需求进行深入的了解和研究，在生产和营销方面实行专业化，从而使产品较好地满足目标市场消费者的需求，大大提高了公司目标市场占有率，如果营销成功，可使公司获得较高的投资收益率。其缺点是风险较大。因为目标市场过于集中，营销范围较小，一旦市场发生变化，或公司自身出现某些问题，公司可能会陷入困境。

集中性市场营销的一个极端就是个人营销，也称作"一对一营销"或者"大规模定制营销"。真正意义上的个人营销是伴随着智能化生产的发展而兴起，后者则是由互联网与工业化的快速融合所催生。个人营销的过程是：公司与目标客户进行一对一的沟通，根据个人需要为其量身定制设计和提供产品和服务，这也使关系营销比以往更为重要。如今，公司正对从食品到艺术品、服装、汽车等各种商品进行高度定制化。

### 9.2.3  确定目标市场营销战略应考虑的因素

由于三种目标市场营销战略各有利弊，公司在确定目标市场营销战略时，必须对自身和市场的情况进行综合考虑。在一般情况下，公司必须考虑以下五个因素：

（1）公司实力。

公司经济实力是考虑目标市场营销战略的首要因素。公司规模大、技术力量强、资金较雄厚，有能力覆盖较大市场，可以采用差异性或无差异性市场营销战略；公司规模小、资源有限、没有能力有效地控制庞大的市场，则以采用集中性市场营销战略为宜。

(2) 产品特点。

产品是否具有同质性。同质性很强的产品差异较小，如使用面很广的标准化零部件、粮食、钢材、水泥等，可采用无差异性市场营销战略。对那些异质性较强的产品，如服装、装饰品、图书等，则可采用差异性或集中性市场营销战略。

(3) 市场特征。

要根据市场是否同质而定。同质市场是指市场上所有顾客在同一时期基本上存在相同的需求，形成了相似的偏好，对同一营销刺激反应基本一致。对于同质性较强的市场，公司可采用无差异市场营销战略满足消费者共同的需求。对于同质性很差，即异质市场，公司应采用差异性或集中性市场营销战略。

(4) 产品生命周期阶段。

产品处在介绍期和成长期初期，市场营销的重点是激发需求和建立对新产品的偏好，采用无差异性市场营销战略或针对某一目标市场的集中性市场营销战略较好。当产品进入成长期后期和成熟期时，由于竞争激烈，消费者的需求趋于多样化，应采用差异性市场营销战略建立消费者的品牌偏好，开拓新市场，从而使产品的成熟期延长。

(5) 竞争对手的战略。

如果竞争对手采用无差异市场营销战略，公司则应采用差异性市场营销战略，提高公司满足消费者需求的深度，从而增强竞争力。如果竞争对手采用差异性市场营销战略，公司就要进一步细分市场，实行更有效的差异性市场营销战略或集中性市场营销战略，但在竞争对手实力较弱的情况下，也可考虑采用无差异市场营销战略。

公司在确定目标市场的营销战略时，应综合考虑上述因素，权衡利弊做出抉择。目标市场战略确定后，在一定时期内将保持稳定，但当市场和公司实力对比发生重大变化时，要及时对目标市场的营销战略进行调整。

## 9.3 市场定位

市场定位是目标市场营销的第三个阶段。公司决定进入哪个目标市场之后，需要确定一种价值主张，即为目标市场创造何种独特的价值，并在目标市场当中树立一个与众不同的形象和位置。市场定位是公司根据内部条件和外部环境，为本公司在目标市场上确立地位的战略，它在公司整个营销过程中起着十分重要的作用。

### 9.3.1 市场定位的概念

1972 年，阿尔·里斯（Al Rise）和杰克·特劳特（Jack Trout）发表了题为《定位时代》的系列文章，引发了强烈的反响。学者们和公司积极开展了定位方面的研究和实践，最初是广告定位，进而发展到产品定位，随后发展为市场营销定位，成为营销战略的一个重要组成部分。

市场定位是指公司根据消费者对产品或品牌某些属性的重视程度，为产品或品牌塑造与众不同的形象，提供独一无二的利益，从而在目标消费者的头脑当中占据一个清晰、独特、令人渴望的位置。定位的实质是使公司与其他竞争者严格区分开来，使顾客明显觉察和认识这种差别，建立起对公司和产品的偏好。

### 9.3.2 市场定位的步骤

(1) 了解目前的认知定位。

在计划和差异化市场定位时,市场营销人员首先需要了解消费者在重要的购买维度上对本公司及其主要竞争者的品牌认知和偏好,为打造和传递自己的竞争优势提供基础。这一步骤的中心任务是要回答3个问题:

第一,目标市场顾客的需求和满足程度如何?他们最关注的购买变量是什么?

第二,本公司和竞争对手的产品或品牌在顾客最关注的需求维度上的表现如何?

第三,针对竞争对手的定位和顾客最为关注的利益,公司应该做和能够做什么?

例如,以雷克萨斯为代表的日本汽车厂商在进入欧洲市场时就发现,性能和传统是欧洲消费者在买车时最关注的两个变量。欧洲本土品牌普遍被认为性能卓越的同时还富于文化和传统,宝马强调纯粹的驾驶乐趣,沃尔沃以安全著称,法国雷诺以灵活为特点,阿尔法·罗密欧以大马力发动机而闻名。相比之下,雷克萨斯等日系品牌则被认为性能卓越,但缺乏格调和传统,这就对它们进入欧洲市场提出了挑战。

(2) 识别可能的差异点和竞争优势。

定位的主要任务就是通过差异化使自己从竞争中脱颖而出,其来源就是差异化的竞争优势。因此,公司需要比竞争者更好地理解顾客需求和传递价值,通过寻找差异点和竞争优势向目标市场提供卓越的价值。通过洞察顾客对公司产品和服务的全面体验,公司可以从以下几个方面实行差异化。

1) 产品差异化。

第一,根据具体产品的特点进行差异化。构成产品内在特色的因素,如成分、材料、功能、用途、质量、设计等均可成为产品差异化的来源。美国著名饮料"七喜"汽水定位于"非可乐"饮料,强调它是不含咖啡因的饮品,与"可口可乐"有根本的区别。红罐王老吉凉茶最初被认为是具有清热去湿等功效的"药茶",在我国广东、广西地区很受欢迎,后来将自己重新定位为预防上火的功能性饮料推广到全国。

第二,根据顾客追求的利益进行差异化。这是最敏感的,也是顾客最关心的差别化市场定位依据。如1975年美国米勒(Miller)推出了一种低热量的"Lite"牌啤酒,将它定位于喝了不会发胖的啤酒,迎合了那些经常饮酒,又担心发胖的人的心理。

第三,根据使用者类型进行差异化。购买者的需求存在差异,公司可把其产品指向特定使用者,以便根据这些购买者的特点或看法塑造恰当的市场形象。

2) 服务差异化。

服务差别化也是重要的差异化依据,特别是当有形产品难以差别化的时候。构成服务差别化的因素包括送货、安装、顾客培训和咨询服务等。

第一,送货服务。送货服务包括送货的速度、准确性和对产品的保护程度。购买者对产品或服务的购买与否取决于他们对供应商送货能力的预期,这也就成为区分不同供应商的主要依据。

第二,安装服务。供应商在安装服务的质量上是有差别的,客观上形成了服务差别化的依据。

第三,顾客培训服务。顾客培训是指对购买者进行免费培训,使之能够正确有效地使用供应商的设备。这是目前服务差异化发展的新项目，它标志着营销发展的方向。

第四，咨询服务。咨询服务是销售商向购买者提供资料、建立信息系统并给予指导的服务性支持。

第五，维修服务。维修服务是指公司向购买者提供维修业务。维修服务业务的水平在汽车、家用电器、房屋等大件耐用消费品的购买中起着重要的作用。例如，日产公司向顾客保证承担因公司维修不当而造成的一切费用损失。

第六，其他服务。事实上，公司还可通过其他工具来区分服务，增加产品价值，如设立顾客奖励等。可以说，公司用于和竞争对手区分的服务项目是无限的。

3）人员差异化

人员差别化是通过雇佣和培训比竞争对手更好的员工来取得竞争优势。例如，新加坡航空公司能够赢得很高的国际声誉，主要靠该航空公司空乘人员的卓越服务。人员差异化不仅要求公司精心挑选对顾客直接服务的员工，并且要进行严格的业务、服务、礼仪等方面的培训。

4）形象差异化

即使其他竞争因素相同，公司也可以通过打造和传递与众不同的鲜明的形象来实现差异化，形象差异化可以来自以下几个方面：

第一，品牌个性与形象。个性是公司期望向公众展现的拟人化特征，而形象是顾客对公司的看法。品牌个性可以通过特有的信息传播途径传播出去，形成鲜明的具有震撼力的市场定位。品牌个性需要通过富有创造性的和艰苦的长期工作去塑造，最后方能在众多品牌中脱颖而出，在消费者心目中形成具有独特风格的形象定位。

第二，标志。鲜明的形象应包括易于识别的公司或品牌的一个或多个标志，有助于顾客识别。优秀的标志设计是品牌形象差异化的基石，如麦当劳、耐克、苹果都建立了醒目的、令人难忘的标志体系。

第三，书面与听觉、视觉媒体。在公司或品牌宣传过程中，书面与听觉、视觉媒体也成为形象差异化的依据之一。如公司的信笺和商业卡片等都可有效地塑造公司及品牌形象。

第四，活动项目。公司还可通过它所赞助的活动项目塑造与众不同的市场形象，香港银行发起的"保护自然"活动，就为其赢得了绿色银行的公司声誉。

（3）选择恰当的差异点和相对竞争优势。

当公司识别出可以提供竞争优势的潜在差异点，就需要从中挑选出可以支持其建立定位战略的差异点，差异点代表了公司相对于竞争者所独有的定位优势，从而独树一帜，将公司的产品与服务同竞争者区分开来。在选择差异点和相对竞争优势的时候应该满足以下原则：

重要性：该差异或竞争优势对目标顾客而言非常有价值。

独特性：竞争者没有、或者公司与竞争对手相比具有明显优势。

优越性：比获得相同利益的其他途径更加优越。

可沟通性：该差异或竞争优势便于向消费者进行传递与沟通。

专有性：竞争者无法轻易模仿。

经济性：目标顾客群能够买得起。

盈利性：推广该差异可以为公司带来利润。

（4）确定与沟通定位战略。

公司以合适的差异化竞争优势为基础就可以开发整体定位战略，公司整体定位战略可以视作一种价值主张（Value Proposition），价值主张代表了公司能够为顾客提供的独特价值，也直接回答了顾客的问题——"我为什么要购买你品牌的产品？"汽车品牌沃尔沃的价值主张以安全为核心，零售巨头沃尔玛的价值主张以低价格、品类齐全为核心。

一旦确定了定位和价值主张，公司必须采取有力的措施向目标顾客群进行传递和沟通，所有的营销组合策略必须给该定位战略有力的支持，一旦公司选择定位于卓越的质量或服务，就必须让目标顾客群体验到公司所宣称的最优质的质量和服务；如果公司的定位聚焦于优质低价，它还必须时刻监控自己的成本和市场当中同类产品的价格，以确保向市场传递一致性的价值。因此，好的定位战略需要更好地加以执行，一旦公司建立起来理想的定位，就必须通过始终如一的表现和沟通来加以维护，历经数年建立起来的定位可能会毁于一旦，公司必须始终密切监控定位，并在需要的时候加以调整，以适应消费者需要和竞争者战略的变化。

### 9.3.3 实施市场定位战略容易出现的问题

公司在实施市场定位战略时，容易出现以下四类问题：

（1）不充分定位。很多公司在市场定位时，由于定位战略选择不当或贯彻定位战略不彻底，导致市场定位模糊，潜在购买者没有真正意识到公司或产品品牌的独特之处。

（2）过分定位。过分定位的主要原因是公司的市场定位过高，在消费者心目中形成了与产品或服务的实际价值相差甚远的形象价值。如消费者普遍以为卡地亚钻戒起价应是5000美元，但实际只有900美元。这种定位错误对公司的打击是致命的，一旦消费者对真实的价值有所了解，就会因受骗而产生报复心理，使自己和他人再也不会购买该公司的产品或服务。

（3）混淆定位。由于市场定位战略诉求点过多或者市场定位战略更迭过于频繁，使购买者对公司或产品品牌形象感到困惑不解或无从下手，造成市场定位不清。

（4）可疑定位。即选择不恰当的诉求点来体现公司及产品的市场定位。如消费者对广告中提及的产品特点、价格水平不相信，最终致使公司或产品的市场定位失败。

公司在制定和运用市场定位战略时，应设法避免以上四类错误，方能有效地开展目标市场营销活动。

## 小结

1. 在市场需求日趋差异化的情况下，由于公司自身资源的限制，必须从众多市场机会中选取最能发挥其资源优势的营销机会来经营。这样一种战略思路和实施过程，就是目标市场营销。目标市场营销的目的是提高营销资源的使用效率和效果，以最大限度地满足目标顾客的需求。

2. 市场细分是公司目标市场营销的第一步，它是公司根据购买者的需要和欲望、购买行为、购买习惯等不同变量，把一个市场划分为若干个不同的购买群体的过程。通过市场细分，公司可把纷繁复杂的顾客需求进行分类和梳理，清晰地勾勒出各个子市场的轮廓和每个子市场的需求特点，为公司正确地选择目标市场和制定行之有效的营销方案提供依据。

3. 市场细分的方法是多种多样的，一种产品或服务市场可以通过多种方法进行细分，形成多个不同规模的细分市场。随后，公司就要根据客户需求表现的特性来确定市场细分的基本模式。客户需求的特征可以通过一系列市场细分变量区分和表达出来，消费者市场与公司市场的特点不同，细分变量也有所差异。

4. 并不是每一次对市场进行细分都有效。当市场细分后形成的子市场对公司无实际意义时，就需重新启用新的变量进行再次细分。

5. 目标市场决策包括评估细分市场和选择目标市场两方面的内容。目标市场战略的抉择必须慎重，需要考虑公司实力、产品特点、市场特点、产品生命周期的阶段和竞争对手的战略选择等多个因素。

6. 市场定位是20世纪70年代在美国诞生的营销新观念。市场定位的实质是使公司与其他公司严格区分开来，使顾客明显觉察和认识这种差别，从而在顾客心目中占有独特的位置，建立起对品牌和产品的偏好。

**重要概念**

市场细分　目标市场　无差异市场营销　差异性市场营销　集中性市场营销　市场定位

**复习思考题**

1. 市场细分有哪些作用？
2. 消费者市场细分的依据有哪些？
3. 生产者市场细分的依据有哪些？
4. 论述有效细分市场的条件有哪些？
5. 市场细分的程序和步骤有哪些？
6. 如何做好目标市场评估？
7. 论述目标市场战略的选择。
8. 掌握确定目标市场战略应考虑的因素。
9. 了解市场定位的方式。
10. 论述市场定位的战略。
11. 综述目标市场营销的三大步骤。

## 经典案例

### 多芬：建立无处不在的客户关系

联合利华是全球领先的食品、日用品和个人护理用品供应商。全球每10户人家就有7户使用其产品，遍布全球190多个国家，每天都有20亿的使用者。联合利华每年有超过660亿美元的收入。

多芬：只是女性的产品？

多芬一直以来都是一个确凿无疑的女性品牌。一切与其品牌形象相关的东西，例如名字、商标、包装色调和沟通，都是围绕女性而创造设计的。尽管高度专注正是这个品牌长期以来取得成功的首要因素，但在今天也成为其自身发展最大的限制性因素。尤其是在男性个人护理产品种类快速增长的今天，多芬能够把它的产品销售给男性吗？

● 标新立异

凭借全面的战略和真实的消费者洞察，多芬决定进入男性护理用品市场。联合利华为之创造一个附属于多芬的品牌——"多芬男士+护理"。这个子品牌提供了一个阳刚的形象基础，并且成功地使其与核心的多芬品牌分离开来。值得注意的是,"多芬男士+护理"这个副品牌实际上可以延伸到任何一种男性个人护理产品。因此,多芬同时通过包装的设计来吸引男性消费者。以深灰色为基础色调,加上富有阳刚气息的主色调,"多芬男士+护理"的外观成功吸引预期的目标顾客。

联合利华非常成功的男士个人护理系列"Axe"主要针对那些热衷于社交和约会的 24 岁以下的年轻单身男士。而"多芬男士+护理"系列的目标人群是 25~54 岁的男士。研究显示在这一年龄段的男士具有鲜明的人口统计特征,基本上是已婚男士,需要比单身男士承担更多的家庭责任,比如打扫、购物等。他们中,有一半以上的人会自己购买个人护理产品,另一半虽然不会自己购买,但会影响个人护理产品的购买决策。

"多芬男士+护理"系列的首批产品是男士护肤品,包括沐浴液、香皂、去角质浴液,这些产品设计战略性地高度互补,均展现了"男人,应该好好照顾你们的皮肤"的观念,同时强调多芬产品高度保湿的功效。

在首批护肤品面世不久,"多芬男士+护理"系列又新增了止汗液。最近,又推出面部护理和洗发产品,使"多芬男士+护理"逐步发展为全方位品牌。多芬男士面部护理产品鼓励男士"更好地爱护你的脸",男士洗发产品则承诺"3 倍强壮你的头发"。这些新产品线传承和发扬了多芬品牌核心的清洁、保湿功效,提供最好的护理。多芬男士面部护理产品设计为彼此互补,通过用 3 个简单步骤帮助男性护理面部皮肤:面部清洁(避免干燥的洁面乳),剃须(预防刺激的剃须凝胶),和面部护理(刮胡子之后迅速缓和皮肤的爽肤水和高效保水的保湿霜)。

- 一举成功

在短短的时间内,多芬获得了巨大的成就。成功突破女性细分市场作为唯一目标的品牌边界,成为男性个人护理领域的权威。与此同时,多芬也并未疏远它的女性核心市场。

**案例思考题**

1. 用市场细分变量描述多芬是如何对个人护理产品进行市场细分和市场定位的。
2. 简述多芬采用哪种市场定位战略并论证。
3. 为"多芬男士+护理"产品写一份定位陈述。

# 第 10 章　品牌资产与品牌战略

品牌是连接公司和消费者的桥梁，一方面，公司通过品牌给消费者留下产品或服务区别于竞争者的独特印象，传递定位信息。另一方面，消费者通过品牌识别产品或服务，简化其购买决策。强大的品牌对于公司来说是一项重要的资产，为此，本章将要学习如何通过建立和管理品牌来最大化公司的品牌资产。

## 10.1　品牌和品牌资产

品牌作为区分不同制造商产品和服务的工具已经有几百年的历史了。从公司视角来看，营销人员最重要的任务之一就是为公司创立、强化和保护品牌。

### 10.1.1　品牌的涵义和作用

（1）品牌的涵义。

根据美国市场营销协会（AMA）的定义：品牌（Brand）是一种名称、术语、标记、符号或设计，或是这些要素的组合，其目的是借以识别某个销售者或某些销售者所提供的产品或服务，并使之与竞争对手的产品和服务区别开来。品牌远不仅仅局限于名称和符号这么简单，它是公司与消费者关系的关键要素，代表了消费者对这一品牌产品或服务的全部感知和感受。因此，品牌就是相应的产品或服务在某种程度上区别于满足同一需求其他产品或服务的那些部分。这种区别既可以表现为功能性的、理性的或有形的产品性能相关层面；又可以表现为象征性的、情感的或无形的品牌表征相关层面。

（2）品牌的重要性。

品牌对于公司和消费者双方都是极具战略价值的。下面分别从公司和消费者的视角，探讨品牌的重要作用。

1）品牌对公司的重要作用。

对公司而言，品牌的重要作用包括：

一是易于辨认和识别产品。公司产品创立品牌后，有利于公司内部生产活动的科学管理和产品库存的会计核算，也便于对产品销售和使用情况的跟踪调查。

二是可以合法保护产品。品牌通过商标注册后，使得品牌拥有者获得法律赋予的权利，其产品的独特性能或独到之处受到法律的保护。这也保证了公司在品牌上投资的安全性，和投入资金收益的可期待性。

三是代表产品质量。品牌在消费者心目中的位置，实际上就是消费者对公司产品质量的评价，从而方便了消费者对满意产品的重复购买。

四是赋予产品独特联想。品牌可以为公司产品增添独特含义和联想，从而使之有别于其他竞争产品。如"苹果"一词家喻户晓、简洁、独特，作为个人计算机的品牌，为公司赋予了一种创新的品牌个性。

五是有利于保护公司的竞争优势。公司在生产工艺流程和产品设计方面的竞争优势很容易被竞争对手模仿，但公司的优秀品牌在消费者心目中留下的深刻印象，则是竞争对手难以复制的。如迪士尼乐园的某些活动是易于被竞争对手模仿和复制的，但迪士尼品牌是伴随消费者成长起来的，所以竞争对手对此就无能为力了。

　　六是构成公司资产的重要部分。品牌作为公司的无形资产，虽然不在会计报表中反映，但其在资本市场上是有价值和可以交易的。许多公司按照溢价被兼并或收购，就是因为它们耗费巨资打造的品牌，在公司被兼并或收购后仍能够持续带来额外收益。

　　2）品牌对消费者的重要作用。

　　对消费者而言，品牌的重要作用包括：

　　第一，降低搜寻产品的成本。消费者了解和熟悉了某一品牌后，他们重复购买产品时就无须过多考虑相关产品问题，也不用到处搜寻和对比其他产品。

　　第二，减少购买决策中的风险。消费者在购买不熟悉的产品的过程中会面临诸多风险，例如，产品实际性能低于期望值；产品对使用者健康造成损害；产品质次价高；产品给使用者造成精神上的负面影响等。然而，如果消费者购买曾经使用过的且令其满意的品牌产品，就可以规避上述的各种风险。

　　第三，追溯制造商责任。品牌明示了产品的来源或制造商，使得消费者可以要求特定制造商或分销商对产品缺陷和问题负责。

　　第四，保证产品质量。消费者与品牌的关系实际上是一种合同关系。消费者相信某一品牌一定会提供给他们既定的好处和利益，如质量、性能、价格、服务方面的利益。

　　第五，提供情感和精神上的满足。品牌不仅能够帮助消费者认识自我，还可以帮助消费者将这种认识传递给他人。因为品牌在现实生活中是与特定群体联系在一起的，消费者使用这一品牌是与该群体交流，甚至是自我交流的一种手段。

　　（3）品牌化的范围。

　　从上述不难看出，品牌能够为公司和顾客双方都带来巨大的好处和利益。接下来面临的课题就是如何建立品牌，即如何将公司产品品牌化。品牌化（Branding）是指给予公司产品和服务以品牌的力量，使公司产品或服务与其他竞争产品或服务之间产生明显的积极差异。

　　营销人员为公司产品选择品牌名称，实际上是在告诉消费者产品是"谁"；而营销人员为公司产品选择其他品牌元素，则是帮助消费者识别该品牌，告之消费者这个品牌的产品"为何特殊""为何与其他竞争品牌不同""为何消费者应该购买它"。

　　公司产品品牌化的过程说到底就是促使消费者建立起对公司产品的认知和对品类中不同品牌之间差异认知的过程。这一过程既帮助消费者简化决策，又为公司创造价值。而品牌间的差异可以源于品牌自身的属性或利益，也可以出自无形的象征或形象。

　　因此，成功创建品牌的关键在于，让消费者相信同类产品或服务并非完全相同，而是存在有意义的差别。例如，电脑芯片既不可以通过视觉观察来判断其质量，又不能够通过试用来对其进行评价，但仍然可以被品牌化。"英特尔"（Intel）向消费者所传递的是最高水平的性能和安全性，培育了顾客对公司产品的信任度和忠诚度。

　　伴随市场的全球化和竞争的白热化，品牌化的范围几乎涵盖了广义产品概念的所有方面，其中主要包括：实体产品（联想电脑、天士力复方丹参滴丸、索尼）；服务（美林集团、新加坡航空公司、工商银行）；商场（沃尔玛、劝业场、玩具反斗城）；人物（李宁、姚明）；组织

（联合国儿童基金会、曼彻斯特联队、红十字会）；地点（拉斯维加斯、西班牙、杭州西湖）；想法（红丝带、自由贸易）。

#### 10.1.2 品牌资产的涵义和作用

（1）品牌资产的涵义。

品牌资产（Brand Equity）是差异化的品牌知识造成的消费者对品牌营销的不同反应。品牌资产反映在消费者关于品牌的想法、感受以及行动方式上，同时也反映在价格、市场份额和利润上。品牌资产是对品牌捕获消费者偏好和忠诚度能力的测量。如果消费者对一个品牌产品的反应比没有品牌的相同产品更积极，说明这个品牌有正的品牌资产。如果消费者对一个品牌产品的反应比没有品牌的相同产品更消极，说明这个品牌有负的品牌资产。

不同品牌在市场上所拥有的势力和价值是不一样的。像可口可乐、麦当劳、耐克这样的品牌已经成为具有传奇色彩的经典，能在很多年甚至是几代人的市场上保持他们自己的势力。还有一些品牌能不断给消费者创造刺激，从而让消费者忠诚，比如，谷歌和苹果。以上这些品牌在市场上获得成功不单单是因为他们传递了独特的利益或可靠的服务，他们的成功还源于他们与顾客建立了深深的连接。

品牌资产这一概念有三个构成要素：

第一，差异反应。所谓差异反应是指品牌资产之所以存在，是因为顾客会在品牌产品与无品牌产品之间做出不同的反应。如果没有这种不同的反应，品牌产品就会被视为无品牌产品，两者之间的竞争也只能是价格上的竞争了。

第二，品牌知识。品牌知识是指顾客在以往的生活实践中，逐渐形成的对品牌的所闻、所见、所知和所感。而上述的差异反应正是来源于顾客的品牌知识。可见，尽管品牌资产是公司营销人员在营销活动中创立的，而品牌资产的价值最终还是取决于顾客对品牌的感知程度。因此，营销人员必须在消费者心目中建立起积极的品牌联想，如"沃尔沃"让消费者联想起"安全""海尔"让消费者联想起"周到的服务"。

第三，顾客对品牌营销活动的不同反应。顾客对品牌营销活动的不同反应，体现在与该品牌营销活动各方面有关的顾客的感知、偏好和行动中，如对品牌的选择、对广告的回忆、对品牌延伸的态度、对促销活动的回应等。

（2）品牌资产的作用。

公司的品牌资产价值并非是静止的，而是处于不断的变化之中的，而这一变化背后的主要推动力量则是顾客的品牌知识。认识到这一步重要，在管理学上具有三个启示意义：

其一，公司的品牌资产是公司以往投资质量的反映。从品牌资产视角分析，公司每年用于生产和销售产品的成本和费用，都可以视为对顾客品牌认知和品牌体验的投资。而这一投资效益的衡量标准应是能否在顾客脑海中建立起积极的顾客品牌知识。如果这些投资使用得很明智，便建立起了正的顾客品牌知识，公司的品牌资产自然会随之升值。

其二，公司的品牌资产是公司竞争优势的来源。品牌资产对于公司来说是非常有价值的资产。高品牌资产为公司提供了很多竞争优势。一个强大的品牌有高水平的消费者知晓度和忠诚度，消费者更容易接受它的产品线延伸和品牌延伸，更能容忍它的价格上涨和促销投入的削减，也更愿意在不同的零售商处找到它。

其三，公司的品牌资产是公司未来投资的方向。公司的品牌资产是以品牌知识为依托的，而消费者就是凭借品牌知识来设想品牌应该如何发展，或者说不应该向哪个方向发展。从此意义上讲，基于品牌知识的公司品牌资产决定了公司的这一品牌的未来发展方向。如拥有著名品牌李维斯牛仔裤的公司，品牌延伸至李维斯定制套装后失败了。这是因为顾客的品牌知识，即在顾客头脑中与著名品牌李维斯牛仔裤产生联想的所有事物，都与定制套装背道而驰。基于同一原因，我国空调机制造公司江苏春兰公司，品牌延伸至春兰汽车后也失败了。

从上述可见，品牌资产给营销人员提供了把过去、现在与未来连接在一起的一种战略思维方式或称为桥梁。

### 10.1.3 品牌资产模型

国内外营销理论界和公司界都十分重视品牌资产建设，并创立了许多用于品牌资产建设的品牌资产模型，我们下面介绍3种较为流行的品牌资产模型，其中的"品牌资产金字塔模型"是国内外营销理论界最为推崇的品牌建设模型，也是公司界使用的最为广泛的品牌建设模型，因而是我们重点讲解的品牌建设模型。

（1）品牌资产金字塔模型。

品牌资产金字塔模型是从顾客角度出发，探讨公司怎样从无到有、逐步建立起公司的品牌资产。从图10-1可见，品牌资产金字塔模型是由3部分组成：左边的图显示品牌建设的4个不同阶段；中间的图从消费者视角描述品牌建设的路径；右边的图说明品牌建设每个阶段的目标。

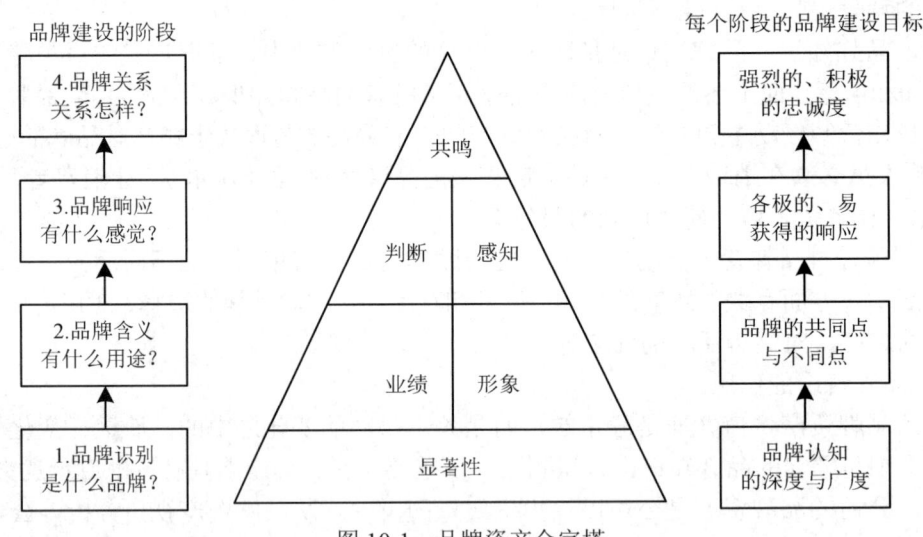

图10-1  品牌资产金字塔

1）品牌建设的4个阶段。公司品牌建设的4个阶段是一个渐进的过程，它是无法跳跃的，因为消费者对品牌的认识和理解只能是一个逐渐深化的进程，而深化进程本身就不可能一蹴而就。

第一，品牌识别。公司营销人员应该引导消费者在众多竞争品牌中辨认出本公司的品牌，即要解答消费者有关"这是什么品牌"的疑问。公司营销人员还要在消费者脑海中，把公司品牌与某个产品类别或消费者需求联系在一起。如促使对食品保鲜有需求并计划购买电冰箱的消费者想起海尔品牌的电冰箱。

第二，品牌含义。公司营销人员要借助有形和无形的品牌联想，在消费者心目中牢固地建立起品牌的完整意义。也就是说，公司营销人员要解答消费者有关"这个品牌产品有何用途"的疑问。如海尔品牌电冰箱的营销人员，应该在消费者心中建立起海尔品牌电冰箱与"节能""智能控制""绿色环保""最佳售后服务""外观设计高雅""性价比高"的有形和无形的品牌联想。

第三，品牌响应。公司营销人员要促使消费者对其能够辨认出的、并已经在头脑中建立起完整意义的那个品牌做出积极反应。这时，营销人员要帮助消费者回答有关"就这个品牌产品而言，有何印象或感觉"的疑问。此时，海尔品牌电冰箱的营销人员，应引导消费者向他人表达自己对海尔品牌电冰箱的良好印象和感觉。

第四，品牌关系。公司营销人员要促使消费者在做出对那个品牌的积极反应的基础上，进而与那个品牌建立起积极和忠诚的关系。这时，营销人员要回答消费者有关"就那个品牌产品而言，我与它有怎样的联系、关系如何"的疑问。此时，海尔品牌电冰箱的营销人员，应引导消费者与公司品牌建立起深厚的感情，以购买海尔品牌产品为荣，成为海尔品牌产品的忠实顾客。

2）基于消费者的品牌建设路径。从图10-1可见，中间的图是一个由6个部分构成的金字塔，描述消费者视角下，品牌建设有两条自下而上的不同路径，品牌建设的理性路径是在金字塔的左边，感性路径在金字塔的右边。

一是品牌显著性。品牌显著性测量的是品牌的认知程度，即在各种购买、消费和使用情境下，消费者能否很容易辨认出或回忆起这一品牌。品牌认知程度的提升，可以使消费者相信该品牌能够满足其需求。

二是品牌业绩。品牌业绩是指公司产品或服务满足顾客功能性需要的程度。应该强调的是，产品本身是品牌业绩的核心，产品高品质才能确保消费者的产品体验达到或超过其期望值。然而，品牌业绩是超越了产品质量本身，它具有5个属性和利益[1]：主要成分和次要特色；产品的耐用性、可靠性和便利性；服务的效果、效率和情感；风格与设计；产品价格。

三是品牌形象。品牌形象是指产品或服务的外在属性，涉及品牌满足消费者心理和社会需求的方式。如消费者是怎样从抽象的角度理解一个品牌，如何通过亲身经历或信息传播渠道形成品牌形象联想。

具体地讲，品牌形象联想包括：①用户形象。如在发达国家，富士胶卷的用户群比柯达胶卷的用户群年轻。②购买和使用情境。如在何种活动中使用及使用的时间、地点，必胜客以其餐厅服务而出名，比萨连锁则以快速递送而著名。③个性与价值。如海尔的个性是真诚，这一个性的形成与海尔长期的广告宣传不无关系，而宝马体现的价值是高贵。④历史、传统和体验。如产品的原产国是日本会使消费者联想到高质量，产品的制造商的总裁是比尔·盖茨使消费者联想起创新，甚至商场装修的蓝色调使消费者联想到高雅。

四是品牌判断。品牌判断主要是指消费者对品牌的个人看法和评价。消费者对品牌的判断主要有4种类型：其一，品牌质量。它是指消费者对品牌的整体评价，如消费者对喜来登酒店的特有联想是外观设计优美、地点便利、房间舒适、员工服务周到等。其二，品牌信誉。它是指消费者依据可靠性和吸引性对品牌的可信度的判断。其三，品牌考虑。即消费者是否真正打算购买该品牌产品，这与品牌的强有力的、带有偏好的联想密切相关。其四，品牌优势。它是指公司品牌与竞争品牌相比，是否更具有独特性。

---

[1] Garvin,D., Product Quality: An Important Strategic Weapon[M]. Business Horizons 1984,27(3):40-43.

五是品牌感知。即促使消费者在情感上对品牌做出某种反应。例如，贺曼品牌能够使消费者感到温暖和挚爱，这与该公司的彰显人性善良和诠释人类爱与被爱的美好这一公司宗旨有密切关系。又如，迪士尼品牌能让消费者体会到愉悦、开心、痛快、轻松等情感。再如，在一些职业女性眼中，国际名牌服装、首饰能够产生社会认同感，让周围的人都认为自己很成功。

六是品牌共鸣。品牌共鸣指的是消费者感觉到与品牌融合为一体的程度，即消费者成为品牌的粉丝的痴狂程度。在金字塔中，品牌共鸣是品牌建设的最高境界，它是由品牌与顾客的心理联系的深度和强度来测量的。

品牌共鸣由四个维度构成：其一，行为忠诚度。表现为重复购买同一品牌产品的频率和数量。其二，态度依附。即消费者认为该品牌是其最喜爱的品牌，甚至把它视为自己的心爱之物。其三，群体归属感。即消费者因共同的品牌偏好而走到一起，如喜爱哈雷-戴维森品牌摩托车的消费者组成俱乐部，举行集体活动。其四，积极参与。即表现为消费者自觉自愿地投入时间、精力和金钱以参加与该品牌有关的一切活动。

3）品牌建设的阶段目标。从图10-2可见，右边的图自下而上描述的是品牌建设过程中每个阶段的品牌建设目标。下面按顺序分别讨论每个阶段的品牌建设目标：

第一，品牌认知的深度与广度。品牌建设第一阶段的目标是使品牌认知达到一定的深度和广度。品牌认知的深度是指品牌元素在消费者头脑中出现的容易程度。如果一个品牌能够很容易地被消费者回忆起来，对于另一个品牌而言，消费者只有在亲眼见到时才能够回忆起来；前者的品牌认知深度就比后者的要更深一些。

品牌认知的广度是指品牌购买和使用情境的范围。如饮料包括非酒精类的果汁、牛奶、豆浆、软饮料和酒精类的啤酒、葡萄酒、香槟酒等，而消费者在任何场合和时间下需要饮用饮料时，记起来次数最多的那种饮料，就是品牌认知广度最广的品牌。这里，我们假设消费者在任何场合和时间下需要饮用饮料时，想起来次数最多的是软饮料"可口可乐"，那么，可口可乐品牌的品牌认知广度就是最广的。

第二，品牌的共同点与不同点。品牌建设第二阶段的目标是通过对比公司品牌与竞争品牌各自的相同和不同之处，在消费者脑海中树立起公司品牌与竞争品牌的比较优势。

第三，积极的、易获得的响应。即要促使消费者对其能够辨认出的那个品牌，做出快速的回应，向他人表达自己对公司品牌的良好印象和感觉。

第四，强烈的、积极的忠诚度。即消费者自发的参与该品牌有关的各项活动，成为该品牌信息传播的使者和传教士。

（2）阿科模型。

戴维·阿科认为，品牌资产由可以提升或降低产品或服务价值的品牌意识、品牌忠诚和品牌联想组成[①]。品牌管理始于开发品牌识别，而品牌识别实际上是品牌联想的特例；它描述品牌代表的是什么、对顾客的承诺以及期望的品牌形象。

品牌识别元素主要包括：产品范围、产品功能、产品性价比、产品用途、产品使用者、产品原产地、组织属性、品牌个性及象征。这些元素按照在品牌创建中的重要性，可分为核心识别元素和延伸识别元素。而品牌灵魂则是以一种简洁且鼓舞人的方式传播品牌识别。如某大型工业服务公司的品牌灵魂是在任何时间和地点做任何事情都要追求卓越。核心识别元素是团

---

① David A. Aaker., Erich Joachimsthaler. Brand Leadership, New York: Free Press, 2000.

队解决方案、实用的科技、创新精神,而延伸识别元素则是自信、胜任、积极交流、妥善处理矛盾和提供全球网络支持。

阿科强调品牌识别既要在一些维度上相同,又要在一些维度上存在差异;品牌识别应该与顾客产生共鸣,才能推动品牌的创建工作和反映公司战略及文化。品牌识别还应该是可信赖的,而这种可信性应基于以往的业绩、流动资产或项目、战略出击、或对新的和再生资产和项目的投资。

(3)品牌动力模型。

伍德·布朗和与人合作开发了品牌强度模型,其核心是品牌动力金字塔(Brand Dynamics pyramid),见图 10-2。

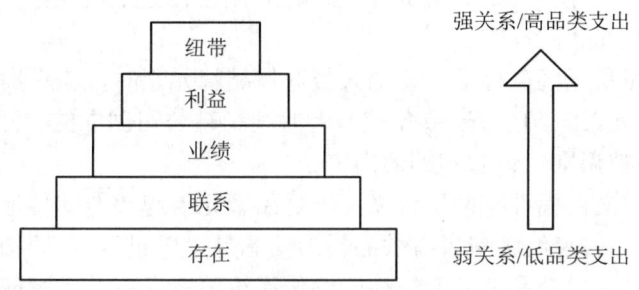

图 10-2　品牌动力金字塔

从图 10-2 可见,品牌创建过程是由自下而上的 5 个阶段组成,它是一个渐进的过程,是无法跳跃的,因为消费者对品牌的认识和理解本身就是一个逐渐深化的过程。

第一,品牌存在。公司营销人员应该引导消费者在众多竞争品牌中辨认出公司的品牌,也就是说,要解答消费者有关"我是否知晓这个品牌"的疑问。

第二,品牌关联。公司营销人员要借助有形和无形的品牌关联,在消费者心目中建立起品牌的完整含义。即营销人员要解答消费者有关"这个品牌产品能够为我提供什么"的疑问。

第三,品牌业绩。公司营销人员要协助消费者了解和掌握产品范围、产品功能、产品性价比、产品用途等。这时,营销人员要帮助消费者回答有关"这个品牌产品能够让渡什么"的疑问。

第四,品牌利益。公司营销人员要使消费者了解公司品牌与其他竞争品牌的不同点,特别是公司品牌的比较优势。这时,营销人员要回答消费者有关"公司品牌产品是否比其他品牌产品更好"的疑问。

第五,品牌纽带。公司营销人员要凭借事实使消费者相信,公司品牌比其他竞争品牌都好。营销人员要回答消费者有关"还有什么品牌能够比得上它"的疑问。

品牌纽带阶段的消费者处于金字塔的顶端,他们与公司品牌之间已经建立起了十分密切的关系,其在公司品牌产品上花费的金钱与较低阶段的消费者相比要多得多。而公司营销人员的任务就是,通过有效的营销活动来促使处在底端消费者登上金字塔的顶端。

## 10.2　品牌资产创建

营销人员创建品牌资产的活动主要涉及 3 个方面:选择恰当的品牌元素、设计整体的营销方案和运用正确的品牌联想。

### 10.2.1 品牌元素选择

品牌元素指的是那些用以识别和区分品牌的特别设计,包括:品牌名称、品牌标志与符号、品牌形象代表、品牌口号、品牌广告曲、品牌域名和包装。大多数国际著名品牌都使用多种品牌元素,例如,耐克的品牌名称"耐克"取自希腊胜利女神,品牌标志为具有独特寓意的"翱翔",品牌口号是"愿意做就做"。

(1)品牌元素选择标准。

营销人员选择品牌元素所依据的标准主要有6个,包括:易记忆性、有意义性、喜爱性、柔韧性、适应性和保护性。前3个标准是进取性标准,用于创建品牌资产;后3个标准是防御性标准,用于维护和增强品牌资产。

1)易记忆性。按照易记忆性标准,营销人员选择品牌元素时,应考虑消费者能否很容易地回忆和识别这一品牌元素。20世纪60年代,上海某制鞋公司创立的"回力"品牌,在购买和消费场合就非常容易被识别、记起和朗读出来。

2)有意义性。有意义性标准有两层含义:一是品牌元素应该能够传递给消费者有关品类的信息,如"农夫山泉"传递给消费者有关品类的信息是"矿泉水",即消费者一看见"农夫山泉"就想起"矿泉水"。二是品牌元素应该能够传递给消费者有关品牌属性和利益的信息,如"立白"使消费者联想到"性能好,见效快"的品牌属性和利益。

3)喜爱性。喜爱性标准要求品牌元素拥有美学意义上的冲击力,能够在视觉、听觉或幻觉上吸引消费者。即便脱离产品,品牌元素自己就能够使消费者愉悦,如美国橙子的品牌"新奇士(Sunkist)",使消费者联想起阳光地带的美好生活。

4)柔韧性。柔韧性标准要求品牌元素有助于公司推出同类或非同类的新产品,即品牌元素有利于产品线和品类延伸。一般地讲,品牌名称越宽泛,品类之间的转换越方便。例如,通用电器在民用设备与医疗设备之间的转换几乎是无障碍的。亚马逊在线借助世界第一大河流宏伟气势的隐含联想,在图书与其他商品之间平稳转换。对于一些跨国或跨文化经营的品牌来说,品牌元素是否能用于其他地理区域或不同文化之中也是要考虑的问题。

5)适应性。适应性标准是指品牌元素在一段时间内,要既能够随消费者价值观和理念的变化而变动,又能够随市场潮流而更新,具有很好的可塑性。如可口可乐公司在过去的一百年中,曾经27次改变品牌口号,平均不到4年改变一次。

6)保护性。保护性标准要求,营销人员选择品牌元素时,要充分考虑到竞争对手模仿的可能性,尽量增加模仿的难度。为此,营销人员应该选择在国际上受到保护的品牌元素;要及时向国际权威法律机构登记和注册;要密切关注和积极防范他人对公司品牌的侵权行为。

(2)品牌元素的开发利用。

从创建品牌资产角度分析,不同品牌元素各自都扮演重要角色,他们共同构成品牌识别(Brand Identity),都在树立消费者的品牌认知和品牌形象中发挥关键作用。营销人员在品牌的创建活动中,应该充分发挥品牌元素的整体作用,使元素之间相互呼应,并便于在公司市场营销方案中运用。品牌元素开发应坚持的原则包括:

第一,发挥品牌元素的易记忆和寓意深长的作用。普通消费者在购买过程中并不愿意花费很多时间去收集和分析信息,而往往是被动接受信息。这时公司产品的品牌元素若能方便记忆,就可以迅速建立品牌的认知度和品牌联想,从而为公司节省大量的营销传播费用。

第二，发挥品牌元素的令人愉悦的作用。品牌元素若能够具有美学意义上的风格和主题，包括视觉上的颜色、线条、形状和字体，听觉上的声调和响度，触觉上的组织和材料等，同样能够迅速建立品牌的认知度和品牌联想，在营销传播上起到事半功倍的作用。

第三，发挥品牌元素的隐喻作用。在有些情况下，品牌传递的利益很难非常具体，这时品牌元素隐喻作用的发挥就显得至关重要。保险、证券业公司创建品牌中就面临这一难题，此类公司常常使用象征安全和力量的品牌元素，如以"平安"为保险公司的品牌名称，以"平安保险，保平安"为品牌口号。

第四，发挥品牌元素无特定含义的作用。应该承认品牌名称拥有特定含义有许多好处，但也有缺点，即灵活性降低了，很难重新定位或增添新的寓意。营销人员可以通过创造全新的词汇来增加品牌元素的灵活性，如施乐、埃克森等品牌本身没有特定含义，但有极强的可塑性。

### 10.2.2 全面营销方案的设计

从创建公司产品和服务的品牌资产角度看，营销人员可采用的营销方案很多，不仅包括运用传统的渠道策略、沟通策略和定价策略，还涉及利用所有的顾客的品牌接触。品牌接触（Brand Contact）是顾客对品牌、品类或产品和服务有关市场信息的体验。这种顾客体验的方式有：亲朋好友的看法，电子和纸质媒体的信息，商品包装和商场展示的信息，购买后周围人群的评价，顾客接受服务的情境及公司处理事物的态度和方法。

不难看出，营销人员创建品牌资产的营销方案是多种多样的，局限于采用传统的营销组合策略方案是远远不够的。因此，营销人员必须坚持全面营销观念，在使用传统营销组合策略的同时，大量运用各种品牌资产创建的非传统方案。下面介绍3种品牌资产创建的非传统方案。

（1）个性化。

品牌资产创建的个性化方案的产生，与整个营销环境由大众营销向目标营销和全面营销转变有着密切关系。这实际上是伴随互联网的快速发展和大众媒体的碎片化，消费者的需求日趋个人化的结果。而品牌资产创建的个性化方案强调品牌资产创建活动应该与尽可能多的顾客直接相连和互动。为此，营销人员可以运用许可营销、体验营销和一对一营销来加快品牌资产的建立。

许可营销是指在消费者认可后才对其进行营销活动。互联网技术、数据库及先进软件技术的快速发展与普及，使得许可营销在客观上有了可行性。塞斯·葛丁[1]提出了许可营销的5个步骤：

第一，引导潜在消费者对公司品牌建立恰当的期望值。

第二，向感兴趣的潜在消费者介绍公司的产品和服务并提供操作培训。

第三，增强激励以使得潜在消费者延续许可状态。

第四，增加额外激励以促使消费者拓宽许可范围。

第五，引导消费者在一段时间后做出购买行为。

体验营销是指把公司产品与独特愉悦的经历联系在一起。营销人员通过向消费者描述公司品牌如何使其生活更加精彩和更加美好，以提高公司品牌的认知度和品牌资产。体验营销有

---

[1] Godin, S. Permission marketing: Turning Strangers into Friends, and Friends into Customers[M]. New York: Simon & Schuster, 1999.

5 种方式：感觉体验、感知体验、思考体验、行为体验和关联体验。这些方式在增强消费者品牌感知方面都有显著效果。营销人员可以对这些方式加以综合利用，以加快品牌资产的建设。

一对一营销也可以用来加快品牌资产的建立。一对一营销实质上是互动营销，消费者向营销方提供信息，营销方接下来为消费者提供体验，在互动中双方都使得产品价值增值。一对一营销强调区别对待不同的消费者。一对一营销这些本质特征使其特别适合公司创建品牌资产。

（2）整合化。

整合化要求营销人员必须协调和综合利用上述品牌资产创建的个性化方案。营销人员应该全面评估创建品牌资产的各种可行途径，既要考虑创建、保持和加强品牌识别和品牌形象的效率和成本，也要考虑最终的效果。品牌资产创建活动围绕的中心是公司的产品和服务，因此，所有与产品有关的营销活动都是整合的对象和范围。

品牌识别是指某公司如何在市场上为自身及其产品定位的方式，而品牌形象则是消费者对公司品牌的感知。营销人员可以运用上述的传统和非传统沟通工具向消费者传递公司的品牌识别，以建立起既定品牌形象。如果海尔希望实现品牌口号"真诚到永远"，那么它就必须在产品、服务、员工行为、处理问题的方式、环境、符号、色彩中表现出来。全面营销方案应该把所有的品牌资产创建活动有机的联系在一起，使得整体沟通效果好于每一次沟通效果的总合。

（3）内部化。

品牌资产创建的内部化方案，强调公司必须努力使其员工和合作伙伴理解和支持公司的创建品牌资产活动。这里，内部化是指在告之和激励员工参与品牌建设的活动和流程。实际上，公司每一名员工与顾客的接触，都对顾客品牌认知有着很大的影响力。因此，只有公司每一名员工对公司的品牌承诺都深刻理解和积极支持，品牌承诺才能有效地传递给消费者。迪士尼在内部化方面做得十分成功，其每一名员工都是品牌资产建设的践行者，并成为其他公司学习的榜样。

公司采用品牌资产创建的内部化方案，应特别注意的是：

1）把握最佳的契机。公司可以选择公司发展的重要时刻提出新的品牌资产建设方案，这时最容易吸引和抓住员工的注意力和想象力。许多公司利用二次创业、公司转型、公司购并、外部环境特别是技术环境的重大突破等契机，推出新的品牌资产建设方案，在统一员工思想上取得了很好的效果。

2）内部营销和外部营销一体化。公司在品牌资产建设中，不仅要在消费者心目中塑造公司品牌形象，还要在员工头脑中树立公司品牌形象。国际商用机器公司发展电子商务时，对外的沟通目标是重塑消费者的品牌感知，对内的沟通目标是让每一位员工知晓公司计划成为信息技术的领导者。

3）激励员工为品牌带来灵性。公司员工与品牌资产建设保持一致是必要条件，在此基础上还要激发员工的自豪感和忘我的工作激情。这对于实施品牌资产建设的全面营销方案来讲，是至关重要的。

### 10.2.3 利用品牌知识创建品牌资产

品牌知识（Brand Knowledge）是由与该品牌有关的所有想法、感受、印象、体验和信念等组成。消费者脑海中原本就存在大量的有关品牌事物的知识，公司在创建品牌资产过程中应该充分利用其中的相关知识，引导消费者运用现有的关于事物或品牌的知识，推论出公司品牌的特征并产生品牌联想。

营销人员利用消费者头脑中已存的关于品牌事物的知识，引导其推论出公司新品牌的特质，应注意3点：

（1）事物本身的强度和知名度。如果消费者对事物已经形成积极的判断和感受，并拥有强烈的品牌偏好和联想，这对于创建公司品牌资产十分有利。否则，就没有什么可传递的知识了。

（2）品牌联想的价值。如果事物能够引发积极的联想、判断或感受，还要分析这种相关知识对品牌资产创立的价值。如新西兰以盛产优质羊毛闻名，一家羊毛制品公司将其产品定位在以新西兰羊毛为原料，则很容易形成强烈的和有价值的联想。

（3）联想传递的可能性。如果确实存在较强的价值，就要进一步考察与品牌的关联性。一般地讲，消费者在事物与品牌之间发现的相同之处越多，其将这些事物的特征顺延至品牌上的可能性越高。

营销人员利用消费者头脑中已存品牌联想来创建品牌资产的方法有4个，见图10-3。

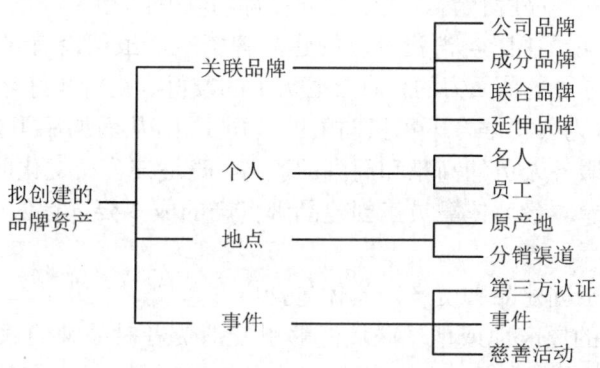

图10-3 品牌资产联想的连接对象

（1）与关联品牌联想。

营销人员利用关联品牌来创建品牌资产，具体包括：

第一，公司品牌。拟创建品牌与公司品牌之间的关系有3种情况：①公司品牌的直接采用或稍加修改后的采用；②新品牌与公司现有品牌的结合；③一个全新品牌，与公司现有品牌没有直接联系。如果是上述前两种情况，那么消费者已有的品牌知识会同样地传递给新品牌，成为其品牌资产的重要来源。这时公司现有品牌传递给新品牌的联想涉及：消费者的态度、产品属性和利益、公司形象、市场价值、产品的口碑等。但如果是最后一种情况，拟创建品牌与公司品牌之间的传递效果将是很差的。

另外，公司产品的品类和所处行业对联想的传递也有直接影响。医药行业公司进入食品行业，其拟创建品牌与公司品牌之间的传递效果甚至是负面的。

第二，成分品牌。即为公司品牌产品中的关键原材料、部件或元件创建品牌资产。如手表制造商为手表机芯创建品牌、羊绒衫制造商为原材料羊绒创建品牌。成分品牌可促使消费者对品牌产品产生强烈的认知和偏好，使其不购买不含该成分的其他产品。

第三，联合品牌。联合品牌指的是，把两个或两个以上的品牌合并用于同一个产品或以某种方式共同销售。联合品牌利用多个品牌的联想力量创建品牌资产，可以收到事半功倍的效果。一家种植橙子的著名果业公司与一家生产蛋糕的著名食品公司，合作或合资生产一种水果蛋糕，采用联合品牌的方法创立新的品牌资产。其优点是：为新品牌树立了更具魅力的差异点或共同点，降低新产品的市场导入成本，增加顾客潜在的接受意愿，拓宽品牌的内涵和顾客的接触点。

第四，延伸品牌。延伸品牌是指，为了快速创建品牌资产，把一个新产品与已拥有广泛品牌联想的公司现有品牌联系在一起。许多公司利用现有品牌推出不同品类的新产品，获得了良好的效果。

（2）与个人联想。

营销人员利用个人来创建品牌资产，具体包括：

其一，名人。许多著名品牌通过与名人之间建立牢固的品牌联想来提升品牌资产。名人可以把消费者的注意力转移到公司的品牌上，并借助消费者对该名人的了解，引导消费者对公司品牌做出推断，形成对该品牌的联想。理想的名人应具有特长，并且这一特长与公司产品相关，还应具有独特魅力、令消费者产生丰富的感受和判断。如迈克尔·乔丹为运动鞋、运动饮料、快餐店、麦片、内衣等品牌代言，而这些商品都与其密切相关。

其二，员工。用公司员工影响消费者以创建品牌资产，虽然没有名人的轰动效应，但也有许多优势。首先榜样的力量是无穷的，迪士尼员工的友好、礼貌和好客对增强迪士尼品牌资产发挥了重要作用。其次为公司培育了积极向上的公司文化，从而增添了公司品牌资产的内涵，新加坡航空公司的空中服务人员的高雅和周到的服务，既是该公司文化的一部分，又引导了旅客对公司品牌的积极联想。最后依靠员工创建品牌资产的成本要远远低于名人的成本。

（3）与地点联想。

营销人员利用地点来创建品牌资产，具体包括：

一是原产地。产品的原产地或地理区域能够引发消费者对品牌的联想。这是因为伴随经济和竞争的全球化，许多国家在某一或某些领域的竞争中胜出，以生产某一或某些品类的产品而著称。消费者则根据其对不同国家产品质量、性能、品牌形象等的感知，选择来自世界各地的商品。

消费者对某些国家产品质量、性能、品牌形象的认同会逐渐上升为品牌偏好，形成对原产地的强烈信念。许多品牌都借助原产地联想提升品牌资产，如宝马（德国）、帝王威士忌（苏格兰）、李维斯牛仔裤（美国）、欧米茄（瑞士）、波特利橄榄油（意大利）。另外，营销人员还可以利用原产地来激发消费者的爱国情感，使其将本国品牌视为自己的身份象征。

二是分销渠道。产品和服务的出售地点往往是消费者推断其品质的依据之一。因为零售商的地理位置、商品品类及商品搭配、价格和促销水平、购物环境、服务态度、信用政策，已经使消费者在心目中形成了对零售商的品牌形象。同一件产品因其在专卖店、高级商场或者廉价卖场出售，会在消费者心中产生不同的联想。

可见，零售商对其所销售产品的品牌资产具有直接的正面或负面影响。有些高档品牌为了扩大市场份额，进入连锁超市一类的大众卖场，但利润却不升反降了；就是忽视了零售商对公司品牌资产可能造成的负面效应。

（4）与事件联想。

营销人员利用事件来创建品牌资产，具体包括：

1) 第三方认证。营销人员可以用多种方式把公司品牌与第三方资源联系在一起，建立起公司品牌的联想。20 世纪 80 年代初期，日本汽车在美国汽车市场上快速建立起高质量的品牌形象，与在美国权威机构和报纸及杂志的消费者满意度指数、质量认证、公司及产品的评级等优秀表现有密切关系。

2）事件。事件本身就是一系列联想的源泉，在特定的条件下可以与赞助品产生某些关联，提升赞助品的品牌资产。营销人员通过参与赞助活动，可以为品牌建立新的次级联想，或者提升品牌现有联想的独特性和强烈程度。营销人员在事件赞助中，应注意的是选择与品牌关联度高且影响力大的事件；合理设计营销方案；确保将整个赞助活动与品牌资产的创建工作有机的联系在一起。

3）慈善活动。慈善活动张扬了人性的善良本质，得到广大消费者的赞扬和褒奖，自然也就参与提升了公司的品牌资产。许多大型公司都经常参与各种慈善活动，如艾滋病和癌症的防止、干旱地区的抗旱、病残人员和孤儿的救助、突发灾害的救灾等，逐渐在消费者心目中树立起了良好的公司形象，从而为公司的品牌资产带来积极的影响。

## 10.3　品牌战略的制定

公司的品牌战略指的是，公司为其所生产和销售的各种各样的产品和服务所采用的相同或不同的品牌元素的数量和特质。品牌战略关系到公司的存亡和未来，因为它是公司引导消费者知晓和偏爱其产品和服务的主要手段和途径。也正是因为品牌战略具有如此重要的战略意义，使得品牌化在全球范围得以迅速普及，几乎没有哪种品类产品没有使用品牌。这个客观现实反映在营销理论研究上，则是在有无品牌问题上的争论得以解决，使用品牌成为理论界的共识。

本节描述和讨论品牌战略决策的全过程，包括：品牌名称决策、品牌延伸决策、品牌投资组合决策、品牌聚分决策和品牌资产战略决策，见图10-4。

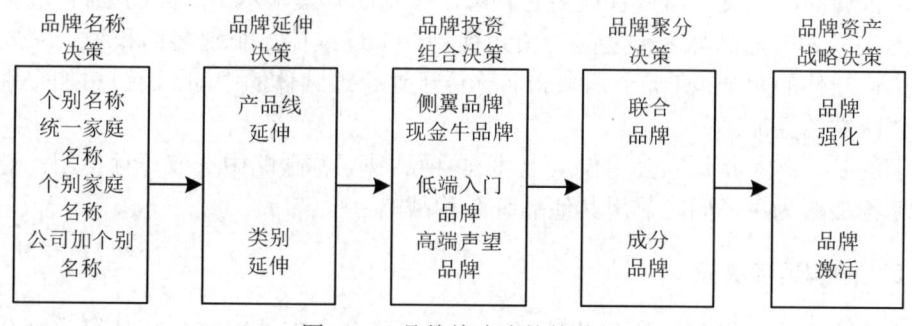

图 10-4　品牌战略决策的过程

### 10.3.1　品牌名称决策

公司决定为其生产和销售的产品和服务建立品牌后，所面临的选择就是采用什么品牌名称。通常可供选择的品牌名称有 4 种类型：

（1）个别名称。个别名称是指公司在同一品类中针对不同产品分别使用不同的品牌名称，也就是说个别名称仅限于在一个品类之中使用。如食品制造商为其生产的糕点品类中的玉米片、煎饼、薯片、咸脆饼分别命名。通用磨坊公司为其制造的麦片粥、爆米花、墨西哥食品、麦片饼分别冠以不同品牌名称。

个别名称策略的好处在于：公司的整体声誉不受某一产品声誉的影响，如果某一产品失败或出现质量事故，不至于造成一损俱损的后果；生产高端产品的公司在引入低档产品时可使用全新的品牌名称，有助于公司维护已有品牌资产的价值；有利于公司产品向多个细分市场渗透。

（2）统一家族名称。统一家族名称是指公司所生产和经营的全部产品都使用统一品牌名称，也就是说公司品牌是其所生产和经营的全部产品的唯一品牌。通用电气和亨氏公司的所有产品都使用公司品牌名称。

公司使用统一家族名称的好处在于：公司形象的积极联想能够直接影响消费者对产品的感知和判断。如公司以诚信、创新和专业著称，消费者对产品会产生同样的认知和联想，而且这种认知和联想是即刻的；使消费者对公司品牌的联想更加广泛，涉及公司的社会角色，与有关利益群体关系、公司规划与价值观、产品属性与利益等，因而更容易激发和启动消费者的联想；因无须研究品名和建立消费者认知而节约大量的费用；因使用唯一的品牌而使公司品牌价值最大化。

（3）个别家族名称。个别家族名称是指公司将其生产和销售的产品和服务按品类命名，每一个品类单独使用一个品牌。这是因为品类之间的差异很大，使用统一家族名称无法区分品类之间巨大的差异，如同时生产药品和化妆品两个品类产品的公司。

公司使用个别家族名称的好处包括：可以为相互独立的多个品类产品建立独有的品牌联想；降低新产品的导入费用并提高其成功率。但如果品类中的一个产品出了问题，会影响整个品类的声誉。

（4）公司加个别名称。公司加个别名称是指在一家公司所有个别品牌名称之前冠以公司品牌名称。如本田、索尼、惠普和凯洛格公司都是采用这种品牌命名的方法。公司加个别名称的好处是，公司品牌激发了消费者众多的联想，个别品牌又暗示了产品的独特性。

概括地讲，如果把品牌名称之间的关系视为一个连续体，个别名称和统一家族名称就分别代表这个连续体的两个极端。个别家族名称位于这个连续体的中间，而公司加个别名称则是这个连续体两端的叠加。

应强调的是，并不是每家公司仅从上述 4 种品牌名称战略中选取一种使用；更多的是以一种品牌名称战略为主，同时兼用其他品牌名称战略。

### 10.3.2 品牌延伸决策

在经济全球化和竞争日趋激化的环境下，许多成功上市的新产品都是得益于公司著名品牌的延伸，苹果 Ipod 数字音乐播放器、汰渍柔顺洗衣液、索尼太阳能随身听、诺基亚 6800 新款手机。这些新产品成功背后的真正起作用的力量是公司宝贵的品牌资产，虽然它是无形的，但却能够发挥巨大的杠杆力量。

（1）品牌延伸的概念。

品牌延伸（Brand Extension）指的是公司凭借已建立的品牌名称推出新的产品。从品类角度分析，品牌延伸可划分为两类：一是产品线延伸（Line Extension）。它是指推出的新产品与原品牌产品是属于同一品类的产品，如蒙牛乳品公司推出纸袋装的蒙牛脱脂奶。产品线延伸还可以向上延伸至高端细分市场和向下延伸至低端市场，营销学上将其称之为垂直品牌延伸。二是类别延伸（Category Extension）。它是指推出的新产品与原品牌产品是不属于同一品类的产品，如著名摩托车制造商本田公司推出本田割草机。

应强调的是，以上的分类在客观现实中只是粗略的和权威的划分，各种创新形式其实是层出不穷的，如依据原品牌产品的口味、利益、属性、特征、成分、部件、形式、技术水平、形象和授权来推出品牌延伸的新产品。

（2）品牌延伸的优劣势。

品牌延伸已经成为大多数公司的共识，接下来的课题是何时、何地和如何延伸公司品牌，才能最大限度发挥品牌延伸的优势和回避其劣势。我们下面讨论品牌延伸的优劣势。

1）品牌延伸的优势。

品牌延伸的优势表现在两个大的方面：

一方面，促使新产品更容易被市场所接受。具体地讲，首先使得消费者可以即刻形成对新产品的预期。消费者依据对公司品牌已有的了解以及新产品与原品牌产品的相关性，对新产品的质量、性能和使用效果可以立刻做出推断和预期，并可以迅速做出购买决策。如索尼推出品牌延伸的个人计算机，借助消费者对公司品牌的信赖，马上得到市场的青睐。

其次降低了消费者的感知风险。公司品牌内涵的公司的先进程度和信誉度，是品牌延伸时具有重要价值的联想。如通用电气、摩托罗拉、惠普的公司品牌代表着高质量、经久耐用等品质，这就降低了消费者做出错误决策的可能性。

再次降低了促销和分销的成本。品牌延伸产品在广告宣传上与公司品牌具有互补效应，因而可节省大量促销费用。在分销过程中，由于零售商依据公司品牌的声誉可较为准确的推断产品的市场前景，使得说服零售商进货较为容易。

最后节约了与创立新品牌相关的支出。涉及消费者调研费用、聘用专业人员设计品牌的费用及与包装和标签制造有关的费用。

另一方面，为公司品牌带来积极的回报利益。具体地讲，首先拓展了公司品牌的含义。如新奇士原本是柑橘品牌，延伸到维生素和果汁后，公司品牌的含义由"柑橘"拓展到"有益健康"。

其次提升了公司品牌的形象。品牌延伸为公司品牌增添新的属性、利益及联想。如耐克由运动鞋延伸到运动衣和运动器械后，强化了其"最佳表现"和"运动"的联想。

最后扩大公司品牌的市场覆盖范围。如云南白药原本是外用药，推出口服药后，扩大了公司品牌的市场覆盖面，不仅包括外伤出血的病人，还包括了内脏器官出血的病人。

2）品牌延伸的劣势。

第一，品牌延伸可能会导致消费者对公司品牌的识别弱化。如吉百利品牌原本在消费者脑海中代表的是巧克力和糖果，但在公司品牌延伸到汤料、奶粉、土豆泥后，消费者就不再将吉百利品牌与巧克力和糖果联系在一起了，且在购买巧克力和糖果时也忘记了该品牌。这就是营销学上讲的、所谓的"品牌稀释"，严重时会伤害到公司品牌的形象。

第二，品牌延伸可能会损害公司与零售商的关系。包装类消费品的品种数量的增长，远远快于零售商货架面积的增长。宝洁仅洗发水就有多个品牌，其中海飞丝洗发水又有30多个品种，金宝汤公司仅汤料就有100多个口味，佳洁士牙刷有42种不同型号，这使得任何超市或大卖场都无法提供某一品类中所有品牌的全部产品品种。面对品牌泛滥，零售商不得不经常从货架上撤下许多商品，这会影响其经营效率。

第二，品牌延伸可能错过开发新品牌的机会。延伸品牌与公司品牌在承诺和形象上保持一致，可能使其失去品牌定位的灵活性，使得消费者产生厌倦。通用汽车公司推出新品牌"土星"，以与公司其他现有品牌完全不同的面目投入市场，在消费者心中创造了全新的形象和联想，获得了品牌延伸无法得到的认知和利益。

（3）品牌延伸的原则。

消费者对品牌延伸产品的评价，通常是基于其对公司品牌的认知和对延伸品类的了解。从此意义上讲，营销人员在做出品牌延伸决策时应该遵循以下原则：

1）消费者记忆中对公司品牌已存在较多的认知和积极的联想。否则，消费者就不会对延伸品牌产品产生良好的期望。

2）公司品牌的积极联想可以传递给延伸品牌产品。公司品牌积极联想向延伸品牌产品的传递是有条件的，要求两者之间相近或十分匹配，这时消费者才有可能对延伸产品产生类似对公司品牌的、同等强度的感知和联想。两者之间的匹配涉及属性、利益、使用情境和用户类型。

3）公司品牌的负面联想不会传递给延伸品牌产品。营销人员应考虑消费者可能想到公司品牌的哪些负面属性和利益，并考虑延伸产品是否可以避免这些负面联想。若无法避免，则应放弃品牌延伸。

（4）品牌延伸决策过程。

品牌延伸决策既涉及新产品的成败又影响到公司品牌的声誉，营销人员需要全面和审慎地考虑各种情况，并应遵循以下的步骤：

1）设定传播顾客品牌知识的目标。顾客对延伸产品的品牌知识，来源于其对公司品牌的认知和联想的强度、偏好性和独特性。营销人员对此要进行认真分析和确认，同时还要了解顾客购买产品所追求的核心利益。据此，营销人员可以描述顾客现有的品牌知识水平，并设定计划、传播顾客的理想品牌知识的水平。

2）制定品牌延伸方案。营销人员可采用消费者调研法和头脑风暴法，向消费者调查哪些品类与其心中的公司品牌形象相一致，然后再确定品牌向哪些品类延伸。如艾德·陶伯曾就凡士林品牌调查消费者的品牌联想，得到药品、洁净、护肤、香料4个联想后，相应设计了向消毒剂、纱布、防晒霜和香水4个品类延伸的方案，获得巨大成功。

3）评估品牌延伸方案。营销人员可以从消费者、公司和竞争对手3个方面对延伸方案进行评估。具体涉及：消费者的问卷调查；消费者感知利益和目标顾客与品牌延伸的相关程度；公司资产的使用效率；竞争对手可能做出何种反应等。

4）制定品牌延伸的营销方案。营销人员应该为上述延伸方案制定相应的营销方案。包括：选择品牌元素；设计定价、渠道、传播和推拉策略；提升次级品牌联想等内容。

5）评估品牌延伸的效果。即对延伸品牌资产和公司品牌资产的增值程度进行评价，可使用财务指标、市场份额指标和顾客资产指标。

### 10.3.3 品牌投资组合决策

品牌延伸显然具有诸多好处但也是有限度的，因为任何品牌都是有边界的，其背后逻辑是公司的不同目标细分市场因需求和偏好的迥异，而不可能同时喜欢同一品牌。从这个意义上讲，公司营销人员若要进入多个细分市场，就必须同时使用多个品牌来满足消费者的差异化的需求。

(1) 品牌投资组合概念。

品牌投资组合（Brand Portfolio）是指公司向目标细分市场提供的所有品类产品使用的品牌的集合。如通用汽车公司面对 7 个目标细分市场，推出凯迪拉克、雪佛兰、别克、庞蒂亚克、土星、悍马和 GMC 七种品牌的汽车，每种品牌又下含不同的型号，悍马有 H1、H2 和 H3 三种型号的汽车。应指出的是，品牌投资组合方法是通用汽车公司首创的，宝洁公司把这一方法运用到极致。

(2) 品牌投资组合的优劣势。

公司采用品牌投资组合策略的好处包括：

第一，可以分别进入不同价格档次的细分市场。消费者对绝大多数商品价格的要求是有很大差异的，公司按照价格档次提供不同品牌的产品，便于消费者对品牌形成清晰一致的品牌认知和联想。如假日酒店依照价格要素从高端到低端推出四个品牌的连锁酒店，皇冠假日酒店、商务假日酒店、传统假日酒店和快捷假日酒店，分别满足不同类型顾客的需求，品牌之间的边界十分清晰，不会给顾客造成任何困惑和麻烦。

第二，密切与零售商的关系。伴随公司推出的品牌增多，零售商进货的品种和数量也在增加，从而使零售商对公司的依赖程度加深，加强了公司在渠道中的地位。同时，公司因品牌增多，在零售商货架上的陈列范围也随之扩大，公司从中获得促销宣传的利益。

第三，留驻了寻求多样化的顾客。许多消费者对于日常消费品，往往希望经常更换品牌以满足求新的欲望。公司为同一品类产品提供众多品牌，可满足消费者的求新心理。宝洁公司能够保持连续几十年占据美国市场的高份额，与其在每一品类中都推出大量的品牌产品不无关系。

第四，促使公司内部形成良性竞争。公司内部按品牌建立组织机构，并成为利润中心，有利于激发相关部门的积极性，从而提升了公司的品牌资产。

公司采用品牌投资组合策略可能遇到的问题包括：增加了品牌的构建和导入成本和公司的品牌管理费用等。

(3) 品牌投资组合设计原则。

营销人员在设计品牌投资组合时应遵循的原则包括：

一是追求最大的市场份额。只有市场份额扩大了，才有可能顾及市场上的所有潜在消费者。

二是追求品牌之间重叠的最小化。营销人员应确保每一个新品牌都有各自的目标市场和清晰的市场定位，避免不同品牌针对同一顾客群体。

三是以利润为标尺来衡量品牌投资组合的规模。如果增加品牌数目能够增加利润，品牌投资组合规模就不够大。如果减少品牌数目能够增加利润，品牌投资组合规模就过大了。

(4) 品牌投资组合元素。

品牌投资组合元素由侧翼品牌、现金牛品牌、低端入门品牌和高端声望品牌构成，营销人员在设计品牌投资组合时，应充分考虑每个组合元素的特点，选择最优组合。

1) 侧翼品牌。侧翼品牌（Flankers）或称为拳击手品牌（Fighter brand）向消费者提供与竞争品牌属性和利益相近的产品，以阻击竞争品牌对公司核心品牌的进攻。在侧翼品牌的保护下，公司核心品牌可以在其理想的定位之处正常经营。如宝洁用芦芙士品牌尿不湿对抗竞争产品，其核心品牌帮宝适尿不湿的高溢价定位，基本上没有受到竞争产品的冲击。

2) 现金牛品牌。现金牛品牌（Cash Cows）是指在没有公司营销支持和销售额逐渐下降的条件下，仍能够保持住相当数量的消费者和一定水平盈利的产品。许多老字号公司，伴随时代的变迁和科学技术的进步，市场已经转移到了其新品牌上，但其传统品牌仍保留了一定数量的忠实顾客。对于此类顾客，即便撤销传统品牌，他们也不会转向公司的新品牌上，所以保留这些现金牛品牌对公司更有利。

3）低端入门品牌。低端入门品牌（Low-end Entry Level）是品牌投资组合中价格处于低端的品牌产品。它们经常扮演吸引消费者到品牌产品销售地点的角色，即商家常说的所谓的"创造客流"的商品。如许多汽车经销商将很多配置与整车分开销售，以较低价格吸引顾客惠顾，然后再劝说其增加配置。

4）高端声望品牌。高端声望品牌（High-end Prestige）是品牌投资组合中价格处于高端的品牌产品。他们为整个品牌投资组合增加声望和可信度。如服装专卖店的顶级豪华品牌服装提高了专卖店的形象和威信。

### 10.3.4 品牌聚分决策

营销人员在做出品牌聚分决策时，面临是否采用联合品牌和成分品牌的决策。在10.2节讨论"营销人员利用关联品牌来创建品牌资产"时，曾作为关联品牌提到过"联合品牌和成分品牌"，而我们现在则详细探讨这两种品牌决策。

（1）联合品牌。

联合品牌（Co-branding）又称为品牌联盟或品牌包或双重品牌，是指把两个或两个以上的品牌合并用于同一个产品或以某种方式共同销售。联合品牌的形式主要有4种：

1）公司内部联合品牌。公司内部联合品牌是指一家公司用其现有的两个品牌来推出一种新产品，如乳品公司用其现有的两个酸奶品牌推出一种新产品。

2）合作伙伴联合品牌。合作伙伴联合品牌是指生意上有往来的两家或以上的公司联合推出一种新产品，如花旗银行、万事达卡和壳牌三家公司用三个品牌共同推出一种新产品。

3）零售商联合品牌。零售商联合品牌是指两家业务上互补的零售服务业公司联合创立一个新品牌产品，如麦当劳与迪士尼合作共同推出联合品牌产品。

4）投资人联合品牌。投资人联合品牌是指两家或以上公司共同推出新品牌产品，如中国一汽与天津夏利共同投资生产新品牌汽车。

（2）联合品牌的优劣势。

联合品牌的优势包括：

一是定位上独树一帜。一个产品使用多个品牌，使其拥有了更具魅力的差异点和共同点，这是其他方法无法做到的。因此，它既可以在现有市场上扩大产品销售，又可以打入新的细分市场和消费群体。

二是降低新产品的市场进入成本。潜在消费者因对两个著名品牌有良好的认知和形象，而乐于接受新品牌产品。

三是带来额外收益。如利用他人的品牌资产、扩展了本公司品牌的内涵和增加了销售收入。

联合品牌的劣势包括：可能对新品牌丧失控制权、面临公司品牌资产稀释的风险、品牌边界可能因过大而不清晰、公司战略的集中度降低等。

（3）成分品牌。

成分品牌（Ingredient Branding）指的是，为公司品牌产品中的关键原材料、部件或元件创建品牌资产。公司借助成分品牌创建品牌资产应注意的是：①使消费者体验到该成分对品牌产品质量和性能的积极影响；②让消费者相信该成分是同类成分中最优秀的；③为该成分设计一个独特的标志或象征。

（4）成分品牌的优劣势。

成分品牌的优势包括：

其一，使产品"成分"的供求双方都获得了利益。一方面从供应方分析，成分的品牌化会形成消费拉动效应，增加销售量和利润。另一方面从使用方看，成分品牌会增加公司品牌资产。

其二，降低风险。成分品牌的同质性和可预测性使得消费者可以放心购物。如羽绒服中的"填充物"若是品牌产品并得到消费者的信赖，那么消费者购买羽绒服的风险就减小了。

成分品牌的劣势包括：因产品"成分"的供求双方目标可能出现差异而容易产生冲突，并可能给消费者传递不一致的信息。

### 10.3.5　品牌资产战略决策

市场营销环境总是处于变化之中，因为宏观经济发展进程、政府管理经济的方针政策、行业竞争力量、消费者购买行为这些营销环境要素本身就在不断变化。在此条件下公司基于顾客的品牌资产的保值和增值，就是营销人员的艰巨任务。在品牌资产战略决策中，营销人员所面临的课题是如何进行品牌强化和品牌激活。

（1）品牌强化。

品牌强化是指营销人员为了公司品牌资产的保值和增值，连续不断地向消费者传递品牌认知和品牌形象的市场营销行为。品牌强化与品牌生命力密切相关，可口可乐、箭牌至今已享有近百年的盛名，就是公司长期坚持品牌强化的结果。

实际上，营销人员的市场营销活动，与消费者的品牌知识之间存在因果关系。营销人员以往的市场营销活动形成当前的消费者品牌知识，营销人员当前的市场营销活动形成新的或称为未来的消费者品牌知识。与此同时，这一品牌知识对营销人员未来的市场营销活动的效果还具有影响力。具体地讲，营销人员进行品牌强化涉及以下内容：

1）传递品牌的主要利益。即告知消费者品牌代表何种产品、能够满足消费者的哪些需求、可以向消费者提供哪些利益，以便使消费者心中有关品牌的含义十分清晰。如可口可乐的营销活动促使消费者建立起"清新""年轻""廉价""方便购买""充满亲近感"的品牌联想。

2）传递品牌的特质。即告知消费者品牌为何与众不同，品牌具有哪些令人难忘的、其他品牌所不具备的独特之处。如梅赛德斯·奔驰的营销活动促使消费者建立起"高性能""身份的象征"的品牌联想。

3）维护好品牌的内在连续性。即在品牌发展战略、品牌营销活动支持力度方面应保持一致性。然而，维护品牌的内在连续性并非是一成不变的。如肯德基的桑德斯上校在广告和包装中的服饰变化了许多次，但强调肯德基的美国南部根源这一点始终没有改变。

4）保护好品牌资产的来源。一般地讲，品牌资产之所以能够建立，是因为在消费者心中树立了一些关键的品牌联想。如英特尔在用户心中的关键品牌联想是"安全"和"力量"，若失去了这些关键的品牌联想，英特尔的品牌资产也就基本丧失了。可见，品牌资产的重要来源具有永续性价值。

（2）品牌激活。

如果说品牌强化旨在使品牌永葆青春，那么品牌激活则是让品牌重新焕发青春。实际上，几乎所有品类中的绝大多数品牌的生命周期都是短暂的，即便是那些凤毛麟角的百年品牌也并非一帆风顺，都会陷入困境，只不过是又再次崛起而已。如啤酒行业的蓝带品牌于1882年创建于美国，1977年销售量达到1800万桶的历史记录后，面对百威和米勒的凶狠竞争而遭遇滑铁卢。公司营销人员进行了品牌激活，创造了品牌资产新来源"蓝带、美国人的"，并运用营业推广、事件赞助、意见带头人等沟通手段，使销售额扭转跌势并于2002年恢复为5%的增长，2003年和2004年的增长率上升为15%，蓝带品牌复活了。

（3）品牌激活的步骤。

市场营销人员若要激活品牌，首先要了解品牌资产的来源。一般来讲，只要品牌的价值依然存在且十分清晰，品牌就容易被激活。否则，激活的可能性就不大了。营销人员在分析品牌资产的来源时，可以从两方面考虑，一是已经失去的品牌来源是否可以重新恢复；二是是否可以建立新的品牌来源。

其次可依据基于顾客的品牌资产模型框架，采用两种方法激活品牌。其一，加深消费者品牌认知的深度和广度。营销人员可以通过在购买和消费情境中，强化消费者对品牌的回忆和认知程度来实现这一目标。其二，强化消费者品牌联想的强度、偏好性和独特性。这就需要营销人员改良或重塑品牌形象，为此营销人员就必须制定和实施一个新的营销方案，涉及强化衰退的品牌联想、抑制负面的品牌联想和创建全新的品牌联想。

最后要正确处理公司品牌组合中不同品牌之间的作用和关系。营销人员的目标是让消费者相信尽管经济环境、市场环境和消费者购买行为和偏好发生了变化，公司品牌产品已经积极地应对了这些变化，完全能够满足消费者的需求。

## 小结

1. 品牌是一种名称、术语、标记、符号或设计，或是这些要素的组合，其目的是借以识别某个销售者或某些销售者所提供的产品或服务，并使之与竞争对手的产品和服务区别开来。

2. 对公司而言，品牌的重要作用包括：易于辨认和识别产品；可以合法保护产品；代表产品质量；赋予产品独特联想；有利于保护公司的竞争优势；构成公司资产的重要部分。对消费者而言，品牌的重要作用包括：降低搜寻产品的成本；减少购买决策中的风险；追溯制造商责任；保证产品质量；提供情感和精神上的满足。

3. 品牌资产是差异化的品牌知识造成的消费者对品牌营销的不同反应。品牌资产这一概念有3个构成要素：差异反应；品牌知识；顾客对品牌营销活动的不同反应。

4. 品牌资产金字塔模型是由3部分组成：①品牌建设的4个阶段，包括：品牌识别；品牌含义；品牌响应；品牌关系。②消费者视角下，品牌建设有两条自下而上的不同路径，品牌建设的理性路径和感性路径，包括品牌显著性；品牌业绩；品牌形象；品牌判断；品牌感知；品牌共鸣。③品牌建设过程每个阶段的品牌建设目标，包括：品牌认知的深度与广度；品牌的共同点与不同点；积极的、易获得的响应；强烈的、积极的忠诚度。

5. 营销人员创建品牌资产的活动主要涉及3个方面：选择恰当的品牌元素、设计整体的营销方案和运用正确的品牌联想。选择品牌元素所依据的标准主要有6个，包括：易记忆性、有意义性、喜爱性、柔韧性、适应性和保护性。前 3 个标准是进取性标准，用于创建品牌资产；后 3 个标准是防御性标准，用于维护和增强品牌资产。品牌元素开发应坚持的原则包括：发挥品牌元素的易记忆和寓意深长的作用；发挥品牌元素的令人愉悦的作用；发挥品牌元素的隐喻作用；发挥品牌元素无特定含义的作用。

营销人员创建品牌资产的方案是多种多样的，局限于采用传统的营销组合策略是远远不够的。因此，营销人员必须坚持全面营销观念，在使用传统营销组合策略的同时，应大量运用各种品牌资产创建的非传统方案，包括个性化、整合化、内部化。营销人员利用消费者头脑中已存品牌联想来创建品牌资产的方法有 4 个：与关联品牌联想；与个人联想；与地点联想；与事件联想。

6. 品牌战略决策的全过程包括：品牌名称决策、品牌延伸决策、品牌投资组合决策、品牌聚分决策和品牌资产战略决策。

7. 通常可供选择的品牌名称有 4 种类型：个别名称；统一家族名称；个别家族名称；公司加个别名称。概括地讲，如果把品牌名称之间的关系视为一个连续体，个别名称和统一家族名称就分别代表这个连续体的两个极端。个别家族名称位于这个连续体的中间，而公司加个别名称则是这个连续体两端的叠加。

8. 品牌延伸指的是，公司凭借已建立的品牌名称推出新的产品。从品类角度分析，品牌延伸可划分为两类：一是产品线延伸。它是指推出的新产品与原品牌产品是属于同一品类的产品，如蒙牛乳品公司推出纸袋装的蒙牛脱脂奶。产品线延伸还可以向上延伸至高端细分市场和向下延伸至低端市场，营销学上将其称之为垂直品牌延伸；二是类别延伸。它是指推出的新产品与原品牌产品是不属于同一品类的产品，如著名摩托车制造商本田公司推出本田割草机。

9. 品牌延伸的优势表现在两个大的方面：一方面，促使新产品更容易被市场所接受；另一方面，为公司品牌带来积极的回报利益。品牌延伸的劣势包括：品牌延伸可能会导致消费者对公司品牌识别的弱化；品牌延伸可能会损害公司与零售商的关系；品牌延伸可能错过开发新品牌的机会。

10. 营销人员在做出品牌延伸决策时应该遵循以下原则：消费者记忆中对公司品牌已存在较多的认知和积极的联想；公司品牌的积极联想可以传递给延伸品牌产品；公司品牌的负面联想不会传递给延伸品牌产品。品牌延伸决策过程应遵循以下步骤：设定传播顾客品牌知识的目标；制定品牌延伸方案；评估品牌延伸方案；制定品牌延伸的营销方案；评估品牌延伸的效果。

11. 品牌投资组合是指公司向目标细分市场提供的所有品类产品使用的品牌的集合。公司采用品牌投资组合策略的好处包括：可以分别进入不同价格档次的细分市场；密切与零售商的关系；留驻了寻求多样化的顾客；促使公司内部形成良性竞争。公司采用品牌投资组合策略可能遇到的问题包括：增加了品牌的构建和导入成本和公司的品牌管理费用等。

12. 营销人员在设计品牌投资组合时应遵循的原则包括：追求最大的市场份额；追求品牌之间重叠的最小化；以利润为标尺来衡量品牌投资组合的规模。品牌投资组合元素由侧翼品牌、现金牛品牌、低端入门品牌和高端声望品牌构成；营销人员在设计品牌投资组合时，应充分考虑每个组合元素的特点，选择最优组合。

13. 营销人员在做出品牌聚分决策时，面临是否采用联合品牌和成分品牌的决策。联合品牌又称为品牌联盟或品牌包或双重品牌，是指把两个或两个以上的品牌合并用于同一个产品或以某种方式共同销售。联合品牌的形式主要有 4 种：公司内部联合品牌；合作伙伴联合品牌；

零售商联合品牌；投资人联合品牌。成分品牌指的是为公司品牌产品中的关键原材料、部件或元件创建品牌资产。

14. 品牌强化是指营销人员为了公司品牌资产的保值和增值，连续不断地向消费者传递品牌认知和品牌形象的市场营销行为。品牌激活是让品牌重新焕发青春。

15. 营销人员进行品牌强化涉及以下内容：传递品牌的主要利益；传递品牌的特质；维护好品牌的内在连续性；保护好品牌资产的来源。市场营销人员若要激活品牌，首先要了解品牌资产的来源；其次要依据基于顾客的品牌资产模型框架，采用两种方法激活品牌；最后要正确处理公司品牌组合中不同品牌之间的作用和关系。

**重要概念**

品牌　品牌元素　品牌化　品牌资产　品牌知识　品牌显著性　品牌业绩　品牌形象　品牌判断　品牌感知　品牌共鸣　品牌认知的深度与广度　品牌接触　公司的品牌战略　个别名称　统一家族名称　个别家族名称　公司加个别名称　品牌延伸　产品线延伸　垂直品牌延伸　类别延伸　品牌稀释　品牌投资组合　品牌投资组合元素　侧翼品牌　现金牛品牌　低端入门品牌　高端声望品牌　联合品牌　成分品牌　品牌强化　品牌激活

**复习思考题**

1. 品牌对公司和消费者的重要作用分别是什么？
2. "品牌资产"这一概念由哪些要素构成？
3. 认识到公司的品牌资产价值变化背后的主要推动力量是顾客的品牌知识，在管理学上具有什么启示意义？
4. 解释品牌资产金字塔模型。
5. 品牌形象联想包括哪些内容？
6. 品牌共鸣由哪些维度构成？
7. 营销人员创建品牌资产活动的主要内容是什么？
8. 选择品牌元素所依据的标准是什么？
9. 品牌元素开发应坚持什么原则？
10. 品牌资产创建的非传统方法有哪些？
11. 营销人员怎样利用消费者头脑中已存在的品牌联想来创建品牌资产？
12. 描述品牌战略决策的过程。
13. 通常可供选择的品牌名称决策有哪些？各自的优势是什么？它们之间的关系是什么？
14. 通常可供选择的品牌延伸决策有哪些？品牌延伸的优劣势是什么？
15. 营销人员在做出品牌延伸决策时应该遵循的原则是什么？品牌延伸决策过程应遵循哪些步骤？
16. 公司采用品牌投资组合策略的好处和可能遇到的问题有哪些？营销人员在设计品牌投资组合时应遵循的原则是什么？
17. 营销人员在做出品牌聚分决策时面临什么决策选择？联合品牌和成分品牌各自的优劣势是什么？
18. 营销人员进行品牌强化涉及哪些工作？

## 经典案例

### 潘多拉：故事论颗卖

丹麦珠宝品牌 PANDORA 潘多拉珠宝是全球三大珠宝品牌之一。由于其明星产品 Moments 手链与串饰的自由搭配为女性带来了铭记重要时刻的方式，从而使 PANDORA 珠宝获得了世界各地女性消费者的喜爱。

PANDORA 潘多拉珠宝始于 1982 年，由丹麦金匠 Per Enevoldsen 和他的妻子 Winnie 于丹麦哥本哈根创立。此后，PANDORA 踏入快速发展的历程，由一间丹麦本地珠宝店发展成全球知名的品牌之一，启发世界各地的女性展现她们的个性和故事。截止到 2016 年，PANDORA 已经拥有了超过 150 万的线上粉丝，品牌受众覆盖 2.31 亿人。PANDORA 在中国不仅拥有超过百家专卖店，同时也在官方网站开通了销售渠道。

"串起生命中每一刻美好时光"，这是潘多拉的品牌内涵和魔力所在。它的主打产品是手链+串饰，每一款串饰造型独特，代表不同的意义，可以随意串搭。每个消费者都可以为自己定制一款独一无二的首饰，并且可以根据心情随时更换或添加。在专卖店和官网上，潘多拉的串饰分为"旅行""家庭""童话""职业""动物"等不同主题，像是贺卡或者鲜花网站上的分类，全部串饰总计有 700 多款。并且像星巴克一样，潘多拉还在不同城市的专卖店，推出限量主题产品。比如，一颗刻有"Paris"字样的埃菲尔铁塔串珠可以为一趟巴黎旅行提供回忆；一颗"伦敦眼"造型的串珠可以纪念发生在英国的一个故事。为了帮助人们更方便地用珠宝给自己的人生贴标签，潘多拉还特别推出一个 Essence 系列，直接用"关怀""尊严""爱情"等命名每颗珠子，让它们获得完全不同的象征意义。一条潘多拉手链上最多可串 17 个串饰，它像一本故事集一样，静静地讲述着主人生活中 17 个不同寻常的经历。

通常来说，品牌营销可以分为 3 个层次：消费者识别、消费认同、对消费者产生的意义。潘多拉的成功之处就在于，它让一个个小珠子在消费者心中产生了不同寻常的意义。并且它采取的办法并不是传播固有的品牌故事和理念，令消费者追随。而是反其道行之，将塑造故事的权利交给消费者。首先，潘多拉的串饰本身不自带故事，因为不同造型的串饰在不同人眼中有不同的解释，比如青蛙，西方人会联想到青蛙王子，而东方人可能会联想到象征财富的蟾蜍。所以，潘多拉并不给串饰预设意义，它们只是代表生活中的某些元素。而潘多拉的设计师在选择这些元素时，会特别注重它的联想性。其次，在门店的销售中，潘多拉十分重视销售人员对顾客的引导作用。颜色、搭配、流行、设计，这些过去介绍珠宝时必不可少的信息，在潘多拉的销售人员口中被轻描淡写。他们最擅长的是聊天和讲故事，通过和顾客沟通，引导其讲述某个故事或者场景，随后再为顾客推荐恰当的产品。他们售卖的不仅是珠宝，更重要的是情感。

潘多拉的名字起的非常妙。在希腊神话里，潘多拉是一个拥有一切美好天赋的美女。对美丽的东西无法抑制的好奇心，促使她打开魔盒，然而后果很严重。这和今天潘多拉粉丝们回忆起当初买下第一条潘多拉手链时的心情，大概是一样的。

潘多拉将饰品拆分成手链、串饰等单品出售，这样做的好处有两点：第一，它降低了入手的门槛。潘多拉的产品单价与其他珠宝品牌相比显得较低。第二，潘多拉诱发了消费者的收集心理。潘多拉的消费者可以根据自己的喜好选择不同的珠子，串成独一无二的样式，而不必局限于品牌的固有设计，这让消费者很有成就感。搭配出一条好看又好用的潘多拉是一门学问。

这就促使用户们相互交流经验，某种意义上也是促使他们相互攀比。

2011年，潘多拉曾经遭遇过收入预期下跌30%的窘境，原因是管理层将产品价格调高，试图向奢侈品靠拢，导致原来的顾客群大量流失。这个举动看起来像是能调高毛利率，但对于这个缺乏故事和历史，也并不诞生在传统奢侈品强国的珠宝品牌来说，这样的借鉴显得操之过急。

近年来潘多拉的成功和H&M有几分相似。首先，潘多拉懂得如何在全球化的大背景下，有效整合全球各地的资源。潘多拉的总部在丹麦，但是设计在时尚、艺术人才更集中的意大利完成，然后在人力成本相对较低的泰国生产，再发往分布在世界各地90多个国家的店铺。在品牌打造上，潘多拉是以奢侈品的形象出现在公众面前，不断为女明星们赞助各种珠宝去走红毯来提高自己的曝光率。此外，潘多拉搭建尽可能多的渠道，争取进入那些已然成熟的多品牌门店，和那些实力过硬的渠道商合作，进而跟劳力士、卡地亚做上邻居，以确立自己品牌的可信度和地位。潘多拉被包装的高大上，其定价却远远低于奢侈品。这让潘多拉成为大众心中"可负担的奢侈品"，风靡全球。虽然潘多拉价格并不是很高，但是并未忽视产品品质，全部由手工制作而成，每一件潘多拉产品的制造过程一般需历经20道工序，平均要经过30名工匠之手。

每一个品牌都希望自己带着温度走进消费者的内心，这看起来简单，其实是一项系统性工程。而潘多拉的成功，正是将定价、产品工艺、形态、品牌包装等各个环节都建立在有温度的情感之上。

案例来源：梁玉龙. 潘多拉：故事论颗卖. 商界. 2016.2.

**案例思考题**

1. 潘多拉的品牌定位是什么？潘多拉选择这样的品牌定位有什么好处？
2. 潘多拉在品牌名的选择上遵循了什么标准？
3. 潘多拉是如何通过营销组合向消费者传递自己的品牌定位的？

# 第 11 章　产品组合与产品生命周期

在产品、市场、竞争者以及营销环境不断发展变化的过程中，公司产品难以长盛不衰。产品是满足目标市场顾客需求的载体，它与价格、渠道、营销传媒等因素结合起来，共同构成了公司营销组合策略。产品由上市、发展再到衰退的过程，伴随着公司的产品营销管理。公司追求持续发展，就必须高度重视新产品的开发工作。只有不断运用新科技、适应顾客的新需求、开发出优越于竞争者的新产品来代替老产品，才能为公司长远发展奠定坚实的基础，并构建公司的竞争优势。本章将分析产品、产品组合、产品生命周期和新产品开发等内容。

## 11.1　产品与产品组合

### 11.1.1　产品的概念

（1）产品的涵义。

产品在语言学、经济学和营销学中有不同的涵义。在营销学中，产品是能够提供给市场、以满足顾客需要和欲望的任何东西。

（2）产品的形式。

随着社会经济的发展，产品的形态也在不断发展。产品可以分为以下形态：实体商品、服务、财产权、信息、地点、个人、组织、事件、经历和创意。

（3）产品的层次。

公司在设计产品时，要体现出产品的 5 个层次，每个层次都在增加顾客价值。构成顾客价值层级（如图 11-1 所示）。

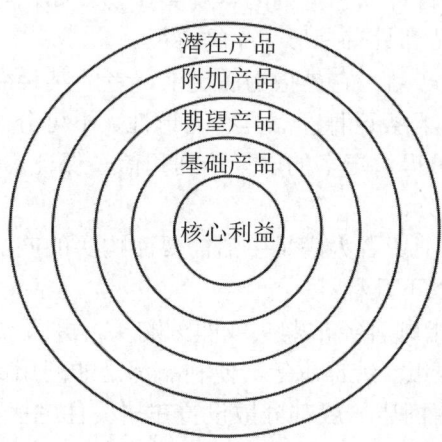

图 11-1　产品的 5 个层次

1）核心产品。产品为购买者提供的本质属性即产品的效用或利益。如旅店顾客购买的是

"休息的条件",服装购买者购买的是"御寒、遮体和形象美观"。

2)基础产品。产品满足顾客对核心产品需求的载体,旅店应包括房间、床、卫生间、浴室、衣厨、桌子等。

3)期望产品。产品满足购买者在基础产品之上希望达到的一组属性和条件。如旅店的安静房间、干净的床、工作台灯、网络端口通讯设施、Wi-Fi 等。

4)附加产品。产品向购买者额外提供的服务和利益。如送货、安装、维修、保证、融资、培训等。

5)潜在产品。产品向购买者提供的未来附加功能和转换功能。如电视机预留出连接家庭影院、连接互联网的功能,航空公司在大型客机上增设购物区等。

上述 5 个层次构成了整体产品。整体产品是公司贯彻市场营销观念的基础,是公司在市场竞争环境下满足顾客需求、传递顾客价值的手段。

### 11.1.2 产品的分类

产品可以从不同的角度来分类。

(1)根据产品的耐用性划分。

根据产品的耐用性划分,可以分为易耗品和耐用品。

1)易耗品。消费者通过一次或多次使用或消费,产品的利益可全部消费光。这类产品使用时间一般较短,购买频率高。在营销上应注重消费购买的便利性,尽量在消费者经常光顾的地点提供此类产品,大力开展广告宣传活动,引导消费者和用户优先购买和使用本公司的产品。

2)耐用品。是消费者需要通过较长时间或多次使用才能实现全部产品利益的有形产品。如机床、住宅等。经营耐用品通常要注重考虑其长时间或多次使用的特点,较多地采用人员推销和服务的形式,如提供产品使用方法及维护知识,提供可信的维护服务与品质担保等,以使消费者的全部产品利益得到完整实现。

(2)根据产品的有形性划分。

根据产品的有形性划分,可以分为有形商品和无形的服务。

1)有形商品。是人们感官可以感觉到的客观实在物。如钢材、面粉、汽车等。典型的制造性公司为交换而生产的产品都具有有形商品的特征。

2)服务。服务是无形的产品,它是指为满足消费者的某种欲望或需求而出售的活动或利益。如理发、修理、旅游等。服务这种产品具有无形性、不可分离性、易变性和易消失性的特点,一般说来它需要营销人员提供更多的质量控制和信誉保证。

(3)根据产品的用途划分。

1)消费品。消费品是指消费者为满足生活需要而购买的产品。根据消费者的购买习惯,消费品还可以进一步划分为以下几种:

一是便利品。便利品是指顾客经常购买或即刻购买,并且希望花费最少的时间和精力去获得的消费品。例如杂志、报纸、纯净水等。便利品都是非耐用品,且多为消费者日常生活必需品,因而经营便利品的零售商店一般都分散设置在居民住宅区、街头巷尾、车站、码头和公路两旁,以便消费者随时随地购买。大多数便利品只花较少时间和精力去购买。

二是选购品。选购品是指消费者在购买过程中,对产品的适用性、质量、价格、式样等方面作有针对性比较和选择的产品。例如家具、电器、保健器具、服装等。由于选购品挑选性强,所以消费者有必要和可能花费较多的时间和精力去选择合适的物品。

选购品可划分为同质品和异质品。消费者在选购同质产品时要"价"比三家;而在选择异质产品时,则要"货"比三家。

三是特殊品。特殊品是指具有独特性和品牌标记的产品。一般来说,绝大多数购买者习惯为购买到这类产品而付出更多的时间和精力。这类产品通常包括特殊品牌和造型的奢侈品、供收藏的特殊邮票和钱币、名牌服装、摄影器件等。通常,消费者在购买前对特殊品的特点、品牌等均有充分的认识,并且只愿购买特定品牌的某种产品,而对其他品牌不感兴趣。

四是非渴求品。非渴求品是指消费者未曾听说或即使知道也无意购买的产品。非渴求品的特性决定了公司必须加强广告、推销工作,刺激消费者对这些产品有所了解并产生兴趣,最终导致购买。

2)生产资料。生产资料是指公司为生产加工或形成服务能力而购买的产品。根据生产资料进入产品的程度,可以将其划分为以下几种:

一是材料和部件。材料和部件是完全转化到成品中去的那一类产品。它又分为:原材料包括农产品(如小麦、棉花、家畜、水果、蔬菜)和天然产品(如原油、煤炭、铁矿砂),以及加工材料和部件包括构成材料和构成部件。

二是资本项目。资本项目的实体不进入制成品,其价格逐步进入产成品的销售价格中。资本项目包括装备和设备两部分。

装备包括建筑物和固定设备。前者如厂房和办公室,后者如机床、电梯等。

三是供应品和业务服务。

供应品又分为操作用品(如润滑油、打字纸)和维修用品(如油漆、钉子)。业务服务包括维修服务(如做清洁和修理复印机)和咨询服务(如中介服务、管理咨询)。

### 11.1.3 产品组合

(1)产品组合的涵义。

1)产品组合。拥有数条产品线的公司存在产品组合。产品组合指一个特定公司生产或经营的全部产品线和产品项目的有机搭配。

2)产品线。产品线是指能满足同类需要,在功能、使用与销售等方面具有类似性质的一组产品。

3)产品项目。产品线中不同品种档次的数目。

例如,照相器材公司的产品组合可以有包括照相机、摄影器材、冲洗药品等产品线,而照相机系列内可能有胶卷和数字等不同的品种,这些不同品种的产品就是产品项目。

(2)产品组合的4种状态。

1)产品组合的宽度(Width)。产品组合的宽度是指公司拥有产品线的数目。如美国宝洁公司有6条产品线,即洗涤剂、牙膏、肥皂、除臭剂、尿布和咖啡。较宽的产品组合可以满足消费者需要,充分挖掘公司现有资源潜力。多产品线组合通常是公司实施多角化经营战略在产品组合上的体现。

2)产品组合的长度(Length)。产品组合的长度是指公司产品组合中包含的产品项目总数。如宝洁公司的产品组合中共有31个产品项目。产品组合长度能够反映公司产品在整个市场上的覆盖面大小。总长度除以产品线数即为平均长度。

3）产品组合深度（Depth）。产品组合的深度是指公司产品组合中某一产品线内某种产品的规格、款式、花色的数目。例如，美国宝洁公司的佳洁士牌牙膏，假设有三种规格和两种配方，则深度为6。产品组合深度一般表现公司某个产品线的专业化程度，同时对于满足同一目标市场的多样化需求，降低成本具有重要意义。

4）产品组合的粘度（Consistency）。产品组合的粘度也可理解为产品组合的关联性、一致性，是指一个公司的各个产品大类在最终使用、生产条件、分销渠道等方面的密切相关程度。一般说来，产品组合的相关性或一致性程度越高，则各个产品线之间相互支持、协同作用，从而共同利用同一资源（如设备、技术、销售渠道、推销队伍、需求群体等）的可能性越大，因而也越容易降低成本，节约费用，取得较高的效益。

产品组合的这些维度为界定公司的产品战略提供了依据，公司可以从这四个方面发展业务，并设计合理的产品组合策略。

（3）产品组合策略。

为了适应市场环境和公司资源的情况，公司可以调整产品组合的宽度、长度、深度和粘度，以达到优化产品组合的目的。

1）调整产品组合的宽度。公司可以增加或减少产品线来调整产品组合的宽度。如增加产品线则可以充分发挥公司的资源优势，满足市场多方面的需求。同时还可以降低经营风险，增强公司的竞争力。

2）调整产品组合的长度。公司可以通过增加或减少产品项目的办法来调整产品组合的长度。

3）调整产品组合的深度。公司在产品线不变的情况下，增减每种产品的规格、花色、款式来调整产品组合的深度。

4）调整产品组合的粘度。公司设法使本公司产品线之间在生产、销售和使用上的相关性增强，可以达到资源共享、增强竞争力的目的。

### 11.1.4 产品线长度决策

产品线长度应适度，公司可以通过调整产品线长度来增加利润。

（1）产品线扩展。

产品线扩展有以下三种方式：

一是向下扩展。公司原来生产高档产品，现决定增加生产中、低档产品。公司采取向下延伸策略的主要原因：第一，公司发现其高档产品增长缓慢，不得不将其产品大类向下延伸；第二，公司的高档产品面临激烈的竞争，不得不采用进入中、低档产品市场的方式来反击竞争者；第三，公司当初进入高档产品市场是为了建立其质量形象，然后再向下延伸；第四，公司增加低档产品是为了填补空白，不使竞争者有机可乘。但向下延伸策略会使公司面临以下风险：①要能影响公司原有产品的市场形象及品牌产品的市场声誉；②推出低档产品迫使竞争者转向高档产品的开发；③需要重新设计销售系统，有可能增加公司营销费用开支。

二是向上扩展。是指公司原来生产低档产品，现决定在原有产品线内增加高档产品项目，进入高档产品市场。其理由在于：第一，高档产品市场具有较大的潜在成长率和较丰厚的利润；第二，公司估计高档产品市场上的竞争者较弱，易于击败；第三是公司想使自己成为生产种类全面的公司。但采用向上延伸策略也要冒一定风险：①可能引起生产高档产品的竞争者进入低档产品市场进行反攻；②顾客可能不相信公司能生产高档产品；③原有的销售系统缺乏销售高档产品应具备的技能和经验。

三是双向扩展。双向扩展是指原来定位于中档产品市场的公司，在取得市场优势之后，决定向高档和低档两个方向延伸。延伸成功后，能大幅度提高市场占有率，形成在市场上的领导地位。

（2）产品线填补。

产品线填补是在现有产品线的范围内增加一些产品项目。公司采取产品线填补的原因，一是为了增加利润，二是充分利用生产能力，三是成为产品线完整的公司，四是满足顾客的需求，五是防止竞争者侵入。

公司做出产品线填补决策，一定要使顾客能区别本公司同一产品线内的不同项目。如果顾客不能明显地将本公司同一产品线内的不同项目加以区别，抑或产品线填补导致产品项目之间互相残杀，这样的产品线填补也就过头了。

（3）产品线特色化。

产品线中的一个项目或几个项目必须具有特色。公司一般是推出最低档或最高档的产品来形成自己的特色。如本田打入美国市场的第一辆摩托车售价仅为 250 美元，只是当时美国造摩托车 1000~1500 美元售价的零头。一般说来，特色策略是以低档产品吸引消费者，以高档产品树立公司形象和产品信誉。

（4）产品线现代化。

产品线现代化是指对那些长度虽然适当，但产品质量、技术水平落后的产品进行升级换代。其目的是实现产品线的现代化，与市场发展保持同步。产品线现代化的基本方法有逐步更新和一次性更新两种。

随着技术进步，公司的产品线必须跟上科技现代化的步伐。技术含量低的或落后技术下生产的产品，其竞争力自然不可能强大。因此，需要适时推出产品线现代化决策。

（5）产品线削减。

公司应定期对产品线的市场潜力和获利能力进行分析，淘汰无利可图的产品线或产品项目。联合利华（Unilever）的产品项目已经从 1600 种削减至 970 种，而且还在继续削减。这种大刀阔斧的精简有助于维持产品组合的聚焦和健康发展。

## 11.2　包装与标签

多数实体产品必须拥有包装和标签。如"可口可乐"的瓶子是闻名于世的。包装和标签能够有效触动消费者的视觉感官，也是促使消费者识别和选购产品的重要因素。

### 11.2.1　包装

（1）包装的概念。

包装是指设计并生产产品容器或包裹物的一系列活动。包装可分为 3 个层次：

1）基本包装。又称内包装，即商品的直接容器。如装有饮料的瓶子。

2）次级包装。又称中包装，即保护商品基本包装的包装物。如用于包装瓶装可乐饮料的硬纸盒。

3）储运包装。又称外包装，即为了便于储存、运输和识别商品的外包装。

（2）包装的作用。

现代包装在人类生活中正扮演着越来越重要的角色，成为商品生产不可缺少的组成部分，在营销中起着重要作用。

1）保护产品。这是包装最初也是最基本的作用，因为产品从出厂到消费者手中的整个流通过程，都必须进行运输和储存，合理的包装能够保护产品在流通过程中不受自然环境和外力的影响，从而保护产品的使用价值，使产品实体不致损坏、散失、变质和变形。

2）提高储运效率。包装对小件产品起着集中的作用，包装上有关产品的鲜明标记，便于装卸、搬运和堆码，利于简化产品的交接手续，从而使工作效率明显提高。外包装的体积、长宽高尺寸、重量与运输工具的标重、容积相匹配，对于提高运输工具的利用率，节约运力和运费，都具有重要意义。

3）方便使用。适当的包装起到方便使用和指导消费的作用。包装上的使用说明、注意事项等，对消费者或用户使用、保养、保存产品具有重要的指导意义。有些包装虽不是消费产品所必需的，但便于消费，如铁制饼干桶可防止产品受潮和污染，有利于延长饼干的食用期；将药品按服用剂量包装，便于顾客正确使用。

4）美化产品。设计和制作精美的包装，较之于不加包装的产品，更令消费者喜爱或激发顾客的购买欲望。从某种意义上说包装是否美观精致，也能反映产品生产制造的工艺水平和公司的审美水平。

5）促进产品销售。产品包装具有识别和诱导购买的作用。包装是产品的延伸，是整体产品的一部分。独特的包装，可使产品与竞争产品相区别。经过精心设计与印刷的优良包装不易被仿制、假冒、伪造，有利于保持公司的信誉。在产品陈列时包装起着"无声推销员"的作用，往往能引起消费者的瞩目，激发购买欲望，如果包装能伴随产品的全部消费过程甚至延伸到使用结束后，包装就能发挥长期的广告促销作用。

6）增加产品附加值。优良的包装与优质的产品相得益彰、避免"一等商品、二等包装、三等价格"的现象，使产品增添魅力，激发消费者更为强烈的购买欲望，使之愿意支付较高价格购买。

应当指出的是，包装虽然具有增值功能，但包装设计应与产品质量相符合，切不可过度包装，或者进行欺骗性包装，人为地任意提高包装的附加值——从长远看，这不仅起不到促销的作用，反而会有损公司的声誉，导致产品滞销。对于过分包装的问题，许多国家还以法律形式加以限制，以保护消费者的利益。

（3）包装的设计要求。

产品包装的设计应符合下列要求：

1）以顾客满意为指导思想，针对顾客而设计。

2）造型美观大方，图案生动形象，独特新颖，不落俗套。

3）包装要能显示商品的特色和风格，准确传递商品信息。

4）包装应与商品价值或质量水平相吻合。

5）包装的造型和结构应考虑销售、使用、保管和携带的方便。

6）包装上的文字说明应能增加顾客的信任感并指导消费。

7）包装装潢的色彩、图案要符合消费者的心理要求，不与民族习惯、宗教信仰相抵触。

8）包装应符合法律规定。

（4）选择包装策略。

包装策略是指对产品包装的形式、结构、方法、使用材料等所采取的各种有针对性和技巧性的对策。常见的包装策略有以下几种：

1）类似包装策略。亦称统一包装策略或系列包装策略，是指公司将其所生产的各种不同的产品，在包装外型上采用相同的材料、图案，近似的色彩以及其他共同特征。类似包装策略可以壮大公司声势，扩大公司影响，并节省包装设计费用。

2）等级包装策略。亦称为分档包装策略，是指根据产品质量，将预售商品分成若干等级，对高档优质商品采用高档优质包装，一般商品则采用普通包装。使包装与产品的价值和质量相适应，是一种表里一致，等级分明的包装策略。其优点在于，能够满足不同层次消费者的需求。

3）双重用途包装策略。是在原来包装的产品用完后，包装可转作他用。例如商品包装的瓶、罐、盒就可作食品罐、玻璃开水杯，糖果盒用。这种包装策略可引起用户的购买兴趣，激发购买欲望，还可以发挥广告宣传的作用，吸引用户重复购买，从而增加销售量。

4）组合包装策略。又称聚集包装策略，是指将数种有关联的产品放置在同一包装容器内出售的包装策略。例如，家庭必备的"急救箱"，或将一些日用品、食品组合在一起的"旅行包装"等。

5）附赠品包装策略。是指为了迎合顾客的逐利心理，在包装内、外，除主体商品外，附赠其他物品给消费者。其作用是刺激购买和引起重复购买。附赠品包装策略，又可分为包装内赠送策略、包装上赠送策略和包装外赠送策略三种：

①包装内赠送策略是指将赠品放于包装内附送，此类赠品通常体积较小，价格较低，也可是大规格、高价值的东西。这种策略通常用于儿童食品、美容类产品等，可以为顾客带来打开包装后的喜悦。

②包装上赠送策略是指将赠品附在产品包装上的策略，此类赠品种类繁多，如优惠券、优待券等，可以吸引潜在顾客购买。

③包装外赠送策略是指将赠品放于零售点的产品附近，方便顾客购买时一并带走。这种赠品通常体积较大，无法与产品包装在一起，如今越来越多的营销人员正在积极寻求更出色的方式，将形形色色的商品投入包装外赠送的行列中。

6）改变包装策略。是指公司根据技术进步、市场变化和消费者需求改进、改变原包装或直接采用新包装。当公司计划开拓新市场、吸引新顾客或当消费者对原包装印象欠佳，引起市场占有率下降、产品销量减少、公司声誉和经济效益受到损害，或产品包装已采用较长时间时，应注意改进包装设计、推陈出新、变换花样。

7）绿色包装策略。绿色包装是指采用无毒性、无公害、可回收再利用的包装材料设计的包装。随着生态环境的日益恶化，人类逐步树立起"绿色观念"。保护生态环境，已成为时代的主题，开展绿色营销已成为现代公司的必然选择。开发"绿色包装"博得消费者的信任和厚爱，可以达到促销的目的。

例如，亚马逊推出了简易包装倡议，来减少过度包装带来的不良影响。亚马逊通过与联合利华、微软等200多家公司合作，采用更少的材料和塑料盒或尼龙扎带，创造出更小的、易于开启的可循环使用包装。

### 11.2.2 标签

（1）标签的涵义。

标签是附在产品上的简易签条或精心设计的作为包装一部分的图案。标签标有品牌名称和有关产品的其他信息，能够帮助推广产品品牌，支持其定位，并联系消费者。

（2）标签的作用。

标签具有多种作用：

1）识别。标签标有产品名称和品牌，可以起到识别的作用。

2）分等。标签上标明产品的等级，可以起到为产品分等的作用。

3）描述。标签标明产品的生产公司、产地、生产时间、产品成分、合作方法、安全注意事项等，起到描述和介绍作用。

4）推广。标签上绘有吸引人的图案，可以起到促进销售的作用。

标签一旦落伍，则需要重新设计。标签设计要符合法律的规定和讲求艺术性。

## 11.3 产品生命周期

在市场需求变化莫测以及行业竞争环境加剧的情况下，任何产品在推出后都要经历一个生命周期过程，管理者都希望本公司产品能够经历一个较长且顺利的生命周期。虽然公司不指望产品能够长久地在市场上存在，但还是期望它能够补偿开发和推广所付出的努力和所经历的风险，并获得合理的利润。因此，需要针对产品生命周期不同阶段的特点来设计适配的市场营销策略。

### 11.3.1 产品生命周期的概念

（1）产品生命周期的涵义。

产品在市场上的销售状况，也同生物一样，有一个从诞生、上市、发展、成熟到衰退的过程。产品生命周期（Product Life Cycle，PLC）是指产品从进入市场开始到被市场淘汰为止的全部过程。它一般经历产品导入阶段、成长阶段、成熟阶段和衰退阶段（如图11-2所示）。

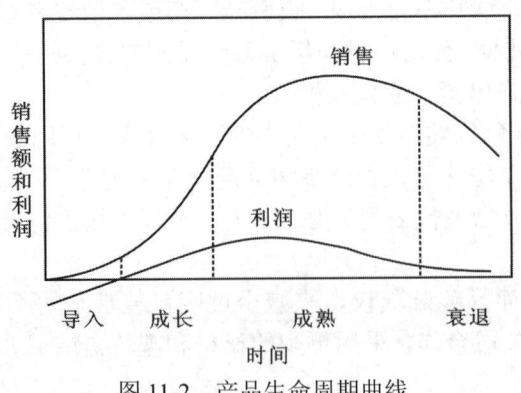

图11-2 产品生命周期曲线

（2）产品生命周期各阶段的特点。

产品生命周期各阶段的特点如下：

1）导入期的特点。产品导入市场阶段销售额缓慢增长。这一阶段，由于产品研发费用和市场开发费用巨大，所以基本上是亏损经营，只是在导入阶段末段，可能产生微量利润。这一阶段，效仿者尚不多，因而竞争并不激烈。

2）成长期的特点。产品处于成长期，产品已被市场接受，销售额迅速增长。由于规模效应，产品单位成本费用下降，因而利润大幅度增加。此阶段，因利益所致，竞争强度开始增大。

3）成熟期的特点。产品处于成熟期，产品已被大多数潜在购买者所接受，因而销售额增长缓慢，到成熟期末段，销售额甚至会有所下降。这一阶段，由于竞争的日益激化而使利润维持，甚至有所下降。

4）衰退期的特点。产品进入衰退期以后，销售额明显下降。由于销售的减少和竞争中费用的增加而使利润进一步减少。

认识产品生命周期各个阶段的特点，是为了有针对性地设计营销对策。

（3）常见的产品生命周期的形态。

典型的产品生命周期的形态呈钟形。但是也存在大量非典型的产品生命周期形态，它们常表现为："成长—衰退—成熟"形态、"循环—再循环"形态、"扇形"形态。此外，产品生命周期的类型还有风格式、流行式和时髦式等形态。

营销人员可以将产品生命周期的概念作为一个有效的分析框架，用于描述产品和市场的运转。产品当前在生命周期中的位置决定了最佳的市场营销战略，这个战略反过来又影响产品在后续阶段的表现。因此，为了做出有效的营销战略决策，就需要准确判定产品在生命周期中所处的阶段。

### 11.3.2 产品生命周期各阶段的判定

研究产品生命周期理论的现实意义在于采取相应的营销策略去有针对地开展营销活动。而准确地判定产品所处的生命周期的阶段，又是制定相应营销策略的前提。公司可以在参考产品生命周期各阶段特点的同时，运用下列方法来加以判断：

（1）类比分析法。

类比分析法就是根据已经历全程的类似产品的生命周期的各阶段来判断本品的生命周期的长短。如黑白电视机在我国市场上大体经历了 15 年就走向衰退。显像管彩电经历了近 20 年后露出了衰退迹象。当然，类比法不可能十分准确，因为二者尽管近似，但两种产品毕竟特点不同，其生命周期也不可能完全一样。

（2）年销售增长率法。

年销售增长率法是观察某产品的年度销售增长比率，根据销售增长率的高低来判定产品所处的生命周期的阶段。在一般情况下，销售增长率在 0.1%~10%之间为导入期或成熟期，增长率大于 10%为成长期，增长率小于 0 为衰退期。年销售增长率法局限于销售比较稳定的产品的判断，不适用于季节性特征明显大幅度变化产品的判断。

（3）产品普及率法。

产品普及率法是根据产品销量所达到的普及程度来判断产品生命周期的阶段的一种方法。在一般情况下，产品普及率在 10%以下为导入期，普及率在 10%~60%之间为成长期，普及率在 60%~90%之间为成熟期，普及率出现趋势性下降为衰退期。运用产品普及率法来判断产品生命周期的阶段也有局限性。由于技术进步，有的产品还未普及就可能遭到新产品的淘汰。

因此，公司在判断产品生命周期阶段时应综合运用多种方法，使判断增加可靠度。公司在对产品生命周期各阶段准确判断的前提下，就可以在产品生命周期不同的阶段相应地实施适当的营销战略。

### 11.3.3 产品生命周期各阶段的营销战略

（1）导入期的营销战略。

新产品首次导入市场，销售成长处于缓慢发展状态。公司将价格和促销活动作为战略侧重点，则导入期的营销战略可以有以下 4 种组合方式（如图 11-3 所示）。

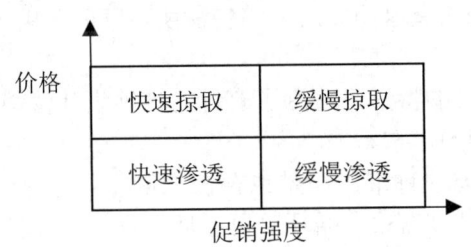

图 11-3　导入阶段的市场营销战略

1）快速掠取战略。这种战略采用高价格和高促销费用的方式，以求迅速扩大产品的销售量，并获得较高的市场占有率。采用该战略必须具备下列市场环境：大多数潜在的消费者还不了解这种产品；已经了解该产品的消费者则急于求购，并愿意按高价购买；公司面临着潜在的竞争威胁，需要尽快地建立顾客的品牌偏好。

2）缓慢掠取战略。这种战略就是以高价格、低促销费用的形式进行经营，获取尽可能高的市场占有率。采用该战略应具备下列市场环境：总体市场规模有限；市场上大多数消费者已熟悉该产品；购买者愿意支付高价；竞争者的加入有一定的困难，潜在的竞争威胁不大。

3）快速渗透战略。这种战略是以低价格、高促销费用方式推出产品，以求达到最快的市场渗透和最高的市场份额。采用该战略的市场环境为：市场容量大；消费者对产品不熟悉；大多数消费者对价格反应敏感；潜在竞争十分激烈，需抢先建立品牌偏好；产品成本会随产量的增加和生产经验的积累而下降。

4）缓慢渗透战略。这种战略是以低价格、低促销费用的方式推出新产品。低价格可以使市场较快地接受该产品；而低促销费用又可以降低营销成本，使公司获取更多的早期利润。采用该战略的市场环境为：市场容量大；消费者熟悉这种产品；购买者对价格反应敏感；存在一些潜在的竞争者。

（2）成长期的营销战略。

针对成长阶段的特点，公司为了争取持续和较高的市场增长率，获取更大的市场份额和利润，可以采取以下几种战略：

1）寻找并进入新的细分市场。通过市场细分，找到新的尚未满足的分市场，根据需要组织生产，并迅速进入这一新的市场。

2）不断提高产品质量，增加产品式样和特色。增加产品新的功能和花色品种，逐步形成本公司的产品特色，提高产品的竞争能力，以增强产品对消费者的吸引力。

3）在适当的时机降价。公司应在适当的时机降低价格，以激发那些对价格较为敏感的潜在消费者产生购买动机并采取购买行动，从而扩大产品市场份额，增加产品的销售量。

4）进入新的分销渠道。当产品进入成长阶段后，为了适应产品扩大销售的需要，公司应开拓市场，这就需要利用更多的中间商，利用原来不曾用过的分销渠道模式。如利用代理形式的渠道或直接性渠道。

5）适时改变传播目标。公司的广告目标，应从介绍和传达产品信息和建立产品知名度转移到树立品牌形象，说服和诱导消费者偏好和购买产品上来。

（3）成熟期的营销战略。

产品进入成熟阶段以后，公司应将营销重点放在维持并尽量扩大市场份额、战胜竞争对手，采取主动出击的策略，力争延长成长阶段。为此，公司应采取以下战略：

1）市场改良。这不是要改变产品本身，而是要使产品的销售量得以扩大。

一方面，公司应设法扩大产品的使用人数，其做法如下：寻求并进入新的细分市场；使市场上未使用过该产品的人接受并使用该产品；争取竞争对手的顾客。实践中，有一些公司就通过进入新的细分市场来扩大产品的使用人数。例如，哈雷摩托和 Axe 香氛等品牌，通常以男性为目标市场，如今开始针对女性消费者推出产品和营销设计方案。

另一方面，寻求能够刺激消费者增加产品使用率的方法：增加产品的使用次数；增加每次的使用量；公司应努力发现产品所具有的一些顾客不了解或不知道的新用途，通过介绍和宣传，使顾客增加产品的使用量。例如，在增加产品的使用次数方面，洁齿和去垢牙膏的生产者向顾客说明，要想达到洁齿和去垢的最佳效果，应在每餐饭后刷牙，这样就可以使原来只有早晚刷牙习惯的顾客，每天多次使用。再如，在宣传产品新用途来增加使用量方面，小苏打的生产厂商就曾发现过，小苏打除了能够作发酵食品的中和剂以外，还具有两个其他的用途：一个是可以用作高效除臭剂；另一个是可以用作对皮肤没有任何伤害的清洁剂。通过采用不同的包装，向顾客表明小苏打的不同用途，从而使小苏打的使用量成倍地增加。

2）产品改良。产品改良是通过产品的改变来满足顾客的不同需要，以扩大产品的销售量。产品改良可从以下几个方面着手进行：

①质量改进。质量改进的目的是增加产品的功能特性。制造商可以通过"新颖和改进过的"产品来压倒竞争对手，使本公司的同类产品比竞争对手"更强""更大"或"更好"。但是，顾客并不一定接受"改进"的产品。因此，质量改进的关键是质量确有改进，而且买方相信质量被改进。

②特点改进。特点改进的目的是增加产品的新特点，扩大产品的功能性、安全性和便利性。特点改进有许多优点：它可以为公司建立进步和领先地位的形象；它能迅速被采用，因而只要很低费用就可以供选择；它能赢得某些细分市场的忠诚；它还能给公司带来免费的大众化宣传；它会给销售人员和分销商带来热情。

③式样改进。式样改进的目的是增加对产品的美学诉求。如引进新的汽车模型，包装食品和家庭用品引进颜色和结构的变化，以及对包装式样的不断更新等。式样改进的优点是每家厂商都可以获得一个独特的市场个性。但是，式样竞争也会带来一些问题。一是难以预料是否有人和有哪些人会喜欢改进的新式样。二是式样改进意味着不再生产老式样，公司将有可能因此而失去喜爱某种老式样的顾客。

3）营销组合其他要素的改进。营销组合改进是成熟期刺激销售的有效办法，一般可以从以下几个方面入手：

公司可以通过直接降低价格、加大价格的数量折扣、提供更多免费服务的项目等办法，以保持老顾客的数量或吸引新顾客。

公司可以向更多的分销网渗透或建立一些新的分销网。扩大产品的市场覆盖面，争取一些新顾客或保持原有的市场份额。

公司可以有效地利用广告等宣传工具。在产品的成熟期，公司应检测原有广告的有效性，如果效果并不理想，就应重新进行广告的创意和设计。

（4）衰退阶段的营销战略。

产品进入衰退期以后，公司应视其经营实力和产品是否具有市场潜力，对老化的产品及时谨慎地做出放弃或保留的决策。简单的放弃或不顾实际的保留，都会使公司付出昂贵的代价。在衰退期，公司可以选择的营销战略有：

1）增加投资。

进一步扩大经营规模，使公司在衰退的市场取得支配甚至垄断地位。这一战略比较适宜产品占市场份额最大的公司采用，因为可以抢占某些竞争对手所放弃的市场，或争取其顾客。

2）维持原有的投资水平。

即在该行业前景未明确前，采取以静制动的对策。这一战略比较适宜于产品市场份额较大的公司，在产品仍具有一定的潜力或不能清楚地预见市场前景的情况下采用。

3）有选择地减少投资。

即放弃某些销售额过小的细分市场，保持或扩大较具潜力的细分市场的规模。这一战略较适宜于市场份额中等的公司采用。

4）尽快收回投资。

即不考虑具体后果，快速从现经营的业务或产品中收回资金。这一策略比较适于市场占有额较小的公司。

5）迅速放弃业务。

即尽可能采用有利的方式，处理与该衰退产品有关的资产。公司可以采取完全放弃的形式，如把产品完全转移出去或立即停止生产，也可以采取逐步放弃的方式，使其占用的资源逐步转向其他产品。

在产品生命周期的衰退阶段，公司需要进行准确的判断，决定是否维持、收获或放弃这些业务。管理者也可以对处于衰退期的品牌进行重新定位或注入新的活力，使其重新回到产品生命周期的成长期。例如，匡威为其老品牌全星匡威（Converse All Star）开发新战略，使其重新焕发市场活力。

## 11.4 新产品开发管理

在技术进步、竞争加剧和市场需求变化的环境下，新产品开发是公司发展的源泉。然而，公司面临一个两难的问题：它必须开发新产品，但高失败率又令其望而却步。所以，要创造一个成功的新产品，公司必须理解它的消费者、市场和竞争对手，并且开发出能够向消费者传递优异价值的产品。

### 11.4.1 新产品的概念

（1）新产品的涵义。

狭义的新产品是指在世界范围内，首次向市场推出的，能以全新的技术和形式满足人们消费需求的产品。这种新产品也称首创（独创）产品。如世界上第一部电话机，第一台电视机、录音机、录像机、复印机和计算机等产品的出现，无论是对人类进步的贡献还是对营销公司自身的利益来说，其意义都是非常重大的。

广义的新产品，往往是与老产品相对而言的。一般来说，凡是在结构、功能、材质、技术基础或原理、生产技术工艺等某一方面或几个方面，有显著改进和提高，都可视为新产品。

（2）新产品的分类。

从市场营销的角度，将新产品作如下划分：

1）新问世产品。新问世产品主要是指应用科技新成果，运用新原理、新技术、新工艺和新材料制造的市场上前所未有的产品。新问世产品一般是由于科技进步或为满足市场上出现的新需求而发明的产品，都具有明显的新特征和新性能，甚至能改变用户或消费者的生产方式或消费方式。

2）新产品线产品。即公司新产品，市场上已存在的，但本公司根据市场准入原则，首次进入的产品线。

3）现行产品线的增补品。公司在已建立的产品线上增补新规格、新花色、新款式的产品。

4）现行产品的改进品。改进产品是指通过新的设计或采用新技术、新工艺和新材料，对现有产品的质量、性能、结构、用途、品种及包装等方面，加以全面或部分改进的新产品。这类产品与原有产品的差别不大，易于被消费者接受。目前，市场上销售的大部分新产品均属于这类产品。

5）市场再定位产品。即以新的细分市场为目标的现行产品，产品不变，产品的定位发生新变化也属于新产品的一种形式。

### 11.4.2 新产品开发中的风险及原因

由于消费者需要的不断变化，科学技术的日新月异，产品生命周期的日益缩短以及竞争的与日俱增，使新产品开发成为十分必要的战略选择。但是，新产品开发也面临着很大的风险。美国无线电公司（RCA）在它的激光视盘上损失了5亿美元；联邦快递在它的邮政区域递送中损失了3.4亿美元；英国和法国的协和（Concorde）飞机很可能永远无法收回它的投资。最严重的是20世纪90年代摩托罗拉及合作伙伴花费50亿美元开发的依星系统惨遭失败。可见，新产品开发中面临的风险是不可避免的，也极有可能给公司带来损失，所以要客观分析导致新产品失败的原因和影响因素。

（1）新产品失败的原因。

分析起来，新产品失败的原因有以下几个方面：

1）经营决策者过于武断，不顾调查得出的否定结论，强行上马个人偏爱的新产品构思。

2）对市场需求规模估计过高。

3）开发后的产品没有达到设计要求。

4）新产品定位错误，或定价过高，或促销不力。

5）新产品开发成本超过开发预算。

（2）影响新产品开发的其他因素。

除了导致新产品开发失败的原因外，还有一些因素影响着新产品的开发：

1）社会和政府的限制。新产品必须维护生态环境和保障消费者安全，从而使创意受到限制。

2）资本短缺。许多公司没有足够的资本投入产品创新之中。

3）成功的新产品的市场生命周期逐步缩短。如过去，索尼公司在竞争中能享用3年新产品的领先时间。现在，竞争者仿制其新产品只需6个月。

### 11.4.3 新产品开发组织

要使新产品开发工作卓有成效，就必须建立并实施严格的组织管理。公司中新产品的组织管理形式主要有：

（1）产品经理制。

这是把新产品开发工作交给产品经理，即不设立专门的新产品开发机构。但这种方式的缺陷是产品经理们往往对现有产品更改和扩充更感兴趣，而且他们缺乏开发新产品所必需的技能和知识。一般中小公司多采用这种方式，以节省人力和财力资源。

（2）新产品部门制。

这是建立专业化的新产品开发部门，并由专人负责，对指定的产品进行改进和产品线的扩展。

（3）新产品委员会制。

这是由来自营销、制造、财务、工程和其他部门的代表所组成的委员会负责审核和批准新产品计划，同时还要全面协调新产品的开发工作。

（4）新产品试验小组负责制。

这是把新产品开发的主要工作交给由各业务部门人员组成小组去做。该小组负责把某一特定产品投入市场。

此外，还有的公司采取技术部门负责制和顾问制来开发新产品。

### 11.4.4 新产品开发程序

新产品开发过程可以分为创意产生、创意筛选、新产品概念的发展、制定市场营销战略、营业分析、新产品开发、市场试销、商业性投放8个阶段。

（1）创意产生。

所谓创意就是对某种新需求的设想。一般新产品创意的来源有以下几个方面：

1）来源于消费者和用户。这是新产品创意的主要来源。按照营销观念，消费者的需求和欲望是寻找新产品构思的逻辑起点，也是公司开发新产品最可靠的基础。

2）来源于营销渠道成员。这是新产品构思的重要来源。批发商、零售商、市场调查机构、咨询机构这些营销渠道成员，对市场极为熟悉，并且具备一定的专门知识和信息收集整理能力，特别是他们对于消费者有较透彻的了解，因此，营销公司可以利用这一方面的构思。

3）来源于科研部门和大专院校的科研成果。由于科技机构和大专院校的科研人员长期进行研究工作，对科技发展方向、产品的发展前景有极为丰富的专业知识和判断能力，因此，他们的新产品构思往往具有科技含量高、技术可行性强的特点。

4）来源于公司内部职工的建议。无论是普通职工还是高层管理人员，他们在长期的营销实践中，会不断地产生出一些新产品开发的设想和构思。

5）来源于竞争者的新产品信息。公司应注意竞争对手的新产品发展情况，通过借鉴竞争对手在新产品开发上的成果以及受到的启发，来决定本公司新产品的开发方向。

新产品创意的来源除上述几种之外，还有一些其他的渠道，如新闻材料、情报资料、社会性重大事件等。

寻求构思的主要方法有：①产品属性列举法，即列出产品的属性进行引申、改变、扩展、省略、替代、重组等，从而寻求改进每一种属性的方法。②强制关系法，即列举不同物体，考虑它们之间的关系，从而引发出更多新构思和方法。③顾客问题分析法，即通过分析顾客的问题，找到改进产品的方向。④专家座谈法，即事先定好题目，然后按特定的规则开会座谈。此外还有头脑风暴等方式。

（2）创意筛选。

创意筛选过程要尽可能地留住好的构思，去掉不好的构思。在以后的产品开发阶段成本将大幅上升，因此公司只希望进一步开发能盈利的新产品。在具体重筛选时要考虑以下几个方面的因素：

1）新产品的潜在市场有多大？它与老产品市场的相互关系如何？
2）开发这种新产品所需要的投资，本公司在财务上是否有足够的支持？
3）开发这种新产品所需要的原材料、能源是否能够得到供应？
4）开发这种新产品所需要的设备情况如何？是利用原有的设备，还是需要添置新设备？
5）开发这种新产品所需要的各种人力资源能否得到？
6）新产品投入市场以后的销售渠道如何安排？能否利用原来的销售渠道？
7）新产品的运输条件如何？
8）新产品获利能力的大小等。

上述因素可以通过新产品构思等级评定表（见表11-1）来评定。

表 11-1 新产品构思评分表

| 产品成功的必要因素 | 权数（A） | 公司实际能力水平（B） | | | | | | | | | | | 得分数（A×B） |
|---|---|---|---|---|---|---|---|---|---|---|---|---|---|
| | | 0.0 | 0.1 | 0.2 | 0.3 | 0.4 | 0.5 | 0.6 | 0.7 | 0.8 | 0.9 | 1.0 | |
| 公司信誉 | 0.20 | | | | | | | | | | √ | | 0.180 |
| 营销能力 | 0.20 | | | | | | | √ | | | | | 0.120 |
| 技术水平 | 0.20 | | | | | | | | √ | | | | 0.140 |
| 人事 | 0.15 | | | | | √ | | | | | | | 0.060 |
| 财力 | 0.10 | | | | | | | | √ | | | | 0.070 |
| 生产能力 | 0.05 | | | | | | | | | | √ | | 0.045 |
| 销售地点 | 0.05 | √ | | | | | | | | | | | 0.005 |
| 采购和供应 | 0.05 | | | | | | √ | | | | | | 0.025 |
| 总计 | 1.00 | | | | | | | | | | | | 0.645 |

根据一定标准（如 0~0.4 为差，0.41~0.75 为中，0.76~1.0 为良）对所计算的各种新产品的得分值划分等级，并据此排列，从中选出最可行或较为可行的构思。

在筛选阶段，应力求避免两种偏差：一种是对良好构思的潜在价值估计不足，导致因为漏选而失去发展机会；另一种是采纳了错误的构思并仓促投产，从而造成新产品开发的失败。

（3）新产品概念的发展。

产品创意经过筛选以后，需要将其发展成产品概念。因为产品构思仅仅是一种可能的产品设想，而产品概念则是指已成型的产品设想，即用有意义的消费者术语表达产品的构思，最后发展成产品印象，也就是消费者能得到的实际产品或潜在产品的特定形象。例如某食品公司打算生产一种快餐汤料，这是一种产品创意。为使这种构思发展成具体的产品概念，必须分析：第一，这种产品的目标市场在哪里？即它符合哪个地区或哪部分消费者的口味？第二，这种产品能给消费者带来哪些特殊利益？是营养、美味、健体还是方便？第三，这种汤料何时饮用？是早餐、中餐还是晚餐？公司通过选择不同方面的因素，可以得到多种不同的产品概念。

（4）制定市场营销战略。

公司的有关人员要拟定一个将新产品投放市场的初步营销战略报告书。报告书由以下 3 部分组成。

第一部分是描述目标市场的规模、结构、行为、新产品在目标市场上的定位、开始几年的销售额、市场占有率、利润目标等。

第二部分则略述新产品的预期价格、分销渠道及市场营销预算。具体又包括给经销商的数量折扣、广告宣传、调查开发等方面的初步设想。

第三部分说明新产品预期的长期销售额和利润目标以及产品寿命周期不同阶段的市场营销策略。

（5）营业分析。

在这个阶段，公司应对新产品预期的销售额、成本和利润的估计进行复查。

1）销售额估计。公司应对该产品市场进行划分，估计出每一细分市场对该产品的需求量，并将各市场的需求进行汇总，以得到市场潜量，再根据本公司的广告预算、人员推销力量及竞争情况等估计出市场渗透率，然后将两个方面综合起来，就可以得到新产品的销售额。

2）成本和利润估计。在对新产品的长期销售做出预测之后，可推算出这一时期的生产成本和利润情况。

（6）新产品开发。

这是新产品开发过程较为重要的阶段，即把经过以上各阶段选定的产品概念转交研制部门，投入必要的资金，将产品概念转为实际产品。如果研制出的产品符合下列要求，就可以认为是成功的。

1）在消费者看来，新产品具备了产品概念所描述的各种特点和属性，还要经过严格的技术测试和消费者测试，以征求各方面对新产品的建议。

2）新产品具有安全性能，并能在已定的生产成本预算范围内生产成品。

（7）市场试销。

市场试销是将试制品经小批量生产后，投放到经过挑选的有代表性的市场上进行销售，测试中间商和消费者的反应，以制定今后的市场营销策略。新产品试销前，必须对如下问题做出决策：

1）确定试销的地区范围和地点。试销地点主要是根据目标市场的地理位置来决定，在目标市场地理位置不集中或地域过广时，应选择最有代表性的市场地点进行新产品的试销。

2）确定试销时间。试销时间对新产品检验起着关键的作用，试销时间过短，则不能取得足够的试销资料或得不到正确的试销结论；而试销时间过长，不仅费用高，又易使竞争对手抢得先机，失去公司的市场发展机会。所以，试销时间的长短一般应根据产品的市场再购买期、试销费用、竞争状况等因素来决定。

3）选择试销方法。在选择试销方法时，一般可根据产品价格的高低进行顺序选择。

一是销售波研究。该方法是将免费样品给消费者试用，然后再以低价提供给消费者试用，同时，也提供竞争者的产品给消费者。如此重复3～5次（这就是销售波），进行产品市场效果检验。

二是模拟商店销售。模拟商店销售也称"实验市场"。即选择一定数量的消费者（通常是30～50人），先看新产品模拟广告，再请他们到模拟商店随意挑选商品，由公司人员分别统计出他们购买的受测新产品、原有产品及竞争者产品的数值，并请消费者回答购买的理由。

三是控制试销。控制试销也称"微型市场试销"。作法是公司选定数个商店，给店主一定的费用，使他们同意按公司的要求，如新产品、价格、数量摆放的位置及商店的气氛等来组织销售。公司派工作人员到现场检验试验效果。

四是全面测试。这种方法是最大规模的市场试销。即公司在目标市场所涉及的地理范围内，选择数个有代表性的城市，由营销人员将产品推销给商业部门经销，并争取良好的货架陈列机会，进行全面的测试性的广告和新产品促销活动。

公司在选择试销品的方法时应因产品类型而异。在试销中可采用试用率和再购买率两个指标来考察，并据此决定对试销产品的策略。（如表11-2所示）。

表 11-2　市场试销策略

| 试用率 | 再购买率 | 策　略 |
| --- | --- | --- |
| 高 | 高 | 将产品商品化 |
| 高 | 低 | 重新设计改进产品 |
| 低 | 高 | 增强广告和促销 |
| 低 | 低 | 放弃该产品 |

（8）商业性投放。

新产品试销成功以后，就可以全面投入市场。这时公司将要花费大量资金，购置生产所需设备，形成生产能力。同时还要支出大量的市场推广费用。在新产品投放市场时，公司需要做出以下决策：

1）何时推出新产品。何时将新产品投放市场最为适宜。如果某种新产品是用来代替老产品的，则应等到老产品的存货销完时再将新产品投放市场，以免冲击老产品的销售；如果新产品的市场需求具有较强的季节性，则应在销售季节来临时将其投放市场；如果竞争对手相应的新产品开发也宣告结束，则公司有三种策略选择：首先进入、平行进入和后期进入。

首先进入。这样公司可得到"主动者好处"，获取市场声望的领先地位。但如果产品有缺陷，则会成为竞争对手攻击的目标，形成有缺陷的产品形象，使消费者失去对本公司产品应有的信心。

平行进入。即与竞争者的产品同时进入市场。如果是急速进入，那么两者都能得到"主动者好处"；如果是慢速进入，公司则有时间改进产品，并且可以与竞争者共同分担促销费用。

后期进入。即公司有意推迟新产品上市时间，等竞争者产品进入市场后再进入市场。这样公司既可以减少促销费用，又可以攻击竞争者产品的缺陷，同时还可以精确地了解市场规模，以决定公司应形成多大的生产能力。

2）何地推出新产品。在什么地方推出新产品最适宜。对于大多数公司，一般是先在最有吸引力的市场投放，以便占有市场，取得立足点，然后随着时间的推移，再向其他地区扩展。在每次进行产品投放时，公司都应对市场的吸引力作出评价。其内容包括：市场潜力、公司的信誉、渠道建设费用、该地区的人口数量及向外再次辐射的能力，并在此基础上形成一个详细的、可分步骤进行的市场扩展计划。

3）向谁推出新产品。在新产品投放市场时，公司必须将其分销和促销目标对准最有希望的购买群体，目的是为了让他们去带动一般顾客群，从而以最快速度、最少的费用，扩大市场占有率。一般来说，新产品上市时，最理想的目标顾客群应具有以下特征：早期采用；大量使用；对其他购买者能够产生一定的影响。

4）如何推出新产品。公司应制定新产品投放市场的营销计划，对营销组合策略、营销预算、营销组织与控制等做出规定，从而有计划地开展市场营销管理。

### 11.4.5 消费者采用过程

潜在的消费者怎样认识新产品、试用它们或拒绝它们？以前，新产品的营销人员推出新产品时，应用大众化市场法。但这种方法需要庞大的费用。这一方法的改进导致第二种方法的应用，即大用户目标营销。但这种方法只有在大用户被确认并且他们是首次试用该新产品的顾客之一时才有意义。许多营销者现在将目标瞄准那些早期采用的消费者。

（1）采用过程中的各个阶段。

新产品采用者的发展有以下5个阶段：

1）知晓。消费者对新产品有所察觉，但缺少有关新产品的信息。

2）兴趣。消费者受到某种刺激，以寻找该新产品的信息。

3）评价。消费者考虑试用该新产品是否为正确选择。

4）试用。消费者小规模试用了该产品，以改进对其价值的评价。

5）采用。消费者决定全面和经常使用该新产品。

上述过程分析，对新产品营销人员的启发在于如何适应消费者的心理过程而开展有效的营销活动。

（2）影响消费者采购过程的因素。

埃费里特·罗杰斯认为，在不同的产品领域，有人成为消费先驱和早期采用者，也有人成为晚期采用者和落伍者。不同的消费者类别如图11-4所示。

罗杰斯认为这5类采用者的价值导向是不同的。

1）创新者。他们愿意冒风险试用新产品。

2）早期采用者。他们被自尊所支配。是社会上的意见带头人，采用新产品较早但态度谨慎仔细。

3）早期多数型。虽然他们态度谨慎，不是意见带头人，但比一般的人先采用新产品。

4）晚期多数型。他们所持的是怀疑观点，要等到大多数人都已使用后才采用新产品。

5）落伍者。他们受传统观念的束缚，怀疑任何变革，他们只有在新产品变成老产品后才采用。

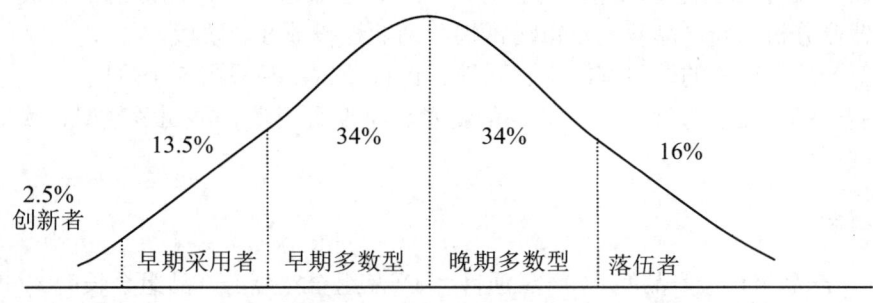

图 11-4　新产品采用者的时间分类

上述采用者分类方法，要求开发新产品的公司研究创新者和早期采用者的人文统计、心理统计和媒介使用特征，以及如何具体地同他们互通信息。

## 小结

1．产品是能够提供给市场、以满足顾客需要和欲望的任何东西。产品包括核心产品、基础产品、期望产品、附加产品和潜在产品 5 个层次。

2．产品组合是一个特定公司生产或经营的全部产品线和产品项目的有机搭配。产品组合具有宽度、长度、深度和粘度。产品组合的四度理论是调整产品组合的手段。据此，公司可以扩大或缩减产品的组合，以实现最佳投资效益。

3．公司可以通过产品线扩展、产品线填补、产品线特色化、产品线现代化和产品线削减来决策产品线长度。公司可以通过调整产品线长度来增加利润。

4．包装是指设计并生产产品容器或包裹物的一系列活动。包装可以起保护商品、方便储运和使用、美化产品、增加价值和促进销售的作用。常用的包装策略有类似包装、等级包装、双重用途包装、组合包装、附赠品包装、改变包装和绿色包装。

5．标签是附在产品上的简易签条或精心设计的作为包装一部分的图案。标签可以起到识别、分等、描述和推广的作用。

6．产品生命周期是指产品从进入市场开始到被市场淘汰为止的全部过程。它一般经历产品导入阶段、成长阶段、成熟阶段和衰退阶段。

7．产品生命周期各阶段的特点不同。产品导入阶段的销售增长缓慢，处于亏损状态。成长阶段的销售额迅速增长，利润大幅度增加。成熟阶段的销售增长缓慢，利润会有所下降。衰退阶段的销售额明显下降，利润进一步减少。判断产品生命周期阶段的方法有类比分析法、年销售增长率法和产品普及率法。

8．产品生命周期的导入阶段的营销对策是快速掠取、缓慢掠取、快速渗透和缓慢渗透。成长阶段的对策是进入新的细分市场、提高产品质量、适当降价、进入新的分销渠道和改变营销传播目标。成熟阶段的营销对策是市场改良、产品改良和营销组合改良。衰退阶段的营销对策是增加投资、保持原有投资水平、减少投资、收回投资和放弃业务。

9．新产品包括新问世的产品、新产品线产品、现行产品线的增新品、现行产品的改进品和市场再定位产品。

10．新产品开发过程可以划分为创意产生、创意筛选、新产品概念的发展、制定市场营销战略、营业分析、新产品开发、市场试销和商业性投放 8 个阶段。

11．新产品采用者的发展有知晓、兴趣、评价、试用和采用 5 个阶段。

12．新产品采用者按照时间可分为创新者、早期采用者、早期多数型、晚期多数型和落伍者 5 种类型。

**重要概念**

产品　产品组合　产品线　产品项目　产品组合宽度　产品组合长度　产品组合深度　产品组合粘度　包装　标签　产品生命周期　新产品

**复习思考题**

1．如何理解产品的含义？产品包括哪几个层次？它可以分为哪些种类？
2．公司如何通过调整产品组合来提高投资效益？
3．公司产品线长度决策有哪些？
4．包装的作用有哪些？包装设计的基本要求有哪些？常用的包装策略有哪些？
5．标签有哪些作用？
6．什么是产品生命周期？产品生命周期包括哪几个阶段？
7．产品生命周期各阶段公司应采用的营销战略有哪些？
8．什么是新产品？新产品有哪些种类？
9．管理新产品开发一般包括哪些阶段？
10．消费者采用新产品有哪几个阶段？5 种类型采用者的价值导向有什么不同？

# 经典案例

## 3M：以创新为生存方式

近年来，跻身世界最具创新力公司榜单的多为典型的高科技公司，例如苹果、谷歌和亚马逊。虽然 3M 公司并不像如今的那些高科技明星般闪耀，但它一点也不平庸。这是因为，3M 公司素以勇于创新、产品繁多而著称于世。

3M（Minnesota Mining and Manufacturing Company）是一个年销售额超过 300 亿美元的大型跨国集团，在近 200 个国家出售 5000 多种产品，跨越多个行业，包括办公用品、建工材料、电子通信、健康医疗、航空和自动化等领域。在这些产品中，不乏世界最著名的消费者品牌，例如思高胶带、耐适康急救产品、菲尔萃家用净化产品以及 Post-it 即时贴等。3M 宽度不同寻常的产品组合犹如一把双刃剑，有利有弊。同时生产跨越这么多行业的产品，可以避免公司过度依赖于任何一个市场。在某些行业不景气的时候，还有不少其他的行业仍然充满活力。这也是 3M 公司财务实力雄厚的主要原因。

目前，3M 公司在科研和产品开发方面形成了超过 46 个门类的核心技术。公司围绕这些核心技术，开发了近六万多种产品，以满足不同客户的需要。3M 在全球共拥有 70 多个实验室、8200 多位研发人员。3M 全球每年有 35 的销售额来源于最近 4 年的新产品，而 3M 中国市场的新产品量更是达到了近销售额的 50%。充满无限机遇的核心技术是每一次创新变革的源泉。

几十年来，3M 成功的核心是其"通过创新和创造改变市场的产品来实现有机增长"的商业模式。这些改变市场的产品有时甚至会创造全新的行业。3M 公司通过促进深层次的创新文化、鼓励合作、有效的激励制度和持续加大研发投入来保持这种创新。

1. 创新文化

在 3M 公司，凡是有可能成为有发展前途的产品计划不会受到任何干扰。因为从一开始，3M 就在公司内部创造了一种允许团队成员在受保护的环境下冒险的创新文化。公司知道，一个新产品的成功往往需要经历多次的失败，尝试大量的新产品构思。3M 有一句著名的格言："为了找到真正的王子，你需要吻过很多只青蛙。"而"亲吻青蛙"的意思就是犯错误，不过 3M 认为错误和失败是创新过程中再正常不过的部分。实际上，它的哲学是：如果你没犯错误，很可能什么也没有做。

在 3M 公司的价值观里，几乎所有的想法都是可以接受的。即使失败者也会受到鼓励。3M 很乐意提供研究基金为各个部门使用，经常会有创新斗士在不断的尝试、不断的实验，直至发明成功。创新斗士一旦成功，就会受到 3M 公司英雄式的款待。对于超过 100 万销售大关的产品，公司每年都会为这些研发者大张旗鼓的开"庆功会"。在这样的激励下，这些年轻的工程师就会带着新构想，勇敢地去冒险。

鼓励员工去寻找新产品是 3M 培养创新文化的一种方法。公司著名的"15%规定"允许员工将 15%的工作时间用于一些"秘密工作"——开发个人感兴趣的项目，不管这些项目是否能够直接给公司带来好处。迄今为止，公司上下依旧保持着珍视这宝贵的"每周 6 小时"的氛围。谁又知道下一个像即时贴那样的新产品会来自哪里呢？"这是使 3M 脱颖而出成为一家杰出的创新公司的众多因素之一，让我们的每一位员工能够根据自己的直觉为公司抓住机会。"技术主管科特·贝因里奇（Kurt Beinlich）解释道："正是这一点成就了 3M。"

2. 鼓励合作

3M 公司善于协作。一个典型的例子就是看似简单却又有重大影响的年会，这个年会类似于一场科技展览会，帮助创意员工听取大家的意见反馈并寻求前在的合作者，促成一些项目顺利通过研发阶段实现商业化。以往成功推向市场的产品项目包括：透明胶带、用于反光的光学薄膜和用于止血的彩色胶带等。在 3M 公司，一个创新小组的人员往往由专任的技术人员、生产制造人员以及行销、业务及财务人员组成。这个团队的主要特点之一就是创新小组的人员全部都是由自愿者组成的。这样可以调动团队成员自身的积极性，可以使很多成员对自己所担任的工作负起责任。3M 公司还特别保证，创新小组具有相当的自主权和工作保障。

3. 激励制度

3M 公司的奖励制度，不管是对团队还是个人，都有着相当大的激励作用。当完成一项产品开发计划时，小组的每个成员都会因此晋升。在 3M 公司，一个人只要参与新产品创新事业的开发工作，他的职称和地位也会随业绩不断调整。如果一个生产第一线的工程师的产品打入市场后，就可晋升为"产品工程师"，当该产品的销售额突破 500 万大关时，他就可以做到整个产品系列的"工程技术经理"，突破 2000 万大关时，该产品就可升格为一个独立的产品部门，这个团队的主要技术人员则成为"工程经理"了。

### 4. 重视研发

多年来，3M 公司每年将销售额的 6%投入到研发工作之中，并对那些有最大增长潜力的项目给予更多的优先权。这些项目包括可以保护从手机到厨房器具等各种物品的强效贴膜，一种性能更加卓越的家用和建筑用防水薄膜。3M 可能无法拥有像苹果或者是全盛时期的微软那样高的增长率，但它也可能不会经历即使是最大的大公司也无法避免的潜在衰退。3M 对新产品和技术研发的长期投入和努力保证了公司的持续发展，它会一直坚持这一点。也许，下一个革命性产品会出自 3M，而非苹果公司。

资料来源：[美]菲利普·科特勒，加里·阿姆斯特朗. 市场营销：原理与实践. 第 16 版[M]. 楼尊译. 北京：中国人民大学出版社，2015.

**案例思考题**

1. 3M 公司以创新作为生存方式，有哪几项主要举措？
2. 3M 公司的新产品开发与其所经营产品的生命周期之间有什么内在联系？

# 第 12 章 定价策略

在公司通过为顾客创造价值而获得盈利的过程中,价格是一种非常重要的营销组合工具。价格决策的正确与否,在很大程度上影响着公司营销的成败。在市场营销组合诸要素中,产品、分销渠道和促销都表现为成本,价格是唯一能产生收入的因素。而现在,相当多的公司还不能很好地处理定价问题。你有没有注意到,现在大型的线上和线下公司之间的交锋都动用强大的火力和武器,目前主要在拼价格。但是,长期看来,绝非仅靠价格就能赢得这场战争,只有以特定的价格递送最优的网上顾客体验和价值的公司才能最终获胜。

## 12.1 公司定价步骤及内容

一家公司开发出了一项新产品,或将原有的产品推入新的市场时,就面临着制定价格的任务。公司在制定价格时,必须考虑许多相关因素。公司定价时必须考虑的因素及由此形成的程序主要包括以下 6 个步骤(见图 12-1)。

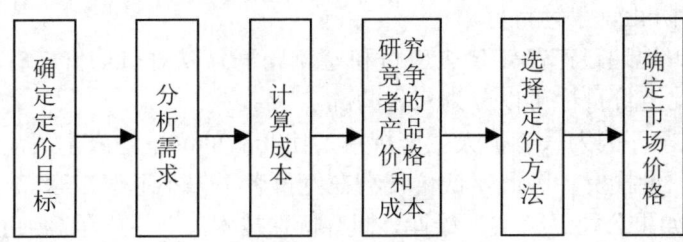

图 12-1 公司定价的步骤

### 12.1.1 确定定价目标

公司首先明确定价目标,才可相应地采用定价方法和策略。多种多样的定价目标可以归纳为以下几个方面:

(1)以维持生存为目标。

如果竞争激烈,需求衰退或生产能力过剩,公司一般就以能维持生存为定价目标。为了确保开工和销售存货,在利润与生存之间,公司只好选择生存。公司可以通过低价或折扣价来吸引购买者。只要价格能补偿成本,公司就可以维持生存。但维持生存只能作为公司定价的阶段性目标,从长期看,仅维持生存是不够的。

(2)以当期利润最大化为目标。

如果公司在一段时间里急于增加积累,则可选择当期利润最大化的定价目标。实行此种定价目标的公司在估计需求和测算成本的基础上,往往将毛利率定得较高,使公司在当期实现最大的现金流量、投资报酬率和当期利润。

实行此种定价目标的条件是,公司对其需求量和成本函数有充分的了解。

实行此种定价目标的公司，由于过于追求当期利润，很易忽视其他营销组合因素、竞争对手的反应，以及价格受法律、道德约束，因而忽视了长期利益。

（3）获取一定的投资收益率为目标。

由于追求最大的当期利润会遇到许多困难，公司可以考虑将定价目标的重点转向获得一定的投资收益上来。一定的投资收益，表现为投资收益率。投资收益率是指一定时间内公司预期利润占投资总额的比例。收益必须高于借款利息，否则公司就会亏损，所以，利息就成为投资收益的最低警戒线。在此种定价目标下，如果竞争对手少，投资收益率就可以高些，以迅速收回投资；如果为防止竞争，投资收益率就应适中，以稳定地实现利润。

（4）以提高或维持市场占有率为目标。

市场占有率是指某一特定品牌的销售量占同种产品全部销售量的比率。它是反映公司竞争实力的重要指标，在一定条件下，市场占有率比投资报酬率更为重要。

这是许多公司常用的主要定价目标之一。一方面是因为较高的市场占有率常常伴随着较高的利润额；另一方面还因为市场占有率更能衡量一个公司的经营效果。一个公司虽然取得了预期的投资收益，但它所占有市场份额却有可能在下降。

在市场形势发生变化，销售量骤然下降时，公司为了不停产或倒闭，可以将保持公司的营业额作为定价目标。在这个目标下，只要能维持市场占有率，宁可多给中间商和消费者更多折扣，甚至承担暂时的亏损。

（5）以应付和防止竞争为目标。

公司可以有意识地通过产品定价去应付和避免竞争。以对市场价格有决定性影响的竞争者的价格为基础，此定价目标可以分为三种情况。

1）低价避免竞争。因为只有扩大生产规模，使产品单位平均成本下降时，低价才不至于亏损，而这又需要大量投资。因此，低价使潜在竞争者不得不退避三舍。

2）优质高价。如果公司经营实力雄厚，拥有特殊技术，产品质量高或获得名优产品称号，而且能为顾客提供较多的服务，顾客也愿意支付较高价格购买的话，公司就可以将产品价格定得高于竞争者，这往往还能促进产品声望的提高。

3）与竞争者保持同价。在公司与竞争者实力相当的情况下，则宜选择与竞争者产品价格相同的和平共处的定价目标。

在定价上，还有以保持与销售渠道良好关系为目标的。

此外，在定价目标问题上，公司应避免发生有可能不利于消费者、社会和政府的行为。

### 12.1.2 分析需求

不同的价格水平将导致不同的需求水平。公司定价时应分析价格与需求之间的内在关系。一般地说，价格高会限制需求，价格低会刺激需求。由价格变动导致的需求变动称为需求弹性。

（1）需求弹性系数。

具体说来，价格高低或升降对需求的影响程度却不尽相同。我们可通过需求弹性系数来考察价格变动对需求的各种影响。

需求弹性系数是在价格变动的影响下需求变动幅度与价格变动幅度的比值。可用下列公式表示：

$$e = \frac{Q_1 - Q_0 / Q_0}{P_1 - P_0 / P_0}$$

上式中，e 代表需求弹性系数；P 代表价格；Q 代表需求量。从理论上说，需求弹性系数有 5 种类型（如图 12-2 所示）。

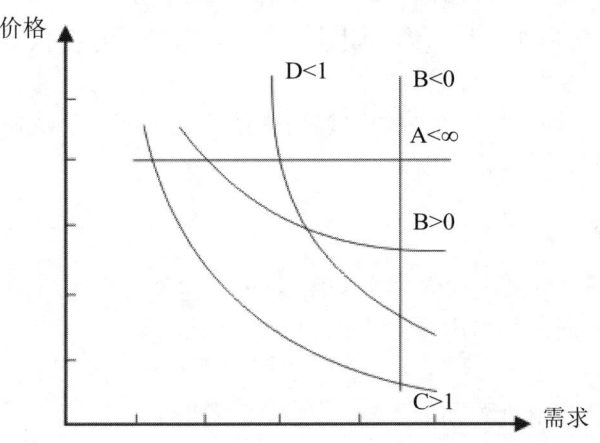

图 12-2　5 种典型的需求弹性系数示意图

如图所示，A 曲线称为充分弹性。即价格稍有提高，需求完全消失；价格稍有下降，需求则无穷大。

B 曲线称为需求弹性大。即需求对价格的反应敏感，需求变动的幅度大于价格变化的幅度。即价格提高，需求以更大的幅度减少；价格下降，需求以更大的幅度增加。一般说来，非生活必需品和非生活必需性服务的需求弹性就如此。

C 曲线需求弹性系数恒为 1。即无论价格怎样变动，消费者总支出不变，即公司总收入不变。当然，在这种情况下，还可进一步研究成本与产量或需求的关系。

D 曲线称作需求弹性小。需求对价格变动的反应不敏感，需求变动的幅度小于价格变动的幅度。即价格提高时，需求减少的幅度小于价格提高的幅度；当价格降低时，需求也以较价格变动小的幅度上升。一般情况下，生活必需品的需求弹性属于此类型。

E 曲线称为无弹性。价格无论怎样变动，需求却毫无变化。

事实上，A、C、E 三类需求弹性是基本上不存在的，它们的意义在于作为 B、D 两类需求弹性的界定限度。而 B、D 两类需求弹性在现实经济活动中却大量存在，需求导向定价法和策略一般是建立在这两类需求弹性的基础之上的。

（2）需求价格弹性的判定。

公司应设法测量产品的需求弹性系数。以下几种方法可以帮助公司测量所营销的产品的需求弹性系数的状态。

1）统计方法。利用过去此产品的价格、销售量和其他相关数据来计算、分析产品的需求弹性系数。这种分析可以是纵向的（某段历史时期），也可以是横向的（某一特定地区）。采用这种方法需借助较高的统计技术和建立数学模型来进行。

2）实验方法。其一是在一个商店内实验。在一个商店里，有计划地将价格在一个基础上提高或降低一定的幅度，观察统计销售结果的变化，从中判断产品价格与需求的变化规律。其二是在互联网上实验。如利用一项电子商务,对不同组的购买者分别提高或降低一定比率的报价,观察统计销售结果,以判断某种产品需求弹性系数的大小。

(3) 研究需求价格弹性的意义。

产品需求价格弹性的大小影响着公司的定价决策。一般说来,在法规和道德允许的范围内,产品需求价格弹性对价格决策的影响表现为以下两个方向:

1) 当产品需求价格弹性大时,为公司选择低价或降价决定提供了可能。公司采取"薄利多销"的决策,销售额和利润反而增加。

2) 当产品需求价格弹性小时,公司可以采取适度提价或高价决策。虽然总销售量会有所减少,但是总销售额和利润额都可增长。

### 12.1.3 计算成本

需求为公司定价的上限做出限制,成本则对公司定价规定了下限。公司定价一方面要分清成本的类型,另一方面还要考虑生产规模和学习曲线因素。

(1) 成本的类型。

公司的成本可依其与定价关系的不同,分为以下四类:

1) 固定成本及平均固定成本。固定成本,即不随公司产量和销售收入变化而变化的成本。平均固定成本,是全部固定成本除以产量的商数。

2) 变动成本及平均变动成本。变动成本,即随公司产量和销售量的变化而变化的成本。平均变动成本,是全部变动成本除以产量的商数。

3) 总成本及平均总成本。总成本,即固定成本与变动成本之和。

4) 边际成本。边际成本是每增加一个单位产量所带来的单位成本的变动额。用公式表示为:

$$边际成本 = 总成本的变化量 / 产量的变化量$$

由于生产者最关心的是如何找到一个能获得最大利润的产量,而对因产量变动所发生的新增成本更为重视。边际成本的变动,初期呈下降趋势,低于平均成本,故导致平均成本的下降;但超过一定限度后,则高于平均成本,又导致平均成本升高。

从上述分析可知,公司所定产品价格必须高于单位总成本才可获利。即使在特定情况下,为维持生存,价格至少也应高于平均变动成本。公司营销管理者只有弄清了各种成本变化的规律性,才能对公司的生产规模及价格做出理想的决策。

(2) 生产规模与成本。

公司还应研究不同生产规模与成本之间的关系。假如一家公司建造了一个日产 2000 件产品的固定规模的生产车间,如果每天生产量不多,单位成本就高,而如果日产量增加,单位成本就会下降,到日产 2000 件时,单位成本最低。这时,如果为了增产,使日产量超过 2000 件,单位成本反会回升,因为工人们不得不排队等待使用机器;机器因超负荷也可能增加故障率。

(3) 学习曲线与成本。

当公司积累了生产经验,工人提高了劳动熟练程度,原料流程得到了改进,采购成本也不断下降。结果平均成本趋于下降。这种随着积累生产经验而来的平均成本的下降,称为经验曲线或学习曲线。

### 12.1.4 研究竞争者的产品、成本和价格

（1）竞争状态与公司定价。

在不同的竞争状态下，公司的定价自由是不同的。

在完全竞争的市场上，公司即使有定价权利也不能自由定价，而只能接受市价，随行就市。

在垄断市场上，各卖主所提供的产品都有自己的特点，制造商可以在一定程度上左右其价格。

在完全寡头垄断的情况下，参与竞争的公司既不可能独立大幅度提价，也不能单独降价。各寡头之间相互依存相互影响的结果，使产品价格往往比较接近。

在不完全寡头垄断情况下，由于竞争对手之间的产品在一定程度上不可替代，使寡头产品的定价也就相应地有了一定的独立自主性。

在垄断的市场态势下，政府或公司可以左右其产品的价格。但是，也要注意不能违背有关反垄断的法律规范。

竞争与公司定价的关系还表现为：在需求决定价格的高限与成本决定价格的低限之间，是竞争者的价格决定着公司定价的浮动方向和程度。

（2）竞争对手产品价格与公司定价。

公司产品的价格，在市场需求上限和生产成本下限之间，取决于竞争者的产品成本和价格。

### 12.1.5 选择定价方法

在公司定价过程中，产品成本规定了价格的下限，价格低于成本公司就会亏损；本公司产品的独有特点是定价的上限；而竞争者的价格、替代品的价格就成为产品价格在上下限之间浮动的决定因素（如图 12-3 所示）。

| 高价格 | | 低价格 |
|---|---|---|
| 没有需求的价格 | 竞争者的价格和替代品的价格 | 不能获利的价格 |
| 产品的特点 | | 产品的成本 |

图 12-3　公司定价的伸缩区间

在研究了需求、成本、竞争三要素后，公司就可以选择一种适当的方法制定产品价格了。

（1）成本导向定价。

以成本为导向的定价，主要有以下方法：

1）成本加成定价法。这是以产品的单位总成本为基础，加上一定比例的利润为价格的定价方法。这是一种基本的和常用的定价方法，其计算公式为：

$$单位成本 = 变动成本 + \frac{固定成本}{产品销售量}$$

$$加成价格 = \frac{单位成本}{1 - 加成率}$$

例如，某公司生产的某种产品，其应分摊的固定成本为 3 万元，变动成本为 7.5 元，加成率定为 20%，该种产品的产（销）量为 1 万件。求该产品的单价是多少元？

$$单位成本 = 7.5 + \frac{30000}{10000} = 10.5 \text{（元）}$$

$$加成价格 = \frac{10.5}{1-20\%} = 13.13 \text{（元）}$$

此法的优点在于，它可使公司获得预期的利润，因而可使公司维持正常的再生产并得到发展；所以，在市场供求正常的情况下，这是最常用的定价方法。但它也有缺点，即只考虑本公司成本，而忽视市场供求状况与行情的变化，因而难以适应激烈竞争的市场形势。

2）投资报酬率定价法。投资报酬率定价法是在产品的平均成本之上，加预期的投资报酬为价格的一种定价方法。此方法中的加成利润，不是以成本为基础计算，而是以全部投资为基础计算的。其计算公式为：

$$投资报酬定价 = 单位成本 + \frac{全部投资 \times 投资报酬率}{产品销售量}$$

例如，某公司某年的产品产量为120件，所摊固定成本为60万元，单位变动成本为4000元，该公司投资总额为3000万元。设投资报酬率为20%，求该种产品单价。

$$单位成本 = 4000 + \frac{600000}{120} = 9000 \text{（元）}$$

$$投资报酬价格 = 9000 + \frac{30000000 \times 20\%}{120}$$

$$= 9000 + 50000 = 5.9 \text{（万元）}$$

运用此法定价，公司5年后可收回全部投资。

（2）需求导向定价。

需求导向定价，都属于强调消费者对产品价值的认识和需求程度的定价方法，它主要有以下几种：

1）理解价值定价法。此法也称认知价值定价法。这是根据消费者对产品价值的理解，即产品在消费者心目中的价值观念来决定价格的一种方法。这种价格是以买方对产品的非价格因素来影响购买者，使他们在思想中形成一种理解价值，然后再根据这种消费者的价值观念定价。比如，某城一家饭店比另一家饭店的环境气氛和服务为好，消费者就可能认为两家饭店餐厅出售的同一种酒有不同的价值，这样，这家饭店此种酒的定价比另一饭店高些，消费者也会欣然接受。理解价值定价法的步骤如下：

首先，根据产品的性能、质量、款式等确定顾客的理解价值，从而确定产品的初始价格。

然后，预测可能实现的销售量。再预测目标成本。其公式如下：

$$目标总成本 = 初始价格 \times 预测销售量 - 目标利润额 - 应纳税额$$

最后决策。将目标成本与实际成本对比，若目标成本≥实际成本，则此方案可行，若目标成本＜实际成本，则需要进一步研究。

2）价值定价法。价值定价法是指公司用比较低的价格出售高质量的产品。格兰仕、如家、西南航空和人人乐都采用此法定价。

价值定价法的方式之一是"天天低价"（EDLP）。采用此法的公司较少提供暂时性的打折，二是采取持续的低价政策。

价值定价法另一做法是"高低定价"。是指公司日常制定较高的价格，但频繁的进行促销活动甚至使其价格暂时低于EDLP的价格。

某些地方流行的"一元店""两元店",也应属于价值定价的范围。

(3) 竞争导向定价。

竞争导向定价,是指以竞争者产品价格为参照的一类定价方法,具体有以下几种:

1) 随行就市定价法。这是根据本行业平均价格水平来制定产品价格的一种方法。在完全竞争的市场上,竞争对手之间在定价上实际上没有很大的选择余地,只能接受行业现行价格。在完全寡头垄断的市场上,竞争者之间相互制约,一般也导致定价相同并稳定。随行就市定价特别适用于下列三种情况:公司产品成本难于核算;公司打算与同行业和平共处;公司自行定价难于对竞争者和顾客的反应做出准确估计。

2) 密封投标定价法。密封投标定价是指事先不规定产品(或劳务)价格,由买方对产品(或劳务)的各方面提出要求,卖方密封报价,参加比价,由买方以最有利的价格决定成交的一种定价方法。此种方法,卖者应在规定的时间内将可供产品(或劳务)的名称、品种、规格、数量、交货期、价格等密封送达招标人;由买方在规定日期开标,选择报价最低,最有利的卖主成交。政府采购物资和建筑工程承包等,常采用此法定价。

### 12.1.6 确定市场价格

公司根据不同的需求、成本和竞争状态选择适当的方法定价之后,在产品上市场前,还要考虑一些附加的影响因素,如顾客心理的影响,市场风险的影响,公司定价策略的影响以及公司定价对其他营销组合因素的影响。公司在考虑上述因素的影响后,对已定的产品价格做出适应性调整后就形成了产品的市场价格。

## 12.2 修定价格策略

定价方法是修定价格策略的基础,修定价格策略是公司在不同的市场形势下,有针对性地采用具有艺术性、技巧性的定价方法。掌握了变化多端的定价策略,公司才可以在错综复杂的市场上灵活定价,自如营销。

### 12.2.1 地理定价策略

地区价格是针对产品销往市场与产地市场存在空间差异而制定的价格策略。产品产销的地区不同,必然导致运费、装卸费的差异,基于不同的目的,公司应考虑是否安排地区差价。可以有以下选择:

(1) 产地价格。

产地价格是按制造商将产品运到产地运输工具上时的全部成本费用定价的一种策略。这种定价是产品在产地按出厂价格或批发价格交货,但卖方负责将货物运到产地的某种运输工具上,并承担其中的风险和费用。交货后的风险和费用(含运费)由买方负担。这对买卖双方来说,都比较合理。但不同地区买方的进货价加运费会出现"递远递增"的现象。这显然对远处的买主不利,实际是限制了远方的顾客。

(2) 津贴运费价格。

在产地价格基础上,为减轻远处顾客的运费负担,为其津贴一部分或全部运费的定价称为津贴运费价格。此种定价是对前述定价不足的弥补,在急于与远处顾客做成生意或加强市场渗透时，公司常用此种定价。

（3）目的地交货价格。

目的地交货价是在产地价格基础上加到买方指定的目的地的一切风险和费用制定的价格。

（4）统一交货价格。

统一交货价是卖方对售往不同地区的产品，均负责运送并统一按出厂价加平均运费制定的价格。这实际上是含运费的全国统一价格。由于其与邮政收费类似，也称邮政定价。这种定价的最大特点在于可以刺激远处的顾客购买，也便于公司广告的统一报价，但无疑又限制了近处的顾客。当然，运用此种定价，对价值量高而运费占产值比量较小的产品，于远近地区的顾客影响都比较小。

（5）分区交货价格。

分区交货价是对购买相同产品而处于不同价格区的买主实行有区别的定价。公司先将广大的市场划分为若干区域，然后，按出厂价加产地至每个区域的平均运费分别制定各个价格区的产品价格。在一个价格区域内，产品定价相同。这种价格，虽然在一个区域内还会因买主与产地距离远近不同而出现支付运费不均的情况。但已经在很大程度上弥补了统一交货价格的不足。

（6）基点价格。

基点价格是在厂价的基础上加靠近买主的基点至买主所在地的运费制定的价格。公司采用此策略，先选定某些城市为基点。基点可以是生产地，也可以是任何城市。买主可以任意向距其最近的基点订货，卖主负责从生产地代办托运并负担运费和风险。例如，某公司选定 B 为基点城市，而该公司的生产地在 P，货物实际上是从 P 起运的，但结算价格都从 B 算起，卖给顾客 a 的产品，按厂价 100 元加上 B 到 a 的运费来定价；卖给 b 的产品，按照厂价 100 元加上 B 到 b 的运费来定价；卖给 c 的产品，按照厂价 100 元加上 B 到 c 的运费来定价。有些公司为了提高灵活性，选定许多基点城市，然后按照离顾客最近的基点来计算运费。

这种价格兼有生产地价格和目的地交货价格的优点，而近似于分区交货价格，但又比分区交货价格灵活。只是基点价格在一个基点内的买主价格不同，而分区交货价格在一个价格区域内对不同买主价格相同。

### 12.2.2 折扣与折让策略

折扣与让价均以争取顾客，扩大销售为目的，直接减少一定比例价格或让出一部分利益的定价策略。制造商对中间商常常采用此种策略。

（1）数量折扣。

数量折扣定价，是根据顾客购买数量多少，分别给予大小不等的折扣，购买数量越多，给予折扣越大。数量折扣又分以下两种：

1）非累计数量折扣。又称一次性数量折扣，即根据顾客一次购买量计算的折扣。这不仅鼓励顾客大量购买，而且也节约销售费用。

2）累计数量折扣。就是根据一定时期内购货总量计算的折扣。这种折扣有利于鼓励经营者集中向一个制造商多次进货，使其成为长期客户。

（2）季节折扣。

季节折扣适用于产销之间存在明显时间矛盾的产品。生产季节性产品的公司和经济组织，在生产季节性消费产品的生产旺季，给购买者予以折扣优待。这可以在生产旺季鼓励中间商储存商品，在消费淡季使生产不受影响。

（3）职能折扣。

职能折扣是根据各类中间商在市场营销中所担负的流通职能所给予的一种折扣。制造商可根据中间商职能的不同，给予不同的折扣。如对批发商折扣较大，以使其可能进行转批业务；对零售商折扣较小，但应补偿其推销费用并可盈利。对产业购买者，则可能定另一种折扣。

（4）现金折扣。

现金折扣是买方按照卖方规定的付款到期日前若干天内付款，卖方所给予的一定比例的折扣。其目的在于鼓励买方提前付款，以加速资金周转。多种类型的折扣可按下列公式计算：

$$P_d = P(1-D\%)$$

上式中，$P_d$ 代表折扣价格，$P$ 代表原价格，$D\%$ 代表折扣率。

（5）推广让价。

推广让价是对中间商为产品提供各种促销工作所给予的津贴或减价。如中间商刊登地方性广告、布置专门的橱窗等，制造商可给予让价作为报酬。这样可以鼓励中间商对产品进行宣传，增加销售量。

（6）运费让价。

运费让价是对远地顾客，为弥补其全部或部分运费所给予的让价。其目的在于吸引远方顾客，扩大市场范围。

（7）旧货折让。

旧货折让是当顾客买了一件新产品时，允许交还同类商品的旧货，对新货价格给予折让。这种折让在汽车行业和耐用消费品的交易中最为普遍。

### 12.2.3　促销定价策略

公司为了达到促进销售的目的，可以在价格上做出如下修定：

（1）牺牲品价格。

超级市场和百货商店以某种著名品牌的商品作为牺牲品，将其价格调低，以招徕顾客，达到促进店内其他商品扩大销量的目的。如果正常价格商品的销售足以弥补牺牲品的低价损失，公司仍有利可图。但一般情况下，制造商不愿以自己的产品作为牺牲品。最终如何选择低价的产品，取决于制造商与中间商的意愿和实力。

采用牺牲品定价应注意以下几点：削价品必须是广大消费者常用的价值不大的产品；产品必须是真正削价，以取信于消费者；实施牺牲品定价的公司必须是规模较大，产品品种繁多，以便吸引顾客购买其产品；削价金额要有一定限制，并要经常变化，否则或对顾客吸引力不大，或影响公司经济效益。

（2）特别事件价格。

公司可以利用某些特定事件来修定产品价格。如春节前夕、公司周年庆典、儿童节等，都可以利用来吸引更多的顾客购买。

（3）低息贷款和较长的付款期限。

公司不是降价而是向顾客提供低息贷款，并延长还款期限，以此来促进产品的销售。如汽车、住宅的贷款就属于此种策略的具体体现。

（4）现金回扣。

公司可以向在特定的时间内进行购买的顾客提供现金回扣，以刺激顾客购买。如汽车和其他消费品制造商有时会采用此种策略。

（5）保证和服务承诺。

公司可以通过增加免费或低成本的保证或服务合同来促进销售。

### 12.2.4 差别定价策略

差别定价策略是指公司在产品成本相同的情况下，制定两种或两种以上的价格来销售同一种产品或服务。差别定价主要有以下几种形式：

（1）顾客群不同，价格不同。

（2）产品式样不同，价格不同。产品式样或花色不同，虽成本有所不同，但并不根据成本，而是根据消费者对产品的喜爱程度定价。如某些家庭用品、服装的定价就可如此。

（3）地点不同区别定价。比如影剧院、球场内不同地点区别票价就属此定价的运用。

（4）日期和时点不同区别定价。某些产品的价格周末与平日不同，早晨与晚上不同。

（5）用途不同区别定价。比如，公司为了开辟市场，鼓励渔民在渔船上使用本公司的小电机，于是将产品按低价售与渔民，而按原价售给工厂和其他顾客。运用此法，卖者必须有效地实行市场细分，避免有人低价买进再高价转售。

（6）公司将同样的产品对一些人按牌价出售，对另一些人却可以讨价还价，给予折扣。这主要是为了吸引一部分顾客，使之大量购买或成为公司的长期买主。

实行区分需求定价法，应注意其适用条件。

### 12.2.5 产品组合定价策略

如果公司产品的价格与其他产品存在着不同程度的关联性，那么，在定价上就必须通盘考虑。这种价格修定策略是指兼顾产品大类中各个相关产品之间的价格，争取大类产品所获总利润最高的一种定价策略。这种价格策略具体表现为以下 6 种情况：

（1）产品线定价。

公司常常会开发产品线，而非单一的产品。在一些行业中，卖主为同一产品线不同规格或档次的产品规定几个消费者熟知的价格点。比如将男子西装定为 800 元、1500 元、3000 元 3 个价格点，顾客就会联想到这是低、中、高档的西装。卖方的任务是提供与价格差异相适应的产品质量差异。产品线定价策略，既有利于卖方管理产品与价格，又有利于买主选购。

（2）选择项目定价。

许多公司在销售与主要产品配套的备选产品或附加产品时，运用选择项目定价。公司先为其基本产品确定一定的价格，再提供若干由购买者选择的项目，加上购买者自愿选择的项目，产品的总价格会高于基本价格。如小轿车的去雾装置、安全气囊，餐馆中的酒类和饮料，就常采用此种策略。公司必须决定哪些项目应该包括在基本价格之内，哪些作为备选产品。

（3）补充品定价。

补充品须与主要产品一同使用才有价值，是只要购买主要产品，就必须连带购买的产品，如光学原理照相机与胶卷、电动剃须刀与电池、复印机与复印纸，都具有补充关系。

公司应对主要产品与补充品兼顾定价。公司可以把主要产品的价格订得低些，而将连带品的价格订得高些，从而刺激购买并从中获利。美国吉利剃须刀刀架与刀片的巧妙定价配合，就是成功的一例。在这方面，不生产连带产品的公司就望尘莫及了。

（4）分部定价。

服务性公司常常采取分阶段或分部分定价的策略。如公园先收一定的门票，如果游玩的地方超过了规定的范围，增加部分另外收费。公司在修定价格时，可以将基本收费调低一些，以刺激购买。当顾客需要额外服务项目时，额外收费为公司带来更多的收益。

（5）副产品定价。

食品化工等行业的生产过程中，必然产生一些副产品。这些副产品的成本已由主产品摊销，如果将副产品按原料出售或制成加工品再出售，公司就可获得较高的利润。与此同时，公司还可以借助副产品的收入，降低主产品的价格，以此来提高主产品的竞争力。

（6）成套产品定价。

也称捆绑定价或一揽子定价。成套产品既可以整套出售，由于各单件产品具有相对独立的使用价值，又可分件出售。公司应使全套产品的总售价与单件产品的售价之间保持一定的关系。一般来说，整套产品的总售价，要略低于各分件产品的单价之和，以刺激顾客成套购买。这种定价可以促进消费者购买一些原本不会购买的产品，但是组合的产品价格必须足够低，以吸引消费者购买。

### 12.2.6　心理定价策略

心理定价是公司针对顾客心理所用的定价策略，它主要包括以下几种形式。

（1）非整数定价。

非整数定价是针对顾客求廉心理制定的产品价格，它包括奇数价格、零头价格和低位价格。心理学分析证明，顾客感觉单数比双数少，零数比整数准确，低一位数比高一位数明显便宜。据此，公司定价就可以订出奇数价格、尾数价格和低位价格。比如某商品定价 398 元而不定 400 元；另一种商品定价 99 元而不定 100 元。这可以给人们以价低、准确、便宜的感觉。

（2）声望定价。

声望定价是适应顾客"一分钱一分货"心理，借助公司和产品声望而制定的较高的价格。一家商店经过多年经营，在消费者心目中有了声望，这家商店出售的商品可以较一般商店稍高。一个品牌的商品成了名牌，消费者对它产生了信任感，售价也可以较高。

### 12.2.7　新产品定价策略

新产品定价的恰当与否，关系着新产品的命运。常用的新产品定价主要有"撇脂"和"渗透"两种策略。

（1）"撇脂"定价。

"撇脂"定价，是在新产品刚进入市场阶段，公司采取高价投放的策略。以便在短期内获取尽可能多的收益。这就好像在牛奶中撇取奶油一样，将新产品利益的精华尽快取出，如某些高档时装的定价，这种策略也就因此得名。这种定价策略有利于利用消费者求新的心理，尽快收回对新产品的投资，并获得高额利润。如果定价过高，公司还有降价的余地。但是，在新产品的声誉尚未建立时就高价投放，往往不利于开拓市场，甚至导致无人问津。

（2）"渗透"定价。

这是与"撇脂"定价相对立的一种定价策略，它是将价格定得低于预期价格，使新产品迅速占领市场并有利于对付竞争者的一种定价策略。这个策略针对消费者的选价心理，在新产品上市之初，价格稍低一些，到新产品打开销路以后，再结合质量的提高，造型的改进，逐步将价格提到一定的水平。较低的定价，可以吸引顾客，使产品易于打开销路。同时，由于价低，也使竞争者感到收益不大而退出竞争，从而使公司迅速占领和扩大市场。这种定价策略，首先强调扎根市场，故称"渗透"定价。

上述两种定价策略的适用性，可以借助图12-4加以说明。

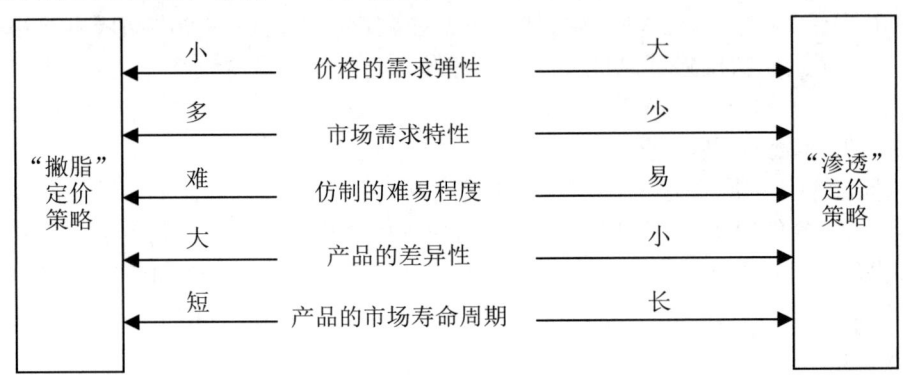

图12-4　"撇脂"与"渗透"定价取舍示意图

在新产品定价上，如认为高价和低价都比较极端。还可采取介于"撇脂"与"渗透"之间的温和定价策略。

### 12.2.8　环境激烈变化下的定价策略

当公司置身的环境激烈变化时，公司应迅速地推出与之相适应的产品定价。

（1）通货膨胀时期的价格。

通货膨胀导致产品成本增高。但公司绝不可简单地提高销价，把通货膨胀带来的损失转嫁给消费者。当然公司也必须采取妥善的定价措施，争取既减少亏损又不失掉市场。

1）坚持目录价格。这是指公司仍按原目录价格出售其产品。此策略的目的是在消费者和公众心目中树立公司良好的形象，以此扩大市场占有率，为此，公司宁可承担一些损失。

2）指数价格。指数价格即公司产品价格与某一特定物价指数保持同步。公司产品的价格可以随物价的普遍上升而自动提高。比如，某一产品零售价与消费品物价总指数或该产品的批发价格指数保持同步。这样消费者会认为合情合理，易于接受。

3）除去免费项目。这是将过去的某些免费服务项目改为按价收费的一种策略。如过去的免费运输、免费安装和维修，改为收费服务。这也可以增加些收入，以弥补通货膨胀带来的损失。

（2）原材料短缺时的价格。

在原材料短缺的情况下，公司或者改变生产结构，或者提高产品价格。

1）改变生产比例。如果公司用相同的原材料生产两种或两种以上产品的话。在原材料短缺时，公司可以改变所产不同的产品之间的比例结构，而不改变价格。具体做法有两种：一是将较多的原材料用在获利润高的产品上，而获利低的产品可以少安排或不安排生产；二是单位原材料创利润多的多投，创利润少的少投或不投。

2）提高产品销价。在原材料短缺时，公司在不违反有关法规和消费者可接受的范围内，也可适当提高产品的销售价格。

（3）科技日新月异时的定价。

随着科学技术的发展，新工艺、新材料、新技术和新产品不断问世，原来价格很高的产品越来越便宜，即出现产品价值的精神磨损。如移动电话、数字照相机、计算机等。公司在经营这类产品时，货物不可积存过久，在新一代产品问世前按高价销售，尽量取得利润。新一代产品一旦出现，旧产品则立即降价，以使之尽早脱手。为此，公司必须加强新产品及其价格的预测，避免损失。

此外，还有不同包装不同价格、跌价保证等定价策略。

## 12.3 价格调整战略

### 12.3.1 公司主动调整价格

产品价格制定以后，由于某些影响价格的因素发生了变化，公司就需要对原价格进行调整。

（1）影响公司价格变动的因素。

公司主动调整价格，无论是提价还是降价，都要抓住适当的机会，一般应在考虑以下几方面因素的基础上做出决策。

1）产品成本结构。如果成本提高是由于原材料的价格和人工费用的增加所致，公司为了保持利润，只好采取提价措施；反之，如果公司成本费用下降，公司就可以降低价格。

2）产品的市场地位。如果产品在市场竞争中处于优势地位，公司营销部门就可以考虑适当提高产品的价格，倘若产品在市场竞争中处于劣势，就应考虑采取降价措施，以打开销路。

3）产品的需求弹性状况。需求弹性小的产品，提价可增加总收入，降低的意义不大。需求弹性大的产品提价则会出现市场占有率的下降，降价反而可刺激需求，增加总收入。

4）市场供求状况。市场供求状况常常是价格调整与否的重要参考因素。若市场上某种产品供过于求，公司一般是先设法改进产品，努力推销，如果成效不大，则可考虑降低产品的价格，以刺激需求。另一种情况，如果产品在市场上供不应求，除了采取一些限额分配的措施外，提价也是必然的方略。当然，提价能以无形的方式进行，如少给折扣或在系列产品中提高利大品种的比重等。

5）市场竞争结构。完全竞争、垄断性竞争、寡头垄断和独占4种情况，对公司的价格调整，分别产生不同的影响。

6）货币流通状况。货币流通是否正常，是影响商品价格的根本性因素之一。在通货膨胀的情况下，产品的成本必然就随之加大，不提价就不能维持应有的盈利；在紧缩通货的情况下，由于成本下降，产品的价格也可随之调低。

7）有关法规和政策。公司在考虑提价或降价时，应考虑到国家有关价格的法规和政策，应在法规和政策允许的范围内进行价格调整，否则将受到干预甚至制裁。

(2) 买主对公司产品价格变动的反应。

公司变价，总会影响各类买主。这种影响可以通过需求弹性反映出来。公司可以通过计算变价产品的弹性系数大小来验证变价的正确性。

另外，公司还应注意到买主对变价的理解差异。价格下降一般可刺激购买，但有时却事与愿违，这是因为买主有如下理解：该产品可能有什么缺点；产品减价可能质量也在下降；公司可能财务困难，如果倒闭，维修和配件将无着落。

提价一般会限制购买，但买主有时反而多购。这是由于买主认为，该产品是热门货，不抓紧买，将会买不到；该产品质量等方面一定有特殊的优点；由于原材料提价和通货膨胀，价格以后可能还要提高。无论是上述哪种情况，公司都应对买主的理解有正确的判断。

(3) 竞争者对公司变价的反应。

公司主动调价时，还应十分注意竞争者的反应。公司面临的竞争者有以下两种情况：

1) 面临一家竞争者。竞争者可能从两个不同的出发点来理解公司的变价。一是竞争者有一组适应价格的政策。这可以通过内部资料并借助统计分析来获悉。二是竞争者把每一价格变动都当作单一的挑战。在这种情况下，公司就必须断定当时竞争者的利益是什么？这可以通过调查竞争者目前的财务状况、生产能力、销售状况、顾客忠诚情况、公司目标等来加以断定。

2) 面临若干竞争者。如果竞争者不是一家公司，就要对每个竞争者的反应做出断定。倘若所有竞争者反应相同，只要分析一个典型竞争者即可；若竞争者的对策各不相同，就需要对不同的竞争者一一进行分析；如果有几家竞争者相继调整价格，其他竞争者很可能随之调整。

### 12.3.2 公司应付竞争者调价的对策

公司也经常处于变价的被动地位，因此，妥善地应付竞争者的价格变动，对公司来说也是一个十分重要的问题。

(1) 对同质产品调价的对策。

在同质产品市场上，竞争者调价有以下两种表现：

1) 竞争者提价。当竞争者提价时，其他公司也可能会随之提价；但若有的公司不随之提价，那么发动提价的公司也将不得不取消提价。

2) 竞争者降价。当竞争者降价时，公司也必须随之削价，否则，公司将被购买者抛弃。

(2) 对异质产品调价的对策。

在异质产品市场上，面对竞争者的变价，公司有较多的自由。因为买主在购买时，不仅考虑产品的价格，更重要的是考虑产品的质量、服务、性能等方面。因此，公司对竞争者较小的变价可不予理睬。

## 小结

1. 公司定价一般需依次经历确定定价目标、分析需求、计算成本、研究竞争、选择定价方法和确定市场价格6个步骤。

2. 公司可选择的阶段性定价目标有维持生存、当期利润最大化、获取一定的投资收益率、提高或维持市场占有率、应付和防止竞争等。

3. 需求弹性是由价格变动导致的需求变动。借助需求弹性系数可以考察价格变动对需求变动的各种影响。当产品需求价格弹性大时，为公司选择低价或降价提供了可能。反之，公司可以采取适度提价或高价决策。

4．公司定价，一要分清成本类型。公司所定产品价格必须高于单位总成本才可获利。二要考虑生产规模和学习曲线因素。单位生产成本随生产规模增大而下降，下降到一定程度时又会有所增加。当公司积累了生产经验之后，平均成本会趋于下降。

5．公司在完全竞争、垄断竞争、寡头垄断和独占状态下，公司的定价自由是不同的。公司定价时要考虑竞争对手相同产品的成本与价格。如果本公司产品不如竞争者，公司产品价格应适当低于竞争者的产品价格；如果本公司产品超过了竞争者，则价格高些购买者也能接受。此外，公司还要研究竞争者价格的变化，以采取恰当的应对措施。

6．成本导向的定价方法有成本加成法和投资报酬率法。需求导向的定价法有认知价值定价法和价值定价法。竞争导向的定价有随行就市定价和密封投标定价法。

7．公司修定价格策略有地理定价策略、折扣与让价策略、促销定价策略、差别定价策略、产品组合定价策略、心理定价策略、新产品定价策略等。

8．公司主动调整，应考虑影响公司价格变化的因素，分析买主、竞争对手对公司价格变动的反应。公司为应付竞争者调价，应对同质产品调价和异质产品调价分别做出应对。还要对竞争者调价做出预测。

**重要概念**

价格　需求弹性　需求弹性系数　生产成本　边际成本　成本加成定价　理解价值定价　随行就市定价　地理定价策略　折扣与让价策略　促销定价策略　差别定价策略　产品组合定价策略　心理定价策略　新产品定价策略

**复习思考题**

1．公司可选择的定价目标有哪些？
2．需求与产品价格有什么关系？需求弹性系数不同对公司定价有什么影响？
3．成本与产品价格有什么关系？生产规模和学习曲线对公司定价有什么影响？
4．在不同的竞争状态下公司应怎样分别定价？
5．成本导向定价主要有几种方法？其各自的优缺点是什么？
6．需求导向定价主要有几种方法？其各自的优缺点是什么？
7．竞争导向定价主要有几种方法？其各自的优缺点是什么？
8．怎样有针对性地运用地理定价策略？
9．如何运用累计数量折扣策略和季节折扣策略？
10．促销定价策略有哪几种形式？
11．差别定价策略有哪几种形式？
12．怎样有针对性地运用产品组合定价策略？
13．怎样有针对性地运用心理定价策略？
14．新产品定价策略主要有哪几种？其适用条件是什么？
15．公司主动调整价格应考虑哪些因素？

## 经典案例

### 小米公司的定价策略

小米公司（北京小米科技有限责任公司）于 2010 年 4 月正式成立。2011 年 7 月 12 日小米创始团队正式亮相，宣布进军手机市场，揭秘旗下 3 款产品：MIUI、米聊、小米手机。2011 年 8 月 16 日小米手机发布会暨 MIUI 周年粉丝庆典举行，国内首款双核 3G 手机——小米手机正式发布。2011 年 8 月 29 日小米手机 1000 台工程纪念版开始发售。至此，小米步入到大众的视野，开始了迅速的成长之路。2012 年 2 月 9 日，小米社区注册用户数达 200 万。2012 年 6 月 26 日，小米公司董事长兼 CEO 雷军宣布，小米公司已完成新一轮 2.16 亿美元融资，小米公司估值达到 40 亿美元，名列中国互联网公司第五。2012 年 8 月 16 日，在北京 798 艺术区举行小米手机 2 发布会。2013 年 4 月 9 日，北京国家会议中心小米米粉节上正式发布 MIUI V5、小米手机 2S、小米手机 2A。2013 年 9 月 5 日正式发布了倚天屠龙——小米手机 3 和小米电视。2013 年 12 月 23 日，MIUI 全球用户突破 3000 万，MIUI 系统月营收突破 3000 万。2014 年 3 月 16 日，小米公司发布红米 Note，7 月 22 日推出小米手机 4。

目前，智能手机市场需求巨大，全球智能手机销量还在不断增长。但很多人吃得起苹果，却买不起"苹果"。通过调研，1000～2000 元受关注比例最高，国人接受 1000～2000 价位的手机占 67.5%。所以一般情况下，小米手机新上市时定价为 1999 元，这个价格正好可得到国内的认可。这样高端的配置加这么低的价格可以说是前所未有的。在国内智能手机市场上，能够达到小米手机这样配置的智能机大多价格都在 2500 元以上。如此高配低价的手机，价格却低于顾客预期，这对消费者来说诱惑极大，从而使小米手机第一次在线上销售就被一抢而空。

此外，小米手机官网上配件专区，经常以电池套装和保护套装进行搭配销售，例如"1930mAh 电池+原装后盖+直充，原价 258 元，现价 148 元，立省 110 元"。另外小米手机在网上销售的时候会给顾客提供几种套餐，每个套餐里面包含不同的配件以及小礼品之类的，不同的套餐报价不同。小米官网定期举行限量秒杀活动，一般每周一至周五早上 10:00 准时开始抢购，并且每个账号限购一件，参加秒杀活动的商品大多数是手机配件，以超低的价格吸引人气和关注度，同时也迎合了消费者追求便宜的心理。

小米在"双十一"购物狂欢节，对其旗下产品给予折扣，例如小米 4 当天价格 1799 元，比原来便宜 200 元（"双十一"前小米竞争者魅族发布 MX4，售价 1799 元，所以小米在"双十一"下调价格至 1799，可以很好促进销量）。小米手机在天猫上多年销售额蝉联第一。从 2011—2014 年，这么短的时间小米迅速打开销路，占领市场，成为世界第三大手机厂商。

案例来源：根据 http://www.xzbu.com/2/view-6545900.htm 整理而成。

**案例思考题**

1. 小米公司采取的定价策略有哪些？
2. 影响小米公司定价的因素有哪些？
3. 请分析小米公司采取这些定价策略成功的原因。

# 第 13 章　营销渠道策略

成功的价值创造需要成功的价值传递。大多数生产者并不是将其产品直接出售给最终顾客，而是要借助营销渠道的力量来将价值递送给最终顾客。

## 13.1　营销渠道的性质

### 13.1.1　营销渠道的定义

在现实的经济活动中，大多数生产者并不将其产品直接出售给最终用户，而是利用在生产者和最终用户之间执行不同职能的营销中介机构来完成产品的销售。这些中间机构组成了营销渠道。

营销渠道，是指产品从制造商向消费者（生产的和生活的）转移过程中，承载"商流"和"物流"职能的组织机构的系列。这个组织机构系列，主要由制造商、买卖中间商、代理商、辅助商以及消费者构成（如图 13-1 所示）。

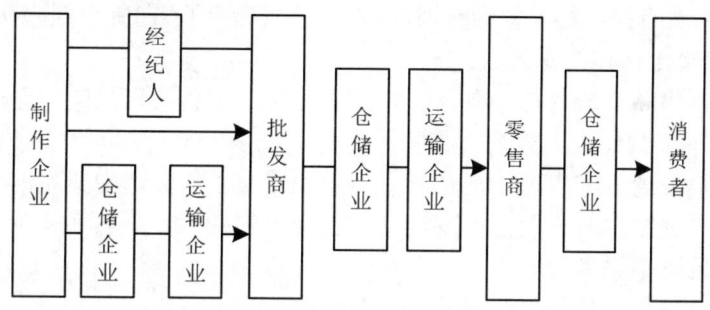

图 13-1　营销渠道示意图

在营销渠道的组织机构中买进产品，取得产品所有权，再转手出售产品的机构，称作买卖中间商。在渠道中寻找顾客，有时也代表制造商与顾客谈判，但不取得产品所有权的机构，称作代理商。还有一些只支持产品销售活动，既不取得产品所有权，也不参与买卖谈判的组织，称作辅助机构。

美国营销学者 E·雷蒙德·柯立（E.Raymond Corey）指出："一个分销系统……是一项关键性的外部资源。它的建立通常需要若干年，并且不是轻易可以改变的。它的重要性不亚于其他关键性的内部资源，诸如制造部门、研究部门、工程部门、地区销售人员以及辅助设备等"。

### 13.1.2　营销渠道的层级

产品在其从生产者向消费者或用户的转移过程中，每经过一个对产品拥有所有权或负有销售责任的机构，称为一个"层级"，层级越多，营销渠道就越长，反之则短。长度不同的营销渠道，又分为消费者市场营销渠道和产业市场营销渠道两种类型。

（1）消费者市场营销渠道的层级。

消费者市场营销渠道有以下模式（如图13-2所示）：

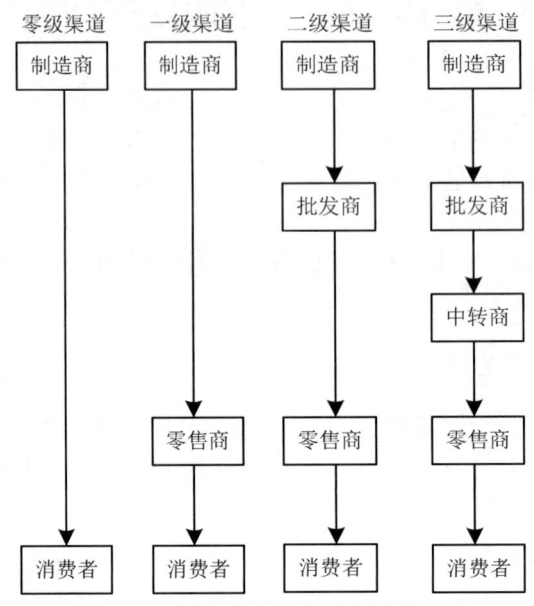

图13-2 消费者市场营销渠道的层级

1）生产者—消费者。一般表现为制造商自设门市部、顾客向制造商直接邮购、电话购货，以及制造商的推销员走访推销等方式。

2）生产者—零售商—消费者。在我国有厂店挂购、零售商直接向制造商进货和设置专柜等形式。

3）生产者—批发商—零售商—消费者。这是消费品销售渠道中典型的模式。

4）生产者—产地批发商—销地批发商—零售商—消费者。

（2）产业市场营销渠道的层次。

产业市场营销渠道有以下模式（如图13-3所示）：

1）生产者—用户。这可称为直接销售渠道，它具体表现为下列几种情况：生产者与产业用户有稳定的供需联系；在生产者举行的订货会上看样成交；生产者携样品走访推销等。

2）生产者—经销商—用户。产品经过产业分销商再转售给用户。

3）生产者—代理商—经销商—用户。在我国，此种模式也很普遍，许多产业分销公司充当着制造商与用户的媒介。

4）生产者—分销机构—代理商—经销商—用户。这种模式与前者的区别在于，制造商本身设置了分销机构，分销机构委托代理商将产品销售给分销商，然后再由分销商将产品销售给用户。

### 13.1.3 营销渠道的职能

营销渠道的职能是把产品从生产者手中转移到消费者手中。它解决了产品、服务在生产者与使用者之间的时间、空间、所有权等方面的矛盾。营销渠道的成员共同执行了下列职能：

（1）调研。为计划和促成交易收集有关信息。

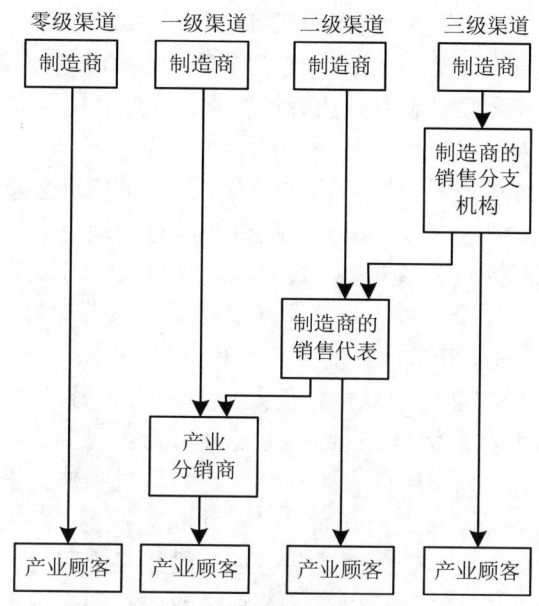

图 13-3　产业市场营销渠道的层级

（2）促销。发布和传播有关供应产品的富有说服力的信息。

（3）联系。寻找潜在购买者，并与其进行沟通。

（4）匹配。按买者的要求调整供应物，它包括诸如加工、分等、分类和包装等活动。

（5）谈判。尽力达成有关产品价格和其他条件的最终协议，以实现所有权的转移。

（6）实体分配。运输和储存商品。

（7）融资。收集和分配资金，用以负担渠道工作所需费用。

（8）承担风险。在执行营销渠道职能的过程中承担有关风险。

上述职能中的前 5 项职能是为了帮助达成交易；后 3 项则是帮助已达成的交易付诸实现。这些职能由谁来执行是一个十分值得研究的问题。当制造商执行这些职能时，制造商的成本增加，其产品的价格也必然上升。当若干职能转由中间商承担，生产者的费用和价格则会下降。

### 13.1.4　营销渠道的重要性

（1）营销渠道是产品进入市场的重要通道。

很多公司在生产出产品之后，往往需要借助营销渠道，通过渠道所提供的所有权效用、时间和地点效用，来解决公司与消费者之间的种种矛盾，使产品尽快进入消费领域，实现产品的价值。在社会化大生产和市场经济条件下，公司与消费者之间存在许多矛盾：一是所有权分离的矛盾。公司生产出产品，拥有产品的所有权，但自己并不需要产品，而消费者需要这些产品，却不拥有产品的所有权。二是时间分离的矛盾。有些产品常年生产却存在季节性消费。三是空间分离的矛盾。公司相对集中在某些地区，而消费者分布在全国或全球不同地方。四是供需数量的矛盾。公司为获得规模效益会大量生产某种产品，而消费者每次购买的产品数量比较少。五是花色品种方面的矛盾。公司往往进行专业化生产，而顾客却需要各种花色品种的产品。为了解决这些矛盾，中间商等重要渠道成员的参与必不可少。

（2）营销渠道是提高公司经济效益的重要手段。

中间商是营销渠道的重要成员，中间商专门从事产品的分销，具有专业的知识和技能、丰富的分销经验、广泛的社会联系和有效的分销网络，合理利用中间商从事产品分销，能以高效率、低成本推动产品进入目标市场，使公司的经济效益提高。首先，有效地利用中间商可以提高渠道效率。渠道管理者可以将分销活动分解为采购、销售、运输、库存、信息提供和订单处理等不同的分销任务，再把这些分销任务分配给能最有效地完成相应任务的渠道成员，实现分销任务的最优分配，从而提高渠道效率。其次，合理利用中间商可以减少交易次数，降低交易成本。与公司和消费者直接交易相比，公司通过中间商与消费者进行交易的次数更少。

（3）营销渠道是公司获得竞争优势的重要工具。

市场竞争不再是单个公司之间的竞争，而是一个网络和另一个网络之间的竞争，建立了更好网络的公司最终将赢得竞争优势。营销渠道是公司为实现交易目的而构建的网络系统，渠道的构建是一项长期的决策，公司所拥有的有效营销渠道很难被竞争对手快速地模仿，因此高效畅通的营销渠道逐渐成为公司赢得竞争优势的一个重要武器。在激烈的市场化竞争中，不少公司逐渐认识到，仅靠自身力量与竞争对手单打独斗已经很难取胜，而通过与中间商的密切合作，构建协调高效的营销渠道，往往可以获得差别化或成本领先等竞争优势。所以，许多公司开始重视具有持久竞争力的营销渠道设计和管理，试图通过建立畅通高效的营销渠道系统来传递顾客价值，提高顾客满意度，以更好地实现公司目标。

## 13.2 营销渠道设计

为了设计一套有效的营销渠道系统，公司需要依次完成5个工作内容。

### 13.2.1 分析顾客的需要

公司的营销渠道应在以下5个方面满足顾客的需要：

（1）产品品种。

产品品种指营销渠道能提供产品花色品种的宽度。顾客一般喜欢花色品种较宽的渠道。这样满足顾客需要的机会更多。

（2）产品批量。

产品批量是指营销渠道允许顾客一次购买的最低数量。一般情况下，批发商的批发起点较大，而零售店的购买起点是一件产品。

（3）节约时间。

顾客希望缩短等待收到货物的平均时间。这就要求渠道成员简化手续，合理安排物流，及时将产品转移到顾客手中。

（4）空间便利。

空间便利要求公司选择的渠道成员以及仓库、零售店选址上都要有利于顾客的就近和方便。从这一要求看，网点分布广泛的连锁经营公司比单店公司更适应顾客的要求。

（5）服务水平。

服务水平指公司提供顾客的送货、安装、修理、信贷等项目的状况。渠道服务水平越高，顾客越满意。

### 13.2.2 确定渠道目标

营销渠道目标,即公司营销渠道预期能为达到顾客提供的服务水平。

一般情况下,公司确定的营销渠道目标是:在达到期望的服务提供水平的前提下,使整个营销渠道的费用最小化。

### 13.2.3 分析影响营销渠道设计的因素

公司在明确了选择营销渠道的目标之后,还应具体地分析影响营销渠道设计的因素。影响营销渠道设计的因素主要表现在下述 4 个方面。

(1) 市场方面。

1) 潜在顾客的情况。包括:

第一,顾客的类型。如果顾客是产业购买者,一般来说,零售商就不必包括在所选的渠道之中。

第二,顾客的数量。如果公司的潜在购买者较少,就可以考虑使用较短的或直接性渠道;反之,如果潜在购买者较多,就只能使用较长的营销渠道。

第三,顾客的集散程度。消费者越分散,销售就越费时费力,成本也就相应增加,公司越需要利用中间商进行间接性销售;反之,如果产品的最终消费者或用户集中在一个地区或少数几个地区,制造商就可以用直接的营销渠道。

第四,顾客的购货批量。面对一次订货量很大的产业购买者或社会集团,就可以直接供货;反之,面对每次购物数量很小的消费者,公司就不得不用间接性营销渠道。

第五,消费者的购买习惯。顾客对各种各类商品的购买习惯,诸如愿意付出的价格、购买场所的偏好,以及对服务的要求等,都影响着制造商营销渠道的选择。

2) 竞争对手的营销渠道状况。一般来说,公司应避开竞争对手已用的销售渠道,以避免正面对抗。但是,公司有时也可采用与竞争对手完全相同的营销渠道,以适应消费者比较品牌、价格的要求。

(2) 产品方面。

产品是营销客体,它直接影响着公司营销渠道的选择。

1) 产品的理化性质。主要包括:

第一,产品的体积和重量。产品体大量重,一般就采用较短的营销渠道,以减少运输和储存成本。比如重型机械、家具的销售。产品体小量轻,必要时可采用间接性广泛分销的渠道,以扩大市场覆盖面。日用小商品的销售就如此。

第二,产品的易毁程度。凡鲜活易腐产品、易毁产品,客观上都要求快速、短距离、少装卸次数的流通。因此,公司所选渠道越短越好。如肉、禽、蛋、奶、菜、花卉、玻璃器皿的销售。反之,非易腐、易毁产品,必要时则可以选择较长的营销渠道。

2) 产品的技术性质。产业设备和家用电器,一般都具有程度不同的技术性,用户需要安装、操作、维修等售后服务。这类产品的营销渠道应该是"短"而"窄"的。对这类产品,许多制造商都自设门市部销售或在大商场租赁一块场地销售。反之,技术性不强的日用品、易耗品,则更多地选用"长"而"宽"的渠道。

3) 产品的价值量高低。产品价值表现为价格,产品单价高低,对营销渠道的选择也有影响。派员推销,从沟通信息上看是最好的销售方式,但费用较高。只有单价高的产品,其毛利扣除推销费用仍有利可图。因此,可以采取直接性销售渠道销售。而单价低的产品,就需要借助含批发商的较长的营销渠道推销了。

4)产品的产销特点。产品在生产上和消费上所表现出来的特点,也影响着制造者营销渠道的选择。产品产销的时间性、地区性、生产批量等都会影响渠道的长短。

(3)制造商本身方面。

1)制造商的经营实力状况。资金雄厚、规模大、市场营销能力强的公司,为了有效地控制营销渠道,开拓市场,扩大销售,就可以采用直接性的"短"渠道。实力较弱的公司或缺乏营销经验的公司,则只能依靠和利用中间商提供的各项服务来加强推销工作。

2)制造商控制渠道的愿望与声誉。有的制造商为了实现某种营销战略,需要控制其产品的市场价格和营销渠道。这就需要直接性的或较短的分渠道。也有的制造商则另有目的,需要选择其称心如意的中间商来销售其产品。只有声誉好的公司才能任意地选择中间商,声誉差的公司在中间商选择上就比较被动。

(4)社会环境方面。

社会环境方面的情况,主要指有关的政策、法规、经济形势对制造商选择渠道的制约和影响。例如,在我国,体制改革之前,关系国计民生重要的生产资料、农产品和消费品,必须由国家规定的国营中间商统一经营。制造商在选择渠道时就必须遵守国家的政策规定。经济形势也影响着制造商营销渠道的选择。

### 13.2.4 设计营销渠道方案

公司在分析影响营销渠道设计的因素之后,就进入了营销渠道方案的设计阶段。设计营销渠道方案,主要包括如下内容:

(1)选择中间商机构的类型。

营销消费品与生产资料的公司,在选择中间商的类型上有所不同。

1)生产资料的公司中间商类型有以下选择:

其一,公司自设推销机构。

其二,利用制造代理商。

其三,利用生产资料批发商,即产业用品分销商。

2)消费品生产公司中间商的类型如下:

其一,公司与制造商签订合同,将产品作为配件销售给消费品制造商。如公司将汽车上使用的电话销售给汽车制造商,将其作为原装设备进行安装,即 OEM(Original Equipment Manufacture)。

其二,利用消费品代理商。

其三,利用批发商。

其四,利用零售商。

其五,利用其他中间商。

(2)选择中间机构的数量。

公司在选择中间机构的数量上有三种战略:

1)密集分配(Intensive Distribution)。这是制造商通过尽可能多的批发商和零售商同时推销其产品。制造商为了使自己的商品能够广泛销售，使消费者随时随地都可以买到产品而采取的战略。消费品中的便利品和产业用品中的供应品，常采用此种分配策略。

2）选择分配（Selective Distribution）。这是制造商在某一地区有选择地确定一部分批发商和零售商来推销自己产品的一种战略。一般说来，这种销售战略适用于各种产品的推销，但相对地说，消费品中的选购品和特殊品更适宜用此战略。

3）独家分配（Exclusive Distribution）。这是制造商在特定的市场区域对其产品仅选择一家批发商或零售商来推销的策略。在这种情况下，产销双方都互相承担更多的义务，中间商必须不再经营有竞争性的产品，生产者在这个区域内也放弃使用其他中间商经销其产品。

（3）明确中间机构的权利和责任。

生产者必须确定渠道成员的权利和责任，必须真诚对待每个渠道成员，并让他们有利可图，制造商应在以下方面明确中间商的权利和义务：

1）价格政策。生产者应制定价目表和折扣细目表，让中间商感到公平合理。

2）销售条件。规定付款要求和生产者担保。其中包括现金折扣、产品质量担保、跌价保证等条件。

3）分销商在本地的权利。生产者与中间商对于双方的权利与责任，必须谨慎地加以确定，特别是特许经营和独家经销、独家代理关系，更要十分具体明确。

### 13.2.5 评估营销渠道方案

公司营销渠道方案设计之后，应对两种或两种以上的方案进行评估。评估标准如下：

（1）经济性标准。

每一种渠道方案都将产生不同的销售附加值和交易成本。图 13-4 表明了根据每一销售单位的附加值和每交易单位成本依次排列的 6 种渠道。公司应在不减少销售量和不降低服务质量的前提下，选择相对成本低的渠道类型。

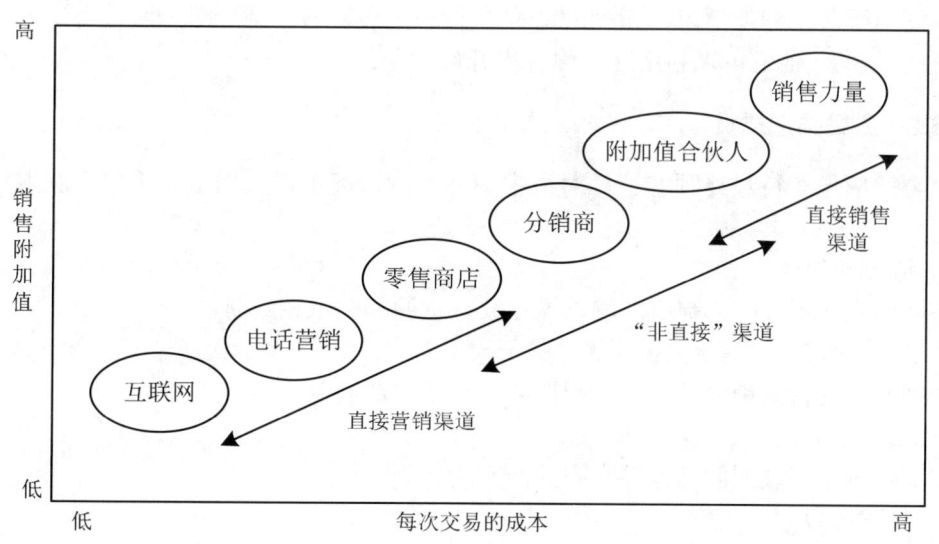

图 13-4　不同渠道的成本与附加值

（2）控制性标准。

使用代理商有一个控制问题。代理商是一个独立的公司，它关心的是本公司能否取得最大的利润。此外，代理商关心的是谁购买的数量最多，而不是买哪家制造商的产品最多。再有，代理商的推销人员可能不如本公司人员那样详细地掌握公司的技术资料，也不一定能充分运用制造商的促销资料。

（3）适应性标准。

由于环境的变化，生产者与中间商互相允诺的维持义务的时间在缩短。生产者需要寻求具有高度适应性的渠道结构和政策。

## 13.3 营销渠道管理

营销渠道管理是指公司为实现分销目标，通过计划、组织、协调与控制，整合营销渠道中所有渠道成员的行为以确保渠道成员之间相互协作的管理过程。营销渠道管理主要包括下述几个内容。

### 13.3.1 选择和培训营销渠道成员

（1）选择渠道成员。

对于顾客而言，营销渠道成员就代表制造商。因此，选择营销渠道成员就十分重要。制造商应从下列方面评价中间商，以决定取舍：中间商经商的时间长短；中间商经营其他产品的情况；中间商的成长和盈利记录；中间商的付款能力；中商的合作态度和声誉。

如果是专营性零售店，还要评价其店址和成长潜力。

（2）培训渠道成员。

公司应认真地计划并实施对中间商的培训，这将有利于产品的销售。例如，微软公司就要求中间商的服务工程师学习一系列的课程并参加资格证书考试。那些通过考试的人被称作"微软受证专家"，他们可以利用这个称号来开展业务。

### 13.3.2 激励渠道成员

一家公司应像对待最终顾客一样对待中间商。制造商可以采用下列手段来获取中间商的合作：

（1）强制手段。

当中间商表现不佳时，制造商就以停止某些货源和关系相威胁。

（2）经济手段。

当中间商开展特定销售活动时，制造商可给予附加利益。

（3）法律手段。

制造商依据合同载明的义务要求中间商有所作为。

（4）技术手段。

制造商利用独有的中间商认为有价值的技术来谋求与中间商的继续合作。

### 13.3.3 评价渠道成员与渠道改进

（1）评价渠道成员。

制造商应定期对营销渠道进行评价，以决定渠道成员的保留或淘汰。

制造商对中间商效能的评价主要包括下列内容：检查每个中间商完成销售量的大小；检查每个中间商为公司提供利润的多少；查明各个中间商推销本公司产品的积极程度；检查每个中间商同时经销多少种与本公司相竞争的产品；检查中间商订单的发出是否及时；计算每个中间商订单的平均订货量；弄清每个中间商刊登本公司广告的程度；检查中间商所定价格的合理程度；检查每个中间商对用户的服务能力和态度，以及满足用户需要的程度；确定现有营销渠道占本公司产品销售量的比例。

（2）营销渠道的调整。

如果制造商发现有的营销渠道仅占本公司销量的很小比例，或推销不力，那么，就应该考虑改变此种营销渠道。实际上，还有许多原因导致制造商改变营销渠道。诸如目标市场的变化以及市场营销组合中其他因素的变化等。制造商调整营销渠道，有三种方法：

1）增减某个中间商。制造商决定对营销渠道中某个中间商进行增减，需要做具体的经济分析。

2）增减某个营销渠道。

3）调整整个营销渠道体系。随着环境的变化，有的营销渠道明显过时。

### 13.3.4 营销渠道的冲突原因及解决途径

由于独立的公司之间利益的不一致，无论怎样进行设计和管理，营销渠道的冲突总会发生。

（1）营销渠道冲突的类型。

1）垂直渠道冲突。这是指同一营销渠道的不同层次之间发生的冲突。如某汽车公司为了实行有关服务、价格和广告方面的一系列措施，曾与它的经销商发生过矛盾。

2）水平渠道冲突。这指渠道同一层次的不同成员之间的冲突。比如，因为食品零售环节的超级市场与食品店之间，就会经常因为同种商品售价不同而发生冲突。

3）多渠道冲突。这是指制造商同时选择的两种或两种以上的渠道同时向同一市场销售产品时发生的冲突。如某服装公司将其牛仔装在其正常的特许商店渠道之外再分销给百货商场时，将会遭到特许商店的强烈反对。当一家服装公司开设自己的服装店时，卖其品牌的百货商场就会有意见。特别是当一个渠道降低产品售价时，渠道冲突会更加强烈。

（2）导致营销渠道冲突的原因。

导致纵向渠道不同环节之间、横向不同渠道之间冲突的根本原因，是不同组织对利益的追求，特别是过于追求短期利益的公司之间更易发生冲突。渠道产生冲突的具体原因有：

1）制造商与中间商、批发商与零售商之间认识上的差异。由于双方的市场地位不同，站在各自的立场和角度，对同一问题很易产生不同的认识，如制造商出于对经济前景的乐观分析希望中间商多存货，中间商却对经济前景不看好而不承担存货责任。

2）制造商与中间商目标的不一致。一般情况下，制造商希望以低价获取快速的市场增长率，而中间商往往更爱高毛利而追求短期的盈利率。

3）渠道成员职责和权利划分不明确。例如 IBM 公司通过本公司的销售人员向大客户推销电脑。由于销售职权、地区边界的不规范带来了渠道冲突。

4）中间商对制造商一定程度的依赖。一些专营性经销商在很大程度上受制造商产品设计和定价的制约，汽车专营经销商与汽车制造商之间就如此。这是产生渠道冲突的隐患。

电子商务的出现，成为导致营销渠道冲突的新形式。

（3）对营销渠道冲突的管理。

营销渠道存在适度冲突是有一定积极作用的，但严重的冲突是要认真对待并设法解决的。解决营销渠道冲突可以有以下途径：

1）营销渠道的两个或两个以上层次机构之间开展合资、参股等形式的联合。通过经济上的联合，使冲突双方利益相关，从而化解矛盾。

2）营销渠道冲突双方共同寻找一致的发展目标。双方以整体、长远利益最大化为行动准则去淡化冲突。

3）在两个或两个以上营销渠道层次上互换人员。岗位的互换，使一方感受到另一方的处境和具体情况，可以增进互相理解，从而减轻和消除冲突。

4）通过行业协会的协调来解决营销渠道冲突。行业协会是同行业或相关行业自律性组织，在协会范围内，具有一定权威性，可以在一定程度上调解、消除渠道的冲突。

5）对于严重的渠道冲突，也可以借助于仲裁或法律程序解决。

## 13.4  零售

零售是指将产品或服务直接卖给最终消费者，满足其个人和非商业性使用的所有活动。零售商或零售店则是指销售额主要来自零售活动的商业公司。任何组织，无论是制造商、批发商还是零售商，只要将产品销售给最终消费者，它们的行为就属于零售行为。

### 13.4.1  零售商的类型

零售商以多种形式呈现，表 13-1 列出了最重要的零售商类型。它们可以按照若干特征归类，如提供的服务量、产品线的宽度和深度、制定的相对价格和组织方式等。

表 13-1  零售商的主要类型

| 类型 | 说明 |
| --- | --- |
| 专卖店 | 经营的产品线很窄，但品种很多，如服装店、体育用品店、花店和书店。服装店可叫作单一商品商店，男士服装店是有限品种商店，男士定制衬衫店则是超级专卖店 |
| 百货商店 | 经营多种商品（通常是服装、家具和家庭用品等），每类商品均作为独立的部门运营，由采购专员或业务员管理 |
| 超级市场 | 相对较大、低成本、低利润、大批量和自助服务的商店，以满足消费者对食品和家庭用品的全部需求 |
| 便利店 | 相对较少的商店，位于居民区附近，一周七天长时间营业，经营有限种类的、流动快的便利商品，价格稍高 |
| 折扣商店 | 经营标准商品，售价和利润较低，批量较大 |

续表

| 类型 | 说明 |
|------|------|
| 廉价零售店 | 以低于正常水平的批发价购得商品,并低于零售价卖出。这些商品通常是从制造商或其他零售商以处理价得到的剩货、尾货或残次品 |
| 超级商店 | 巨大的商店,传统上旨在满足消费者对定期采购的食品和非食品类商品的全部需求,包括将超级市场和折扣商店结合在一起的超级中心,以及经营某一特定类别但品种多样的商品,并拥有知识丰富的员工 |
| 网上商店 | 建立在第三方提供的电子商务平台上、由商家(企业、组织或者个人)通过互联网将商品或服务信息传达给特定的用户,客户通过互联网下订单,采取一定的付款和送货方式,最终完成交易的一种电子商务形式 |

（1）服务量。

不同类型的消费者和产品所需的服务量不同。为了满足这些不同的服务需求,零售商可提供三种服务水平,即自助服务、有限服务和完全服务。

①自助服务零售商的服务对象是那些愿意自己完成"寻找－比较－选择"过程,以节省时间和金钱的顾客。自助服务是所有折扣业务的基础,通常用于销售便利品和销售全国性品牌的快速消费品的零售商。②有限服务零售商提供较多的销售支持,因为它们经营更多消费者需要获取相关信息的商品,而相应更高的营运成本导致其销售商品的定价更高。③在完全服务零售商里,销售人员在购买过程的每一步都要为顾客提供帮助。完全服务零售商经营更多的特殊品,顾客需要或希望获得相关帮助或建议。它们提供更多的服务,导致更高的营运成本,因而又以高价格转嫁给消费者。

（2）产品线。

零售商还可根据产品线的长度和宽度进行分类。一些零售商,如专卖店,经营的产品线很窄,但品种很多。如今专卖店发展正盛,市场细分、市场定位和产品特殊化的应用越来越多,导致对专注于特定产品和细分市场的零售店的更大需求。相反,百货商店经营的产品线很宽。近年来,百货商店遭遇了更专注经营灵活性的专卖店和更高效廉价的折扣店的左右夹击。作为应对对策,许多百货商店开始采用促销定价,以抵御折扣店的威胁;另一些则增加了商店品牌,并引入单一品牌的设计师商店,以与专卖店竞争;还有一些开始尝试商品目录、电话和网络销售。

（3）相对价格。

零售商还可根据采用的定价策略进行分类。大多数零售商采用正常价格,提供一般质量的商品和顾客服务;另一些零售商以高价格提供高质量的商品和服务;以低价为特色的零售商有折扣商店和廉价零售商。折扣商店通过低利润和大批量销售,以较低的价格销售普通商品。早期的折扣店,通过提供很少服务和在租金低且交通繁忙的仓库式场所经营削减费用。今天的折扣店改进了店内环境,增加了服务,同时凭借精益高效的经营维持低价。由于主要的折扣商都在进行消费升级,廉价零售商开始填补以超低价格大批量销售的空白。它们以低于正常水平的批发价购买,且卖价低于零售价。

（4）组织方式。

许多零售商店为独立所有,但另一些零售商店则以某种公司式或契约式组织的形式联系在一起。表13-2描述了零售组织的主要类型:公司连锁商店、自愿连锁商店、零售商合作社、特许经营组织和商业集团。

表 13-2 零售组织的主要类型

| 类型 | 说明 |
| --- | --- |
| 公司连锁商店 | 两家或两家以上属同一所有者拥有和控制的零售店。公司连锁可见于各种零售类型，但最常见于百货商店、食品店、药店、鞋店等 |
| 自愿连锁商店 | 批发商发起的独立零售商团体，参与集体购买和销售。如杂货商连锁店、五金商连锁店等 |
| 零售商合作社 | 一群独立零售商建立的集中采购组织，实施联合促销努力。如杂货业的联合杂货商和五金业货真价实商品采购中心 |
| 特许经营组织 | 特许授予商（制造商、批发商或服务组织）和特许加盟商之间的契约联盟。特许经营组织通常基于某种独特的产品或服务、经营方法、品牌、商誉或特许授予商发明的专利 |
| 商业集团 | 将多种不同的零售行业和形式联合起来统一所有并整合其分销和管理职能的、形式自由的公司 |

### 13.4.2 零售商的营销决策

历史上，零售商可以靠地址方便、产品独特或服务优质等方法留住顾客。但是今天，这一切都面临新的挑战。零售店千店一面，服务项目上的分工差异在逐渐缩小，百货店面临折扣店、专业店的竞争等。零售商必须在以下方面做出营销决策，以应对这种挑战。

（1）选择目标市场。

选择目标市场是零售商营销决策的前提。在此基础上才能对产品、价格、服务和促销做出有针对性的决策。例如，沃尔玛（Wal-Mart）折扣店是一家庞大的仓储式商店，旨在以最低价格向小城镇的美国人销售各种商品，从服饰到零件以及小型用具等。利明特（The Limited）1963 年开始时以年轻、注重时髦的妇女为目标的独家商店。

（2）产品品种策略。

零售商必须在产品品种宽度和深度中做出决策。或窄而浅，或窄而深，或宽而浅，或宽而深。在品种决策上应体现差别化，以下策略可供选择：以竞争的零售商不经营的独特的全国性品牌为特色；以私人品牌商品为特色；以突出大型有特色的销售活动为特色；以新奇多变的商品为特色；以率先推出最近或最新的商品为特色；以提供定制商品为特色；以满足特定需求目标为特色。

（3）服务与气氛决策。

服务组合是一家商店区别于另一些商店的手段，零售商提供的服务组合主要有售前服务、售后服务和辅助服务。

气氛也是零售店成功与否的重要因素。要设计好商店布局，以便于消费者在店内流动。要精心设计好商店的门面，使之具有适合目标市场的气氛。

（4）价格决策。

价格必须根据目标市场、产品－服务分类组合和竞争的状况来加以确定。零售商可以选择高毛利低销量（高级专卖店）和低毛利高销量（大卖场和折扣店）两种类型。

（5）地点决策。

地点是零售商成功的关键因素。零售商可在以下区域内选择设店的地点：

1）中心商贸区。中心商业区是最主要的零售店集群形式。每个大城市都有一个或两个由百货商店、专业商店、银行和电影院组成的中心商贸区。在发达国家，20 世纪 50 年代以后，人们开始向郊区迁移。郊区居民减少了他们在中心商业区的购物，他们希望躲避拥挤的交通、昂贵的停车费以及日益恶化的城市环境。这一切迫使位于中心区的商人到新兴的郊区购物中心开设分店。

2）地区购物中心。购物中心将在位置、规模和商店类型上相互关联的一组商业公司作为一个单元，统一计划、发展和管理，提供与其商店的规模和类型相适应的就近停车场。一个地区购物中心就像一个小的城市商业区，包括 40~100 家的商店。在购物中心四周的 5~20 英里的半径内居住的人口必须在 10 万到 100 万之间，购物中心才有利可图。

3）街区购物中心。街区购物中心包括 15~50 家零售商店，为 2 万~10 万个居民服务。其中 90%的居民住在中心区四周 1~1.5 英里的范围内。在 L 形商业中心，主要商店一般坐落在 L 的转角上。而在带形购物中心区，主要商店则设在中间。离主要商店最近的通常出售选购品，而比较远的商店则常常经营方便食品。

4）商业街或专业商城。在市区的某个街道上，有几十个甚至上百个同行业的商店构成某类特色商业街或商城。如古文化街、食品商城等。

5）店中店。一些零售商在大商店或机构、学校内租借一定面积设立经营点，也易获得成功。

零售商必须为自己的商店选择最有利的地点，公司可以通过统计交通流量、调查顾客购物习惯、分析有竞争能力地点等方法对设店地点进行评估。评估商店销售效益的指标通常是：平均每天经过的人数；来店光顾人数的比例；光顾人中购货顾客的比例；每次购买的平均金额。

（6）促销决策。

零售商应广泛使用促销工具以扩大其销售额。广告、特价、免费品尝、赠券等是零售商常用的手段。

## 13.5 批发

批发包括将产品或服务销售给那些用于转售或商业用途顾客的所有活动。我们将那些主要从事批发活动的公司称为批发商。批发商通常向生产商购买产品，主要销售给零售商、产业用户和其他批发商。

### 13.5.1 批发商的类型

批发商有四种主要类型（见表 13-3）：商人批发商、代理批发商、制造商和零售商兼营的批发以及其他批发商。

（1）商人批发商。

商人批发商是独立的公司，对其所经营的商品拥有所有权。商人批发商还可进一步细分为完全服务批发商和有限服务批发商。

1）完全服务批发商。完全服务批发商提供诸如存货、推销队伍、顾客信贷、负责送货以及协助管理等服务，它包括以下两种类型：

第一，批发中间商。批发中间商主要向零售商销售，并提供全面服务。批发中间商根据其所经营的产品线宽窄不同又可分为一般商品批发商、专线商品批发商和专业商品批发商三种情况。

表 13-3 批发商的主要类型

| 商人批发商 | 代理批发商 | 制造商和零售商兼营的批发 | 其他批发商 |
|---|---|---|---|
| 完全服务批发商<br>批发中间商<br>工业分销商<br>有限服务批发商<br>现款交易批发商<br>卡车批发商<br>直送批发商<br>专柜销售批发商<br>生产合作社<br>邮购批发商 | 经纪人<br>代理商<br>制造商代理商<br>销售代理商<br>采购代理商<br>佣金商 | 销售分部和营业所<br>采购办事处 | 农产品集货商<br>散装石油厂和油站<br>拍卖公司 |

其一，一般商品批发商。经营几条产品线，以满足一般商品零售商和单线零售商的需要。

其二，专线经营批发商。经营一条或两条产品线，但品种深度较大。如五金商品批发商、药品批发商和服装批发商。

其三，专业批发商。专业经营一条产品线的某个部分，但是深度很大。如健康食品批发商、海味食品批发商和汽车配件批发商。他们给予顾客的好处是较深的选择范围和较多的产品知识。

第二，工业分销商。工业分销商是向制造商而不向零售商销售产品的商人批发商。他们提供若干服务，如存货、提供信贷和负责送货等。他们可以经营较广范围的产品，也可经营专线产品。工业分销商可以集中经营 MKO 品目（保养、维修和作业供应品），也可经营 OEM 品目（原始设备零部件供应，如轴承、发动机等），还可经营设备（如手工工具和动力工具、叉式卡车等）。

2）有限服务批发商。

有限服务批发商对其供应者和顾客只提供某一方面的服务。有限服务批发商有以下几种类型：

其一，现款交易运货自理批发商。这种批发商只经营一些周转较快的商品，卖给小型零售商，收取现款，一般不负责送货。

其二，卡车批发商。这种批发商主要执行销售和送货职能。他们经营一些容易变质的商品（如牛奶、面包和快餐），用卡车将商品送到超级市场、小杂货店、医院、餐厅、工厂和旅店，实行现货现款交易。

其三，直送批发商。这种批发商专门经营一些笨重的工业品，如煤炭、木材和重型机器设备等。他们不存货，当收到订单后就去找制造商，由制造商按照双方议定的条件和送货时间，直接将商品运送给客户。从收到订单之时起到顾客收到货为止的这段时间里，直送批发商拥有商品所有权，并承担该期间可能出现的一切风险。

其四，专柜寄售批发商。这种批发商的服务对象是杂货商店，大多经营大量食品类商品。这种批发商用送货卡车将货送到商店，送货人将玩具、平装本、五金商品、卫生美容用品等放上货架。专柜寄售批发商采取寄售的方式，即他们持有商品的所有权，并只就已售给消费者的商品向零售商开单收款。

其五，生产合作社。生产合作社为农场成员所有，在农场集中生产，然后卖给当地各个零售商店。

其六，邮购批发商。这种批发商向零售商、工业用户、相关顾客寄送商品目录，主要经营珠宝、化妆品、专门食品和其他一些小商品。他们的主要顾客是边远小城镇的商人，不采取派推销员访问方式，而是定货配齐后，以邮寄、卡车或其他运送方式送货。

（2）代理批发商。

代理批发商不拥有商品所有权，仅执行有限的职能。他们主要是促进交易，并获得佣金（一般为销售额的 2%~6%）。与商人批发商的相同点是，他们一般也是专门经营某条产品线，或者专门为某类顾客服务。代理批发商可分为掮客和代理商。

1）掮客。掮客的主要作用是为买卖双方牵线搭桥，协助谈判。由委托方付给他们佣金。他们不存货，不承担风险。最常见的有食品掮客、不动产掮客、保险掮客和证券掮客等。

2）代理商。代理商受买卖双方的某一方委托，而且委托关系比较稳定。代理商主要有以下几种类型：

其一，制造商的代理商。这种代理商是代理批发商的主要形式。他们代表两家或两家以上产品线互相补充的制造商。他们同各制造商就价格政策、地区、订单处理程序、送货服务和商品担保，以及佣金标准等方面订有书面协议。自己没有推销队伍的小厂和若干想利用代理商开辟新市场的大制造商，或者想利用代理商代表本厂在某些自己无法提供全日制推销员的地区活动的大厂，都愿意雇佣这种代理商。

其二，销售代理商。这是一种独立的中间商，受委托负责代销制造商的全部产品。委托销售代理商的制造商不是对推销毫无兴趣，就是不能胜任此项工作。销售代理犹如一个销售部门，对于产品价格、交易条件等有很大的影响力。销售代理商常见于纺织、工业机器和设备、煤和焦炭、化学品和金属品等领域。

其三，采购代理商。这种代理商一般和买主建有长期关系，为其采购商品，经常为买主收货、验货、储存和送货。他们知识丰富，可以向其委托人提供有益的市场情况，并且为其采购到价格适宜的优质商品。

其四，寄售商。寄售商委托进行现货的代理业务。寄售商都自设铺面和仓库。这种形式的代理业务，对发掘潜在购买力、开辟新市场、处理滞销品有较好的功效。

（3）制造商和零售商兼营的批发。

这种类型的批发业务是制造商或零售商自己进行的，它有销售分部或营业所和采购办事处两种形式。

（4）其他批发商。

在一些特定的经济领域有一些特殊的批发商，它们主要有农产品集货商、散装石油厂和拍卖公司。

### 13.5.2 批发商的营销决策

批发商正承受着巨大的竞争压力。大型制造商和零售商的直接业务，使批发商面临被淘汰出局的威胁。因此，批发商更应加强营销管理，在目标市场选择、产品品种、定价、地点和促销等方面做出正确的决策。

（1）选择目标市场。

批发商可以按顾客的规模大小、顾客经营业务品种的类型、顾客所需要的服务要求或其他标准，划分顾客并选择恰当的目标市场。批发商应与目标顾客建立良好关系，可以建立和培养顾问制度或创办自愿连锁组织。

（2）确定产品品种。

关键是找到被顾客视为有价值的独具一格的产品组合。批发商的花色品种可以靠齐全取胜，也可选择适当宽度。

（3）价格决策。

批发商应正确决定批零或销进毛利率。毛利率可以按传统比例确定，也可降低毛利率，以赢得新顾客。当批发商为制造商带来销量扩大的效果时，就可以向供应商提出给予特别价格折让的要求。

（4）地点决策。

过去，批发商一般设在租金低廉的区域，其物质设施和办公室的投入也较少。现在，先进的批发商正在用现代技术改进他们的供应能力，如美国的药物和医疗服务产品的领导者麦克森公司，利用先进的信息系统，通过本公司的网站广泛参与互联网活动。

（5）促销决策。

批发商应以人员推销为其主要的促销手段。此外，也应设计一整套促销方案，其中包括使用广告、销售促进和公共关系宣传等手段。

## 13.6　营销物流

### 13.6.1　营销物流的性质

（1）营销物流的定义。

营销物流（物流），是指为在一定的利润水平下满足消费者的需求，公司将产品从起点（如制造商）送达至终点（消费者）的转移过程。简言之，它涉及将合适的产品在合适的地点和时间，送达合适的消费者。

在以前，物流计划制定者通常从工厂中的产品开始，然后试图寻找将其送达消费者的低成本方案。然而，如今的营销者提出以顾客为中心的物流思想，即从市场开始，向后推至工厂，乃至供应源。营销物流不仅包括外向配送（产品从工厂运达经销商并最终到达顾客），还包括内向配送（产品和原材料从供应商运达工厂）和逆向配送（运送消费者或经销商退回的坏的、不需要的或剩余的产品）。实际上，它涉及整个供应链管理，即管理原料、成品和相关信息在供应商、公司、转售商及最终用户之间的上下游增值流。

（2）营销物流的职能。

产品在制造商与消费者之间通常存在着两个矛盾，即产销在时间上的不一致和空间上的不一致。解决这两个矛盾的必然途径就导致了产品分配过程的两项基本职能。

1）储存。当生产是均衡的，而需求是季节性起伏和不规则的情况下，产品可于购买淡季存入仓库，购买旺季供应市场。

2）运输。在一地生产、多地购买或多地生产、一地购买的情况下,产品可借助各种运输方式和设备平衡地区间的余缺。

借助储存和运输,产销之间就冲破了时空的限制,使生产得以发展,消费得以满足。

3）配送。这是指将货物按客户要求,以最经济、快捷及安全的方法,准时将成品交到用户手上。其活动包括车队管理、利用电脑拼装货物,选择最佳运送途径、到户组装和利用回程空车等环节。

4）信息管理。这是整个物流管理业务的神经系统。它将物流活动联系起来,统筹管理。先进的物流公司应备有计算机软件,在从追踪订单开始至货物验收为止的整个物流流程中,监督管理及记录有关操作,按客户指定的需要通过电子信息渠道,提供源源不断的物流活动资料,并且开单做账收取费用。

（3）营销物流的目标。

营销物流的目标可以概括为:以较少的费用将适当的产品在适当的时间送达适当的地点。这一市场物流的目标包括降低费用和提高服务水平两个方面。实际上,这两方面内容是矛盾的,但只有将这一矛盾的双方统一起来,才能真正达到市场物流的目标。

1）适当提高为顾客服务的水平。市场物流过程中,为顾客服务的水平越高,顾客购买和重复购买的可能性越大。因此,为顾客提供服务的水平是影响购买和重复购买的关键性因素。制造商可以通过下列措施来提高为顾客服务的水平:提供适用的产品和可靠的服务；缩短订货周期并及时发货和提供紧急发货；减少库存和短缺；提供对顾客有益的包装；保证安全储运和损坏补偿；提供安装、测试及修理服务；选择适宜的运输工具和运输方式；通知顾客订单的执行情况。

2）降低成本费用。降低市场物流的成本费用,是保证服务水平、使顾客满意的同时也必须考虑的问题。在制订各项市场物流决策时,要通盘考虑成本费用,注意处理好两个关系。

第一,局部成本与系统成本的关系。公司为了提供顾客服务,总要承担某些费用,如送货、存货等费用。但一定要处理好市场物流过程中各环节支出的成本费用与整个市场物流过程中的全部成本费用的关系。既要防止只重视职能成本、忽视系统成本的倾向,又要防止只重视系统成本而忽视职能成本的问题。

第二,局部成本之间的关系。市场物流过程的各环节成本之间常常是一种反比例关系,运费的节约,很可能导致货物运送速度缓慢,贻误市场机会；包装费的节约又很容易增加货物的残损率；储存费的节约,比如少存货,又会导致缺货、订单履行缓慢等。由此可见,市场物流的各项市场物流活动具有高度的相关性,公司在制定分配预算时,应从全局出发,避免顾此失彼。产品市场物流机构可以设计若干套实体分配方案,比较各套方案的总成本,择优选择。

### 13.6.2 整合物流管理

越来越多的公司开始接受整合物流管理的概念。其认为,要提供更好的顾客服务和削减配送成本,公司内部和所有营销渠道组织之间必须加强团队合作。在内部,公司不同部门必须密切合作,以使公司自身的物流绩效最大化；在外部,公司必须整合自身与供应商和客户的物流系统,以实现整个分销系统绩效的最大化。

（1）公司内部的跨职能团队。

大多数公司将各种物流活动职责分配给许多不同的部门,如营销部、销售部、财务部、运营部、采购部。在多数情况下，每个职能部门都试图追求自身的物流绩效最大化，而不考虑其他职能活动。然而，运输、存货、仓库管理和订单处理之间往往会产生反面影响。较低的存货水平能减少存货持有成本，但同时也可能降低顾客服务水平，并增加由缺货、重新订货、特殊生产运转和昂贵的快速运输而引起的成本。由于分销活动涉及利弊权衡问题，不同职能部门在决策时必须协调一致，以实现更好的整体物流绩效。

整合物流管理的目标是协调公司所有的物流决策。部门间密切的工作关系可以采用多种方式实现。一些公司成立了常设物流委员会，由负责不同物流活动的经理组成。公司还可以设立供应链经理的职位，以连接各职能领域的物流活动。此外，公司还可以利用成熟的、全系统的供应链管理软件。最重要的一点是，公司必须协调其物流和营销活动，从而以合理的成本创造尽可能高的市场满意度。

（2）建立物流伙伴关系。

公司要做的不只是改进自身的物流，它们还必须与其他渠道伙伴合作，一起改进整个渠道的物流。在创造顾客价值和建立客户关系的过程中，营销渠道成员被紧密地联系在一起。一个公司的分销系统就是另一个公司的供应系统，每个渠道成员的成功都将取决于整个供应链的绩效。

明智的公司会保持其物流策略与供应链和顾客之间的协调，并与后者结成牢固的伙伴关系，以改进客户服务和减少渠道成本。许多公司创建了跨职能团队和跨公司团队。例如，宝洁有一支超过200人的团队在沃尔玛的家乡（阿肯色州）工作。这些宝洁员工与沃尔玛同事一起工作，以寻找降低其分销系统成本的途径。合作不但使宝洁和沃尔玛获益，还惠及其共同的最终用户。其他公司通过项目共享开展合作。例如，许多大零售商实施了与供应商的店内联合计划，家得宝允许重要的供应商将其店铺作为新产品开发计划的测试地。供应商在家得宝的店铺里观察其产品的销售情况和顾客评价。然后，为家得宝及其顾客制定量身打造的计划。关键在于所有供应链成员必须为了给最终用户带来价值而真诚合作。

（3）第三方物流。

多数大公司喜欢制造并销售它们自己的产品，但也有许多公司厌恶与物流相关的烦琐工作。它们讨厌做那些将产品供应给工厂和送达顾客时必须做的琐事，如捆绑、装箱、卸载、分类、储存、重新装载、运输、报关和跟踪等。它们如此讨厌物流工作，以至于现在越来越多的公司将其部分甚至全部物流外包给第三方物流供应商[Third-Party Logistics（3PL）provider]。

这些3PL帮助客户收紧迟缓的、超员的供应链，削减库存，并将产品更快、更可靠地送达顾客。这些公司有UPS货运物流服务公司、联邦快递物流服务公司、"四通一达"物流公司等。例如，UPS为客户提供广泛的物流服务，从存货控制、仓储管理、运输管理到顾客服务和订单履行。

公司利用第三方物流供应商有几点原因。首先，这些供应商专注于将产品送达市场，因此完成物流时成本更低、效率更高。外包通常会节省15%～30%的成本；其次，外包能使公司更专注于核心业务；最后，整合物流公司能使自己更熟悉日趋复杂的物流环境。

# 小结

1. 营销渠道是指产品从制造商向顾客转移过程中，承载"商流"和"物流"职能的组织机构的系列。营销渠道具有调研、促销、联系、匹配、谈判、实体分配、融资和承担风险等职能。中间商可以简化交易联系，节约销售成本；可以集中、平衡和扩散产品；可以联结产销、沟通信息。

2．公司设计营销渠道，应首先分析顾客的需要，然后确定渠道目标，再研究影响营销渠道设计的因素。在此基础上设计营销渠道方案，最后用经济性、控制性和适应性三条标准评估渠道方案，以决定取舍。

3．公司还应加强对营销渠道的管理。其中包括选择渠道成员、培训渠道成员、激励渠道成员、评价渠道成员与渠道改进。

4．零售商的主要类型包括专卖店、百货商店、超级市场、便利店、折扣商店、廉价零售店、超级商店和网上商店。零售商主要应从目标市场、产品品种、服务与气氛、价格、地点和促销等方面做出营销决策。

5．批发商可以分为商人批发商、代理批发商、制造商和零售商兼营的批发以及其他批发商四种类型。批发商应从目标市场、产品品种、价格、地点和促销等方面做出营销决策。

6．营销物流以提高为顾客服务水平和降低成本费用为目标。公司市场物流应从订单程序、仓库、存货和运输等方面做出决策。

**重要概念**

营销渠道　垂直渠道冲突　水平渠道冲突　零售商　专卖店　百货商店　超级市场　便利店　折扣商店　网上商店　特许经营组织　批发商　商人服务批发商　销售代理商　营销物流　第三方物流

**复习思考题**

1．什么是营销渠道？
2．营销渠道的职能及其重要性是什么？
3．营销渠道有哪些具体的层级？
4．影响营销渠道设计的因素有哪些？
5．设计营销渠道方案应包括哪些内容？评估营销渠道的标准是什么？
6．公司管理营销渠道主要应做哪些工作？
7．营销渠道的冲突有哪些表现？如何管理渠道冲突？
8．零售商有哪些分类？零售商应做出哪些营销决策？
9．批发商有哪些分类？批发商应做出哪些营销决策？
10．营销物流的职能及目标是什么？

## 经典案例

### 苹果手机在中国市场的渠道结构

苹果手机电商销量并不可观。一方面，官网销量较少；另一方面，苹果手机在国内的线上授权经销商力量不大。从实体渠道上看，可以分为三个层次：第一个层次是直营渠道，由苹果公司自行经营。直营店一般建设在一线城市的核心商圈。第二个层次是直供渠道，分成三等级——Premium、Shop 及没有标识，由苹果公司直接供给产品。直供店主要覆盖一二线城市。第三个层次是苹果授权分销商，授权分销商面向全国进行销售。

　　进入 4G 时代以来，在市场容量增速放缓、供大于求、产品同质化严重、毛利下降等行业因素影响之下，手机厂商越来越看重销售渠道建设。对比当前销售渠道变化，对苹果销售渠道进行评估，会发现存在以下几点隐忧：一是实体渠道分销占绝对主体，或利润被渠道拿走，或渠道积极性不高。回顾苹果渠道变迁过程，由区域代理制到全国代理制，打开市场后，通过直营店、直供店逐步削弱全国代理商的力量。尽管苹果做出了较多努力，现状仍然是分销占绝对主体地位，苹果对产品利润占据较多。这种情况下，会影响产品的销售。近两年来，三星已经开始着手进行区域代理制及直供的探索，以减少渠道成本。二是渠道之间冲突情况严重。这里面包括运营商渠道与社会渠道的冲突，运营商渠道按照合约计划，购机优惠较多，而社会渠道希望获得更多的利润空间，却经常会为了销量而不得不降价。对于苹果新机销售的一年周期内，往往前半年运营商销量较大，后半年社会渠道优势逐步明显。按照苹果渠道策略，直供店与分销商虽然有不同的覆盖范围，但在实际中，却存在直接的冲突。此外，还有水货对行货的冲击，合约拆包机对正常手机的冲击。三是电商渠道发展滞后，线上线下一体化更是无所说起。各大手机厂商都在加大电商方面的投入，苹果可以出手了，至少，在授权经销商层面，应加大电商公司的力量。至于线上线下一体化，这是在电商发展起来之后再考虑的事情。

　　因此，对于苹果的合作分销渠道，无论是运营商的终端公司，还是传统手机全国代理商，都在加快扁平化的步伐。在这个过程中，苹果产品是关键。能否站好队，与渠道共同发展，也将是苹果在探索渠道转型路上需要认真考虑的。

**案例思考题**

1. 如何优化苹果手机在中国市场的渠道结构？
2. 苹果手机渠道冲突产生的根本原因及应对策略是什么？
3. 基于对该案例的分析，思考如何进行手机渠道管理。

# 第 14 章 营销沟通

仅靠制造优质的产品、确定吸引人的价格和使目标顾客能够方便地购买产品，还不足以建立良好的客户关系。公司还必须向顾客沟通其价值主张，而且必须有明确的目的和周详的计划。所有沟通努力必须相互协调，组合成整合营销沟通方案。优秀的沟通对建立和维持各种关系都非常重要。在公司努力建立有利可图的客户关系的过程中，有效的沟通尤其重要。有效的营销沟通可以扩大公司的影响，提高产品的知名度，吸引更多的顾客，增加产品销售量。当各公司的产品在质量、价格等方面差异不大的情况下，营销沟通就成为各公司争取顾客，占领市场的主要手段。本章首先介绍各种促销组合工具，随后，考察迅速变化的沟通环境，以及整合营销沟通的必要性。在此基础上，进一步阐述广告、销售促进、公共关系和人员推销等具体营销沟通策略。

## 14.1 促销组合

### 14.1.1 促销及促销组合

公司的营销活动远不止创造顾客价值，还必须运用促销清晰、有说服力地沟通这种价值。促销不是一种简单的工具，而是多种工具的组合。促销的实质是公司与顾客之间的信息沟通。因此，促销亦可称为营销沟通（Marketing Communications）。营销沟通是公司与消费者进行对话和建立关系的一种方式，通过营销沟通，公司直接或间接地尝试让消费者了解自己销售的产品和品牌，劝说和提醒消费者购买这些产品和品牌。公司的促销组合（Promotion Mix），又称为营销沟通组合（Marketing Communications Mix），它是由广告、公共关系、人员推销、销售促进、直复营销、口碑营销和体验等工具的特定组合构成，用于有说服力地沟通顾客价值和建立顾客关系。它是公司与消费者进行对话和建立关系的一种方式，通过这些方式，公司直接或间接地尝试让消费者了解自己销售的产品和品牌，劝说和提醒消费者购买这些产品和品牌。

消费者也需要公司进行沟通，他们可以从中知道这些产品是什么公司生产的，这些品牌具备什么特征，通过试用或使用，他们可以获得哪些激励或回报。

### 14.1.2 主要的促销工具及其特点

常见的促销工具由以下几种主要传播方式组成：

（1）广告。由明确的主办人以付费方式进行的创意、商品和服务的非人员展示和促销活动。其特点为：

第一，公众性。广告覆盖面广，传播速度快，是一种高度大众化的信息传递方式。特别适合向人数众多、居住分散的消费者传递信息。

第二，渗透性。广告能将同一信息多次重复播出，加深目标受众的印象，也便于他们接受和比较各种竞争者的信息。

第三，表现性。广告能够艺术地运用文字、色彩、音像等手段，将公司及产品的信息传递给目标受众，具有丰富的表现力和感染力。

第四，非人格性。一般情况下，广告对受众只能进行独白，而不是对话。受众没有义务去注意并做出反应。但近年来发展起来的互联网广告可以开展双向或多向沟通。

(2) 销售促进。各种鼓励、试用或购买商品和服务的短期刺激。其特点为：

第一，吸引顾客。销售促进通过传播信息、大造声势来吸引顾客的注意力，能够有效地招徕顾客。

第二，刺激购买。各种形式的销售促进都是向买方提供让利的优惠措施，可以刺激购买，迅速掀起销售高潮。销售促进更适合刚上市的新产品、季节性消费的产品及积压产品的促销。

第三，短期效果。销售促进有贬低产品之意，尽管它在一定程度上可以打破消费者需求动机的衰退和购买行为的惰性，但也会使顾客对产品的质量和价格产生怀疑，认为公司急于抛售处理产品。

(3) 体验。公司发起活动和项目，目的在于创造日常的或特殊的与品牌相关的互动。其特点为：

第一，相关性强。经过认真策划的事件和体验可以使消费者置身其中。

第二，参与度高。体验的现场性与实时性，可以使公司与消费者形成良好的互动。

第三，含蓄性好。事件与体验属于间接的软销售，不致引起强加于人的反感。

(4) 公共关系。设计各种方案以促进或保护公司形象或它的个别产品。其特点为：

第一，可信度高。大多数受众认为公共关系报道比较客观、公正，不像广告那样自卖自夸。

第二，传达力强。现代社会广告铺天盖地，人们对此有一种本能的反感和抵制。而公共关系报道以新闻的形式出现，能够消除人们的防卫。

第三，具有戏剧性。精心策划的公共关系活动具有戏剧冲突，能够使公司及产品引人注目。

(5) 直复营销。使用邮寄、电话、电子信箱或因特网直接沟通、征求特定顾客和预期顾客的回复。其特点为：

第一，定制化。可以根据目标消费者，准备相应的信息，增强针对性和说服力。

第二，实效性。信息可以在尽可能短的时间内传播。

第三，互动性。信息可以根据消费者的反应而更改。

(6) 口碑营销。人对人地用口头、手写或者电话交流，告诉一些有关使用产品或者服务的好处和经验。其特点为：

第一，信赖度。人们总是信任他们认识和尊敬的人，所以口碑营销有着很强的影响力。

第二，个人化。口碑营销可以是私密性的对话，反映个人的经历、观念和感受。

第三，及时性。口碑营销总是发生在人们需要它，对它最有兴趣的时候。

(7) 人员推销。与一个或多个预期购买者面对面接触以进行介绍、回答问题并取得订单。其特点为：

第一，双向沟通。推销员与顾客直接接触，面对面地沟通信息，不仅可向顾客介绍产品及其特性，同时也可回答顾客的疑问，为顾客提出可参考的建议，是信息双向沟通的一种最佳方式。

第二，灵活机动。推销员可以选择那些具有较大购买可能的顾客进行推销，并事先对客户进行研究,有针对性地拟定推销方案,在推销过程中可根据顾客的反应,及时调整自己的策略,以提高推销的成功率。

第三,培养感情。推销员在与顾客的接触中,通过卓有成效的工作可以赢得顾客的信任、理解和支持,把双方单纯的买卖关系发展成深厚的个人友谊,而这种情感的建立有利于推销工作的开展。

第四,多种职能。人员推销不仅可以完成销售工作的全过程,而且还可担负多种职能,如提供售后服务、帮助安装、调试和维修,收集市场信息、进行市场调查、了解消费需求的发展趋势等,这些是其他促销方式所无法做到的。

尽管人员推销有很多优越性,但它的相对费用较高,公司应权衡利弊加以选择。

营销沟通并不局限于这些具体的促销工具。产品的设计、价格、形状和包装,以及出售它的商店,都会向消费者传递产品和公司的信息。因此,尽管促销组合是公司主要的沟通活动,但是为了取得最佳的沟通效果,整个市场营销组合——促销与产品、定价和渠道,都必须协调一致。

### 14.1.3 促销新平台——社交媒体平台

随着新媒体时代的到来,越来越多的顾客更加倾向于通过社交媒体来获取信息,并且逐渐从 PC 端转向移动端。因此,要分析这些顾客,知道他们有什么需求,了解他们的使用习惯。下面介绍一下常见的社交媒体平台。

(1) 微信平台。

微信活跃用户 6.5 亿,巨大的顾客群体,就像一座巨大的富矿,引来众多淘金者。具体而言,在微信平台上,公司常用的新媒体工具和资源包括:微信公众平台、微信个人号、微信群、微信广告资源。

(2) 新浪微博平台。

近两年,有观点认为微博活跃度下降了,"周边的好多人都玩微信,都不怎么玩微博了",这不过是假象。一方面,微博和微信本就不同,微博是社交媒体,微信是社交通信工具。所以,王宝强事件之后,"旅游观光线"出现在微博上,而非出现在微信之上。另一方面,持微博活跃度下降观点的人,忽略了中国互联网的分层和渗透速度。根据微博财报,自上市以来,微博活跃用户连续 9 个季度保持 30%以上的增长。微博和微信各有其优劣势。具体而言,在微博平台上,公司常用的新媒体工具和资源包括微博公司自媒体和微博广告资源。

(3) 问答平台(知乎、分答、百度问答、360 问答)。

常用于新媒体推广的问答平台有知乎、分答、百度问答和 360 问答。百度问答、360 问答被运用于网络推广已久,知乎和分答出现时间虽晚,但营销势能十足。

(4) 直播平台(映客、花椒、一直播)。

网络直播最大的特点是直观性和即时互动性,代入感强。当网络直播与互联网金融结合,网络直播便在信息披露、用户沟通、宣传获客等方面大展身手。直播平台的具体玩法有:信息披露直播、品牌宣传直播、网红代言直播、客服沟通直播、娱乐活动直播、线下互动+线上直播整合传播。

(5) 视频平台(美拍、秒拍、优酷、爱奇艺)。

2016 年,视频内容正经历着前所未有的增长,但到目前为止,视频内容的增长还未到达顶峰。根据有关数据预测，到 2017 年，将有 69% 的互联网流量都来源于视频消费。而如今，许多的品牌主也开始其视频内容的战略布局，这主要包括了：品牌介绍、品牌宣传、产品促销、增加用户触达、促进用户参与度、业务推广。

（6）音频平台（喜马拉雅）。

相比过度开发的开屏（视觉）广告，音频的闭屏特点，更有效地让品牌信息触达用户，这是音频营销的关键点。音频另外一个特点就是伴随式，相比视频、文字等其他媒体，音频具有独特的伴随属性，不需要占用双眼，因此能在各类生活场景中发挥最大效用。音频平台营销方式有：音频内容中植入广告、搭建音频自媒体、策划定制专题节目。

（7）自媒体平台（不包括微信公众平台）。

这里的自媒体平台包括：QQ 公众平台、UC 自媒体平台、搜狐公众平台、一点号、百家号、网易号、凤凰媒体平台等。这些平台影响力和用户量均不及微信公众平台，但它们却又是公司不可忽视的自媒体平台。

（8）论坛平台（豆瓣、百度贴吧、各种论坛）。

鉴于百度贴吧的高人气和百度作为中国最大的搜索引擎的特殊性，百度贴吧依然有一定的营销价值。豆瓣是文青的天堂，不可否认其新媒体江湖地位。

## 14.2 整合营销沟通

### 14.2.1 沟通过程模型

营销沟通的实质是营销者与现实购买者和潜在购买者之间的信息沟通，任何一种沟通活动都要通过有效的信息传递过程才能完成。

（1）沟通过程的宏观模型。

为了使传播更加有效，营销决策者需要了解信息沟通模式及其功能性要素，掌握信息传递的规律性。图 14-1 展示了一个沟通过程的宏观模型：

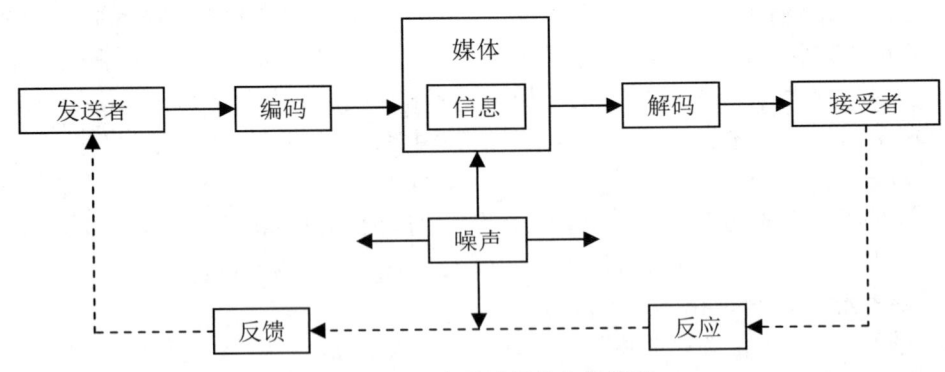

图 14-1　沟通过程的宏观模型

下面我们来具体分析沟通中信息传递过程的 9 个要素：

1）发送者。在促销信息传递过程中，发送者的代表是公司营销经理，由他决策向谁说什么，用什么方式说，通过什么途径说，达到什么目的。

2）编码。将准备传递的事实或意图转换成可供传播的信息或符号，这信号可以是文字、图片、语言及音像等。

3）信息。即发送者传送的整套信号。

4）媒体。指信息从发送者到接受者所经过的渠道，是促销信息的载体，如电视、广播和报纸等。

5）译码。即信息接收人对发送者传来的信息符号进行理解的过程。

6）接收者。也称目标受众，一般包括目标市场上的消费者和潜在的购买者。

7）反应。接收者收到信息后受到的影响及采取的相关行动。

8）反馈。信息接收者的反应又传递给发送者，根据反馈信息，发送者可以评估沟通效果，调整下一步的沟通策略。

9）噪声。指在信息沟通过程中发生的意外干扰和失真，致使接收者收到的信息和发送者发出的信息不一致。

以上9个要素中，发送者和接收者是传播过程的参与者；信息和媒体是传播的主要工具；编码、译码、反应和反馈是传播的主要职能；噪音是传播系统中的干扰，应尽力排除。

（2）消费者反应的微观模型。

该模型主要集中关注消费者对于沟通的一些特殊反应，见图14-2。

| 阶段 | AIDA 模型 | 效用层级模型 | 创新使用模型 | 沟通模型 |
|---|---|---|---|---|
| 认知阶段 | 关注 ↓ | 知晓度 ↓ 熟知度 ↓ | 知晓度 ↓ | 暴露 ↓ 接收 ↓ 认知反应 ↓ |
| 情感阶段 | 兴趣 ↓ 欲望 ↓ | 喜爱 ↓ 偏好 ↓ 深信 ↓ | 兴趣 ↓ 评估 ↓ | 态度 ↓ 意图 ↓ |
| 行为阶段 | 行动 | 购买 | 试用 ↓ 采用 | 行为 |

图14-2 消费者反应的微观模型

所有模型都假设购买者要依次经历认知阶段、情感阶段和行为阶段。"先了解、后感觉、再购买"的顺序适合于消费者想要购买如房子、汽车这种介入度很高，感知起来会有很大不同的一类商品。而另外一种顺序，即"先购买、后感觉、再了解"则适合于购买如电脑、机票这种介入度较高，事先感知不到有什么不同的商品。还有一种顺序，即"先购买、后了解、再感觉"的适合于购买如盐、电池这种介入度很低，感知不到什么不同的商品。营销者可以通过选择恰当的顺序，有针对性地设计营销沟通。

### 14.2.2 开发有效的整合营销沟通

整合营销沟通（Integrated Marketing Communications，IMC）就是确认评估各种沟通方式战略作用的一个具有增加价值的全面的营销沟通计划，通过对分散信息的无缝结合，从而产生清晰的、一致的、最大的传播影响力。

开发有效的整合沟通，这一过程包括以下步骤：确定目标受众；明确沟通目标；设计信息；选择沟通渠道；制定整合营销沟通预算；制定营销沟通组合决策；衡量沟通效果；管理整合营销沟通过程。

（1）确定目标受众。

有明确的目标受众，沟通才能做到有的放矢。目标受众应包括潜在购买者、目前使用者、影响者和决策者；目标受众可能是个人、小组、公司或组织。信息的发送者应了解购买决策的参与者，根据他们的需要、偏好、态度决定沟通计划：说什么，如何说，什么时候说，什么地方说，通过什么途径说。

（2）明确沟通目标。

沟通目标就是发送信息的公司确定的期望从目标顾客那里得到的反应。当然，理想的反应是采取购买行动，但是顾客的购买决策往往要经历一个复杂的认知过程，可以分为几个不同的心理准备阶段，购买行为只是消费者漫长的决策过程的最终结果。公司不能期望顾客初次接触某种商品的信息就马上就决定购买，比较现实的传播目标应是促使潜在顾客从目前的心理准备阶段向前推进一步。

顾客购买决策的准备过程可划分为5个阶段：

1）知晓。如果大多数目标顾客对该公司或产品一无所知，那么沟通的目标就是促使他们知晓。建立知名度也是要花费时间的，让顾客知道公司的名称、品牌、商品，可以采取不断重复的简单信息来达到目的。

2）了解。目标受众可能对公司或产品的名称有所耳闻，但对进一步的情况知之甚少，此时的促销目标应是使他们对产品的性能、质量、档次和价格有更多的了解。

3）偏好。如果目标顾客对产品已经有了足够的了解，公司最关心的就是他们对产品的态度，喜欢还是不喜欢，这时的促销目标应是着重宣传本公司及其产品的优势和特点，使顾客感到购买本公司产品能够获得更多的相对利益，从而形成特殊的偏好。

4）信念。即使目标顾客已经形成了对特定公司或产品的偏好，也不一定会下决心购买。此时的沟通目标应是帮助顾客建立起这样的信念，相信该公司，购买该产品是最好的选择。

5）购买。已经决定购买的顾客也不一定马上采取行动，他们可能还要观望，选择最佳时机。这时的沟通目标应是采取必要措施促使顾客购买行为的实现，如限期降价、提供试用、分期付款等优惠。

（3）设计信息。

设计信息需要解决 4 个问题：说什么（信息内容），怎样说（信息结构），以什么符号表达（信息格式），谁来说（信息源）。

理想的信息设计应能引起注意、提高兴趣、激发欲望、导致行动（attention，interest，desire，action）。在实践中，能使消费者经历从知晓到购买全过程的信息是没有的，但AIDA框架提出了合乎任何沟通所需要的特性。信息设计要选择一个极富感染力和说服力的主题；表达要合乎逻辑；表达的形式要引人注目；必要时可利用专家、权威和名人充当信息发布者。

（4）选择沟通渠道。

营销沟通的渠道通常分为两大类：人际沟通渠道和非人际沟通渠道。前者允许两个或更多的人，通过电话或电子邮件，进行面对面或一个人面对许多受众的沟通交流，人际沟通渠道的有效性就在于它个性化的表达方式及信息反馈，所以更多地用于那些价格昂贵、专业性强、有风险、购买频率低的产品。非人际沟通渠道也称为大众传播渠道，包括媒体、销售促进、事件和体验、公共关系等多种形式。近来，非人际沟通的增加主要体现在事件和体验这一工具上，公司通过创造或者赞助某个事件或项目，建立起品牌形象。

（5）制定整合营销沟通预算。

所有的公司都希望以较少的费用支出取得最大的沟通效果。所以制定整合营销沟通预算成为开发有效的营销沟通的重要组成部分。

公司常用的整合营销沟通预算方法主要有以下几种：

1）量力支出法。量力支出法是以自身财力所及为准来确定整合营销沟通预算的方法，即以经济能力为基础确定沟通费用，这种方法简单易行，但它忽视了促销对销售额的影响，而且，这种方法年度之间的促销费用差异较大，不利于公司制定开拓市场的长远规划。

2）销售额比例法。销售额比例法是依据公司上期实际销售额或本期计划销售额的一定比例来确定整合营销沟通费用。假设某公司去年销售额为5亿元，以5%作为今年的促销费用，那么，该公司今年的沟通费用就是2500万元。这种方法的优点是简单易行；确定的整合营销沟通费用同公司的经济能力一致；在一定程度上避免竞争者之间的互相攀比造成整合营销沟通费用升级。

这种方法的不足之处是颠倒了营销沟通与销售额之间的因果关系。按照这种方法制定的整合营销沟通预算往往脱离实际。因为当公司的销售额上升时并不一定需要增加沟通费用，相反当公司发生销售困难，销售额下降时，为了争夺市场，扩大销售，应当增加营销沟通的支出。另外，这种方法并不能为选择特定的沟通比率提供科学的依据。

3）竞争均势法。这种方法主张沟通费用与竞争对手保持大致相当的比例，即要取得与竞争者对等的发言权。他们的理由是：竞争对手的沟通开支代表行业的集体智慧；保持竞争均势可避免"促销战"。但这理由也不无可商榷之处，因为，各公司之间的资源、信誉、市场机会和营销目标存在着很大差异，没有理由认为竞争者要比公司本身更清楚应该支出的沟通费用水平。因此，以竞争者的沟通费用作为依据并不一定科学合理。

4）目标任务法。这种方法要求公司先确立沟通目标，然后确定为实现沟通目标而必须实施的沟通活动，最后再估算这些沟通活动所需费用。这种方法比较科学，它将沟通费用与沟通目标直接联系起来，便于管理者进行"成本－效益"分析。但是采用这种方法必须确立正确的营销沟通目标，如果公司对市场情况缺乏充分的了解，沟通目标本身出现失误，那么据此制定的整合营销沟通预算也必然出现偏差。

以上4种方法，各有利弊，公司可以根据实际情况灵活地加以选择和运用。

（6）制定营销沟通组合决策。

公司的沟通方式主要有广告、销售促进、公共关系和人员推销等7种，每一种方式又包括多种不同的具体做法。公司的沟通组合策略就是根据实际情况，对各种方式进行选择、组合和编配，确定沟通预算及其在各种沟通方式之间的分配，以达到整体最佳的沟通效果。为此，营销的决策者必须把握各种沟通方式的特点和适用性，这在第一节中已经阐述。

制定沟通组合策略，选择传播方式应考虑以下因素：

第一，公司的沟通目标。沟通目标取决于公司的总体营销目标，但在不同时期及不同的营销环境下，公司进行的特定沟通活动都有其特定的目标。

公司的沟通目标可分为两类：一是有利于增强公司获利能力的长期目标；二是有利于提高销售额和利润的短期目标。很显然，沟通目标不同，对沟通方式的选择也会各有侧重。前者注重树立良好的公司形象，加强与社会各界的联系，改善公司的营销环境，那么，公共关系将是实现这一长期目标的主要手段。而在短期内提高销售额和利润最有效的方式是广告，销售促进和人员推销。

第二，沟通的总策略。公司沟通活动的总策略可分为"推动"与"吸引"两大类，不同的策略对沟通方式的选择也有着不同的要求。所谓"推动"策略即以中间商为主要的沟通对象，通过建立分销渠道，将产品推向最终市场。在说服中间商经销产品时，具有双向沟通特点的人员推销方式最为有效，而广告、销售促进、公共关系等可作为辅助性的手段。"吸引"的策略则把最终顾客作为沟通的重点，想方设法引起潜在消费者对产品的兴趣及购买欲望，如果消费者纷纷向中间商询购这种商品，使得中间商看到经销该产品的良好的市场前景，他们就会主动向制造商进货，甚至可以降低经销的条件。当公司采用"吸引"策略时，传播速度快、覆盖范围广的广告将成为沟通方式的首选。

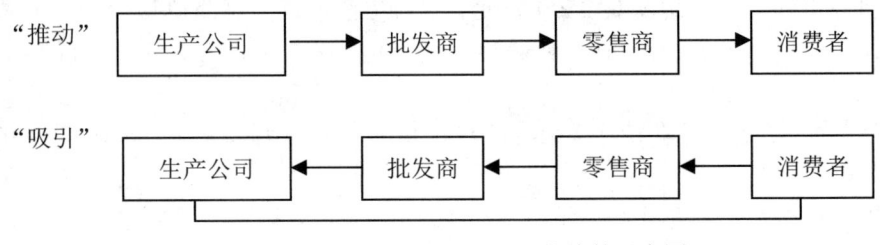

图 14-3  "推动"与"吸引"策略的示意图

第三，产品的种类。产品按其用途可分为两大类，即消费品和产业用品，由于它们的特点不同，使用者的消费习惯和购买行为不同，所选择的沟通方式应有明显的差异。

一般来说，消费品技术性能简单，购买者人数众多，分布广泛，且购买频率高，因此广告和销售促进、口碑营销便成了消费品促销的主要方式，具有普遍的适用性，而人员推销和公共关系只是辅助手段。与此不同，产业用品技术性强，购买批量大，购买者相对集中，因此，采用人员推销的方式最为适宜，其次是销售促进，广告和公共关系。

第四，产品生命周期。产品生命周期的不同阶段，公司的沟通目标不同，要相应地选择和编配不同的沟通方式。

在产品上市初期，消费者和用户对产品不了解，这时的沟通重点是提高产品的知名度，因而广告、事件和体验、公共关系和宣传都有很高的性价比，紧随其后的是覆盖率高的销售促进和吸引消费者试用的直销，同时要派出有经验的推销员去说服中间商进货，经销新产品。

当产品进入成长阶段，销售量迅速增加，同时也出现了竞争者，沟通的重点在于树立产品的优质名牌形象，所以要大力宣传产品的商标牌号，这样才能留住老顾客，吸引新顾客，不断扩大市场。这时口口相传对刺激需求最有效，广告仍是主要的沟通手段，辅之以公共关系宣传报道。推销员可说服更多的经销商，拓宽销售渠道，方便顾客购买。

在产品成熟阶段，市场竞争非常激烈，沟通的目标是在竞争中取胜，这时广告、事件和体验以及人员推销都是沟通的主要形式，重点强调商品的特殊价值，坚定顾客继续购买的信心，同时应适当地采用销售促进方式。对产业用品要更多地运用人员推销，必要时可借助公共关系扩大公司影响和产品声誉。

当产品进入衰退阶段后，沟通费用不宜过多，以免得不偿失，可保留少量的提示性广告，还可采用一些销售促进措施加速清理存货。

第五，市场条件。公司应根据不同的市场条件相应地选择不同的促销方式。

首先，市场规模的大小决定了沟通方式的不同，如果公司的目标市场是当地或少数几个地区，那么除了采用人员推销外，还可依靠商品陈列、包装装潢来吸引顾客。当公司面向全国市场甚至国际市场促销时，就应多采用广告和文字宣传。

其次，目标顾客性别、年龄、受教育程度及职业的不同决定了促销方式的不同。例如，面对文化程度较高的消费者促销，可多采用广告和文字宣传。反之则较多地利用销售促进和人员推销。

另外，市场竞争状况也是公司应当考虑的因素之一。公司的沟通策略应有自己的特点并不断地推陈出新，避免与竞争者雷同，还应随时注意竞争者的沟通方式及变化情况，相应地调整自己的沟通组合策略。

（7）衡量沟通效果。

公司沟通计划贯彻实施后，传播管理者必须衡量信息沟通对目标受众的影响。公司可以询问目标受众能否记住或识别本公司信息，了解他们对产品和公司过去和现在的态度。公司的营销决策者可以在此基础上改进沟通方案，以改善沟通效果。

（8）管理整合营销沟通过程。

当前，名目繁多的传播工具、信息和受众迫使公司越来越多地采用整合营销沟通。这使得管理层必须考虑公司接触顾客的每一种方法，公司怎样传播它的定位，每种载体的相对重要性和发布时间。管理整合营销沟通过程将改进公司的能力，使之带着恰当信息、在恰当时间和恰当地点影响恰当的顾客。

## 14.3 大众传播管理

大众传播手段包括广告、销售促进、体验以及公共关系。

### 14.3.1 广告管理

广告，顾名思义为广而告之。广告的概念有广义和狭义之分，广义的广告包括唤起人们注意或诱导人们去了解某一事物的一切手段，如启示、通知、公告、声明及商业广告等。狭义的广告专指商业性广告，美国市场营销协会定义委员会对广告做过这样的定义："广告是由明确的发起者以公开支付费用的做法，以非人员的任何形式，对产品、服务或某项行动的意见和想法等的介绍。"

（1）广告策划的基本原则。

广告策划是一个富于创造性的思维活动过程，同时又是一个复杂的系统工程。它不仅影响着广告的质量，而且决定着广告的效果。公司对广告活动进行整体规划时应该遵循以下基本原则。

1）真实性。真实性原则突出体现在广告信息的策划上。真实是广告的生命，诚实是最好的广告策略。我国《广告法》明确规定："广告必须真实、健康、清晰、明白，不得以任何形式欺骗用户和消费者。"广告应该实事求是地介绍产品和劳务，既不夸大优点，也不掩饰缺陷。对消费者的承诺必须是产品或劳务所特有的，是能够兑现的。这不仅是广告主应负的社会责任，也是赢得消费者理解、信赖与合作的根本原因。

2）思想性。思想性原则是指广告作品所反映的意识形态、价值观念和生活方式必须是健康向上的，体现社会主义精神文明建设的根本要求。公司做广告是为了说服消费者接受广告信息，最终达到销售商品的目的。因此，它既要利用人们的意识形态宣传产品和劳务，又要通过广告引导人们形成新的消费观念。由此可见，广告不仅是一种经济现象，而且也是一种文化现象，它对人们的思想观念、道德风尚有着巨大的影响作用。一幅内容健康、格调清新、构思精巧、引人入胜的广告作品不仅可以传播产品信息、科技知识，还能够陶冶人们的情操，给人以精神享受。

3）艺术性。艺术性是指广告内容的形象反映及其对人们所产生的审美感染力的程度。广告作品能否实现广告主所期望的传播效果，与广告的艺术性密不可分。只有别具一格，独树一帜，给人以美的享受的广告，才具有较强的吸引力和感染力。为此，广告创作人员必须在广告创意上下功夫，使广告作品主题鲜明、立意新颖、表达生动、不落俗套。广告的艺术性是"真、善、美"的和谐统一。

4）针对性。广告策划必须有明确的针对性，有的放矢。任何广告活动都不是面向所有人群的，没有针对性的广告，不会引起人们的注意和兴趣。因此，在策划广告活动时，必须进行认真的调查研究，正确选择目标市场，并根据特定的受众群体的心理需求及产品的特色创作广告信息。在广告中传播受众最为关心的信息，解答他们最想知道的问题，做到晓之以理，动之以情，这样才能在目标受众心里引起共鸣，诱导他们一步一步完成其心理活动过程。事实上，针对性强的广告能够取得事半功倍的广告效果。

（2）开发和管理广告的程序。

公司制定广告方案需要做出以下决策。

1）确定广告活动的目标。

所谓广告活动目标就是广告主通过广告活动要达到的预期目的。广告目标对公司的整体广告活动具有战略意义和导向作用，没有目标的广告活动是盲目的，决不可能产生好的效果。广告活动目标取决于公司的营销总目标，是为实现营销总目标服务的。但是不能以营销总目标代替广告活动目标，因为广告作为传递信息的重要工具，在公司营销的不同时期有着不同的宣传重点，即有着不同的目标。

公司的广告目标主要有以下三种类型。

第一，告知性广告。主要用于新产品的引入期，目标是建立基本需求。如说明产品名称、品牌、效用、使用方法、价格等信息，目的是提高产品的知名度，使更多的消费者对该产品产生兴趣，从而激发顾客的购买欲望。

第二，说服性广告。当目标顾客已经产生了购买某种产品的兴趣，但还没有形成对特定品牌的偏好时，说服性广告主要宣传产品的品牌特色，特别是优于其他同类产品的独到之处，使顾客了解该产品能够为其提供的特殊利益和满足，促使其形成选择性需求，即购买本公司的产品。

第三，提示性广告。主要用于产品的成熟期，这时，目标顾客对产品已经了如指掌，形成了固定的信念和态度，这类广告的目的是随时提示人们别忘了某种他们十分熟悉的老产品。

广告目标的选择不是随意的，而是根据营销目标和需求状态做出的适当决策。

2) 决策广告预算。

在制定广告预算时要考虑五个特定的因素：

第一，产品生命周期阶段。新产品一般需花费大量广告预算以便建立知晓度和取得消费者的试用。

第二，市场份额和消费者基础。市场份额高的品牌，只求维持其市场份额，其广告预算在销售额中所占百分比通常较低。

第三，竞争与干扰。在一个有很多竞争者和广告开支很大的市场上，一种品牌必须更加大力宣扬，以便高过市场的干扰声使人们听见。

第四，广告频率。把品牌信息传达到顾客需要的次数，对决定广告预算有影响。

第五，产品替代性。在同一商品种类中的各种品牌（香烟、啤酒、软饮料）需要做大量广告，以树立有差别的形象。

3) 广告信息选择。

广告信息决策就是设计广告的内容，一般要经过以下三个步骤：

第一，信息的创作。广告信息的创作可以采用多种方法，很多广告设计人员通过与顾客、专家、经销商及竞争者交谈的方式，激发创作灵感。广告的诉求对象是消费者，消费者对产品的期望、对品牌的偏好、对质量的评判标准为广告信息的创作提供了最有价值的素材，也是广告设计人员最重要的创作源泉。据专家分析，消费者期望从产品中获得的利益有四种：即感性的、理性的、社会的和自我的。同时他们又是在产品使用中、使用后或偶然使用时真正感受到他们所希望获得的利益，用四种利益与三种体验相交叉，就可以得出消费者期望获得的利益以及希望怎样获取这些利益。以此为基础，就可有的放矢设计广告信息，将消费者最关心的内容在广告中表现出来，这样才能吸引消费者的注意，赢得顾客的信赖。

第二，信息的评估与选择。评估的目的是在几个可能的设计方案中选择出最好的。评估的标准有很多，例如，一位美国专家认为，广告要达到预期的效果，必须符合三个标准：讨人喜欢、独具特色、令人信服。讨人喜欢就是广告内容要与受众的某种需要相吻合，能够引起共鸣，使之产生兴趣和购买欲望；独具特色是指广告信息与众不同，不落俗套，这样才能引人入胜，给受众留下深刻的印象；令人信服指广告信息是真实的或是可以被证明的，这是广告成功的基础。

对广告信息的评估与选择可以请消费者、专家、经销商参与。在一定的实验环境中，首先，请他们观看几个不同的广告信息设计方案；然后为各个方案分别打分，为使评估结果更加准确，实验环境中的广告，应与日常广告相同。最后，根据他们的评分结果，选出最佳的广告方案。

第三，信息的表达。广告信息的表达方式是展现广告魅力的重要方面，特别是对那些差异性不大的产品更是如此。不同的广告媒体有不同的传播手段和传播特点，可以选择不同的表现技巧。例如，印刷广告可用丰富的色彩、新颖的编排、生动的文字来表达广告的主题；广播广告则以恰当的语言、轻松的音乐、逼真的音效来吸引听众；电视广告能够运用各种拍摄特技，使画面、人物、音乐、音响密切配合，创造出一种意境，引人入胜。

常用的广告信息表达方式有以下几种：

其一，写实。即直接陈述广告信息，如用图片、画片展示产品；用语言、文字说明商品的特点、功能、购买地点；用广告歌曲来突出产品的名称和商标；用画面、场景表现一些人在日常生活中正在使用该产品，强调该产品如何适应人们的生活方式等等。

其二，对比。这是显示产品的功效、质量的常用手法。一般情况下，只允许本公司产品之间的对比，大多数国家不允许与其他厂家产品对比，以免互相攻击。

公司将使用产品前后的不同效果进行对比，是功效对比；将不同产品的质量进行对比，为品质对比；将换代产品与老产品对比，表现换代产品功效的改善，叫革新对比；此外还有价格对比等等。采用对比的方法，可以突出产品的差异性，给人们留下深刻的印象。

其三，权威。为了增强广告的可信性和说服力，请权威人士、权威机构来推荐或证明产品的质量和功效。常见的形式有：利用实验结果或科学数据说明产品的成分、功效，表明产品完全符合国家标准；公布产品的获奖情况或荣誉称号，说明其在同类产品中的地位；请专家和社会名流从专业的角度介绍产品，证实产品的质量；请影视明星、歌星、体坛精英等现身说法，推荐产品，利用名人效应，推动人们效仿性购买。

其四，联想。通过新颖的广告创意，启发人们的联想，渲染产品的形象。美国当代市场学家韦勒说过："不要卖牛排，要卖烧烤牛排时的滋滋声。"他认为，广告如果只是将产品简单地介绍给消费者，那是难以吸引人的，广告应将享用这种产品的乐趣表现出来，使消费者感到购买了这种产品，就能得到这种乐趣。可以运用人们熟知的事物做比喻，激发人们的联想；或为产品制造出可引起联想的气氛或形象，给人以暗示；还可以采用夸张手法，使产品人格化，给人以强烈印象。

其五，文艺。用文艺形式来表现广告，使广告具有娱乐性和观赏性，能够吸引广大受众，使他们在艺术欣赏的同时不知不觉地接受了广告。如相声、小品雅俗共赏，是大众喜闻乐见的一种文艺形式，将广告信息以相声、小品的形式表现出来，可以赢得更多的观众，扩大宣传效果；另外，还可以创作广告歌曲、广告故事、广告电视剧等等。

4）广告媒体决策。

广告媒体即广告主体与广告受众之间经济信息传播的物质技术手段，是沟通双方信息的桥梁。随着经济的发展与科技的进步，广告媒体的种类越来越多，如印刷媒体、电子媒体、户外媒体、邮寄媒体等等。不同的广告媒体具有不同的属性，因而有各自不同的传播范围、表现形式、适用条件及接受群体，公司应根据实际需要和不同媒体的特点，进行适当的选择，才能收到理想的广告效果。

第一，广告媒体的特点。传播广告信息最常见的媒体是报纸、杂志、广播和电视，如今还有互联网。

第二，广告媒体的选择。公司在选择广告媒体时应考虑以下因素：

其一，目标受众接触媒体的习惯。不同的人群通常有接触特定媒体的习惯，因此，有针对性地选择广告媒体，可以提高广告效果。如少年儿童喜欢看电视，专业技术人员经常阅读杂志等。

其二，产品的特性。不同的产品面向不同的市场，有不同的购买行为。如产业用品与消费品，技术性能复杂的耐用消费品和日常生活用品就有着明显的区别。公司应根据所推销的产品和服务的特性采用不同的广告媒体。

其三，广告信息。广告媒体选择要考虑广告信息的内容，如果是传播近日公司将要举办的促销活动的信息，选择报纸、广播、电视等媒体较为适宜，能够把信息及时通知给消费者和用户。如果广告内容包括大量的技术资料和数据，则可利用专业杂志或邮寄广告等媒体。

其四，广告传播范围。公司所选择的广告媒体的覆盖范围应与广告目标市场的范围相适应。如果公司的产品是行销全国的，就应该选择全国性报纸、中央电视台、中央广播电台做广告媒体。如果产品的目标市场只限于某一地区，则可选择地方性广告媒体。

其五，广告媒体成本。不同的广告媒体有不同的成本费用，公司应根据其广告预算进行选择。比较各类媒体的成本，不仅要考虑绝对数额的差异，更重要的是相对成本的差异，即每千人成本。同时，还要权衡媒体的传播速度、记忆率等因素，才能做出最佳选择。

一般来说，单一的媒体往往不能很好地完成公司预期的广告目标，而选择媒体组合，同时使用几种媒体，使其相互配合，广告效果将更加明显。

5）广告效果的测定。

广告效果的测定就是运用科学的方法来鉴定广告对顾客消费心理及购买行为的影响程度。公司可以从中总结经验，找出差距，为今后广告策略的调整提供依据。广告效果的测定主要研究广告的沟通效果及销售效果。

①广告沟通效果测定。广告沟通效果测定的目的就是评估广告是否将信息有效地传递给了目标受众，这种评估在事前事后都应进行。事前评估是为了修正广告信息，事后评估可以测定广告效果。常用的测定方法主要有以下几种：

其一，评分法。就是将广告的各项要素列表，如注意度、理解度、记忆度等，然后请一些消费者和广告专家看完广告后，逐项评分，得分越高，说明广告效果越好。这种方法事前、事后测定都可采用。

其二，邮寄法。在广告中说明可以来函索取详细说明书及少量样品，这样公司可根据来函数量推测广告的收视率。

其三，查访法。即直接派出调查人员了解消费者对广告的反应，可以采取问卷调查、电话询访和上门访问，了解消费者对广告的认知率和记忆度。

②广告促销效果测定。广告促销效果的测定可以了解广告对消费者购买行为的影响；分析广告发布时间、发布方式、广告频率与商品销售量的关系；测定不同广告媒体运用的不同效果，从而检验公司的广告策略是否正确。广告促销效果的测定可以采用以下方法：

其一，对比法。即将广告前后的商品销售额进行比较，测定广告的促销效果。采用这种方法应注意排除其他因素对销售量的影响。对比法只能粗略地反映广告的促销作用，而不能说明广告费的使用是否合理。

其二，增销率法。这是用来测定广告费增加对商品销售量增加幅度的影响，其计算公式为：

$$广告费增销率 = \frac{销售增加率}{广告费增加率} \times 100\%$$

计算结果广告费增销率越大，说明广告效果越好。

其三，每元广告费促销效益。这种方法可以显示每元广告费的促销作用，公司可据此编制广告计划。其计算公式是：

$$R = \frac{S2 - S1}{P}$$

式中：R＝每元广告费增销额；S2＝广告后平均销售额；S1＝广告前平均销售额；P＝广告费。

其四，区域比较法。选择不同的销售区域，分别采取不同的广告策略，通过比较销售量的变化测定广告效果。例如选择甲乙两个地区的市场，投入不同数量的广告费，分别测定每元广告费的促销效果，为公司制定广告预算提供科学依据。还可以在两地采用不同的广告媒体，然后比较各地销售量的变化情况，以判定哪种广告媒体对特定产品的促销效果最佳。

使用区域比较应注意所选定的试验区域必须具有大体相当的营销环境和市场特征，这样才有可比性。

以上方法各有利弊，公司可根据实际情况加以选择或综合运用。由于广告效果具有积累性、连续性和滞后性等特点，公司不能简单地从短期内的销售状况判断广告的促销作用，另外还应注意排除其他营销策略和环境因素对销售量的影响，力求测定效果的准确性。

### 14.3.2 销售促进管理

销售促进是公司常用的沟通手段，它包括的范围很广，除了广告、人员推销和公共关系外，任何刺激消费者购买、鼓励中间商经营的促销手段都属于销售促进的范畴。销售促进以灵活多样的方式在短期内迅速掀起销售高潮，对于刺激新产品的早期需求、推销积压产品和加强竞争都有显著的效果。

（1）销售促进的目标。

销售促进的目标取决于公司营销的总目标，在不同的目标市场上，销售促进又有其特定的具体目标。一般来说，销售促进的目标主要有三种类型：即针对消费者促销、针对中间商促销和针对推销员促销。

1）针对消费者促销。针对消费者销售促进是非常复杂而又灵活多变的行为。要通过各种方式向顾客提供信息，激发顾客的购买欲望，促使其采取购买行动。对老顾客应鼓励他们更多地使用本公司产品，成为公司的长期客户；对新顾客应吸引他们试用本公司产品，并形成重复购买的习惯；另外还应该注意争取其他公司的顾客，加强市场竞争。

2）针对中间商促销。采用间接销售渠道的公司往往把中间商作为销售促进的目标。包括鼓励中间商大批量购买，增加库存量；对于季节性商品在淡季加强推销；建立长期的业务关系，成为公司的固定客户。

3）针对推销人员促销。公司促销的成败很大程度上取决于推销人员，如果能够采取多种方式调动推销人员的积极性，就可使公司的促销取得更大的成效。公司应引进竞争机制，激发推销人员积极进取的精神，鼓励他们大力推销新产品，挖掘新顾客，开拓新市场；同时积极推销积压过时的商品，迅速收回资金。

（2）销售促进的方式。

为了实现销售促进的目标，公司应选择有效的促销方式。

1）向消费者进行销售促进的方式：

其一，提供免费样品。为了吸引顾客对产品的兴趣，提高产品的知名度，向顾客提供样品，免费试用。这种方式适合推销价格不高的食品和一般日用品，是宣传新产品和开拓新市场的有效方法。

其二，附送奖品。为了推销某种产品，免费附送小礼物，以刺激顾客的购买欲望。这种方式对儿童的吸引力较大，多用于销售儿童食品、儿童用品。

其三，代价券。顾客持此券可按优惠价格购买某种产品。这种代价券可以附在公司其他产品的包装中，也可刊登在广告中，还可以用邮寄的方式散发。

其四，现场示范。在营业现场用示范表演的方法展示新产品，介绍新产品的用途和使用方法，使顾客了解、喜爱并购买新产品。这种方式可用于服装的推销，对于推销那些技术性能复杂的产品也很有效。

其五，让利销售。为吸引更多的顾客，对部分商品或全部商品实行让利销售，即按一定的折扣价格出售。这种方式可用于节日期间招徕顾客，也可用来处理一些过时或过季的商品，还可用于某种特定产品的销售。

其六，竞赛。一些厂商在报刊上刊登有关产品的知识介绍，然后出一些题目让消费者做，通过抽签方法，对优胜者给予一定的奖励。这种方式可吸引顾客的注意力，宣传效果比广告更为突出。

其七，有奖销售。零售商店为了吸引消费者的购买，对于一次购买超过一定金额的顾客发给兑奖券，并规定一定的期限公开摇奖，中奖者按不同的奖级获得奖金或奖品。这种方式的短期促销效果很明显，即可用于整体促销，又可用于特定产品的促销。

其八，展销会。展销会的具体形式有节日商品展销、季节性商品展销、名优商品展销、新产品展销等。通过展览陈列商品，进行现场示范表演，可吸引消费者，促成交易。在展销期间，公司往往配合以广告宣传、价格优惠、优质服务等，这样可达到更佳的效果。

2）向中间商进行销售促进的方式：

其一，订货会。大型公司多采用这种形式来吸引中间商购买。订货会有全国性的，也有地方性的；有综合性的，也有专业性的；可以由一个公司举办，也可以由几个公司联合举办。在订货会上，供需双方直接见面，看样选货，签订合同。订货会的主要交易方式有：远期现货交易、即期现货交易、易货交易、样品订货交易等。

其二，交易折扣。为了吸引中间商购买，公司常常提供某些价格优惠，即实行价格折扣，包括按中间商购买的数量给予的数量折扣，目的是鼓励客户大量购买；按买方付款时间给予的现金折扣，可以加速资金周转，减少坏账风险。

其三，跌价保证。当某种商品的市场价格连续下滑时，中间商为避免损失，往往不愿进货，这时卖方可做出跌价保证，即承诺在一定时期内，如该商品再次降价，卖方负责赔偿差价损失，这样可免除中间商进货的后顾之忧，有利于供需双方建立长期合作关系。

其四，津贴。为了促进中间商经销本公司产品并开展积极的促销活动，对其提供一定的津贴，包括新产品津贴，用于补偿中间商开拓市场的费用支出；清仓津贴，鼓励中间商清理库存，处理积压商品；促销津贴，用来补贴中间商做广告、安排展示地点、增加推销员报酬等支出；运费津贴，可鼓励远方的中间商的购买，扩大公司产品的销售。采用津贴形式可密切供需双方的关系，加强合作。

其五，代销。这种方式对买卖双方都有利，对卖方来说可加强产品销售辐射能力，扩大商品销售而不必增加人力、物力和财力的支出；对买方来说既不必预付资金购进商品，又不承担商品卖不出去的风险，促成交易后还可取得一定的佣金，所以中间商一般愿意承揽代销业务。

3) 向推销员进行销售促进的方式：

其一，奖金或佣金。为调动推销员的工作积极性，除固定报酬外，公司可以对那些推销努力、业绩突出的推销员给予一定的奖励，如为推销员规定应完成的销售量，对于超额部分，另外发给一定比例的奖金或佣金。

其二，成交计酬。即不规定推销定额，也没有固定工资，按照推销员成交金额和实现利润的大小以一定的比例付给酬金。这种方法不仅适用于专职推销员，也适用于兼职推销员和经纪人。

其三，物质奖励。对于贡献突出的推销员给予一定的物质奖品，如摩托车、小汽车等，既可调动推销员的积极性，也为其改善了工作条件。

其四，精神奖励。包括颁发荣誉证书、授予荣誉称号和晋升职务等，精神奖励可以满足推销员对个人成就的追求。

（3）销售促进方案的制定。

制定销售促进的具体实施方案，主要包括以下几方面内容：

1) 奖励的规模。销售促进的实质是对消费者、中间商和推销员予以奖励，所以公司在制定销售促进方案时首先应确定奖励的规模，包括奖励的总金额、奖级和奖品。一般来说，奖励的规模越大，促销的作用就越大，但如果超过一定的范围，这种激励效应也存在递减的规律性。因此在确定奖励规模时要进行"成本—效益"分析，对以往的促销实践进行总结，并结合新的环境条件做出适当的选择。

2) 奖励的对象。公司应决定奖励哪些人才能最有效地扩大商品销售，这种选择是否正确直接决定着销售促进的最终效果。奖励对象可以是目标市场的全部，也可以是其中的一部分。公司的奖励重点应是那些现实的或可能的长期客户，但这种限制不可过严，否则会影响公司对市场的开拓。

3) 发奖的途径。公司要对发奖的途径进行选择。如公司决定开展有奖竞赛活动，竞赛的试题可以附在商品的包装袋中发放，也可以刊登在报纸、杂志的广告中分发，还可以直接邮寄，有的公司同时采用几种不同的方式分发。不同的分发途径有不同的接收率和费用水平，公司应根据实际情况做出决策。

4) 奖励的期限。公司应研究销售促进的最佳时机以及持续多长时间效果最佳。销售促进活动一般情况下多在节假日、季节变化或新产品上市时进行，持续的时间要适宜，如过短，会使一些潜在顾客来不及购买，一些老顾客无法实现重复购买，从而影响销售促进的效果；如过长，不仅会引起费用增加，而且不利于促使消费者尽快做出购买决策，所以每次销售促进的持续时间应与平均购买周期一致为宜。

5) 销售促进的总预算。确定销售促进费用的方法有两种：一种是先确定销售促进的目标和方式，然后根据实际需要计算出总费用；另一种方法是从公司一定时期总的促销预算中拨出一定比例用于销售促进，然后根据费用的多少选择销售促进的方式，公司还应决策销售促进费用在各种产品、各种促销方式之间的分配，要力争用较少的费用取得最大的促销效果。

公司的销售促进方案确定后，如有条件应进行必要的测试。

（4）销售促进效果的评估。

评估销售促进的效果是一项非常重要的工作，也是总结经验，找出差距，提高公司的经营水平和经济效益的必要环节。销售促进效果的评估方法可分为两大类：即事前评估和事后评估。

1）事前评估。这是对销售促进方案的测试结果进行评估，如公司可以向中间商征求意见，了解促销方式的效果；也可以通过各种方法了解消费者的意见。如在不同的零售商店设置不同的奖品或不同的奖励办法，然后通过销售情况的比较，判断促销方式的选择是否适当，刺激程度是否理想，奖励的途径是否有效，以便对公司的销售促进决策进行修正和补充。

2）事后评估。就是当销售促进方案实施之后进行的总结和评价，评估的方法主要有以下两种：

其一，销售额比例法。这是最常用的方法。公司将销售促进前、销售促进期间和销售促进后的销售情况进行比较。假如，某商店在开展销售促进前平均日销售额为 60 万元，在销售促进期间上升为 100 万元，当销售促进结束后降为 60 万元，不久又回升到 70 万元，这些数字表明，公司通过销售促进，吸引了一批新顾客，又促使老顾客增加了购买量。如果销售促进结束后一段时间，公司日销售额仍然保持在 60 万元左右，则说明销售促进活动并未增加商品的需求量，只是改变了需求时间。

其二，回忆测试法。即对消费者进行调查，以了解多少顾客还记得该项促销活动，以及该促销活动对他们今后的购买选择是否产生影响，通过这种方法可以了解消费者对促销活动的反应，了解促销活动对消费者购买行为的影响程度。

销售促进活动通常可以收到立竿见影的效果，所以在促销组合中，销售促进发挥着重要的作用。

### 14.3.3 体验管理

公司通过精心策划活动，让消费者融入其中，使其在包装过的环境中，得到特定的体验，从而引起或加强他们购买产品的欲望。体验参与能够加强公司与目标顾客的联系，有效地影响他们的购买决策。

我国吉利汽车公司为谋求发展，消除消费者对吉利汽车空间小、安全性差的偏见，有针对性地策划了两次公共关系活动。2001 年 1 月，车厢体积为 $8.42m^3$ 的吉利汽车承载了 20 人，仍然能平稳启动，创下了该项目的吉尼斯世界纪录；2001 年 3 月，吉利美日 MR6370A 经济型轿车在清华大学成功完成安全碰撞试验，成为中国第一辆顺利通过试验的配置双安全气囊的经济型轿车。这两次事件都具有很强的新闻性，被各类媒体广泛报道，使吉利汽车赢得了良好的口碑，也正是从 2001 年起，吉利汽车进入了快速发展期。

体验营销不仅为顾客提供满意的产品和服务，同时为他们创造和提供有价值的体验。从心理学角度讲，体验是当一个人达到情绪、体力、智力甚至是精神的某一特定水平时，意识中所产生的美好感觉；或者说是消费者个体对某些刺激产生回应的个别化的感受。体验本身代表一种已经存在，但先前并没有清晰表述的经济产出类型，体验是继产品、商品、服务之后的第四种经济提供物。当人们购买体验时，他是在花时间享受某一公司所提供的一系列值得记忆的事件，就像在戏剧演出中那样，使他身临其境。顾客将这种美好的感受视为一笔宝贵的心灵财富。

体验营销的核心是创造出能够满足顾客体验需求的产品、氛围或者环境，通过在传统的产品或服务中融入体验的要素，更好地满足顾客需要，实现产品的差异化，创造更高的经济价值。公司实施体验营销的策略主要有以下几种：

（1）创造体验产品。公司可以创造出全新的以直接满足顾客体验需求为目标的体验产品。在设计产品时，考虑的重点要从产品的功能质量转移到顾客的感知质量上。产品具备能满足使用者视觉、触觉、审美等方面需求的能力。例如，一些书商已经设计出新型的儿童书籍，不仅有图书，还提供配套的磁带、光盘，以及以故事主人公为主角的系列玩具。孩子们在阅读图书时可以和主人公面对面打交道，在他们眼里，主人公不再是书里冷冰冰的文字，而是他们身边的好朋友。

（2）在品牌中融入体验。公司在品牌形象宣传中越来越重视将品牌与顾客是某种美好的情感联系在一起，相应地淡化产品质量、功能上的诉求。实践证明，如果能将体验成功地融入到品牌中，公司的营销活动将大获成功。我国公司在这方面做了很多尝试。如，南方黑芝麻糊的早期广告内容是一个白发苍苍的老人品尝南方黑芝麻糊时回忆起小时候妈妈亲手熬的芝麻糊。广告一经推出，获得了很好的反响，因为它激起很多中老年人对儿时生活的美好回忆，成为我国广告界的经典之作，该品牌也一举成名。

（3）策划展示产品的体验活动。公司可以通过策划使用产品的体验活动，满足顾客的体验需求。Sony、三星、苹果的 IT 厂商纷纷投入巨资打造产品体验中心。在那里，顾客可以使用公司最新的产品，感受最新的技术成果，获得教育体验。海尔公司在总部推出了"海尔工业园区"接待顾客访问，顾客在那里可以亲身体验到海尔的公司文化。

（4）建立密切的客户关系。公司建立密切的客户关系可以满足顾客的人际关系体验需求。典型的做法是建立用户俱乐部。中国国际航空公司成立了"国航俱乐部"，每一位搭乘国航班机的乘客都有资格成为会员，会员可以累计里程以换取免费机票和升舱服务。每季度公司会给会员邮寄会员杂志，介绍公司新情况和各种优惠活动。

随着经济的发展和社会的进步，体验营销的思想在公司经营中的重要性越来越明显，公司应认真研究和把握体验需求的特点和趋势，创造性地运用公司的营销资源，更有效地满足顾客的体验需求。

### 14.3.4 公共关系管理

"公共关系"一词最早出现于美国，译自英文 Public Relations，简称 PR。所谓公共关系就是一个公司或组织，通过有效的活动，加强与社会的协调，与公众的沟通，增进公司与社会各界的相互了解，争取社会公众的支持与合作，建立良好的公众环境，以达到顺利发展的目的。公共关系的概念及其理论，一开始并不是从公司营销的角度提出的，后来公司界吸收了公共关系理论，感到公共关系有利于沟通，便将公共关系引入市场营销管理，形成了公共关系营销的新观念。

（1）公共关系的作用。

公共关系以前被称作公众宣传（Public Relations），公众宣传被认为是抓住（不付费的）评论空间，在各种媒体上获得报道版面以宣传公司、品牌、产品、服务、创意、个人和组织。而公共关系的内容远远超过了单纯的公众宣传。公共关系有助于完成下述任务：

1）协助新产品上市。新产品上市之初，常常要通过广泛的宣传来吸引公众的注意力。

2）协助成熟期产品再定位。在 20 世纪 70 年代，报纸对纽约市的评价极其糟糕，直到"我爱纽约"运动的出现，才开始改变了该市的形象。

3）建立对某一种产品的兴趣：公司和贸易协会已利用公共关系活动来新建立人们对诸如

蛋品、牛奶、牛肉和土豆等正在衰退的产品的兴趣。

4）影响特定的目标群体。麦当劳公司在拉丁裔人和黑人社区资助一项建立良好邻里关系的特别活动，从而建立了公司的商誉。

5）保护出现公众问题的产品。公共关系人员必须善于处理危机，控制局面，通过沟通与对方就解决问题达成一致，尽可能减少危机的损害程度。

6）建立有利于表现产品特点的公司形象。比尔·盖茨的演说和著书帮助微软公司建立创新和革新的形象。

由于大众广告的作用力在日益减弱，营销经理们正在更多地求助于公共关系。他们发现公共关系无论对新产品还是原有产品在建立其知名度和品牌知识方面均有着特殊的效果。

（2）公共关系的主要传播方式。

公共关系活动从本质上说，就是公司与社会公众之间的一种信息交流过程，公司可以针对公共关系活动的主题、内容选择不同的传播方式。最常用的公共关系传播方式有以下几种：

1）宣传报道。现代公司公共关系活动的目标之一就是进行对自己有利的宣传报道，以提高知名度，消除不利的舆论。因此公司的公共关系人员要想方设法发现和创造对公司及所经营的产品有利的新闻，把它提供给新闻媒介。一个公司或公司的一种产品被新闻媒介报道，其宣传效果往往比花钱做广告更佳。

2）游说。通过游说立法者及政府官员，反映情况、沟通信息、搞关系、以促进立法和规章制度通过对公司有利的条款，排除对公司不利的条款。

3）书面资料。公司可以借助书面资料与外界进行沟通，如公司的业务通讯及刊物、年度报告、公司介绍、产品目录等。通过这些书面资料可以帮助公司树立形象，促进产品的销售。

4）视听资料。包括电影、幻灯、录像带和录音带等，视听资料的成本往往高于书面资料，其影响也比书面资料大，常常会引起公众的强烈关注。

5）塑造公司视觉形象。在一个高度开放的社会里，公司需要塑造一个能使公众迅速辨认的形象标记，可以通过精心设计的公司招牌、建筑物、公司模型、公司商标、广告标识、车辆、员工制服、信封、便笺及业务名片等形式加以塑造和传播。视觉形象的设计应独具特色，有吸引力，才能给社会公众留下深刻的印象。

6）电话信息服务。电话是一种沟通信息的工具，通过电话，顾客可以向公司投诉、求助、咨询、反映问题和提出建议，并从公司获得信息及服务。一些公司开通了免费电话，受到公众的好评，不仅为公司招徕了顾客，而且树立了优质服务的公司形象。

7）现场导购。公司可以安排信息员、礼仪小姐到销售现场进行导购，如通过实际操作，介绍产品的性能、质量、使用方法；解答顾客的提问，当好参谋；提供服务，帮助消费者解决困难。现场导购是公司密切与消费者之间关系的有效手段，也是树立良好的公司形象的一个重要方面。

8）危机处理。所谓危机处理是指公司对恶性突发事故的处理，包括重大事故、自然灾害和人为事故。这些对公司形象、声誉、财产造成严重损害的突发事件，常常使公司陷入危机之中，如果不及时妥善处理，将会招致不可逆转的损失。危机处理应本着"预防为主，妥善处理，真实传播，积极善后"的原则。公司应立足于平时的有效预测和防范，尽可能避免危机事件的发生。一旦事故发生，应立即采取果断措施，尽量减少损失。同时要控制舆论导向，对事故的原因、经过、结果和处理措施如实报导，防止以讹传讹。危机事件处理得好，不但不会影响公司的声誉，反而有利于树立良好的公司形象，提高公司的美誉度。

（3）公共关系的主要决策。

为了提高公共关系的效果，公司必须认真研究，精心策划。公共关系的主要决策包括以下内容：

1) 设计公共关系的主题。公共关系的主题是公共关系目标的具体化，也是各项公共关系活动的核心。设计公共关系的主题是一项创造性的工作，没有固定的模式，需要公共关系人员充分发挥智慧、创造性和灵感。从某种意义上说，公共关系主题的设计最能反映策划人员的水平和能力。公共关系主题的设计既要符合公共关系活动的目标，又要充分考虑目标公众的心理需求，这样才能引起公众的注意和兴趣。公共关系主题可以是树立信誉；改变形象；扩大影响；传播新的消费观念等等。公共关系主题的表现形式是多种多样的，可以是一句口号，也可以是一个简洁的陈述。不论采取何种形式，都应力求生动鲜明，简洁确切，诚实中肯，能统管所有的公共关系活动，并使目标公众产生亲切感、认同感，调动他们的参与意识，使公共关系活动取得成功。

2) 选择公共关系的时机。公共关系的时机选择直接关系到公共关系活动的最终效果，必须认真对待。选择公共关系时机既要考虑营销环境因素，又要根据公司的具体情况。一般来说，开展公司公共关系活动的大好时机常常包括下列几种情况：公司开业或周年纪念日；公司更名或与其他公司合并、联营时；公司调整经营结构、推出新产品、增添新的服务项目时；公司在经营管理方面取得某些重大突破，得到较高荣誉时；公司领导人或职工获得重大奖励或荣誉称号时；公司开展各项社会性、公益性活动时；公司发生各种"危机"时；传统节日、纪念日、活动日等。

并非所有的公共关系活动都要选择节日或纪念日，有时候重大事件的发生，如自然灾害或社会公众受到意外伤害等，也为公司提供了开展公共关系活动的时机。

3) 选择公共关系对象和媒体。公共关系活动的对象是具体的公众，公司应根据公共关系目标的要求选择确定最基本的公众及具有潜在影响的公众，即分出公共关系工作的主要对象和次要对象，并据此确定工作重点，制定经费预算，选择传播媒介和具体策略。

在选择公共关系信息的传播媒介时一般应考虑以下几个因素：第一，目标公众的类型和特点，如性别、年龄、职业、文化程度、生活习惯、接触各类媒体的习惯等等。第二，信息的内容，是宣传公司，树立形象，还是介绍产品，开展促销；不同的信息应采用不同的媒体。第三，各种媒体的成本。要在实现公共关系目标的同时尽可能地节约费用，提高公共关系工作的效益。

4) 公共关系活动效果的测评。公司对公共关系活动的效果进行测评，可以总结经验，找出不足，为今后公共关系策略的调整提供依据。

第一，测评的内容。首先，评价公共关系目标的实现程度，主要看实施结果是否达到了预期的目标。其次，考察公共关系人员的工作状况，包括工作态度、努力情况、协作程度及是否如期完成任务。最后，总结公共关系活动的得失，提出下一步公共关系工作的新目标、新计划。

第二，测评的方法。公司公共关系活动的成果可以多种形式反映出来，如公司形象的改善、销售额和利润的增长、整体经济效益与社会效益的提高等等。公司可以采用不同的方式对公共关系活动的效果进行评估。

衡量公共关系效果最简便的方法是计算宣传报道在各种新闻媒体上展露的次数和时间。

例如，某公司在一段时间内，有 15 篇宣传稿件刊登在 6 种报刊上，共计 12000 字，约有 2500 万人读过；在 5 家电台广播，约有 3000 万人听过；在 3 家电视台播出，收看人数约 3000 万。如果在上述媒介做广告，其费用相当可观，而效果却不如宣传报道。这种测评方法的缺点是无法确定人们是否认真收听或收看了宣传报道，更不能了解公众的反映。

衡量公共关系效果的另一种方法是了解公众对公司及其产品的注意、理解和态度等方面的变化。这种方法主要用于测定公众态度处于什么状态，判定公司形象对公众的吸引程度如何。公众对公司的态度一般可分为 5 个层次，即注意、兴趣、记忆、信任和行动。通过公司举办的各种公共关系活动，如果社会公众对公司的态度由注意向兴趣等高层次发展，说明公共关系活动产生了效果。在测评时，主要检验处于每一层次公众人数的变化，包括增减幅度及各层次人数占总人数的比例变化，分析公司形象对公众的吸引力是否有所增加。

此外，还可通过公司公共关系活动前后销售额和利润的变化情况来评价公共关系的促销效果。因为公共关系往往同其他促销手段同时使用，所以在衡量公共关系效果时应尽量排除其他促销方式的影响。

## 14.4　个人沟通管理

如今的营销沟通更像是一种公司和顾客间的私人对话，而且这种对话的频率在不断增加，营销决策者不仅要清楚"我们如何能接触到顾客"，还要明白"顾客怎样能接触到我们"。科技的飞速发展，使越来越多的公司尝试从传统的大众传媒沟通方式转向更加有针对性的与目标顾客互动的个性化沟通，以此来提高沟通的效率，改善沟通的效果。

个人沟通手段包括直复营销、口碑营销及人员推销等主要方式。

### 14.4.1　直复营销管理

直复营销是指营销者运用一定的信息传递工具使顾客或潜在顾客了解产品和服务，发生订货行为，再通过恰当的方式将产品或服务送达顾客手中，然后收取款项的营销行为和系统。

直复营销起源于美国。1872 年，蒙哥马利·华尔德创办了美国第一家邮购商店，标志着一种全新的营销方式的产生，但直至 20 世纪 80 年代以前，直复营销并不为人重视，甚至被看成是一种不正当的营销方式。进入 20 世纪 80 年代后，直复营销得到了飞速的发展，其独有的优势也日益被公司和消费者所了解。

（1）直复营销的优势。

1）直复营销的个性化。直复营销活动具有很强的目标指向性，即针对顾客个人的需要提出特殊的产品营销方案，再加上电脑技术的应用，可以在广告信函的信息中发展具有个性化的信息，以"投其所好"。

2）营销对象是明确的。直复营销的对象就是具体的个人、家庭或公司，因此可以衡量，可以掌握，可以预测其规模和可能获得的利润。

3）没有中间环节。买卖双方直接对话，产生互动。直复营销要求对公司发盘做出立即的回应，公司根据回应信息进行营销，因此，可以节约流通费用，降低营销成本，从而降低商品的价格。

4）直复营销的便利性。直复营销能够一周 7 天，每天 24 小时营业，准确、及时地将顾客订购的产品送到顾客手中。免除了顾客缺少购物时间、应付交通拥堵、逛街的劳碌、等候的烦恼，节省了顾客的时间、体力和精力，使购物变得更加容易和快捷。

5）媒体选择具有弹性。直复营销可以选择的信息传递媒体很多，除了报纸、杂志、广播、电视，还有电话、电子邮箱、传真信箱、网络广告等，公司可以根据实际情况，从中进行选择和编配，以提高传播效果。

6）直复营销的保密性。传统的营销战略通过大众媒体实施，隐蔽性小，易被竞争对手发觉和摹仿，而直复的传播方式具有一定的个人化特征，短期内不易被竞争对手发现，更不容易被深究。而且直复营销的广告和销售是同时进行的，这一特点更可使营销者在其策略实施初期免遭竞争对手的抄袭。

7）广泛的适用性。对于实力雄厚的大公司，直复营销是其增加竞争优势的利器；对于资源有限的小公司，则是其达到目标市场，实现销售的良好渠道。

（2）直复营销的主要方式。

1）直接邮寄。直复营销者将邮件广告直接邮寄给事先挑选出来的潜在顾客，邮件广告包括一些附有订购单、回执卡、免费电话或传真等回复工具的折叠广告、传单、产品说明书、产品样本、公司宣传材料以及奖购券、购买请柬和其他"长翅膀的推销员"，邮寄名单通常是由管理人员自己建立或者从有关中介机构购买的。这种中介机构几乎提供各种人的名单，从超级富翁到平民百姓无所不包。目标顾客接到邮件广告后，可利用邮件广告中提供的免费电话等回复工具向营销者反馈反应信息。直接邮件营销是直复营销所有形式中，应用最广、花费广告费最多的一种形式。直接邮件营销除了具有操作简便、对目标顾客的选择性强、效果较易衡量的优点外，最重要的一点是它的直接反映率可高达35%以上，效果奇佳。

2）目录营销。目录营销是直接邮件营销中的一种特殊方式，采用这种形式，营销者按照选好的顾客名单邮寄产品目录，或备有产品目录随时供顾客索取。这种方式最先是由莫特戈莫利·华德公司于1872年在芝加哥采用，13年后西尔斯公司也采用这种营销方式，如今，西尔斯公司的目录营销营业额已高达30亿美元，每年送出的目录手册也达3亿份之多。有些直复营销者事先将目录录制成录像带（或录音带）邮寄给目标顾客，以求扩展其邮购目录业务，消费者往往必须购买录像（音）带，但却同时免费向他们赠送礼物，以便使此项销售业务更具有吸引力。目录营销所涉及的商品极为广泛，消费者几乎可以经由这种方式购买到任何商品。以美国为例，采用目录营销的公司每年寄出的目录高达124亿份，目录中涉及的商品种类多达8500多种，平均每户家庭每年收到的目录至少有50种。

3）电话营销。电话营销是指使用电话直接向消费者传递信息、销售产品。如今，电话营销已经成为一种主要的直复营销工具。特别是自20世纪60年代美国推出免费电话（如800号）服务后，电话营销即开始蓬勃发展，发展速度极快。营销者可打电话向顾客销售产品或与顾客联系获得一些有价值的销售信息，另外，消费者在接触到直接邮件广告或电视广播广告产生购买动机时，皆可拨打免费电话来订购产品或劳务。有些全自动的电话营销系统，可以做到自动拨号与录音，而且可自动播放事先录好的广告词，并且以电话答录机来接受顾客订货或转由电话接线员处理，极大地提高了电话营销的灵活性与效率。电话营销的最大优点就在于它的即时性与直接性，消费者可以不看电视广告，不打开直接邮件，但却很少有人听到电话铃声而不去接电话。电话营销过程中，营销者可以针对产品特性与顾客的反应随机应变，不过电话营销成本很高，而且必须花一些时间才能找到目标顾客，因为营销者不能保证顾客是否在家，即使在家，也不能保证他是否有空与你沟通，所以，电话营销需要系统全面的规划才能取得良好的效果。

4）电视营销。电视营销是指使用电视直接将产品营销给最终消费者。其营销方式又可分为两种。第一种称为直接反应广告，直复营销者通常购买60～120秒的电视节目广告时间，来展示和介绍自己的产品，并且将订购电话号码告诉消费者，消费者只要打这个免费的订购电话就可完成交易。另一种方式是家庭购物频道，主要是通过闭路电视或地方电视台播放一套完整的节目，专门用来宣传、介绍产品。电视观众只需将电视频道转至家庭购物频道上，即可全天24小时收视。节目主持人通常会以动人心弦的语气介绍产品，有时候甚至会降价或拍卖产品，观众可立即拨免费电话订购。

5）网络营销。网络营销是借助一切被目标用户认可的网络应用服务平台开展的引导用户关注的行为或活动，目的是促进产品在线销售及扩大品牌影响力。在互联网Web1.0时代，常用的网络营销有：搜索引擎营销、电子邮件营销、即时通讯营销、BBS营销、病毒式营销；但随着互联网发展至Web2.0时代，网络应用服务不断增多，网络营销方式也越来越丰富起来，这包括：博客营销、播客营销、RSS营销、SN营销、创意广告营销、口碑营销、体验营销、趣味营销、知识营销、整合营销、事件营销。公司需要深刻理解众多的网络营销策略，并结合自身资源广泛应用到产品推广和品牌建设中去。

直复营销的方式很多，各有利弊，公司应对其进行整合，在多种媒体和多种促销活动之间协调，使之相辅相成，相互配合，大幅度提高直复营销的效果。

(3) 直复营销中的道德问题。

直复营销者通常情况下和他们的顾客共享一种双赢的关系。但是，偶尔也会发生不愉快的事。包括骚扰顾客、不公正地对待顾客、欺骗和欺诈以及侵犯隐私等。

1）骚扰顾客。直复营销中泛滥的广告和过度地推销已经成为一种令人讨厌的东西。许多顾客不喜欢直复营销者在电视上专门的商业节目中所作的广告，认为那些广告又吵又费时间，还强加于人；特别骚扰他们的是在用餐时间和深夜的直销电话，那些电话或是由没有受过良好培训的销售员打的，或是一个用电脑控制的自动录音拨号设备打来的，前者是非常地不知趣，后者则是冷得像块冰，令受访者也有一种自己被当作一台机器在处理的感觉。

2）不公平。有些直复营销者利用了那些冲动型的或者思想比较简单的买主的弱点，使其受害。如有些电视购物节目，经过精心修饰的对产品的描述，突出地表现其惊人的价格折扣，还有所谓的"最后期限"，以及轻松购物的许诺，使得许多对购物引诱的抵制能力低的顾客上了当。

3）欺骗和欺诈。一些直复营销者设计的直接邮件广告有误导购物者的倾向。他们有的夸大了产品的优势和性能；有的则设定了很高的所谓"零售价"，以使直销价看来低了很多。直复营销有时还使用一些骗人的"小把戏"——一些能以假乱真的信件，看似报纸剪贴之类的东西和一些伪造的荣誉证书及奖章等。

4）侵犯隐私。侵犯隐私的问题恐怕是如今困扰直复营销行业的最棘手的一个社会政治问题了。无论何种形式的接触，一次信件或电话订货，或是参加一次抽奖活动也罢，或是申请一张信用卡，或是订阅一份杂志——只要顾客与直复营销公司发生接触，他们的姓名、地址和购物习惯都同时进入了该公司预先设计好的数据库。虽然顾客可以不时地从这种数据库那里得到好处——收到更多的与他们的兴趣和爱好相吻合的供货信息，但是营销者们常常发现当他们努力和那些经过精心细分的顾客群沟通时,却误入了他们的个人隐私的禁区。许多批评家担心直复营销者所知道的有关顾客的个人生活的信息太多了,很有可能做出不利于顾客的事来。这些批评家置疑:是否应该同意电话公司将那些经常拨打 800 免费电话进行购物的顾客的姓名出售给直复营销者?信用提供和监管当局将那些新近申请信用卡的人员名单出售给直复营销者的行为又是否合法呢?一些地方政府机构将驾驶证持有者的姓名、性别和联系地址告诉那些零售商,以便零售商能直接针对那些因特殊体形而对服装有特殊要求的人销售服装的行为又是否恰当呢?

直复营销的业内人士正在努力解决这些难题。他们深知,如果对这些问题置之不理的话,将会引起越来越严重的消费者的反感和不断下降的回复率,还会导致地区乃至整个国家加强立法对直复营销活动加以严格的约束。从本质上讲,直复营销所期望的和消费者所期望的是一致的,他们都需要诚实可信又设计完美的营销计划,这些计划又是非常有效的——因为它们仅仅针对那些对其感兴趣而又愿意给予回复的消费者。

### 14.4.2 口碑营销管理

口碑营销是公司运用各种有效的手段,引发顾客对其产品、服务以及公司整体形象的谈论和交流,并激励顾客向其亲朋好友及周边人群进行介绍和推荐的市场营销方式和过程。

消费者一直都很重视直接向他们表达的意见。营销者可能会将巨资投在精心设计的广告上,但是,真正让消费者下定决心的往往是简单而且免费的东西:来自所信任来源的口碑推荐。随着面对太多选择的消费者不再理会传统营销方式的狂轰滥炸,口碑宣传悄然而有效地脱颖而出,日益受到公司的重视和应用。

(1) 口碑营销的要点。

1) 寻找意见领袖。意见领袖是一个小圈子内的权威,他的观点能为拥趸者广为接受,他的消费行为能为粉丝狂热模仿。倘若你是销售汽车的,那么邀请汽车专业媒体的记者来试驾一番,通过他们的生花妙笔来传播产品信息,便可以较高的可信度征服消费者。如果产品的消费人群主要是青年学生,找到班上学习成绩最好的学生或者班长、班主任来体验你的产品,提供传播渠道帮助他们发布自己的使用心得、体会就是个不错的方法;在 Web2.0 时代,每个人都可能是一个小圈子里的意见领袖,关键是营销人员是否能慧眼识珠,找到这些意见领袖。

2) 蜂鸣式营销和病毒式营销。很多营销者非常强调口碑中的两种主要的形式——蜂鸣式营销和病毒式营销。蜂鸣式营销让消费者对产品产生兴奋情绪,引起公众的注意,并且通过出人意料的或者夸张的方式向消费者传递与新品牌相关的信息。病毒式营销是口碑的另一种形式,亦称之为"鼠碑行销",鼓励消费者到其他的网站上宣传其公司的产品、服务或者一切相关的音频、视频以及文字信息等。病毒营销中的"病毒",不一定是关于品牌本身的信息,但基于产品本身的口碑可以是"病毒",这就要求你的产品要足够酷,要有话题附着力,这样才容易引爆流行,掀起一场口碑营销风暴。还有哪个公司比苹果公司更擅长"病毒"制造和口碑传播吗?一提到 iPhone 3G 这个名字,就能让无数苹果迷发狂,让业内人士羡妒不已。这样一款产品不仅提供众多个性化的设计,关键是价格还出奇的低廉。不让它的消费者讨论似乎都很难。在这里,消费者的口碑既关于产品本身,又是传播速度极快的"病毒"。重要的是,它总是限量供应,欲购从速。拥有它的人就是时尚达人,仿佛一夜之间便与众不同,身价倍增,他们当然更愿意在亲朋好友间显摆,高谈阔论一番。

3）整合营销传播。口碑营销虽然有宣传费用低、可信任度高、针对性强等优点，但也充满着市民的偏见、情绪化的言论，口碑在消费者中诞生、传播，对于营销人员而言则属计划外信息，本身具有很强的不可控性。因此，口碑营销并不能从根本上解决眼下传播效果差、回报率低这一顽疾。毫无疑问，传播技术的进步让消费者获取消费信息到最后形成购买决策的整个过程发生了变化，传统的广告理论认为，消费者购买某个产品，要经历关注、引起兴趣、渴望获得产品进一步的信息，到最后决定购买的 5 个阶段。整个传播过程是一个由易到难、由多到少的倒金字塔模型，为消费者的口碑传播提供了便利和无限时空。因此，口碑营销必须辅之以广告、辅助材料、直复营销、公共关系等多种整合营销方式，相互取长补短，发挥协同效应，才能使传播效果最大化。

4）实施各类奖励计划。天下没有免费的午餐，这样的道理或许每个人都明白，但人性的弱点让很多人在面对免费物品时总是无法拒绝。给消费者优惠券、代金券、折扣等各种各样的消费奖励，让他们帮你完成一次口碑传播过程，你的口碑营销进程也会因此大大提速。销售成衣的公司对这一套可谓轻车熟路，只要消费者购买了产品，大概都能获得一张优惠券，如果把网站推荐给朋友，和朋友分享网站购衣体验，当然还有更多意想不到的收获。让大家告诉大家，消费者就这样不由自主地成了商家的宣传员和口碑传播者。

5）对顾客的意见及时做出反应。好事不出门，坏事传千里。因为没有对消费者的一篇关于电脑质量存在缺陷的博文及时做出反应，Dell 电脑 2005 年业绩因此受到冲击，这并非杜撰，而是 Dell 电脑承认的事实。口碑营销的主要工作之一与其说是将好的口碑传播出去，不如说是及时消除坏的口碑。遗憾的是，世界上还没有管理口碑的万能工具，但营销人士应朝这个目标努力。营销人员当然可以雇佣专业公司来做搜索引擎优化服务，屏蔽掉有关公司的任何负面信息。但堵不如疏，好办法是开通公司博客、品牌虚拟社区，及时发布品牌信息，收集消费者的口碑信息，找到产品服务的不足之处，处理消费者的投诉，降低消费者的抱怨，回答消费者的问题，引导消费者口碑向好的方向传播。

（2）口碑营销应注意的问题。

随着信息和网络技术的发展，口碑营销得到了进一步的应用，营销大师菲利普·科特勒也曾指出现代公司正从传统营销向口碑营销转变。然而，公司在进行口碑营销的过程中还存在着一些问题，这些问题常常被营销人员所忽视。

1）忽视产品和服务质量的提升，消费者不买账。没有让顾客满意的质量和服务，就不可能产生良好的口碑。有的公司，没有将精力放在提高产品的核心竞争力上，只一味地进行铺天盖地的广告宣传和大量的促销活动，没有取得很好的效果。有的公司，虽然曾经有过良好的口碑，但忽视了对产品和服务质量的提升，最终只能被激烈的市场竞争所淘汰。"王麻子"刀剪产品以刃口锋利、经久耐用在消费者中有着良好的口碑，20 世纪 80 年代末 90 年代初，"王麻子"达到历史顶峰，曾创造过一个月卖 7 万把菜刀、40 万把剪子的最高记录。但随着不锈钢刀剪的出现，"王麻子"的产品逐渐暴露出自己的缺点：工艺复杂、容易生锈、外观古板、档次较低。面临着新产品的冲击"王麻子"却还一直沿用几十年前的工艺、造型，没有积极开发出适合市场需求的新王麻子，失去消费者的青睐也就很自然了。

2）缺乏营销道德，搬起石头砸自己的脚。营销道德是公司口碑营销的前提。公司应首先保证自己宣传的客观性和真实性，不能过分夸大自己的产品和服务。否则，很可能带来负面的口碑传播。有的公司用所谓的"实际效果"来宣传，请了许多名人，却丝毫没有"名人效应"，请了许多顾客"现身说法",却给人以"托"的嫌疑。相反,有的公司在宣传的过程中对自己产品的缺点毫不避讳,实事求是地宣传产品的功能,却更能赢得顾客的信任、带来良好的口碑。

3) 忽视公司内部的口碑营销,后院起火。很多公司在进行营销过程中常将营销片面地理解为外部营销,公司内部的口碑营销容易被忽视。实际上,如果公司的员工带着不满的情绪在为公司工作,效果是可想而知的。而且当这些员工在向朋友谈到自己的公司时总是抱怨不断,他们作为信息源发出的负面口碑的效果要远比一般消费者大得多。而且,这种对公司的抵触情绪必将对公司的正常生产带来影响。因此,公司应充分重视内部的口碑营销,使员工真正认同并融入公司的文化,真心实意地为公司进行积极的口碑传播。员工的真心实意往往比一般的口碑传播者的赞美更有说服力。

4) 缺少良好的负面口碑传播处理机制,火上浇油。口碑是一把双刃剑,既可以为公司带来口碑效应,也会由于负面口碑的传播带来负面影响。现代公司,即使是一些大公司也往往容易忽视负面口碑传播的严重性,没有一套及时、正确地处理危机的机制,常常会使公司的危机愈陷愈深。很多公司是在危机发生时最常用的做法是大门紧锁,拒绝一切采访,试图用各种手段蒙蔽消费者,甚至连公司的很多内部职工都不知道到底发生了什么。这样"遮丑"的结果只能是适得其反,使公司的形象和信誉更加受到消费者的质疑。

5) 排斥大众传媒,自食苦果。口碑营销专家迈克尔·卡佛基曾指出:"口碑是头脑中的低技术方法,但它却诉诸市场中所有高科技噱头来实现。"可见传统营销手段仍是公司营销的一个重要的方面,口碑不是万能的,公司的口碑营销应将二者有机地结合起来。以前,提到茅台,人们就会想到"国酒""国宴",茅台从来不需要考虑自己的销路。但在市场经济的大潮下,茅台逐渐丧失了自己的优势地位,面临着来自五粮液、郎酒等白酒品牌的强力冲击。终于,20 世纪 90 年代中期茅台也开始做广告了!1998 年中国的白酒行业遭到重创,茅台也未能幸免,面对危机,茅台老总亲自抓销售,组织营销队伍,在全国开展新的全面的营销。对于茅台营销的效果人们褒贬不一,但仅仅从营销观念的改变上,茅台就值得赞赏。虽然是被逼出来的,但至少可以避免重蹈"王麻子"的覆辙。

口碑营销越来越受到营销人员的重视,但如果忽视了上述问题,不仅口碑无法发挥其应有的营销作用,还容易产生负面的口碑传播,给公司的营销带来困难。因此,在营销活动中,营销人员应对上述问题加以注意,尽量避免这些问题的发生,对已发生的问题及时地进行纠正,使口碑巨大的营销作用得以真正发挥。

### 14.4.3 人员推销管理

人员推销是一种最古老的促销方式,在现代公司营销活动中仍然发挥着重要的作用。特别是在产业用品市场上,人员推销是一种最为有效的促销方式。国内外很多公司在人员推销方面的费用支出要远远超过用于其他促销因素的开支。

(1) 人员推销的方式。

人员推销就是公司派出专职或兼职的推销员当面向顾客介绍产品,解答顾客的疑问,促成交易的活动。人员推销是最古老、最直接、最有效的促销手段。对于那些专业性强、结构复杂的产业用品及价格昂贵的耐用消费品,人员推销有着其他促销方式不可替代的作用。

人员推销主要有以下几种方式。

1) 个人推销。个人推销是单个推销员独立进行的产品推销活动。按其接触顾客的数量不同可分为两种类型：一是推销员对单个买主进行推销；另一种是推销员对一个采购小组推销产品。这种方式推销员单独活动，具有及时、方便等特点，可以充分利用推销时间，提高推销效率。但是，个人推销的效果，往往受推销员自身素质的影响和制约。如果推销员的素质不高，不仅会影响推销效果，甚至会损害公司的声誉。所以采用这种推销方式关键是加强管理，提高推销人员的素质。

2）小组推销。公司挑选富有经验的推销员、专业技术人员、财务人员、销售科长以及主管营销的经理组成推销小组，外出或在公司内与客户洽谈，推销产品。这种方式与个人推销相比可以扩大交际范围，开展多种业务活动；同时推销小组成员各有专长，既可各司其职，又能互相策应，充分发挥集体智慧，促成交易；另外推销小组中包括高层次的管理者，关键时刻可以当场决策，避免因请示上级而延误成交的时机。小组推销的缺点是加大了费用开支。果成交额不大，会影响经济效益。所以小组推销更适合于结构复杂、技术性强，推销额大以及商务关系比较复杂的推销任务。

3）会议推销。由公司发起组织的各种推销会议，邀请用户或买方参加，在会上签约成交。订货会和展销会是会议推销的主要形式。会议推销的优点是时间地点比较固定，避免推销人员"满天飞"，节约费用；通过与买方的广泛接触，公司可掌握市场信息，按需组织生产，改进产品，提高服务质量，密切买卖双方的关系；会议推销具有规模大，影响广，容易招徕客户，现场成交等特点，特别适用于大宗交易。随着市场经济的进一步发展，会议推销的形式将日趋多样化。

（2）人员推销的步骤。

人员推销不仅仅是向顾客推销商品，按照"公式化推销"理论，推销包括7个步骤，即：寻找、准备、接触、介绍、应付异议、成交、事后跟踪。由此可见，人员推销是从开发市场，寻找顾客开始，到顾客的需求得到全部满足为止的循环往复的过程。

1）寻找。推销工作是以识别潜在客户开始的。推销员必须具备寻找顾客的技能。寻找线索的方法是多种多样的，如通过现有顾客发现和联系潜在的顾客；查阅各种报刊资料发现潜在顾客，利用公司名录和电话号码簿查找用户；通过有业务联系的公司介绍新客户等等。

2）准备。在正式接触顾客之前，推销员应做好充分的准备。首先，对收集到的潜在客户的线索进行分析评估，从中找出那些具有现实购买力又可能在近期购买的顾客作为访问目标。其次要全面了解访问对象的情况，对消费品购买者应了解其姓名、年龄、职业、个人爱好和生活习惯，以便掌握其需求特点。如果向公司用户推销产品，应了解该公司基本情况，其购买动机和购买行为，需求量和价格承受能力。再次，要掌握市场竞争情况，如竞争对手的产品特点、产品价格、竞争实力及主要策略。最后，确定访问的最佳方式和时间。

3）接触。这是指推销员与顾客面对面地交谈。有经验的推销员往往不是一见面就推销产品，而是通过与顾客的交谈来联络感情。这时推销员要给顾客一个好印象，为后面的推销做好准备。

4）介绍。这是推销过程的中心环节。推销员可以采取不同的方法向顾客介绍产品，如通过样品、照片、说明书、图纸等形式加以说明。这里所说的介绍绝不是单纯地介绍产品，因为顾客购买某种商品的目的是为了满足某种需要，从这个意义上说，买卖不过是为达到这一目的的手段。所以推销员应着重说明产品给顾客带来的特殊利益，设法刺激顾客为满足某种需要产生购买欲望。实践证明，那些使顾客认识到产品的特殊使用价值（如安全、省时、省力、节能等等)的推销员要比单纯介绍产品的推销员有着更高的推销效率。

5) 应付异议。推销工作往往不是一帆风顺的,推销员必须善于应付异议,随时有对付各种否定意见的适当措辞和策略。

6) 成交。在推销过程中,推销员要随时给顾客以成交的机会,当顾客表达了购买欲望时,推销员要不失时机地促成交易,如设法打消顾客的疑虑,提供某些便利或优惠,答应顾客的某些特殊要求等等。

7) 事后跟踪。签约成交并不是推销过程的完结。推销员要使顾客满意并重复购买,必须与顾客保持长期联系,如提供售后服务、指导消费、帮助顾客解决问题等。经常回访可以增进买卖双方的感情,使顾客做出有利于公司的购后行为。

(3) 人员推销的管理。

1) 推销队伍规模的确定。推销员的数量与公司的销售量有着直接的关系,一般情况下,两者的关系成正比。同时推销队伍的规模也影响促销费用的高低,因此,必须科学地确定推销队伍规模。

2) 人员推销的组织结构。人员推销的组织结构直接关系到推销效率,公司应根据不同的市场环境及产品特点,设计和选择不同类型的组织结构。

第一,地区型结构。公司把目标市场划分为若干区域,指定每一个推销员在特定区域内负责推销公司的全部产品。这种推销结构简便易行,职责明确,可充分调动推销员的积极性,提高工作效率。同时,又便于公司对推销员业绩的考核,加强销售管理。另外,由于推销地区集中,还可节约差旅费用。但这种组织结构只适用于那些经营品种比较简单的公司。

第二,产品型结构。即按产品分工,每个推销员负责推销某一类或某几类产品。这样做有利于推销员熟悉产品知识,并根据产品的特点采取相应的推销策略,提高推销的专业化程度。所以这种结构更适合那些产品结构复杂的公司。但这种分工会造成推销中的地区交叉、客户交叉,从而增加费用开支。

第三,顾客型结构。即按照客户的所在行业、经营规模、需求状况等将其划分为不同的类型,分别安排不同的推销员负责联系。这样可以使推销员更加了解自己的顾客,掌握其需求特点和购买规律,更有效地推销产品。还有利于密切推销员与客户的联系,为之提供良好的服务,培养长期稳定的顾客群。但如同类顾客广泛分布在全国各地,这种分工就不适合了。

第四,复合型结构。当一个公司在广泛地区向多种顾客推销多种产品的时候,可以采用复合型推销结构。即将以上3种结构结合起来,根据实际情况,做出不同的排列,如推销员可按"地区—产品—顾客"分工,也可按"顾客—产品—地区"分工。这在一定程度上弥补了上述三种结构的缺陷,但也存在着职责不易划分的弊病。

3) 推销员的招聘。推销员素质的高低不仅决定着推销效率,还直接影响着公司形象。公司应按照科学的程序做好推销员的招聘工作。公司招聘推销员的途径不外两种:一是从公司内部现有员工中选拔合适的人才;二是向社会公开招聘。这项工作一般要经过报名、初试和复试等步骤。

其一,报名。由申请人填写报名表,公司可以了解应征者的基本情况,包括年龄、性别、学历、简历、健康状况及兴趣特长等,然后可从中筛选出基本符合要求者发出面试通知。

其二,初试。由公司聘请市场营销方面的专家及公司有关领导对应征者进行面试。一般采用问答式考核。通过面试,可以了解应征者的仪表风度、语言表达能力、知识水平、应变能力和公共关系能力,从中选拔出较优秀者进行复试。

其三,复试。有条件的公司应对应聘者进行心理测试,即通过对其能力、情趣、成就等3方面进行考查,全面评价其素质。能力考查包括智力测验和特殊资质测验,考查一个人专心从事某一项工作能取得怎样的成果,即最佳工作表现。情趣考查包括态度测验、个性测验和兴趣测验3个方面。成就考查是为了确定一个人对某项工作到底具有多少知识,这类测验往往以一些专业性很强的问题为主。

4)推销员的培训。推销员的选拔结束后,应对其进行严格的业务培训。另外,由于市场环境的不断变化,竞争的日益激烈,对有经验的推销员也要有计划地安排轮训,使其知识更新,以适销工作的需要。培训的内容主要包括以下5个方面:

第一,产品知识。推销员只有对自己所推销的产品了如指掌,向顾客介绍时如数家珍,才能赢得顾客的信任。因此学习和掌握产品知识是推销员培训的基本内容。推销员要了解产品的性能、特点、质量、价格、生产工艺,掌握产品的使用、保养及维修技能,同时还应研究同类竞争品的特点,知己知彼,才能在竞争中取胜。

第二,公司知识。推销员是公司的代表,推销也是一种公共关系活动。因此推销员必须熟悉本公司的情况,了解公司的创业历史和发展前景,了解公司的组织结构,财务状况、经营情况及主要产品的市场地位,这将有助于产品的推销。

第三,市场知识。要学会市场分析,了解市场需求的发展趋势,掌握各类顾客的消费心理和购买行为,以便有针对性地制定推销策略。

第四,推销技巧。一个成功的推销员不仅要具有丰富的知识,还要掌握推销策略和技巧。

第五,经济法规。推销员要熟悉法律常识,了解于本行业务有关的各项经济法规,以保证推销过程的合法性,并能够运用法律手段维护公司和消费者的利益。

推销员的培训方法有多种:按培训时间可分为长期培训和短期培训;按参加人数可分为集体培训和个别培训;按培训方式有脱产进修和在职培训。公司可根据自身条件及推销员的素质选择适当的培训方法。

5)推销员的业绩评估与报酬。为了激发推销员的工作热情,公司应定期对其业绩进行评估,通常的评估标准包括以下几点:

第一,招徕顾客情况。包括在一定时期内保持住的老顾客数和增加的新顾客数。

第二,实现销售情况。即推销员全年的销售额和实现的利润额。

第三,提供服务的情况。包括售前服务,激发顾客的购买欲望;售中服务,促进顾客的购买;售后服务,帮助安装调试,传授技术,达到顾客满意。

第四,沟通信息情况。即推销员宣传公司介绍产品,树立公司形象和提高产品知名度的情况,以及进行市场调查、需求分析帮助公司改进产品,开拓市场的情况。

考核推销员的标准还包括:年访问顾客次数,每次访问平均所需时间、费用和销售额。

考核的方法可以采取"横向比较"和"纵向比较"两种,即每个推销员既同其他推销员的业绩相比,又同自己的过去相比。考核的目的在于鼓励先进、鞭策后进,造就一支高质量的推销队伍。

推销员的报酬应贯彻按劳分配的原则,与其推销成果挂钩。对于特别优秀的推销员,公司应重金礼聘。报酬形式可分为固定工资、效益工资、费用补贴和福利待遇几部分,这样既可保障推销员的基本生活需要,使之无后顾之忧,又能多劳多得,调动推销员的工作积极性。

## 小结

1. 营销沟通（Marketing Communications）是公司与消费者进行对话和建立关系的一种方式，通过营销沟通，公司直接或间接地尝试让消费者了解自己销售的产品和品牌，劝说和提醒消费者购买这些产品和品牌。

2. 公司的促销组合，又称为营销沟通组合，它是由广告、销售促进、体验、公共关系、直复营销、口碑营销和人员推销等工具的特定组合构成，用于有说服力地沟通顾客价值和建立顾客关系。

3. 开发有效的营销沟通，这一过程包括以下步骤：确定目标受众；确定沟通目标；设计信息；选择沟通渠道；制定整合营销沟通预算；制定营销沟通组合决策；衡量沟通效果；管理整合营销沟通过程。

4. 美国市场营销协会定义委员会对广告做过这样的定义："广告是由明确的发起者以公开支付费用的做法，以非人员的任何形式，对产品、服务或某项行动的意见和想法等的介绍。"

5. 销售促进是公司常用的促销手段，它包括的范围很广，除了广告、人员推销和公共关系外，任何刺激消费者购买、鼓励中间商经营的促销手段都属于销售促进的范畴。

6. 公司通过精心策划的活动，让消费者融入其中，使其在包装过的环境中，得到特定的体验，从而引起或加强他们购买产品的欲望。体验参与能够加强公司与目标顾客的联系，有效地影响他们的购买决策。

7. 所谓公共关系就是一个公司或组织，通过有效的活动，加强与社会的协调，与公众的沟通，增进公司与社会各界的相互了解，争取社会公众的支持与合作，建立良好的公众环境，以达到顺利发展的目的。

8. 直复营销是指营销者运用一定的信息传递工具使顾客或潜在顾客了解产品和服务，发生订货行为，再通过恰当的方式将产品或服务送达顾客手中，然后收取款项的营销行为和系统。

9. 口碑营销是公司运用各种有效的手段，引发顾客对其产品、服务以及公司整体形象的谈论和交流，并激励顾客向其亲朋好友及周边人群进行介绍和推荐的市场营销方式和过程。

10. 人员推销就是公司派出专职或兼职的推销员当面向顾客介绍产品，解答顾客的疑问，促成交易的活动。推销包括7个步骤，即：寻找、准备、接触、介绍、应付异议、成交、事后跟踪。

### 重要概念

营销沟通　　促销组合　　整合营销沟通　　广告　　销售促进　　公共关系　　直复营销　　口碑营销　　人员推销

### 复习思考题

1. 主要的促销工具有哪些？其各自特点是什么？
2. 开发有效的整合营销沟通有哪些步骤？
3. 影响营销沟通方式选择的因素有哪些？
4. 广告媒体的选择应考虑哪些因素？

5. 销售促进的主要目标有哪些？销售促进方案包括哪些具体内容？
6. 事件的主要决策包括哪些具体内容？
7. 公共关系的传播方式主要有哪些？
8. 公共关系的主要决策有哪些？
9. 口碑营销的要点有哪些？
10. 简述人员推销的步骤，并举例说明。

## 经典案例

### 张根硕咖啡陪你见面会

张根硕聚集中国千人品咖啡，入选大世界吉尼斯纪录！2014年4月26日，被誉为"亚洲王子"的韩国超人气偶像张根硕空降北京，出席Caffebene主办的"Hello China 2014巨星暖咖季——张根硕咖啡陪你见面会"。本次见面会是张根硕签约Caffebene品牌代言人后，首次在北京与fans们欢聚。活动主办方Caffebene通过网络票选、门店消费等多方渠道筛选出一千多位"鳗鱼"（张根硕粉丝名称），让粉丝近距离接触张根硕，感受Caffebene对客户的温暖关怀。这场活动吸引了超过千名"鳗鱼"的热情参与，刷新了大世界吉尼斯纪录。各大主流媒体、公证人员与Caffebene共同见证了这一历史时刻。

当天，张根硕手推单车亮相。对于这一特别的出场方式，张根硕解释称："随着全世界环境急速恶化，大家都在关注环境问题，这次别出新意的出场是想呼吁一直关注我，关心我的朋友们，绿色出行减少污染，共同维护我们生存的环境，希望大家跟我一样做一个暖咖。""暖咖"是Caffebene在本次活动中所推出的一个全新的、充满正能量的理念，这是Caffebene与张根硕共同的灵感。那么，"暖咖"一词到底代表了什么含义呢？在见面会现场，张根硕向大家做了详细的介绍，他说："暖咖寓意的是人的一种生活态度，乐观豁达，包容别人，心态阳光，喜欢助人为乐。现在中国不是一直在说正能量么！其实很简单，无时无刻不在散播正能量的人，就是暖咖。" 并且，主办方Caffebene精心设计了多个精彩纷呈的互动环节，张根硕从衣食住行四方面将"暖咖"概念诠释得淋漓尽致，并与现场"鳗鱼"深度互动，引发数度尖叫浪潮，使"暖咖"这一理念深入人心。

作为高潮环节，Caffebene邀请现场所有人共同参与、见证Caffebene值得铭记的历史时刻——张根硕作为Caffebene代言人，邀请超过千人共饮咖啡，刷新了一项全新的大世界吉尼斯纪录。事件获得国内外媒体和公众的强烈反响，为Caffebene全面进军中国打造了完美的开端。

由于千人品咖啡活动大获成功，2014年5月28日Caffebene在上海举办了首场产品推广会，吸引了来自全国的160余名经销商参加。在此次会上，除了来自德国和韩国的产品专家亲临推广，Caffebene还对首批加入Caffebene经销商队伍的经销商代表授予了合作铜牌，更有多家经销商在现场与Caffebene签订了合作意向书。

另外，招商银行联合Caffebene创新合作启动仪式也在北京成功举行，一直在零售银行业务保持领先并不断创新的招商银行将与韩国第一咖啡连锁品牌——Caffebene进入更深层的合作。本次合作，双方首度发挥各自渠道优势，将银行"搬进"咖啡店，共同创建"咖啡银行"新商业模式。"咖啡银行"是将咖啡和银行两个独立行业结合在一起的一种创新模式，客户可以在咖啡银行网点轻松、舒适、愉悦的环境里，办理各种银行业务的同时，也可以和银行工作人员像朋友一样边喝咖啡、边聊财富的保值和增值。Caffebene 将咖啡厅休闲、轻松的氛围和咖啡文化带入银行网点，为客户带来了别样的感知和体验。

资料来源：边翠兰等. 公共关系原理与应用[M]. 北京：首都经济贸易大学出版社，2015.

**案例思考题**

1．案例中 Caffebene 采用的沟通方式有哪些？
2．如何看待名人效应？名流公众对于公司沟通活动的意义有哪些？

# 第四篇　拓展市场营销

# 第 15 章　全球营销

自 20 世纪 90 年代以来，经济全球化已成为不可逆转的发展趋势。经济全球化意味着资本、信息、技术和劳动力等资源将更加自由地在全球范围内流动，公司可以在世界范围内开展经营、参与竞争。中国加入 WTO 后，现代公司的生存发展、竞争能力的提升越来越依赖于国际市场的开发和全球化经营。

本章将探讨公司是否要进入国外市场，如何评价和选择国外市场，以及用什么方式进入国外市场的问题。研究针对国外营销环境制定相应的市场营销组合策略，学习用适当的方法组织和管理公司的全球资源和营销活动。

## 15.1　进入国外市场决策

全球营销是将公司的资源和目标集中于利用全球营销机会的一个过程。一般来说，国外市场营销与国内市场营销处于两个不同的市场营销领域，两者既有联系又有区别。国外市场营销的特殊性对营销决策者提出了更高的要求，要使公司在激烈竞争的国际市场上取得某种优势，必须认真探讨全球营销的理论、策略和技巧。

### 15.1.1　是否进入国外市场

交通、通信技术的发展，促进了国家间的文化交流和贸易往来，这必然形成各国、各民族间传统文化、生活方式、消费观念和消费行为的相互融合。现代消费者不仅满足于本国生产的消费品，同时也对具有异国文化的产品和服务产生了广泛的需求。麦当劳汉堡、日本寿司、夏奈尔西装、德国宝马汽车在很多国家受到了热烈的欢迎。

（1）全球化营销的动因。

越来越多的公司把目标转向国外市场，寻求新的生存环境和更为有利的营销机会。公司从事全球化市场营销活动的主要原因有以下几个方面：

1）国际市场拥有巨大的发展潜力。市场规模和容量是制约公司发展的一项重要因素，而任何一个国家的国内市场都是有限的。在世界范围内，美国是最大的市场，然而，95%的人口和 75%的购买力在美国以外。其他国家的市场与整个世界市场相比更是微不足道。因此国际市场有着巨大的发展潜力，可以为公司提供十分广泛的营销机会。

2）可获得较高的利润率。根据西方经济学家的相对优势学说，如果一个国家专门生产和销售具有相对优势的产品，同时去购买具有相对劣势的产品，那么该国将从国际贸易中获得好处。一个公司如果能将产品打入国际市场，可以扩大销售量，降低产品的单位成本，实现规模经济效益。当新产品需要大量投资和较长开发时间时，公司倍感开展全球营销的紧迫性。只有在全球规模的大市场中才能收回其高额投入并盈利，而且，市场多样化策略比产品多样化策略具有更大的优越性。

3）可避开国内市场的激烈竞争。对于某些行业、某些产品来说，国际市场上竞争的激烈程度低于国内市场。此时，公司利用自身优势，在国际市场上，不仅可以摆脱激烈竞争的困扰，还可以获得更为广阔的发展空间。

4）可延长产品的市场寿命。有些产品在本国进入了市场寿命的衰退期，但在国外一些市场上正处于介绍期或成长期，如果将这些产品打入国际市场，就可以大大提高销售量，使产品进入"再循环"，延长产品的市场寿命。

5）可减少只依靠单一市场的风险。由于各种不可控因素的变化，市场风险无处不在，如果公司的目标市场仅限于国内，遇到营销环境的重大变动，常常缺乏回旋的余地。相反，当公司的营销活动涉及不同国家的市场，就能够有效地分散风险，把损失减少到最低限度。

此外，从事国际市场营销可以提高公司的声誉和竞争能力，促进公司的自我发展；可以获得政府的支持，享受各种优惠政策；还可以赚取外汇，用来进口生产急需而国内短缺的技术、设备和物资。

（2）全球化营销的风险。

当公司跨越国界开展营销活动时，就会发现国际市场的政治、经济、法律和文化等因素同国内市场相比有着显著的差异，如果公司同时进入几个国家的市场，那么不同国家又有很多不同之处。所以，能否把握国际市场营销环境的特点及其变化趋势，成为决定国际市场营销成败的一个首要问题。全球化营销的风险主要有以下几方面：

1）公司可能不了解外国顾客的偏好，提供的产品不能很好地满足需求。如通用食品公司的果珍饮料最初在法国遭致失败。因为该公司想用它代替早餐饮料，却不知法国人早餐时几乎不喝橘子汁。

2）公司可能由于语言、文化等方面的差异，不了解外国的商业文化，不能很好地与国外合作伙伴沟通，从而影响了营销活动的顺利开展。

3）公司可能缺乏具有丰富经验的营销经理。公司进入国际市场后，决不能照搬在国内市场营销时的策略、方法，必须根据国际目标市场的特点，有针对性地对营销因素进行重新组合。

4）公司可能不了解外国的商业法规和惯例，招致预算外成本增加，影响经济效益。

此外，公司进入国外市场还会遇到政局不稳、政策多变、汇率波动、贸易壁垒、国有化等政治、经济风险。

当公司同时在多国开展营销活动时，还需要进行统一的指挥、组织、协调和控制。多国营销管理要求公司从全球角度来设计战略计划、组织结构和营销方案，这样才能取得整体最佳的营销效果。

### 15.1.2 进入哪些国外市场

开展国际市场营销活动，同样必须选择目标市场。因为，并非所有的市场机会都具有同样的吸引力。对于任何一个公司来说都无法满足国际市场的所有需求，为了充分利用有限的资源，扬长避短，提高营销的经济效益，公司的市场营销活动必须限定在一定范围内，这个范围就是公司的目标市场。

（1）影响国际目标市场选择的因素。

在市场细分的基础上，选择国际目标市场应考虑以下条件。

1）市场规模和发展潜力。市场规模不仅制约着公司的发展，而且在一定程度上决定着公司的效益。所以公司应选择具有较大规模和发展潜力的市场作为自己的目标市场。

2）交易成本。国际贸易的费用水平关系到公司的营销成本和利润的高低，是公司在选择目标市场时必须考虑的因素。在其他贸易条件相同的情况下，中日两国的成交机会要大大超过中美两国的成交机会，因为运输费用的差异影响着成本与利润。贸易费用还包括市场调研费用、保险费用、广告费用、劳动力成本和税收等。

3）竞争的相对优势。国际市场的竞争优势主要表现在以下方面：

第一，选择与自己国家相似的市场，可以提高产品的适用性，增强公司的竞争能力。

第二，选择有竞争优势的产品，扬长避短，取得竞争的有利地位。我国最大的相对优势是劳动力资源丰富、工资水平较低，因此，我国的劳动密集型产品在国际市场上具有较强的竞争能力，应成为出口的主要项目。另外，我国是一个多民族的文明古国，具有悠久的历史和灿烂的文化，许多带有民族特色的传统工艺品，在国际市场上享有盛誉。我们应发挥这一优势，大力发展我国传统商品的出口，并不断提高质量，增加品种，以增强商品的竞争能力。

4）风险程度。在国际市场营销活动中，由于营销环境的复杂性和多变性，增大了经营的风险性。如自然灾害、意外事故、动乱、战争、政变、两国关系恶化、原料供应中断、货币贬值、通货冻结等，都会造成合同废除、货物丢失、没收财产等后果。而风险性小的国家，显然为国际市场营销提供了有利条件。公司在选择国际目标市场时必须考虑风险程度这一重要因素。

（2）国际目标市场的评估。

公司在初步选定目标市场后，还要对其市场潜量、发展潜力、市场占有率、成本与利润、投资收益与风险等进行全面的预测分析，做出正确的评估判断，为最终确定国际目标市场奠定坚实的基础。

1）估计现有市场潜量。市场潜量就是指在一定的市场营销环境条件下，当行业市场营销费用逐渐增高时，市场需求达到的极限值。只有对市场潜量的现状有清楚的认识，才能准确地判断该市场的吸引力。

2）预测未来发展潜力。公司无不希望选择进入有长远发展的市场，所以不仅要估计现有的市场潜量，还要预测随着未来国际经济、政治、科技、文化和法律环境的变化，目标市场的发展趋势及发展速度。

3）预测市场占有率。进入目标市场后的市场占有率不仅取决于公司自身的营销实力和努力，而且取决于竞争者之间的力量对比。在对整个市场的竞争态势有了总体把握的情况下，就可以判断本公司在目标市场上的市场份额了。

4）预测成本与利润。成本高低与公司进入国外市场的方式直接相关，如果是以出口的方式进入，商业责任与销售成本在合同中有明确规定；如果以投资建厂的方式进入，则成本的预测更加复杂，涉及折旧、利息、税款、工资、原材料及能源价格等因素。成本估算出来后，抵减预测的销售收入，余额即是测算的利润。

5）估计投资收益率与风险。将某一产品在国外市场可获得的利润流量与投资流量进行比较，就可估计出投资收益率。一般来说，投资收益率必须高于资金成本，公司才能盈利。考虑到跨国投资的风险及其难于预测性，要求的投资收益率应高于正常水平，唯此，才能抵消国外市场营销可能遇到的政治、商业、汇率等各种风险。

### 15.1.3 如何进入国外市场

当公司选定了目标市场后，就要进一步决策如何进入该市场，即选择进入目标市场的途径。我国公司进入国外市场的途径主要有以下几种：

（1）商品出口方式。

商品出口是进入国外市场最常见的方式，并且受到政府的鼓励和支持。商品出口有以下两种形式：

1）间接出口。就是公司把生产出来的产品，卖给或交给出口贸易机构，由它们负责向国际市场销售。具体做法有3种：

第一，公司把产品卖给国内的外贸公司，由它们与外商签订合同，这与公司在国内市场销售产品没有什么区别，不过是开辟了一条新的销售渠道。

第二，公司把产品交给出口代理公司，由它们代理各种出口业务，但在订货和报价时，要取得公司的同意，产品保留原来的厂牌和商标。在这种情况下，公司对出口市场具有一定的控制力。

第三，委托某一家在国外设有销售机构的公司代销产品，公司按一定的比例支付手续费。

间接出口的优点是：公司可以充分利用外贸部门在国际市场上的信息网络、销售渠道和营销经验等优势，把产品迅速打入国际市场；当然，间接出口也有其局限性：如公司没有直接从事国际市场的营销活动，缺少信息反馈；无法控制国际市场的经营，有时难免受制于外贸代理机构。因此很多公司往往把间接出口作为进入国际市场的第一步。

2）直接出口。与间接出口不同的是公司要独立完成一切对外出口的业务。直接出口的形式有以下几种：

第一，直接与外国公司签订销售合同，根据外商的要求组织货源，由外商负责销售。

第二，在国外寻找合适的代理商，为公司推销产品，并通过代理商了解市场行情和产品的销售情况。

第三，在国外设立销售机构。

直接出口的优点是：公司可以对国际市场进行选择，可以直接获取国际市场的情报信息；公司独立完成出口业务，既能够在实践中积累开发国际市场的经验，又可以加强国际市场营销的控制权。直接出口的不足是风险较大，公司可能缺乏有经验的营销管理人才，从而延迟产品打入国际市场的时间，增加销售成本。

（2）运用全球网络营销。

网络营销是指利用网络（Internet）技术最大限度地满足客户的需要，来达到开拓市场，增加赢利的目的。网络营销最大的优势在于缩短了公司与消费者的时空距离，使公司能够及时、准确地获取全球顾客的需求信息；通过网络营销，公司可以将产品中属于消费者共同需要的部分，采用机器大工业的方式批量生产，以求得生产成本的经济性，而产品中因人而异的部分采取灵活调整的柔性化方式进行生产,用更低的成本与价格为消费者生产完全符合个性化要求的定制产品；网络营销加强了买卖双方的互动，消费者有了更大的主动性，从过去被选择到现在选择公司、产品，使自己的需求得到了更好地满足；网络营销通过互联网进行信息交换，可以实行无店铺销售，不需要店面租金和营业员，由于供需直接见面，减少了中间环节，节约了营销费用，可以使顾客以较低的价格获取产品。

网络营销在全球营销中发挥着日益重要的作用。目前公司通过互联网开展营销活动，主要有：发布网络广告、建立电子商场、开展市场调研、分析消费需求、提供网络服务等。

（3）合同进入方式。

20世纪70年代以来，由于贸易保护主义盛行，商品出口受到一定限制，迫使一些公司转向合同进入方式，即通过与国外公司签订合同来转让技术、服务等无形产品进入国际市场。这种方式具有很多优点：可以降低生产成本；减少经营风险；避免汇率波动损失；加强经济技术合作。因此，在国际上贸易保护主义盛行的年代，合同进入方式日益受到跨国营销公司的青睐。合同进入的主要方式有以下3种：

1）许可证贸易。许可证贸易是技术的有偿转让，通过签订许可证合同，发证人（许可方）在指定的时间、区域内将其工业产权（专利、工艺、注册商标等）的使用权转让给外国的受证人（被许可方）。受证人必须支付给发证人特许酬金。特许酬金可以一次性支付，也可以按销售额或利润的某一百分比分次支付。许可证贸易是一种简单地进入国际市场的方式，它可以避开进口国关税或配额的限制，也无须承担东道国的各种政治、经济风险。但是，这种方式对被许可方的控制有限，还可能培养出国际竞争对手。

2）特许经营。特许经营是许可证贸易的一种特殊方式，特许合同双方的关联程度较高，公司（特许人）将其工业产权的使用权转让给国外公司（持证人）的同时往往将持证人作为自己的分支机构，统一经营政策、统一经营风格、统一管理方法，向客户提供标准化的服务。特许经营具有很多优点，标准化的经营方式可以最大限度地提升特许公司的影响力；特许经营可以把双方结为利益分享的战略伙伴，以较低的成本迅速开拓国际市场。但是这种方式也有一定的局限性，如特许人的工业产权必须有较大的吸引力，另外对持证人的控制有一定难度。

3）合约管理。这是通过签订合同（合约）的方式由国际营销公司向外国公司提供管理知识和专门技术，并派出管理人员，参与指导外国公司的经营管理。这种方式的优点是可迅速进入国际市场，开展跨国营销活动；政治风险和商业风险相对较小。但是在合约期满后会培养出自己的竞争对手。

（4）投资进入方式。

投资进入是指公司在国外进行投资生产，并在国际市场销售产品的方式。投资进入可分为两种类型：

1）独资经营。独资经营是公司在国外单独投资兴办公司，独立经营，自负盈亏。独资经营公司可以给东道国带来诸多好处：增加当地税收，增加劳动就业机会，所以能够获得东道国的支持与鼓励；对于投资方来说，可获得东道国廉价的生产要素，降低经营成本，还可以避免工业产权向外转移，保持公司的竞争优势。但是独资经营的风险性较大，如东道国政局不稳、对外政策发生变化、通货膨胀、价格限制等，都会给公司带来巨大的损失。

2）合资经营。合资经营是指本国公司与外国一个或一个以上公司按一定比例共同投资兴办公司，共同生产经营并承担风险，共同获取经营收益的方式。合资办公司有3种具体形式：

其一，引进外资、技术和设备，在本国建立合资公司，在国际市场上销售产品。

其二，合资在外方所在国建立公司，目的是推销产品，赚取利润外汇。

其三，与国外公司共同在第三国兴建公司。

合资经营的优势在于：与东道国公司合资经营，可以享受较多的政策优惠，政治风险较小；利用国外合营伙伴熟悉当地营销环境的优势，比较容易取得当地资源并开拓当地市场；有利于引进人才，学习国外先进的管理技术；有利于扩大商品出口，增加外汇收入。但是合资经营中各投资方人员管理上难以协调，在利润分配上也容易产生矛盾。

（5）对等进入方式。

对等进入是指公司出口商品时必须购入国外一定数量的商品，从而对等贸易的双方都达到了进入对方市场的目的。

1）补偿贸易。补偿贸易是20世纪60年代末期发展起来的一种国际贸易形式。其基本内容是进口机器设备或技术的一方，不用现汇支付，而是用产品或劳务去偿还。

补偿贸易的具体形式有以下几种。

第一，产品返销。这是国际补偿贸易的最典型、最常见的形式，即进口设备和专利技术的一方，用该设备和技术生产出来的产品偿还所贷之价款。

第二，互购。这是间接产品补偿方式，是出口机器设备和专利技术的一方，必须承诺在协议期内向对方购买一定数量的其他产品。

第三，部分补偿。这种方式比较灵活，是指进口方对引进的技术设备款项，部分用产品偿还，部分以货币偿还。偿还的产品可以是直接产品，也可以是间接产品。偿还的货币既可以是现汇，也可以用贷款后期偿还等方法。

第四，第三国补偿贸易。即进出口双方不直接发生联系，由国际代理商从中周旋。这样可减少谈判双方的冲突，更便于讨价还价，不但能够尽快促成双方达成协议，还能够进一步扩大补偿的范围。

2）易货贸易。易货贸易不需要货币媒介，而是以等价的商品直接交换。易货贸易的优越性是在不动用现汇的情况下出口商品并取得国内急需的设备和产品。但是易货贸易一般是一次性的，履约时间较短，达成大宗的交易较难。

（6）加工进入方式。

加工进入是利用国外原材料，经过生产加工后重新进入国际市场的方式。采用这种方式可以引进国外先进技术，利用国外资源；可以充分利用本国廉价的劳动力、土地资源，增加就业机会；还可以增加外汇收入。但是，由于公司不直接面对国际市场，对市场的控制程度较差，因而有一定的风险。加工进入的主要方式有以下几种：

1）进料加工。进料加工又称以进养出，公司（承接方）购进外商（委托方）提供的原材料、零部件、半成品等，按照委托方的设计和工艺要求进行加工、组装，将检验合格的产品交委托方自行销售。

2）来料加工装配贸易。来料加工装配贸易的具体形式有来料加工、来样定制和来件装配。它是由国外委托方提供原材料、半成品，承接方承担加工任务，收取相应的加工费，加工后的产品由委托方负责销售。

以上是进入国际市场的主要途径，公司可依据自身实力、经营目标和国际目标市场的特点做出相应的选择。

## 15.2 国外市场营销组合决策

由于国外的营销环境与国内不同，国与国之间也不相同，国际公司在跨国营销中会遇到很多在国内营销不曾有的挑战和风险，因此，公司必须对市场营销组合进行调整，以适应国外目标市场需要。

### 15.2.1 国外市场产品策略

以什么样的产品打入国外市场，是国外市场产品策略的关键问题，也是整体营销组合决策的基础。这一方面要考虑国外需要，另一方面取决于产品在国外市场的竞争能力。

公司可选择的国际市场产品策略有以下几种：

（1）产品直接延伸策略。

如果产品的效用和使用方式在国内外完全相同，公司可将在国内市场销售的产品原封不动地打入国际市场。这种产品直接延伸策略对公司非常有利：首先可以扩大经营规模，降低成本，取得规模经济效益。其次，可以扩大影响，节约促销费用，树立产品的国际市场统一形象。另外，可以满足国外顾客的特定需求，提高产品的市场信誉。这一策略适于以下产品种类：

第一，特色产品。如我国的土特产品、传统工艺品、风味食品、营养补品、中药等。这些产品以其特色享誉世界，如果加以变动，反而会失去销路。

第二，初级产品。如粮食、矿产品、和化工原料等。这些产品的需求差异不明显，无论在哪个国家市场销售，都无需更改。

第三，高新技术产品。这些产品技术性能复杂，其科技水平在国际上处于领先地位，所以不必更改。

（2）产品改造策略。

根据国外市场的区域性偏好、使用条件及消费习惯改造产品，调整促销信息，以适应不同区域的消费需求。产品改造可采取以下几种组合：

1）产品延伸，促销信息改变。针对国外消费者与国内顾客在产品用途方面存在差异，而在产品使用方式上大体相同这一特征，产品保持不变，将促销信息进行调整，以适应目标市场国的社会文化和需求特征。

2）产品更改，促销信息延伸。针对国外消费者与国内顾客在产品用途方面相同，但在产品的使用条件和方法上存在差异的特征，将产品做适当的更改，而将促销信息直接延伸至国际市场。产品的更改可以从功能、式样、品牌、包装、服务等方面着手进行。

3）产品和信息双重更改。为了适应各国消费者在产品用途和使用条件两方面存在的差异，将产品和促销方式都进行相应的调整。例如，自行车在发达国家和发展中国家有着不同的用途，前者将其当作娱乐和健身的器械，后者将其当作运输和交通工具。所以，向不同的国家出口自行车时，应在产品的设计中突出不同的特点，以更好地满足目标市场国消费者的需要。在促销信息的传递中，也应有的放矢，迎合当地群众的消费心理。

（3）产品创新策略。

为了适应国外消费者的需求偏好，公司可开发新产品以占领国际市场。这种策略成本最高，风险最大，一旦取得成功，公司可获得丰厚的利润。采用这一策略的公司必须具有很强的国际市场调研能力、产品研究开发能力、产品扩散推广能力、承担风险的经济能力及准确判断的决策能力。

### 15.2.2 国外市场价格策略

公司的产品能否顺利地进入国际市场，很大程度上取决于其价格是否适当。由于国际市场营销涉及更长的渠道、更远的运输、更大的风险、更复杂的环境，所以，国际市场的价格策略有其特殊的含义。进入国际市场的公司不仅要遵循定价的一般原理，还应了解影响国际市场价格的特殊因素，熟悉国际上通用的价格术语，掌握国际营销的价格策略。

（1）影响国际市场价格的因素。

一般来说，国际产品价格除了受成本、需求、竞争等因素的制约外，还受到下列因素的影响：

1）关税及其他税收。关税是国际营销中必须追加的成本。为了限制外国商品进口，许多国家除了关税外，还制定了适用于各类商品的购买税、领取许可证税、增值税、营业税、反倾销税等，这些税收成为国际产品价格的重要组成部分。

2）通货膨胀与汇率变动。通货膨胀和汇率变动会引起货币的升值或贬值，从而影响商品的价格。如货币贬值，出口商品以外币表示的价格则降低，商品的竞争力得到加强；而货币升值，则以外币表示的商品价格提高，对商品的销售将产生不利的影响。

3）国际中间商成本。商品分销渠道的跨国延伸必然导致中间商成本的增加，从而提高出口商品的价格。

4）政府干预。各国政府对本国市场的价格都有不同程度的干预和控制，并制定了一系列的法规，主要表现在以下几方面：

第一，价格控制。如规定毛利率、规定最高、最低限价，宣布临时"冻结"价格等。

第二，参与市场竞争。政府为控制价格，参与市场竞争。

第三，补贴。政府为鼓励产品出口，对生产公司实行补贴，从而使这些产品在国际市场上具有更强的竞争能力。

第四，政府垄断。政府机构可以成为某些产品在国内市场和进出口方面的独家经营者，从而垄断这些产品的价格。

除此之外，公司在制定国际价格策略时，还应考虑国与国之间的关系，是新客户还是老客户，是一次性交易还是长期业务关系等等，根据不同情况，做出适当的选择。

（2）国际贸易价格条件。

国际贸易价格条件又称价格术语，是在长期的贸易交往中逐步形成的，它表明了产品价格的构成，以及买卖双方分别承担的义务、风险和费用。一般情况下，价格条件应在双方的合同条款中加以明确。价格条件主要包括以下内容：

1）交货地点。在国际贸易中，发生在流通领域的费用很高，并且受交货地点的影响很大。公司有3种选择：

第一，离岸价格（FOB）。又称产地价格或装运港船上交货价格。它表明卖方负责在合同规定的港口和期限内将货物装上买方指定的船，并及时向买方发出通知，卖方承担货物越过船舷时为止的一切费用及风险。

第二，到岸价格（CIF）。又称买主所在地价格。即不分买方路途远近，一律由卖方负责送货，卖方负责货物装上船为止的一切费用和风险，负责办理保险并支付保险费及运费。买方承担由装运港到目的港发生的风险。

第三，离岸加运费价格（C&F）。又称成本加运费价格。其内容与到岸价格相似，只是卖方支付运费，而不负责保险费。

上述价格术语所包含的经济内容不同，因而各自的价格也不同，公司应根据具体情况，权衡利弊，选择最为有利的价格形式成交。

2）交货时间。交货期对商品价格的影响表现为即期货物价格与远期货物价格的差异。一般说来，即期货物价格比较容易确定，而远期货物价格要受市场环境、行情变化、汇率波动的影响，所以定价较为复杂，风险性大，公司应谨慎对待。

3）货币选择。在国际贸易中，由于交易周期较长，外币汇率波动较大，计价货币的选择是否正确直接关系到商品的销售和公司的盈利水平。在选择计价币种时，首先要看贸易双方是否签订了贸易支付协定，规定了使用某种货币。公司出口商品时应争取用"硬货币"计价，这样可以从币值上升中获得更多的利益。如因条件限制，只能以"软货币"计价，可以根据该货币币值疲软趋势适当加价，或在合同中增加保值条款，规定如果该币种贬值，按相同比例加价。当公司进口商品时，应争取以"软货币"计价，如遇货币贬值，可减轻支付负担。

（3）定价策略。

1）价格升级。一般情况下，出口商品的价格要比在国内市场上的售价高得多。如一瓶法国香水在产地卖 20 美元，在日本售价高达 50 美元。美国生产的心脏起搏器在本国的售价是 2000 美元，而出口到日本后，价格翻了一倍。这是因为跨国经营使成本大幅度增加，如关税、运费、保险费等，最终要从商品的价格中得到补偿。

2）声望定价策略。利用外国消费者对本国名牌产品的仰慕心理，制定较高的价格。这一策略适用于在国际市场上享有盛誉的产品，如传统工艺品、名贵中药等等。这些产品的价格如果定低了，会自贬身价，甚至使顾客对其质量产生怀疑，出现低价滞销的情况。

3）国际转移定价。国际转移定价是指跨国公司的母公司与子公司之间，或各国子公司之间转移产品和劳务时采用的一种定价策略。这样不仅可以使纳税额和关税降到最低，还可以转移资金，有利于提高跨国公司整体经营效益。其具体做法有以下几种：

第一，将产品转移到高关税的国家时，如果关税是从价税，则将价格降低，以相应降低关税。

第二，产品向高税收国家转移时，将价格适当提高，使得利润减少，从而减少在该国的所得税。实际上将利润转移到了低税收的国家。

第三，在某些实行外汇管制，限制外国公司将利润汇出的国家，跨国公司将产品转移到该国时，将价格订得高些；将产品由该国转移到其他国时，把价格订得低些。以减少在该国的利润，避免利润汇出的麻烦。

第四，通过及时的资金转移，把资金转移出风险大的国家，避免通货膨胀、汇率波动、政局不稳给公司带来的损失，保证资金安全。

跨国公司制定转移价格的目的是维护公司的整体利益，然而却损害了某些国家的民族利益。因此，很多国家的政府做出严格规定，要求跨国公司遵守公平交易的原则，使转移价格符合市场价格。这些法律规定是必须遵守的。

4）协调定价策略。如果公司在国际市场上拥有定价权，可以根据当地的市场环境、供求关系、竞争状况采取相应的定价策略和定价方法，制定对自己最有利的价格。如果公司将产品同时打入几个国家的市场，就要考虑在不同的市场是采取统一价格还是差别价格。一般情况下，根据各个市场的具体情况采取不同的价格，经济效益会更好，但要注意各个市场的价格协调问题，以免出现自己产品互相竞争的情况。如果采用统一价格，可以树立公司和产品在国际市场上的统一形象，同时也便于公司对整个营销活动的控制。

### 15.2.3 国外市场分销渠道策略

在国际市场上，分销渠道是产品的生命线，谁控制了分销渠道，谁就能占领和控制市场。

（1）国际分销渠道的类型。

目前，国际市场的商品分销渠道主要有以下 7 种类型：

1）出口公司－国外顾客。
2）出口公司－零售商－国外顾客。
3）出口公司－出口商－进口商－国外顾客。
4）出口公司－中间商－出口商－零售商－国外顾客。
5）出口公司－中间商－出口商－进口商－零售商－国外顾客。
6）出口公司－中间商－出口商－进口商－批发商－国外顾客。
7）出口公司－中间商－出口商－批发商－零售商－国外顾客。

消费品的销售一般要经过国外的零售商，但当用户比较集中，购买数量较大时，也可以利用批发商经销。

（2）国际分销渠道的选择。

一般来讲，公司选择国际分销渠道时应考虑以下因素：

1）渠道覆盖面。公司所选择的渠道应能覆盖整个目标市场，这样才能达到理想的销售额、市场渗透率和市场占有率。

2）渠道连续性。分销渠道的持续通畅是公司扩大产品销售，增加盈利的基本条件。

3）渠道效率。主要指中间商的经营能力和推销效率。

4）渠道费用。包括开发渠道和维持渠道所投入的资金。

另外，还有一些其他因素，诸如产品的性质、市场竞争状况、顾客的购买习惯及公司控制渠道的愿望等，也会对渠道的选择产生一定的影响，公司必须统筹兼顾，做出决策。

（3）对国外中间商的选择与管理。

1）对国外中间商的选择。

在国外选择合适的中间商一般要经历下列步骤：首先，应了解目标市场的渠道情况，确定选择的范围。其次，根据选中的渠道，物色合适的中间商。再次，对于备选的中间商要详细调查了解其经营状况，然后按照公司的标准，选择各方面都比较理想的合作伙伴。最后，与外商进行谈判，如果双方都有合作的意愿，就可以签订合同了。

总之，选择国外经销商，决不可草率从事，否则，不仅会遭受经济损失，还会丧失市场机会。

2）对国外中间商的管理。

为了提高渠道效率，必须加强对国外中间商的检查、监督、指导和激励。公司可采取以下具体做法：

首先，根据实际情况为中间商分别制定不同的销售指标，定期检查指标的完成情况，了解其工作效率。

其次，定期走访中间商，了解他们的工作情况，帮助他们解决困难，改进工作，加强彼此之间的沟通，密切双方的合作关系，同时也可以收集市场行情和需求信息。

再次，贯彻利益均沾、风险共担的原则。本国公司与国外经销商是一种互利的合作关系，当中间商经销公司的产品能够获得满意的利润时，他们才愿意合作，否则，他们将经销其他厂商的产品。对于销售业绩突出的中间商应给予必要的鼓励，如奖金、实物或提供旅游机会等，这样可激励中间商进一步开拓市场，扩大销售。

### 15.2.4　国外市场促销策略

国外市场的销售促进是公司与国外消费者的信息沟通行为，通过各种传播媒介，促使国外的顾客了解本公司的产品和服务，激发他们的购买欲望，促成他们的购买行动，以扩大公司商品的销售。国际市场的促销方式与国内相同，即主要有广告、人员推销、营业推广和公共关系等形式。但国际营销环境的复杂多变，使得国际促销策略具有其特殊性。

（1）广告策略。

广告是国际上广泛使用的促销手段，是产品进入国际市场的先导。

1）广告的标准化与个性化。所谓标准化，就是以相同的广告主题和广告信息打入不同国家的目标市场。这种策略强调基本需要的一致性，而忽略不同国家市场需求的差异性。如美国可口可乐公司就是成功地利用标准化广告策略的范例。标准化策略的优点是节省广告的制作费用；保持产品形象的统一性。

广告信息的个性化是强调各国市场需求的差异性，认为应根据各国不同的营销环境及需求特征，向不同国家传播不同的广告信息。这一策略的优点是针对性强，促销效果明显，但广告费用的支出将会增加。

2）广告媒体的选择。国际广告媒体的种类很多，如电视、广播、电影、印刷媒体、户外广告、邮寄广告等，它们各有其特点，有不同的传播速度、覆盖范围及接受群体，当然费用水平也有很大的差异。从事国际营销的公司应根据目标市场的特点、产品的性质、媒体的费用水平及可信程度等方面情况，选择不同的广告媒体。另外，各国的大众传媒的可利用情况是不同的。公司如果不了解这些限制性的规定，就会造成不必要的麻烦。

3）广告公司的选择。可供公司选择的广告公司很多，即有国内的广告公司，又有国外的广告公司，还有各公司在各国设立的广告代理商和国际广告代理行。公司在选择时应考虑以下问题：

第一，市场覆盖面。候选的广告公司的信息传播范围是否能覆盖公司所有的目标市场，这是选择广告公司的首要条件。

第二，广告质量。各广告公司的设计水平和制作质量高低不等，而广告质量直接影响广告效果。

第三，广告费用。一般说来，国外的广告公司收费标准要高于国内的广告公司，但国外的广告公司熟悉当地市场需求和传播媒体的习惯，制作的广告针对性强，而且能提供市场调研等方面服务。公司应根据实际做出选择。

（2）人员推销策略。

在国际促销中，人员推销要受到目标市场国的社会、文化和语言等方面的制约。所以选拔和训练精明强干的推销员是国外人员推销的关键。

1）推销员的来源及选择。国际市场的推销员有 3 个可能的来源：本国、目标市场国和其他国家。

公司在选择时首先应考虑目标市场国中能驾驭两国特定语言的当地人，特别是那些具有推销实际经验的人才，这样即可以利用他们在当地的社会关系资源，又可以淡化国际公司的外来形象。

其次是选择跨国公司母国移居到目标市场国的人才，他们懂得两国的语言和文化，便于与消费者之间的沟通，经过业务培训，会成为优秀的推销人才。

再次是选择本国具有外语基础，掌握推销技能，并愿意到国外工作的人，这类人才对公司的忠诚度较高，但会在新市场上强化公司的外来形象。

2）推销员的培训。无论是本国派出的还是在异国招聘的推销员，都要经过专门的业务培训才能上岗工作。对于本国派出的推销员，培训重点应是外语、礼仪、目标市场国的风俗习惯和市场知识等方面内容。对于国外招聘的推销员，培训的内容是熟悉本公司，了解产品的特点，掌握有关专业信息。

（3）营业推广策略。

营业推广在国际市场上是一种行之有效的促销手段，其主要方式有：

1）参加国际性商品展销。目前国际性商品展销可分为两大类：一是综合性商品展销，包括很多门类的产品；另一类是专业性商品展销，如机电产品、化工产品、纺织品等。这种专业性展销更有利于产品的推销，因为参观者都是来自各国的对这类产品感兴趣的经销商。他们看中了产品后，当场就可进行业务洽谈，成交的可能性很大。

2）有奖销售。其目的是诱发消费者尝试一种新产品，扩大商品销售。如青岛啤酒在香港市场上推销时，实行一个啤酒瓶盖换取一元港币的奖励办法，使得很多饭店、酒家的服务员都主动推销青岛啤酒，该产品很快打开了销路。

为了鼓励外商积极推销本公司产品，可以实行免费赠品、推广津贴、价格折扣等奖励办法。

（4）公共关系策略。

在国际市场营销中，公共关系正在发挥着越来越重要的作用，成为跨国公司打破贸易壁垒，进入封闭性市场的重要手段。国际公关活动的主要形式有以下几种：

1）扩大社会交往。公司可通过各种活动，如举办新闻发布会、招待会、聚餐会、赞助公益活动等，加强与当地用户和消费者的联系，密切与社会各界的关系。

2）改善公司形象。树立良好的商业道德风尚，在与外商的贸易交往中重合同、守信誉、与外商保持良好的合作关系。

3）加强传播与沟通。利用各种传播媒介宣传公司及产品，扩大公司的影响，提高产品的知名度。努力加强与目标市场国政府的关系，争取他们的合作与支持。

4）做东道国的良好市民。尊重当地的风俗习惯，遵守所在国的法律法规，调整改善公司行为，使之符合当地公众的利益，赢得社会公众的好感。

搞好公共关系应着眼于长期目标，不能急功近利，否则会损害公司的长远利益。

## 15.3　全球市场营销组织

当一家国内公司的管理层决定向国外市场扩张时，就会面临如何组织的问题：谁来负责这一扩张行动？应该由产品分部直接经营？还是应该建立一个国际分部？应该让驻各国的子公司直接对总裁负责，还是任命一个公司级官员全权负责国际营销活动？一般来说，各种国际营销组织都有利与弊，不存在所谓唯一正确的选择。但处于前沿的全球竞争者的组织结构都有一个共同的特征，即扁平而简单。这种结构加快了沟通的速度和清晰度，使公司能将组织的精力和宝贵的资源集中到学习上，而不是放在控制、监督和报告上。

由于全球性公司进入国外市场的方式不同、介入国际营销的程度不同、在各自的环境中发展的应变战略和组织反应能力不同，可以在以下几种组织形式中进行选择：

### 15.3.1　出口部

一家公司介入国际营销的初期，常常采用商品出口的方式，因此会设立一个出口部，由一名销售经理和几名工作人员组成。随着出口业务的进一步发展，出口部也在逐步扩大，为了适应增加对外销售的需要，它还承担了各种营销服务的职能。

### 15.3.2　国际事业部

当公司的国际营销发展到多个国家，或已在国外直接投资组建了合资公司，协调与指导这些活动的复杂性就超出了出口部的能力范围，需要设立一个国际事业部负责公司在国际市场上的业务发展。

国际事业部由总经理领导，其职能人员为各经营单位提供服务。国际事业部有多种形式，经营单位的设置主要分以下 3 种：

（1）地理区域性组织。

公司总部保留全球计划和控制的责任，由分别主管北美、欧洲、非洲和远东地区业务副总经理负责管理本地区销售人员、销售分支机构、分销商和受证方，并对国际事业部总经理负责。

（2）世界产品组织。

按产品划分经营单位，每个经营单位由一名副总经理负责，主管某一类产品在全世界市场的销售。副总经理可以向公司职能部门的地区专家征询有关国家市场的知识，以便做出正确的判断和决策。

（3）国际子公司。

经营单位是一些国际子公司，每个子公司由一名经理主管。各子公司经理向主管国际事业部的总经理负责。

### 15.3.3　全球组织及战略

有些公司已经成为真正的全球组织。公司的最高管理层和职员从事对世界性的生产资源、营销战略、财务收支和后勤供给系统的计划工作。全球经营单位直接对公司最高决策层负责，而不再是对国际事业部的主管负责。全球组织的经理可以从世界各地聘任，在全球范围发现最有利的营销机会。原材料和各种生产要素可以到任何价格最低的地方去采购，投资到获得最大预期收益的地方。在许多国家经营的公司面临几种组织的复杂结构，概括起来，有 3 种可供选择的组织战略：

（1）全球战略。

全球战略把世界作为一个整体的市场，重视各国市场需求和文化间的共性，忽略国别反应差异，致力于创造一种全球范围内成功的产品或服务，享受标准化的成本优势。一般来讲，用现代先进技术生产的耐用消费品最有希望在全球标准化战略中取得成功。例如，全世界大多数购买者都接受标准化的随身听、CD 机等。

（2）多国战略。

多国战略强调每个公司商务所及的国家都是独特的，为赢得市场，必须设计有针对性的营销组合策略。多国战略更加适应各国不同的营销环境，能够很好地满足差异性的需求，但也会增加营销成本。实行多国战略的公司对分布在各国的子公司给予较大的自主决策权，以便他们能根据当地的实际情况制定营销决策。

（3）全球本土化战略。

全球本土化战略意味着成功的全球营销公司必须具备"思维全球化和行动本土化"的能力。全球本土化可以包括一个标准方式（如产品本身）和非标准方式（如包装或分销等）的结合。全球营销要求决策者对各国市场的共性和差异性做出各种适当的反应，从而在推行全球化的同时体现当地化。

## 小结

1. 公司从事全球化市场营销活动的主要原因有以下几个方面：国际市场有巨大的发展潜力；可获得较高的利润率；可避开国内市场的激烈竞争；可延长产品的市场寿命；可减少只依靠单一市场的风险。

2. 开展国际市场营销活动，同样必须选择目标市场。因为，并非所有的市场机会都具有同样的吸引力。选择国际目标市场应考虑以下条件：市场规模和发展潜力；交易成本；竞争的相对优势；风险程度。

3. 当公司选定了目标市场后，就要进一步决策如何进入该市场，即选择进入目标市场的途径。我国公司进入国外市场的途径主要有以下几种：商品出口方式；运用全球网络营销；合同进入方式；投资进入方式；对等进入方式；加工进入方式。

4. 公司进入国际市场后，决不能照搬在国内市场营销时的策略、方法，必须根据国际目标市场的特点，有针对性地对营销因素进行重新组合。

5. 以什么样的产品打入国际市场，是国际市场产品策略的关键问题。这一方面取决于国际市场的需要，另一方面取决于产品在国际市场的竞争能力。

6. 公司的产品能否顺利地进入国际市场，很大程度上取决于其价格是否适当。进入国际市场的公司不仅要遵循定价的一般原理，还应了解影响国际市场价格的特殊因素，熟悉国际上通用的价格术语，掌握国际营销的价格策略。

7. 在国际市场上，分销渠道是产品的生命线，谁控制了销售渠道，谁就能占领和控制市场。

8. 国际市场的销售促进是公司与国外消费者的信息沟通行为，通过各种传播媒介，促使国外的顾客了解本公司的产品和服务，激发他们的购买欲望，促成他们的购买行动，以扩大公司商品的销售。国际市场的促销方式与国内相同,包括广告、人员推销、营业推广和公共关系等形式。但国际营销环境的复杂多变,使得国际促销策略具有其特殊性。

9. 由于全球性公司进入国外市场的方式不同、介入国际营销的程度不同、在各自的环境中发展的应变战略和组织反应能力不同,可以在以下几种组织形式中进行选择:出口部、国际事业部和全球组织。

**重要概念**

全球营销　许可证贸易　特许经营　补偿贸易　离岸价格　到岸价格　国际转移定价　全球战略　多国战略　全球本土化战略

**复习思考题**

1. 公司从事全球化市场营销活动的主要原因有哪些?
2. 全球化营销的风险主要有哪几方面?
3. 选择国际目标市场应考虑哪些条件?
4. 进入国际市场的方式主要有哪些种类?试述各种方式的优缺点。
5. 试述国际市场的产品策略。
6. 试述跨国公司操纵国际转移定价的一般方法。
7. 公司选择国际分销渠道时应考虑的因素有哪些?
8. 举例说明公共关系对国际营销的重要作用。
9. 国外市场营销组织有哪些种类?

## 经典案例

### 可口可乐在非洲:一切就绪,静待奇迹

可口可乐是一个真正的全球标志性品牌——全球收益 470 亿美元。它将可乐产品带给全球 98%的人。作为世界上最大的软饮料制造商,可口可乐拟在 2020 年之前使其全球系统收益翻番。但是,实现这样的增长并非易事。主要是:软饮料在北美和欧洲地区(可口可乐最大以及盈利最高的两个市场)已经失去增长动力。

近年来,可口可乐主要在诸如中国和印度等新兴市场寻求发展,这些发展中国家确有大量的新兴中层阶级,可乐产品的人均消费却相对较少。但是,中国和印度市场如今都充斥着诸多竞争对手,而且外来者想要控制这两个市场非常困难。虽然可口可乐会继续在这些国家与其他竞争对手展开激烈的竞争,但它已经把目光转向了另一个更具有长期增长前景的市场——非洲。

可口可乐对非洲来说并不陌生。早在 1929 年,可口可乐就开始在非洲运作,它是非洲地区唯一一家向非洲各个国家提供产品的跨国公司。该公司在非洲和中东占主导地位,占据了 29%的市场份额,而百事可乐只有 15%。2013 年,可口可乐碳酸饮料在非洲和中东地区的收入增长了 6%,在北美和欧洲市场却分别下降了 2%和 1%。

而且,可口可乐在非洲仍然有着巨大的发展空间。例如,在肯尼亚每年人均消费可口可乐仅仅 40 份,与墨西哥等更加发达的国家相比——那里的人们年均消费是 728 份——很让人心动。非洲大陆为可口可乐的发展提供了广阔的舞台,不仅是可乐产品品牌,而且是其他软饮

料、纯净水和果汁品牌的稳定市场。鉴于此，过去十年间，这一饮料巨头在非洲投资了60亿美元，并计划在下个十年将投资额翻番——用于瓶装厂、分销网络、零售商支持和遍及整个非洲的名为"相信非洲的十亿个理由"的促销运动。

为了增加在非洲的销售，除了在非洲大城市通过传统渠道开展营销之外，可口可乐现在正采用更加草根的战术深入小型社区。例如在内罗毕市的一个贫困社区，拥挤的街道两边是漆着可乐红的小店。当地瓶装商聘请艺术家给商店画上可口可乐的标识和一句斯瓦希里的短语，意思是"畅享可乐的冰爽"。在遍及非洲的无数社区，无论是内罗毕的综合商店 duka，还是南非约翰内斯堡的糖果食品店，在帮助可口可乐发展上都发挥着巨大的作用。

尽管有许多不利的自然因素，但是事实证明可口可乐在非洲开展的营销是有效的。公司首要的规定是要保持产品的"冰凉和密封"。毫无怀疑，可口可乐在非洲不断增加的努力是其实现全球目标的关键。正如 CEO 穆泰康·肯特总结的："未开发的非洲市场，在未来十年里将大有作为，就像印度和中国过去十年那样……一切已经准备就绪，静待奇迹发生。"

资料来源：[美]菲利普·科特勒，阿姆斯特朗. 市场营销：原理与实践. 第16版[M]. 楼尊译. 北京：中国人民大学出版社，2015.

**案例思考题**

1．可口可乐是如何进入非洲市场的？
2．进入国际市场的方式主要有哪些？
3．可口可乐的全球化营销有哪些成功的经验？

# 参考文献

[1]  曹家为．市场营销学[M]．北京：中国财政经济出版社，2011．
[2]  [美]菲利普•科特勒（Philip Kotler），加里•阿姆斯特朗（Gary Armstrong）．市场营销：原理与实践．第16版[M]．楼尊译．北京：中国人民大学出版社，2015．
[3]  [美]菲利普•科特勒（Philip Kotler），加里•阿姆斯特朗（Gary Armstrong）．市场营销原理．第15版[M]．北京：清华大学出版社，2017．
[4]  [美]菲利普•科特勒（Philip Kotler），加里•阿姆斯特朗（Gary Armstrong），洪瑞云（Swee Hoon Ang），梁绍明（Siew Meng Leong）等著．市场营销原理（亚洲版）．第3版[M]．李季，赵占波译．北京：清华大学出版社，2013．
[5]  [美]菲利普•科特勒（Philip Kotler），凯文•莱恩•凯勒（Kevin Lane Keller）．营销管理．第15版[M]．何佳讯译．上海：格致出版社，2016．
[6]  [美]加里•阿姆斯特朗（Gary Armstrong）等著．市场营销学．第12版[M]．赵占波等译．北京：机械工业出版社，2016．
[7]  郭国庆，陈凯编．市场营销学．第5版[M]．北京：中国人民大学出版社，2015．
[8]  冯海超．2013年智能手机格局如何演变？[J]．互联网周刊，2013，（05）：46-47．
[9]  郭国庆．市场营销学通论．第6版[M]．北京：中国人民大学出版社，2014．
[10] 郭国庆．市场营销学．第2版[M]．北京：中国人民大学出版社，2014．
[11] 吕一林．现代市场营销学．第3版[M]．北京：清华大学出版社，2012．
[12] 吴健安，钟育赣．市场营销学[M]．北京：清华大学出版社，2015．
[13] 中国统计年鉴[M]．北京：中国统计出版社，2013．
[14] 中国统计年鉴[M]．北京：中国统计出版社，2016．
[15] 苏亚民．现代营销学．第6版[M]．北京：对外经济贸易大学出版社，2009．
[16] [美]菲利普•科特勒（Philip Kotler）等著．市场营销教程．第6版[M]．俞利军译．北京：华夏出版社，2004．
[17] [美]菲利普•科特勒（Philip Kotler）等著．营销管理．第13版[M]．王永贵等译．上海：格致出版社，上海人民出版社，2009．
[18] [美]菲利普•科特勒（Philip Kotler）等著．市场营销原理．第9版[M]．北京：清华大学出版社，2003．
[19] 郑锐洪．中国营销理论与学派[M]．北京：首都经济贸易大学出版社，2010．
[20] [美]菲利普•科特勒（Philip Kotler）等著．营销管理．第13版．中国版[M]．卢泰宏等译．北京：中国人民大学出版社，2009．
[21] 邓德隆．2小时品牌素养：详解王老吉成功之道．第3版[M]．北京：机械工业出版社，2011．
[22] [美]艾•里斯，杰克•特劳特．定位（英文版）[M]．北京：机械工业出版社，2017年．
[23] [美]杰克•特劳特，史蒂夫•里夫金．重新定位[M]．谢伟山，苑爱冬译．北京：机械工

业出版社，2011．

[24] [美]洛夫洛克等著．服务营销．亚洲版．第 2 版[M]．范秀成等译．北京：中国人民大学出版社，2007．

[25] [美]迈克尔·波特．竞争优势[M]．陈小悦译．北京：华夏出版社，2001．

[26] 聂元昆等主编．营销前沿理论[M]．北京：清华大学出版社，2014．

[27] [美]普拉哈拉德等著．消费者王朝：与顾客共创价值[M]．王永贵译．北京：机械工业出版社，2005．

[28] 水木然．工业 4.0 大革命[M]．北京：电子工业出版社，2015．

[29] 王晶，席阳，李铁克．基于体验经济与顾客参与的大规模定制模式[J]．北京航空航天大学学报（社会科学版），2004，17（1）：45–49．

[30] 王若濡．乐高深入布局中国市场，寄望提振全球增长[J]．商业周刊（中文版），2017（9）．

[31] 周理瑶．外资运动品牌抢滩中国女性市场，你更中意谁家的运动装备？[J]．商业周刊（中文版），2017（6）．

[32] 金瑞林．环境与资源保护法学[M]．北京：高等教育出版社，2004．

[33] Prahalad. C.K., Venkat Ramaswamy．Co-Creation Experiences: The Next Practice in Value Creation[J]. Journal of Interactive Marketing, 2004,18(3): 6-14．

[34] Weintraub, Arlene．Is Mass Customization the Future of Retailing？[J]．Entrepreneur, (11)14, 2013．

[35] Yim., Chi Kin (Bennett)., David K. Tse., Kimmy Wa Chan．Strengthening Customer Loyalty Through Intimacy and Passion-Roles of Customer-Firm Affection and Customer-Staff Relationships in Services[J]. Journal of Marketing Research，2008,45(6): 741-756．

[36] Peter Drucker，Management:Takes，Responsibilities and Practices [M]．New York: Harper and Row，1973．

[37] 黄旭．战略管理：思维与要径．第 3 版[M]．北京：机械工业出版社，2015．

[38] 张贵敏．体育市场营销学．第 2 版[M]．上海：复旦大学出版社，2015．

[39] 联商网《2016 年度中国电子商务市场数据检测报告》2015．5.24．

[40] 中华人民共和国国家统计局 http://www.stats.gov.cn/tjsj/．

[41] Dictionary of Marketing Terms，2nded., ed.Peter D.Bennett Chicago:American Marketing Association, 1995．

[42] 边翠兰，曹海英．公共关系原理与应用[M]．北京：首都经济贸易大学出版社，2015．